主 编 袁红兰
副主编 高 翔 胡劲敏 杨江科杰

北京理工大学出版社
BEIJING INSTITUTE OF TECHNOLOGY PRESS

版权专有　侵权必究

图书在版编目（CIP）数据

高职语文 / 袁红兰主编. -- 北京：北京理工大学出版社, 2021.10

ISBN 978-7-5763-0500-5

Ⅰ. ①高… Ⅱ. ①袁… Ⅲ. ①大学语文课 – 高等职业教育 – 教材 Ⅳ. ①H193.9

中国版本图书馆 CIP 数据核字（2021）第 208419 号

出版发行 /	北京理工大学出版社有限责任公司
社　　址 /	北京市海淀区中关村南大街 5 号
邮　　编 /	100081
电　　话 /	（010）68914775（总编室）
	（010）82562903（教材售后服务热线）
	（010）68944723（其他图书服务热线）
网　　址 /	http://www.bitpress.com.cn
经　　销 /	全国各地新华书店
印　　刷 /	三河市天利华印刷装订有限公司
开　　本 /	787 毫米 × 1092 毫米　1/16
印　　张 /	17.75
字　　数 /	398 千字
版　　次 /	2021 年 10 月第 1 版　2021 年 10 月第 1 次印刷
定　　价 /	46.80 元

责任编辑 / 徐艳君
文案编辑 / 徐艳君
责任校对 / 周瑞红
责任印制 / 李志强

图书出现印装质量问题，请拨打售后服务热线，本社负责调换

前 言

职业教育要坚持"以服务为宗旨""以就业为导向"的办学指导理念,高职语文的教学必须要落实职业岗位对语文能力方面的基本要求。高职语文教育不仅要培养学生具有良好的职业素养,还要培养学生有更好的从事职业工作的能力,进而提高就业质量。我们编写本书的出发点就是培养高职学生语文的综合运用能力。一是强化人文性,语文课程丰富的文化内涵与多元的人文色彩决定了它必须肩负起培养学生综合语文素质,滋养学生高尚人文精神,提升学生鉴赏文化精品的重任;二是强调工具性,训练学生的写作、表达、交际等各种能力,培养岗位需要的综合素质。

本教材编写的特点:

1. 配套优质的线上资源

主编所负责的高职语文课程被评为省级精品资源共享课程、省级精品在线开放课程、疫情期间省级线上教学优质课,教材配套了优质的线上资源(网址:http://www.xueyinonline.com/detail/201585788)。

2. 课程思政全程融入

在阅读鉴赏训练模块设置专门的爱国忧民壮志类诗词鉴赏,并选取了较多且具代表性的革命先辈的文学作品,注重在潜移默化中坚定学生理想信念,厚植爱国主义情怀。在写作模块选取了中国特色社会主义时期的重要讲话文稿,引导学生深刻理解社会主义核心价值观。

3. 反映最新的课程教学标准

高职语文的教学不能仅仅局限于传统的文学欣赏,而应该树立一个"大语文"的教学观,拓宽语文课堂教学领域,开放教学时空,为学生提供语文学习的社会大背景,引导学生联系生活实际,体会语文与社会的广泛联系,在语文学习和应用中不断提高语文实践能力和创新能力。

4. 编写形式适合职业教育特点

职业教学的职业性是其最重要的特性,所以目前"项目导向,任务驱动"、用具体的工作任务来组织教学成了课程改革的重点。本书就是采用了这样的一种编写模式,阅读鉴赏训练模块设置具体的鉴赏任务,写作训练模块设计实训任务演练与考核,口语交际训练模块设计实践训练,把高职语文课程需要训练的语文能力进一步强化。

5. 体系架构合理,内容完整

全书分为阅读鉴赏训练、写作训练、口语交际训练三大模块。每个模块下面设教学任务，阅读鉴赏训练模块分诗歌鉴赏、散文鉴赏、小说鉴赏三个任务；写作训练模块分宣传、策划、礼仪三个任务，完成消息、导游词、活动策划书、广告文案、欢迎词、讲话稿的写作训练；口语交际训练分口语表演训练、沟通交流训练两个任务。这种体系架构合理，内容完整，既集中培养学生对诗词、散文、小说等各种文体的鉴赏能力，同时又重点训练学生的表达、沟通、写作等各种能力。其中，阅读鉴赏模块中每一种文体的选文我们是根据专题来确定的，如诗词按爱国忧民壮志类、乡思离别遣怀类、咏物叙事言志类、山水田园写景类、婚恋孝亲友谊类五个专题来选文，这种选文方式非常有利于进行对比鉴赏，并且我们在每一个专题后面设置了综合鉴赏训练，提高学生的自学能力。

本书由江西旅游商贸职业学院袁红兰副教授主编并统稿，参与编写工作的还有江西旅游商贸职业学院的高翔、胡劲敏、杨江科杰。编写工作具体分工：诗歌鉴赏、小说鉴赏部分由袁红兰、高翔编写；散文鉴赏部分由胡劲敏编写；写作训练部分由杨江科杰编写；口语交际训练部分由袁红兰编写。

在编写过程中，我们参考了高职语文教育同人的一些研究文章与成果，在此表示衷心感谢。由于编写时间仓促，编者水平有限，错误疏漏在所难免，敬请读者批评指正。

编　者

2021 年 8 月

目 录

模块一　阅读鉴赏训练 ·· 1
　任务一　诗词鉴赏 ·· 1
　　诗词鉴赏概述 ·· 1
　　爱国忧民壮志类 ·· 5
　　　杜甫：自京赴奉先咏怀五百字 ·· 5
　　　辛弃疾：水龙吟·登建康赏心亭 ······································ 8
　　　岳飞：满江红·怒发冲冠 ··· 11
　　　陈毅：梅岭三章 ··· 14
　　综合鉴赏训练 ··· 16
　　乡思离别遣怀类 ··· 18
　　　李白：宣州谢朓楼饯别校书叔云 ····································· 18
　　　柳永：八声甘州·对潇潇暮雨洒江天 ································· 21
　　　李清照：行香子·天与秋光 ··· 23
　　　余光中：春天，遂想起 ··· 24
　　综合鉴赏训练 ··· 29
　　咏物叙事言志类 ··· 30
　　　虞世南：蝉 ··· 30
　　　白居易：长恨歌 ··· 32
　　　王安石：北陂杏花 ··· 38
　　　陆游：卜算子·咏梅 ··· 41
　　综合鉴赏训练 ··· 42
　　山水田园写景类 ··· 43
　　　陶渊明：归田园居·其三 ··· 43
　　　张若虚：春江花月夜 ··· 45
　　　王维：终南别业 ··· 47
　　　毛泽东：采桑子·重阳 ··· 49
　　综合鉴赏训练 ··· 51
　　婚恋孝亲友谊类 ··· 53
　　　《诗经》：子衿 ··· 53

　　　　孟郊：游子吟 …………………………………………………………… 55
　　　　苏轼：永遇乐·长忆别时 ……………………………………………… 57
　　　　叶芝：当你老了 ………………………………………………………… 60
　　综合鉴赏训练 ……………………………………………………………… 62

任务二　散文鉴赏

　　散文鉴赏概述 ……………………………………………………………… 66
　　记叙散文赏析 ……………………………………………………………… 72
　　　　司马迁：垓下之围 ……………………………………………………… 72
　　　　韩愈：张中丞传后叙 …………………………………………………… 76
　　　　俞平伯：桨声灯影里的秦淮河 ………………………………………… 80
　　综合鉴赏训练 ……………………………………………………………… 85
　　议论散文赏析 ……………………………………………………………… 88
　　　　李斯：谏逐客书 ………………………………………………………… 88
　　　　张爱玲：更衣记 ………………………………………………………… 91
　　　　林语堂：秋天的况味 …………………………………………………… 97
　　综合鉴赏训练 ……………………………………………………………… 99
　　抒情散文赏析 …………………………………………………………… 101
　　　　方志敏：我们临死以前的话 ………………………………………… 101
　　　　季羡林：马缨花 ……………………………………………………… 105
　　　　毕淑敏：提醒幸福 …………………………………………………… 108
　　综合鉴赏训练 …………………………………………………………… 111

任务三　小说鉴赏

　　小说鉴赏概述 …………………………………………………………… 115
　　人物塑造赏析 …………………………………………………………… 119
　　　　罗贯中：诸葛亮舌战群儒 …………………………………………… 119
　　　　吴承恩：八卦炉中逃大圣　五行山下定心猿（节选） ……………… 124
　　　　巴金：寒夜（节选） …………………………………………………… 129
　　综合鉴赏训练 …………………………………………………………… 135
　　故事营构赏析 …………………………………………………………… 138
　　　　曹雪芹：宝玉挨打（节选） …………………………………………… 138
　　　　王蒙：春之声 ………………………………………………………… 145
　　　　刘国芳：风铃 ………………………………………………………… 152
　　综合鉴赏训练 …………………………………………………………… 155
　　环境描写赏析 …………………………………………………………… 156
　　　　施耐庵：林教头风雪山神庙（节选） ………………………………… 156

汪曾祺：受戒（节选） ············ 164
  莫言：透明的红萝卜（节选） ········ 170
 综合鉴赏训练 ····················· 176

模块二　写作训练 ··················· 179
任务一　宣传 ····················· 179
 消息 ························· 179
 导游词 ······················· 187
任务二　策划 ····················· 195
 活动策划书 ··················· 195
 广告文案 ····················· 200
任务三　礼仪 ····················· 204
 欢迎词 ······················· 204
 讲话稿 ······················· 207

模块三　口语交际训练 ··············· 216
任务一　口语表演训练 ············· 216
 朗诵 ························· 216
 演讲 ························· 230
 辩论 ························· 242
任务二　沟通交流训练 ············· 249
 口述 ························· 249
 交谈 ························· 254

附录 1　国学晨读及国学诵读比赛计划 ·· 263
附录 2　国学诵读参考篇目 ············ 265

模块一　阅读鉴赏训练

任务一　诗词鉴赏

▶ 一、诗歌概说

我国是诗歌发达的国家，自先秦至今，诗歌的创作与欣赏活动从未间断过，它总是紧跟时代的步伐，带着鲜明的时代烙印。

以精练、形象、富有情感和韵律节奏的语言，高度集中地反映社会生活的文学作品就是诗歌。诗歌按时代分为古体诗、近体诗（又称"今体诗"）和新诗，按表达方式分为叙事诗和抒情诗，按题材分为田园诗、山水诗、咏物诗等。

▶ 二、诗歌的特点

1. 感情真挚浓烈

"诗本在情"。真挚而浓烈的感情是诗歌的生命，也是诗歌最本质的特点。诗中的情感，是诗人主观情意和客观事物的有机统一。历史上杰出的诗人总是把个人的情感与社会现实联系在一起，诗中"我"的情感实际上是当时社会上带有普遍意义的情感，这是许多优秀诗篇能够穿越时空、感动古今各类读者的魅力所在。如李白的诗篇表现出盛唐气度；杜甫的诗歌直接为黎民的疾苦呼号；辛弃疾的诗词表达了恢复中原的强烈愿望；毛泽东、陈毅的诗词，言革命之壮志，抒革命之豪情。

2. 形象鲜明感人

诗歌中的思想情感，不是用抽象的语言直接说出来的，而是通过生动的形象来表现的，这是诗歌艺术最主要的特点。如"天苍苍，野茫茫"表现的是雄浑；"无边落木萧萧下，不尽长江滚滚来"表现的是雄伟；"忽如一夜春风来，千树万树梨花开"表现的是西北边塞雪景的壮美。又如毛泽东的"山，快马加鞭为下鞍，惊回首，离天三尺三"，初看，似乎是表现"山"的高峻，但作者在山与人之间的加入"情节"，写的是经过此山时跨险境如走平地，过后蓦然回头一看，方知越过的非等闲之地，不禁一惊，这"惊"，不是事后的心有余悸，不是惊讶山势险峻，而是胜利者的自我发现，说到底，这首词表现的不是山，而是征服高峻山峰的人。

3. 语言精练准确

诗歌在短小的篇幅里，既要表达丰富的思想感情，又要高度集中地反映社会生活，这决定了诗歌的语言必须精练而富有表现力。诗歌语言的精练准确主要表现在对字、词、句的锤炼上。王安石"春风又绿江南岸"之所以被传为锤炼语言的佳话，就是因为"绿"字用得精练生动，令人仿佛看到了春风绿遍江南，一派生机勃勃的动人景象。"红杏枝头春意闹"（宋祁《玉楼春》），由这一个"闹"字而境界全出。毛泽东的歌"山，倒海翻江卷巨澜，奔腾急，万马战犹酣"十六个字，让我们见到了连绵起伏的群山，如汪洋大海波涛翻滚，如千万匹战马驰骋争斗。语言精练，不只是字数少，更在于精。

4. 韵律节奏和谐

和谐的韵律、鲜明的节奏构成了诗歌的音乐美，这是诗歌区别于其他文学题材的一个显著特征。没有韵律与节奏，就不成为诗。音调的高低、轻重、长短、停顿和间歇以及韵律的洪亮、悠扬、低沉、短促等的恰当配合，使诗句起伏跌宕、抑扬顿挫，富有音乐美。如《雨巷》一诗押 ang 韵，且一韵到底，形成一种回环往复的旋律，十分贴切地表现出诗人在现实生活中的孤寂彷徨和对无法实现的梦一样飘逝的理想的追寻。古体诗，特别是律诗和词，其韵律都有严格的规定；新诗韵律虽无一定之规，但也要读起来顺口。诗歌的音乐美感就是由韵律与节奏构成的。

▶ 三、欣赏诗歌的方法

1. 疏通字义、句意，理解诗歌内容

不光是诗歌，任何文学作品，首要的是读懂其意。只是诗歌由于创作时受韵律、平仄、字数等限制，有的用词生僻，修辞方式特殊，古今词义差别大，理解起来更难些。要克服这些困难，首先要借助工具书疏通字义。屈原《橘颂》开头一句"后皇嘉树，橘徕服兮"中的"后"是后土，是对地的尊称；"皇"是皇天，是对天的尊称；"嘉"是美好的意思；"徕"与"来"通；"服"是适应的意思。阅读时先把这些字弄懂了，然后再把这两句连起来，就明白它的意思是：橘树是天地所生的好树，它一来到南方就适应了当地的水土。再如《橘颂》中的另两句"青黄杂糅，文章烂兮"中的"文章"，不是常说的形之于文字、表达一定意思的作品，而是指纹理色彩（橘子皮）；"烂"也不是腐朽、霉烂，而是很光彩的样子。于是"青黄杂糅，文章烂兮"的意思就可以理解为橘子将要熟时，皮色青中泛黄，纹理光鲜。可见，如果不理解诗歌中每个词的含义、古今意义的差别，而简单地望文生义，就会闹笑话。

其次是厘清词语在表意上的顺序。有时一些词句为了诗歌的平仄、对仗等要求而倒装了。如"古木鸣寒鸟，空山啼夜猿"（魏徵《述怀》），直接按字面顺序不好理解，但如果懂得是倒装，理解时把词序理顺为"寒鸟鸣古木，夜猿啼空山"就好懂了。

再次，诗歌的创作者为使诗句形象、生动感人，常常采用一些修辞手段，不厘清这些修辞手段，就很难正确理解这些诗句，其实厘清的过程就是欣赏的过程。两千多年前的《诗经》中就有赋、比、兴，《楚辞》更有诸如比拟、比喻、夸饰、想象、象征等手法。杜甫《古柏行》中有两句诗说"霜皮溜雨四十围，黛色参天二千尺"，沈括在《梦溪笔谈·讥谑》中说："四十围乃是径七尺，无乃太细长乎？"沈括在此就犯了照字直解的错误。有些到庐山旅游者读过李白的"飞流直下三千尺"的诗句，来到秀峰看当年李白见过的庐山瀑布，大呼上当，"这哪有三千尺！"他们同沈括一样，不懂诗歌的夸张手法。要是懂得夸张，看"白发三千丈，缘愁似个长"（李白《秋浦歌》）也就容易理解了，因为那不过是用"三千丈"夸张白发之长，再用白发之长来比喻愁思的没完没了。至此，你绝不会笑李白错，只会觉得李白才思之妙。别以为"朱唇得酒晕生脸，翠袖卷纱红映肉"（苏轼《海棠》）是描写妙龄女郎，那是苏东坡笔下的海棠，是苏东坡把海棠想象成刚刚喝了点酒，白净的脸颊上泛起红晕，卷起翠绿的衣袖，露出胳臂的漂亮女郎而已。如此一来，你会觉得这两句诗用以描写海棠比直接用来描写女郎更含蓄更高妙。

至于被人称为"诗眼""词眼"等表达思想内容、展示诗歌形象的关键词语、精警句子，我们在阅读欣赏时就更应该细细咀嚼品味。像"云破月来花弄影"中的"弄"，"莫道不销魂，帘卷西风，人比黄花瘦"中的"瘦"，张养浩《山坡羊·潼关怀古》中的"兴，百姓苦；亡，百姓苦"，品味起来都是回味悠长。

2. 进入诗歌的意境，领会作者的情感

刘勰《文心雕龙·物色》强调："写气图貌，既随物以婉转；属采附声，亦与心而徘徊。""图貌"是描绘形象，描绘具体景物与生活画面；"与心"是表达情意，是抒情；这两者结合，就做到了情景交融，构成诗歌的意境。意境在诗歌创作中有特殊意义，它是用精练的语言、恰当的手法创造出清新、深远的意境来感染读者。辛弃疾《水龙吟·登建康赏心亭》中"楚天千里清秋，水随天去秋无际，遥岑远目，献愁供恨，玉簪螺髻"，写的是作者登建康赏心亭远眺所见的景：天空辽远空阔，秋色无边无际，浩荡的长江无穷无尽地向天边流去，那一层层一叠叠的远山，有的像美人头上插戴的玉簪，有的像美人头上螺旋形的发髻。可这些现在都只能引起词人的忧愁和愤恨。词中"献愁供恨"用的是移情及物的手法，让词的意境更强烈感人。正因为如此，才有后面的直抒胸臆——"把吴钩看了，栏杆拍遍，无人会，登临意"，淋漓尽致地抒发报国无路、壮志难酬的悲愤之情。

3. 把握诗歌风格，体味诗歌情趣

刘勰认为风格是作家创作个性在具体作品中的表现。读李白诗觉其神思飘逸；读杜甫诗见其忧国忧民；读韩愈诗见其爱才若渴；读苏轼诗见其嬉笑怒骂，风流儒雅。不同的作家不同的作品体现出来的风格是不同的。总之，从作家作品的风格特点出发去阅读与欣赏诗歌作品，是体味诗歌情趣的重要途径。

4. 了解写作背景，正确领会主旨

"诗言志，歌咏言。"诗歌是诗人为了表达某种思想感情而写的，没有任何思想感情的诗是不存在的。温庭筠的"鸡声茅店月，人迹板桥霜"，贾岛的"怪禽啼旷野，落日恐行人"，诗中虽没有直说旅途愁苦，但诗人描绘的形象不仅表明了愁苦，也生动地再现了途中朝朝暮暮的愁苦之状。这是借景言情的好诗，它状难写之景如在眼前，含不尽之意如在言外。

李清照的《醉花阴》和《声声慢》写的都是愁苦心情，但当我们了解这两首词各自的写作背景后，就能体会到《醉花阴》尽管说的是"人比黄花瘦"，但其隐含的主要是与丈夫暂别时的愁思；《声声慢》所表现的愁则是作者遭逢社会动乱，山河破碎，丈夫去世，自己孤身流落他乡的难以言表的痛楚。同是一个"愁"字，分量的轻重却有天壤之别。

5. 反复诵读，感受诗歌音乐美

诗歌自产生以来就与音乐密不可分。韵律的和谐、节奏的鲜明是诗歌音乐美的基础。

古人云"三分诗，七分读"，"书读百遍，其义自见"。反复诵读可以帮助理解诗歌的思想内容，体会意境，得到美的享受。要将诗歌诵读得抑扬顿挫、节奏鲜明，关键是正确地把握诗歌中语音的高低、轻重、停顿。诗歌，节拍数不一样。格律诗中的五言诗一般是每一诗行两个节拍，即 2+3 式。如：

床前/明月光，疑是/地上霜。
举头/望明月，低头/思故乡。

（李白《静夜思》）

七言诗一般是每一诗行三个节拍，即 2+2+3 式。如：

朱雀/桥边/野草花，乌衣/巷口/夕阳斜。
旧时/王谢/堂前燕，飞入/寻常/百姓家。

（刘禹锡《乌衣巷》）

此外，格律还要讲究韵律，即声调的平仄格式和句末押韵的规则。格律诗语音的高低是以平仄的交替来表现的。如：

凤凰台上凤凰游，凤去台空江自流。
（仄平平仄仄平平　仄仄平平平仄平）
吴宫花草埋幽径，晋代衣冠成古丘。
（平平平仄平平仄　仄仄平平平仄平）
三山半落青天外，一水中分白鹭洲。
（平平仄仄平平仄　仄仄平平仄仄平）
总为浮云能蔽日，长安不见使人愁。
（仄仄平平平仄仄　平平仄仄仄平平）

（李白《登金陵凤凰台》）

词和曲的节奏、韵律是由词谱、曲谱的格式安排的。新体自由诗的节拍不像格律诗那样固定整齐，诗行字数不一，长短不定，节拍数各不相同，读时要根据具体的诗歌内容与句意。

爱国忧民壮志类

（一）
自京赴奉先咏怀五百字

杜甫[1]

[导读]

天宝十四载（755）十一月，杜甫获得右卫率府兵曹参军一职不久，从长安赴奉先县（今陕西蒲城）探望寄居在那里的家人。一进家门，就听到幼子饿死，他强忍住悲痛，追思平生，综观时局，写下了这个名篇。

全诗分三段。第一段自述平生之志，包括四层意思：一写自比稷契的志向；二写志向的落空、同辈的嘲笑；三写不愿实行"穷则独善其身"的古训，不愿盛世为隐者，更不愿向"蝼蚁辈"看齐，只顾个人利益；四写"亦余心之所善兮，虽九死其犹未悔"般坚定的人生追求。第二段记述途经骊山时的观感，由玄宗君臣彻夜歌舞欢娱而总结概括出贫富悬殊、社会矛盾尖锐的严酷现实。第三段叙述渡河时仓皇情状，以及到家后所见的悲惨事件，并进一步想到广大人民的痛苦，抒发了作者忧愤深广的情思。全诗兼具纪行与咏怀双重功能，以记述个人遭遇和路途见闻为线索，展开广阔的社会生活图景，表现作者深广、复杂的思想情感。

[选文]

杜陵有布衣[2]，老大意转拙[3]。许身一何愚，窃比稷与契[4]。居然成濩落，白首甘契阔[5]。盖棺事则已，此志常觊豁[6]。穷年忧黎元[7]，叹息肠内热。取笑同学翁[8]，浩歌弥激烈。非无江海志，潇洒送日月。生逢尧舜君，不忍便永诀[9]。当今廊庙具，构厦岂云缺[10]。葵藿倾太阳[11]，物性固难夺。顾惟蝼蚁辈[12]，但自求其穴。胡为慕大鲸，辄拟偃溟渤[13]？以兹悟生理，独耻事干谒[14]。兀兀遂至今，忍为尘埃没[15]。终愧巢与由，未能易其节[16]。沉饮聊自遣，放歌破愁绝[17]。岁暮百草零，疾风高冈裂。天衢阴峥嵘，客子中夜发[18]。霜严衣带断，指直不能结。凌晨过骊山，御榻在嵽嵲[19]。蚩尤塞寒空，蹴踏崖谷滑[20]。瑶池气郁律，羽林相摩戛[21]。君臣留欢娱，乐动殷胶葛[22]。赐浴皆长缨，与宴非短褐[23]。彤庭所分帛，本自寒女出[24]。鞭挞其夫家，聚敛贡城阙[25]。圣人筐篚恩，实愿邦国活[26]。臣如忽至理，君岂弃此物。多士盈朝廷，仁者宜战栗。况闻内金盘，尽在卫霍室[27]。中堂舞神仙，烟雾蒙玉质[28]。暖客貂鼠裘，悲管逐清瑟[29]。劝客驼蹄羹，霜橙压香橘[30]。朱门酒肉臭[31]，路有冻死骨。荣枯咫尺异[32]，惆怅难再述。北辕就泾渭，官渡又改辙[33]。群冰从西下，极目高崒兀[34]。疑是崆峒来，恐触天柱折[35]。河梁幸未坼，枝撑声窸窣[36]。行旅相攀援[37]，川广不可越。老妻寄异县[38]，十口隔风雪。谁能久不顾，庶往共饥渴[39]。入门闻号咷[40]，幼子饿已卒。吾宁舍一哀，里巷犹呜咽[41]。所愧为人父，无食致夭折。岂知秋禾登，贫窭有仓卒[42]。生常免租税，名不隶征伐[43]。抚迹犹酸辛，平人固骚屑[44]。默思失业徒，因念远戍卒[45]。忧端齐终南，澒洞不可掇[46]。

（选自仇兆鳌《杜诗详注》卷四，中华书局，1979年版）

[注释]

[1] 杜甫（712—770），字子美，巩县（今河南省巩义市）人。曾居住在杜陵附近的少陵，故世称杜少陵。肃宗朝，官至左拾遗，后被贬为华州司功参军。不久，弃官入蜀，经荐举任解读参谋、检校工部员外郎。晚年离蜀，漂泊西南，病逝于湘江舟中。他是困穷之士，平生无大得意事，流离兵荒中。其诗抒写个人情怀，往往紧密结合时事，思想深厚，有强烈的社会现实意义，深刻地反映了这个时代的现状，后世称为"诗史"。其诗风格沉郁顿挫。

[2] 杜陵：在长安城南，古杜伯国，秦时为杜县，汉时宣帝葬于此，因称杜陵。杜陵东南为许后所葬，称少陵。杜甫祖籍为京兆杜陵，杜甫居长安时在杜陵、少陵一带住过，因自称"杜陵布衣""少陵野老"。布衣：平民，没有官职的人，此为杜甫自称。

[3] 拙：迂拙，不合时宜。

[4] 许身：对自己的期望。窃：私自。稷（jì）、契（xiè）：传说中唐尧和虞舜时代的两位贤臣。稷为农官，教百姓种植五谷；契为司徒，掌教育。

[5] 居然：竟然。濩（hù）落：大而无用。契（qiè）阔：勤苦。

[6] 盖棺：指死去。觊（jì）豁：希望达到目的。

[7] 穷年：终年，毕生。黎元：百姓。

[8] 同学：此当指同辈。翁：对人的尊称，此含讥讽。

[9] 尧舜君：此指玄宗。永诀：此指永远离开皇帝，避世隐居。

[10] 廊庙：指朝廷。具：器物，用具。廊庙具：此指朝廷治国人才。构厦：建构大厦，此指治理国家。

[11] 葵：此处当指菊科草本植物，葵性向日，见《淮南子·说林训》。藿：豆叶。曹植《求通亲亲表》："若葵藿之倾叶，太阳虽不为之回光，然终向之者，诚也。"据此，则古人认为藿性也向日。此处杜甫自比赤心忠君忧国。

[12] 顾：但是。惟：想到。蝼蚁：蝼蛄和蚂蚁，比喻自营私利、目光短浅的人。

[13] 辄：动辄，总是。拟：打算。偃：栖息。溟渤：大海。

[14] 生理：人生道理，人生真谛。干谒：求见权贵，谋取仕进。

[15] 兀兀：劳苦貌。忍：岂忍。尘埃：尘俗。没：埋没。

[16] 巢与由：巢父与许由，传说中古代避世隐居的两位高士。易其节：改变自比稷与契，致君尧舜上之节。

[17] 破：此处作排遣解。愁绝：极度愁闷。

[18] 天衢（qú）：天上四通八达之路，指天空。阴：阴寒之气。峥嵘：高峻貌，此处形容寒气盛大。客子：客居在外之人，杜甫自指。

[19] 骊山：在今陕西临潼区，山有温泉，唐代皇帝行宫华清宫在其上。御榻：皇帝的坐榻，这里借指皇帝。嵽嵲（dié niè）：山高峻貌，这里借指高峻的骊山。唐玄宗经常在十月带杨贵妃姊妹到这里避寒，寻欢作乐。

[20] 蚩尤：古代传说中部落领袖，据说他与黄帝作战，能兴作大雾，迷惑对方。又一说指从蚩尤墓中出来的赤气，俗名为蚩尤旗，为兵乱之象。此处当并用二说，明指大雾，暗喻兵乱之象。蹴：踩。

[21] 瑶池：神话中西王母居住的地方，西王母曾与周穆王在此游宴。此借指唐玄宗与杨贵妃姊妹游乐的骊山华清池。气郁律：指温泉热气蒸腾。羽林：羽林军，皇帝的卫队。摩戛（jiá）：兵器互相碰撞，形容禁军人数之多。

[22] 殷：震动。胶葛：广大貌，此指广大的天空。此句说，乐声响彻云霄。

[23] 长缨：长的冠带，贵人的服饰，借指贵族。短褐（hè）：粗布短衣，借指平民。

[24] 彤庭：朝廷，宫殿楹柱多用朱红色（彤）涂饰。寒女：贫寒的妇女。

[25] 城阙：京城。

[26] 圣人：指皇帝。筐篚（fěi）：两种竹器，方曰筐，圆曰篚，古代皇帝常以筐篚盛币帛赏赐臣下。活：兴旺。

[27] 内金盘：宫廷内府的金盘，指皇室的宝器。卫、霍：卫青、霍去病，皆汉武帝的外戚，此隐喻杨贵妃的兄弟姊妹。

[28] 神仙：此指美女歌妓。烟雾：指室内薰香所生的烟气，一说形容丝织品的薄而轻。

[29] 悲：乐声悲切动情，淋漓酣畅。管、瑟：指管乐和丝乐。逐：和鸣、齐奏。清：清越动听。

[30] 驼蹄羹：据唐代段成式《酉阳杂俎》的记载，唐代有位将军善用骆驼蹄做菜。橙、橘：均为南方出产，北方难以得到。据竺可桢《中国近五千年来气候变迁的初步研究》（《考古学报》1972年第1期）的研究，魏晋南北朝时，淮河以北种橘树不能开花结实，到了唐代，由于气候变暖，橘树在京城栽种获得成功。开元末年，江南进柑橘，唐玄宗在蓬莱宫种下十粒橘种，至天宝十载九月秋，"结实一百五十余颗"，据说，这批柑橘的味道"与江南、蜀道所进者不异"（唐代段成式《酉阳杂俎·前集》卷十八《广动植之三·木篇》），这批柑橘被当作喜庆之物分赐宰臣，宰臣因此献表歌颂圣德（见宋乐史《杨太真外传》卷下）。这里所说香橘，当就是指这批引种成功，来之不易而分赐宰臣的柑橘。此处驼蹄羹、霜橙、香橘，均指名贵的食品。压：堆积。

[31] 朱门：富贵人家。酒肉臭：《孙子新书》中载"楚庄攻宋，厨有臭肉，尊有败酒，而三军有饥色"。

[32] 荣：显荣，富贵。枯：承上"冻死骨"，言枯骨，借指贫穷者。咫尺：比喻极近，古时八寸为咫。

[33] 北辕：驾车北行。泾渭：二水名，在陕西临潼汇合。杜甫此行出长安东行，经骊山、昭应，自昭应北渡泾渭往奉先。官渡：官府所设的渡口。

[34] 群冰：河流中的大量浮冰。冰：一作"水"。前既言"霜严衣带断""路有冻死骨"，后又言"触""坼"，此又言"高崒兀"，作"冰"为佳。崒（cù）兀：高峻而危险貌。

[35] 崆峒：山名，在今甘肃省岷县。天柱折：《列子·汤问》中载"共工氏与颛顼争为帝，怒而触不周之山，折天柱，绝地维。"此形容水流湍急，冰势危峻，有如天崩山裂。

[36] 梁：桥。枝撑：桥柱。窸窣（xī sū）：颤动声，为唐人口语。

[37] 行旅：指行人。

[38] 异县：指奉先。杜甫客居长安时，生活穷困，将妻子送到奉先县寄居。

[39] 庶：希冀、盼望。

[40] 号咷（táo）：痛哭。

[41] 宁：岂能。舍一哀：忍住悲痛。里巷：邻人。

[42] 登：成熟、丰收。窭（jù）：贫穷。仓卒：突然，意外。

[43] 免租税：唐制，家有品爵官秩者，有免赋税的特权（参见《唐六典》卷三）。名不隶征伐：应调出征的名簿上没有名字，即不需要服兵役，这也是家有品爵官秩者的特权。隶：属。

[44] 抚迹：犹抚事，追思往事，感念时事。平人：平民，唐人避太宗李世民之讳，改"民"为"人"。骚屑：本指风声，此借指骚动不安。

[45] 失业徒：失去土地产业的人。远戍卒：被征调去戍守边远疆塞的士卒。

[46] 忧端：忧愁的思绪。终南：山名，在长安之南。澒（hòng）洞：无边无际貌。掇：收拾。

[鉴赏训练]

1. 本诗融记事、抒情、说理为一炉，顿挫起伏，回环往复，沉雄勃郁而浑厚磅礴，是杜甫最有代表性的史诗之一。诗中如何体现记事、抒情、说理的融合？

2. 熟读此诗，体会杜甫诗歌沉郁顿挫的风格。

[拓展阅读]

杜甫每念社稷、动忧苍生的爱国主义精神和人道主义精神，以及他自觉地用诗歌反映社会、讴歌人生的现实主义创作精神，影响了后世一代又一代的诗人和作家。他们往往结合各自的时代和经历的特点，加以继承和发扬。如元、白的新乐府运动，李商隐的忧世伤时之作，皮日休、杜荀鹤等人针砭时弊的篇什，都是杜诗的嗣响。宋代陈与义、陆游、文天祥志在恢复，生死以赴，他们的慷慨悲歌，深得杜诗精髓。元好问历经国事身世的沧桑，他的七律感慨深沉，踵武杜甫。明末清初的张煌言、顾炎武、屈大均等人，也都能弘扬杜甫的爱国精神。

杜工部蜀中离席

李商隐

人生何处不离群？世路干戈惜暂分。
雪岭未归天外使，松州犹驻殿前军。
座中醉客延醒客，江上晴云杂雨云。
美酒成都堪送老，当垆仍是卓文君。

（二）

水龙吟·登建康赏心亭

辛弃疾[1]

[导读]

此词作于孝宗淳熙元年（1174）秋，是体现辛词风格的早期名作，豪而不放，壮中见悲,沉郁顿挫。赏心亭遥对古秦淮河,是历代文人赏心雅兴之所,然而辛弃疾在这里感慨的却是不被知遇、流年已逝的英雄恨。上片写山水之势,雄浑壮丽。苍凉黯淡的背景烘托出一位飘零孤独的爱国臣子形象。下片抒壮志难酬,悲情难抑。连用典故,唱叹不已。结拍最妙,以美女拭泪的想象宕开去,为全词慷慨激愤的基调增添了几分妩媚婉转的情致。

[选文]

　　楚天千里清秋[2],水随天去秋无际。遥岑远目[3],献愁供恨,玉簪螺髻[4]。落日楼头,断鸿声里,江南游子[5]。把吴钩看了,栏杆拍遍,无人会,登临意[6]。

　　休说鲈鱼堪脍,尽西风,季鹰归未[7]?求田问舍,怕应羞见,刘郎才气[8]。可惜流年,忧愁风雨,树犹如此[9]!倩何人唤取,红巾翠袖,揾英雄泪[10]?

(选自唐圭璋编《全宋词》,中华书局,1965年版)

[注释]

　　[1] 辛弃疾(1140—1207),字幼安,号稼轩,历城(今山东省济南市)人。有将相之才,平生以气节自负,功业自许。出生时,山东已为金兵所占。青年时组织义兵两千余人,加入耿京的抗金义军,不久归南宋,历任湖北、江西、湖南、福建、浙东安抚使等职。屡受主和派排挤,长期落职闲居江西上饶、铅山一带。晚年韩侂胄当政,一度起用,不久病卒。诗词文兼擅。诗存120余首,颇有佳作。散文以《美芹十论》和《九议》最著名,议论纵横,可见其治国方略。词存600多首,多抒爱国壮志、叹英雄不遇,慷慨悲壮,充满英雄主义色彩,震响着时代的风雷之音。他是词史上伟大的爱国词人,与苏轼并称为"苏辛"。

　　[2] 楚天:楚地天空。江南一带原是战国时楚国的疆域,故称为楚天。

　　[3] 遥岑远目:纵目远山。岑(cén):小而高的山。

　　[4] 玉簪螺髻:形容远山的秀美,就像美人头上的碧玉簪和青螺状的发髻。

　　[5] 江南游子:作者自称,指自己孤身一人来到江南,因仕宦而漂泊不定。

　　[6] "把吴钩"四句:谓壮志难酬且无人理会,拍栏杆是情感郁闷、无处宣泄的动作。吴钩:古代吴国的一种弯形宝刀,此处泛指佩刀。

　　[7] "休说"三句:反用张翰弃官南归事。张翰:西晋人,字季鹰。在洛阳为官,见秋风起,因思吴中莼(chún)菜羹、鲈鱼脍,遂弃官南归。此处作者是说,不要提起鲈鱼脍如何诱人,现在西风遍地,我却有家难归。作者家在山东,早被金人占领,故不能归。脍:切成薄片的鱼肉。

　　[8] "求田问舍"三句:典出《三国志·魏书·陈登传》。据载,许汜(sì)见陈登,陈久不与语,使许卧下床,而自卧大床。许汜诉诸刘备。刘备说:"君有国士之名,今天下大乱,帝王失所,望君忧国忘家,有救世之意;而君求田问舍,言无可采,是元龙(陈登的字)所讳也,何缘当与君语?如小人(刘备自称),欲卧百尺楼上,卧君于地,何但上下床之间耶!"求田问舍:买田置房。刘郎:指刘备。才气:才华和气魄。作者借此典表明自己无意于个人私利。

[9]"可惜流年"三句：《世说新语·言语》篇说，东晋桓温北征，经过金城，看见以前种的柳树已有十围，慨然曰："木犹如此，人何以堪！"

[10] 倩：请，央求。红巾翠袖：借代指美女。揾（wèn）：擦，揩拭。

[鉴赏训练]

1. 试结合作者的经历，分析词所抒发的"登临意"是怎样的思绪？上片的景物描写营造了怎样的意境？

2. "英雄"一词在南宋时期的诗词作品中经常出现，呼唤英雄成了那个时代的声音。这首词就提到了"英雄"，它指的是谁？表达了作者怎样的感情？请你从其他诗词中再找出几例加以分析。

[拓展阅读]

辛弃疾和苏轼词风的异同

文学史上常将苏辛词并提，二者也确有相似之处，如都打破婉约的一统格局，都有豪放之作。苏轼是"一洗绮罗香泽之态，摆脱绸缪宛转之度，使人登高望远，举首高歌，而逸怀浩气，超然乎尘垢之外"（胡寅《酒边词序》），辛弃疾是"于剪红刻翠之外，屹然别立一宗"（《四库全书总目提要》）。

但是，二人也有明显的同中之异。简言之，正像王国维《人间词话》所评："东坡之词旷，稼轩之词豪。"苏轼虽开创过豪放风格，但其基调乃是旷达，即使豪放词，也多是豪中带旷；而辛词则将豪放发挥到极致，而在豪放之中，更多悲壮之气。

如写人：辛词多是英雄豪杰形象，苏词多是"疏狂异趣"形象，他们或者以"一蓑烟雨任平生"（《定风波》）的达士面目出现，或者以"我欲乘风归去"（《水调歌头》）的游仙面目出现，或者以"一笑人间千古"（《渔父》）的隐者面目出现，或者以"独求僧榻寄须臾"（《瑞鹧鸪》）的居士面目出现，或者以"佳处辄迟留"（《水调歌头》）的迁客面目出现，或者以"醉醒还醉醉还醒"（《渔父》）的酒徒面目出现，他们的行为感情也无不带有旷达色彩，而苏轼自己的"坡仙"性格也被随时随地表现出来。

又如写景：辛词虽有清新纯朴的景物描写，但更多的是具有豪放特征的奔腾飞动、又饱含自己沉郁情感的景物描写。而苏词虽有一些"惊涛拍岸，卷起千堆雪"（《满江红》）的豪放色彩，但更多、更典型的则是那些古淡、幽远、深邃、雅洁的景色。这些景色多披上一层薄云细雨，以增加画面的迷濛清疏感；多徜徉着清风流水，以增加画面的灵活流走感；多笼照着明月夕阳的柔光，以增加画面的宁静寂悟感；多聚集着青山碧水，以增加画面的澄澈雅健感，与辛词的磅礴和悲壮正自不同。

又如怀古：辛词怀古，意在抒发兴亡之感，所缅怀的也多是古之英雄豪杰，且用来自比，因而感情极沉郁，深陷在古人遭遇中难以自拔。苏词则不然，他所赞叹的往往是古之达者，即使拈出古之英雄，也并非想陷入对他们悲剧的沉湎之中，相反，他拈出他们恰恰是为了抹倒他们，指出人生不过是短暂的一瞬，功名不过是过眼的烟云，因此应超脱地对待人与自然、人与历史的关系，力求旷达。

又如隐逸与醉酒：辛词虽也有由衷赞美这种生活的作品，但大量作品所透露出的是被迫隐逸、不甘隐逸的情绪。辛也写醉中的欢乐，但更多的是写醉后的痛苦。而苏轼则不同，他把田园和乡村当作与龌龊官场和黑暗社会对立的圣地，真心向往它，他甚至估计到人们会对他发生误解，于是有意声称道："一任刘玄德，相对卧高楼"（《水调歌头》），"求田问舍笑英豪，自爱湖边沙路、免泥行"（《南歌子》）。这就和"休说鲈鱼堪脍，尽西风，季鹰归未？求田问舍，怕应羞见，刘郎才气"的辛弃疾大相径庭。

总之，由于苏轼和辛弃疾为人的品格不同，他们词风也就相应地不同。

（三）

满江红·怒发冲冠

岳 飞[1]

[导读]

《满江红》是岳飞的代表作，全词气势激昂，充分反映了他抗金救国的雄心壮志和慷慨豪迈的英雄气概。

词的上半部分抒写词人渴望建功立业的凌云壮志。"怒发冲冠"一句，以磅礴的气势开篇，随即稍顿笔锋，颇有节奏感。之后笔锋直上，转为"仰天长啸"，抒发精忠报国的壮志豪情。然后词人借"三十功名尘与土，八千里路云和月"两句剖白心迹。这两句，把岳飞的豪情壮志表露无遗。最后三句紧承上文，是词人的自勉之语。词的下半部分引史入词，以史为鉴，以史为鞭，传达出词人杀敌报国的决心与自信。"靖康耻，犹未雪。臣子恨，何时灭"四句，是全词的中心，交代了词人如此渴望收复山河的原因。其后的"饥餐""渴饮"，以夸张之笔表达了词人对敌人的憎恨，同时也展露出词人收复河山的信心和英勇的乐观精神。"待从头、收拾旧山河，朝天阙"，一方面表明词人对朝廷的忠诚，另一方面又体现出词人收复河山的坚定信心。

[选文]

怒发冲冠[2]，凭栏处、潇潇[3]雨歇。抬望眼，仰天长啸[4]，壮怀激烈。三十功名尘与土，八千里路云和月。莫等闲[5]、白了少年头，空悲切。

靖康耻[6]，犹未雪。臣子恨，何时灭！驾长车，踏破贺兰山[7]缺。壮志饥餐胡虏肉，笑谈渴饮匈奴血。待从头收拾旧山河，朝天阙[8]。

（选自《宋词三百首鉴赏辞典》，上海辞书出本社，2006版）

[注释]

[1] 岳飞（1103—1142），字鹏举，相州汤阴（今河南省汤阴县）人。宋宣和四年（1122）从军，屡立战功。南渡后，又屡败金兵，是南宋时期抗金名将。被秦桧以莫须有的罪名杀害。追谥武穆，后又追封鄂王，改谥忠武。后人辑有《岳忠武王文集》。

[2] 怒发冲冠：愤怒得头发竖立，上冲冠帽，形容愤怒至极。

[3] 潇潇：形容雨势急骤。

[4] 长啸：感情激动时撮口发出清而长的声音，为古人的一种抒情之举。

[5] 等闲：轻易，随便。

[6] 靖康耻：宋钦宗靖康二年（1127），金兵攻陷汴京，掳走徽、钦二帝，北宋遂亡。靖康：宋钦宗年号。

　　[7] 贺兰山：在今宁夏回族自治区，此处借指敌境。

　　[8] 朝天阙：朝见皇帝。天阙：本指宫殿前的楼观，此指皇帝生活的地方。

[鉴赏训练]

　　1. 作者在这首词中表现出的感情非常丰富，请找出词中能直接表现作者感情的词，感受作者的感情变化。

　　2. "莫等闲、白了少年头，空悲切"和《汉乐府·长歌行》中的"少壮不努力，老大徒伤悲"一样，是被后人奉为箴言的警策之句，在这首词中有什么含意？

[拓展阅读]

讲一讲岳飞故事

　　岳飞作为中国历史上的一员名将，其精忠报国的精神深受各族人民的敬佩。在他短暂的三十九年时光里，从年少参军到长大当兵，再到蒙冤离世，有一些故事家喻户晓、脍炙人口，向我们传达了英雄的坚韧与隐忍，刚毅与伟大！

一、岳母刺字

　　岳飞小时候家里非常穷，母亲用树枝在沙地上教他写字，还鼓励他好好儿锻炼身体。岳飞勤奋好学，不但知识渊博，还练就了一身好武艺，成为文武双全的人才。

　　当时，北方的金兵常常攻打中原。母亲鼓励儿子报效国家，并在他背上刺了"精忠报国"四个大字。孝顺的岳飞不敢忘记母亲的教诲，那四个字成为岳飞终生遵奉的信条。每次作战时，岳飞都会想起"精忠报国"四个大字。由于他勇猛善战，取得了很多战役的胜利，立了不少功劳，名声也传遍了大江南北。

　　岳飞还建立起一支纪律严明、作战英勇的抗金"岳家军"。岳家军的士兵都严格遵守纪律，宁可自己忍受饥饿，也不敢打扰人民。晚上，如果借住在民家或商家，他们天一亮就起来，为主人打扫卫生，清洗餐具后才离去。"岳家军"的士气让金军闻风丧胆。金兵统帅长叹道："撼山易，撼岳家军难！"在一次岳家军与金军的战役中，当岳家军追到距金兵大本营只有四十五里，眼看就要大功告成，收复江山时，皇帝赵构怕岳飞打败金兵后，接回原先的皇帝，而自己的王位就保不了，因此和奸臣秦桧连发十二道金牌，命令岳飞退兵。秦桧还诬告岳飞谋反，将他关入监狱，以"莫须有"的罪名将岳飞毒死。

　　岳飞死时只有三十九岁。他一生谨记母亲的教诲，即使在死的那一刻，也没有忘记"精忠报国"四个字。

二、三拒诏书

　　岳飞坚决反对议和，主张抗战到底，置个人荣辱安危于度外，对赵构、秦桧的投降活动进行坚决斗争。

　　绍兴九年（1139），岳飞在鄂州（今湖北省武汉市）听说宋金议和将达成，立即上书表示反对，申言"金人不可信，和好不可恃"，并直接抨击了宰相秦桧出谋划策、用心不良的投降活动，使"秦桧衔之（抱恨）"。议和达成后，高宗赵构得意忘形，颁下大赦诏书，对文武大臣大加爵赏。可是，诏书下了三次，岳飞都加以拒绝，不受开府仪同三司（一品官衔）的爵赏和三千五百户食邑的封赐。他在辞谢中，痛切地表示反对议和："今日之事，可危而不可安，可忧而不可贺。"并再次表示收复中原的决心，"愿定谋于全胜，期收地于两河，唾手燕云，终欲复仇而报国"。这无异于给宋高宗当头泼了冷水，从而更使赵构、秦桧怀恨在心。岳飞不顾个人得失，坚持抗战到底的立场，率领、联络北方义军，卓有成效地从事抗金斗争，筹划收复中原、统一祖国，成为全国抗金斗争中的有力支柱。

三、直捣黄龙

岳家军进入中原后，受到中原人民、忠义民兵的热烈欢迎。绍兴十年（1140）七月，岳飞亲率一支轻骑驻守河南郾城，和金兀术一万五千精骑发生激战。岳飞亲率将士，向敌阵突击，大破金军"铁浮图"（侍卫亲兵）和"拐子马"（左右两翼钳攻的骑兵），把金兀术打得大败。岳飞部将杨再兴，单骑闯入敌阵，想活捉金兀术，可惜没有找到，手杀敌人数百，身被几十处创伤，豪勇无比。岳家军将士具有"守死无去"的战斗作风，敌人以排山倒海的大力，也不能把岳家军阵容摇动。

郾城大捷后，岳飞乘胜向朱仙镇进军（离金军大本营汴京仅四十五里），金兀术率领了十万大军抵挡，又被岳飞打得落花流水。岳飞这次北伐中原，一口气收复了颍昌、蔡州、陈州、郑州、郾城、朱仙镇，消灭了金军有生力量，金军全军军心动摇，金兀术连夜准备从开封撤逃。

南宋抗金斗争有了根本的转机，再向前跨出一步，沦陷十多年的中原就可望收复了。岳飞兴奋地对将士们说："直抵黄龙府，与诸君痛饮尔！（破掉酒戒庆祝）"而金军则发出了"撼山易，撼岳家军难"的哀叹。

四、十二金牌

外敌难以撼动的岳家军，却遭到了南宋朝廷内部投降派的摧残。就在这抗金斗争取得辉煌胜利的时刻，甘心充当儿皇帝的高宗赵构，因担心一旦中原收复，金人放回他的哥哥钦宗，他就保不住皇位，而急切地希望与金人议和。

金人安插在南宋朝廷里窃取了宰相高位的内奸秦桧，也抓住高宗这个难言的心病大肆活动，破坏岳飞的抗战。他们狼狈为奸，密谋制订了全线撤军、葬送抗金大好形势的罪恶计划。他们首先命令东西两线收兵，造成岳家军孤军突出的不利态势后，即以"孤军不可久留"为名，连下十二道金牌（红漆金字木牌），急令岳飞"措置班师"。在要么"班师"、要么"丧师"的不利形势下，岳飞明知这是权臣用事的乱命，但为了保存抗金实力，不得不忍痛班师。岳飞愤慨地说："十年之功，废于一旦！所得诸郡，一朝全休！社稷江山，难以中兴！乾坤世界，无由再复！"岳飞的抗金英勇斗争，至此被迫中断。

岳家军班师时，久久渴望王师北定中原的父老兄弟，拦道恸哭。岳飞为了保护老百姓的生命财产，故意扬言明日渡河，吓得金兀术连夜弃城北窜，准备北渡黄河，使岳飞得以从容地组织河南大批人民群众南迁到襄汉一带，才撤离中原。

五、莫须有

岳飞一回到临安，立即陷入秦桧、张俊等人布置的罗网。

绍兴十一年（1141），他遭诬告"谋反"，被关进了临安大理寺（原址在今杭州小车桥附近）。监察御史亲自刑审、拷打，逼供岳飞。与此同时，宋金政府之间，正加紧策划第二次议和，双方都视抗战派为眼中钉，金兀术甚至凶相毕露地写信给秦桧："必杀岳飞而后可和。"在内外两股恶势力夹击下，岳飞正气凛然，光明正大，忠心报国。从他身上，秦桧一伙找不到任何反叛朝廷的证据，但岳飞仍于绍兴十一年农历除夕夜，被赵构"特赐死"，杀害于临安大理寺内，年仅三十九岁。岳飞部将张宪、儿子岳云亦被腰斩于市门。

岳飞父子及张宪死于奸臣昏君之手，激起了抗战派和老百姓的强烈愤怒，韩世忠当面质问秦桧，秦桧支吾其词"其事体莫须有（也许有）"。韩世忠当场驳斥："'莫须有'三字，何以服天下？"

英雄岳飞，就在"莫须有"的罪名下，含冤而死。临死前，他在供状上写下"天日昭昭，天日昭昭"八个大字。这是悲愤的呼喊！

（四）
梅 岭 三 章

陈 毅[1]

[导读]

《梅岭三章》是1936年冬天中国共产党人陈毅在梅岭被国民党四十六师围困时写下的三首诗。陈毅虽然处在危难之际，但献身革命的决心和对革命必胜的信心却矢志不移。他的革命乐观主义精神，成为中华民族的宝贵精神财富，激励着一代又一代中国人为中华民族的伟大复兴艰苦创业，勇往直前，成为爱国主义教育和革命传统教育的生动教材。《梅岭三章》诗碑现建于大余县梅关乡梅山村黄坑北侧山坡上，广东南雄梅关古驿道的中段旁也立有一块《梅岭三章》手迹诗碑。

[选文]

一九三六年冬，梅山被围。余伤病伏丛莽间二十余日，虑不得脱，得诗三首留衣底。旋[2]围解。

（一）
断头今日意如何？创业艰难百战多。
此去泉台[3]招旧部[4]，旌旗[5]十万斩阎罗。

（二）
南国烽烟[6]正十年，此头须向国门悬。
后死诸君[7]多努力，捷报飞来当纸钱。

（三）
投身革命即为家，血雨腥风应有涯[8]。
取义成仁[9]今日事，人间遍种自由花。

（选自《陈毅诗词选集》，人民文学出版社，1977年版）

[注释]

　　[1] 陈毅（1901—1972），名世俊，字仲弘，四川乐至人，无产阶级革命家、政治家、军事家、外交家、诗人，中国人民解放军的创建人和领导人之一，中国共产党党员，中华人民共和国元帅。1919 年赴法勤工俭学，1923 年加入中国共产党，参加了大革命和土地革命战争、抗日战争和解放战争。中华人民共和国成立后历任华东军区司令员、上海市市长、中共中央华东局第二书记兼上海市委书记、中央军委副主席、国务院副总理兼外交部长、人民革命军事委员会副主席、第一至三届国防委员会副主席、第三届和第四届全国政协副主席等职，是中共第七至九届中央委员，第八届中央政治局委员。诗歌作品编入《陈毅同志诗词选》《陈毅诗稿》等。

　　[2] 旋：不久。

　　[3] 泉台：传说中的阴间。

　　[4] 旧部：从前的部下。这里指牺牲了的战友。

　　[5] 旌旗：这里借指部队。旌，古代用于指挥或开道的一种旗帜。

　　[6] 烽烟：古代边境有敌人入侵时在高台上点燃起来作报警用的烟火，后泛指战火。这里指当时的国内革命战争。

　　[7] 诸君：各位同志。诸，许多、各位。君，对人的尊称。

　　[8] 涯：边际、止境。

　　[9] 取义成仁：为真理或正义事业而献身。这里指为中国人民的解放事业而英勇牺牲。取，求取。义，正义。成，成全、达到。仁，现在借指崇高的道德。

[鉴赏训练]

1. 有感情地朗读《梅岭三章》，说说每章诗歌的主要内容，并说说表现了无产阶级革命家怎样的精神。

2. 诗歌运用了比喻、借代、引用等修辞手法，请找出具体语句并赏析。

[拓展阅读]

陈毅诗歌欣赏

　　1938 年 6 月，粟裕指挥挺进江南的新四军先遣支队，在镇江城郊的卫岗设伏，取得了江南首战的胜利。陈毅闻讯后，称赞"江南处女战打得好"，并写下了《卫岗初战》一诗。

卫 岗 初 战

（1938 年 6 月）

弯弓射日到江南，终夜喧呼敌胆寒。
镇江城下初遭遇，脱手斩得小楼兰。

　　韩紫翁，即韩国钧（1857—1942），人们敬称他为紫老、紫翁，江苏海安人，著名爱国开明绅士。他受中国共产党抗日民族统一战线政策的感召，支持新四军的抗日斗争。

1940年，陈毅率部移师海安时，他盛情邀请陈毅住在自己家里。1941年，日伪胁迫他出任江苏省省长，他坚持民族气节，宁死不从，在忧愤中逝世。陈毅闻讯后，写了一首诗来称赞他。

闻韩紫翁陷敌不屈而死，诗以赞之

（1942年1月）

忍视神州竟陆沉，几人酣醉几人醒？
坚持晚节昭千古，誓挽狂澜励后生。
御侮力排朋党论，同仇谋止阋墙争。
海陵胜地多人杰，信国南归又见君。

1945年联合国成立之际，经过中国共产党的据理力争，国民党政府不得不同意让董必武以解放区代表的身份，参加中国代表团，出席旧金山会议。在欢送董必武赴美出席旧金山会议时，陈毅写诗以记之。

送董老出席旧金山会议，即日出洋

（1945年4月）

百年家国恨，禹域日倾颓。
强邻虎入室，蟊贼狼登台。
屡见儿皇帝，难逢不世才。
星槎今万里，捷报盼飞来。
公等凌空去，中华气概雄。
九州方擒虎，东亚正飞龙。
万国车一轨，寰球书可同。
代表四万万，朝霞大地红。

[综合鉴赏训练]

1. 杜甫是中国古代文学史上最伟大的现实主义诗人，他的诗歌被称为"诗史"。在艺术创作手法上，他集前人之大成，又沾溉万代，开后世无数法门，因而被尊为"诗圣"。他的作品不仅光照了古代万千文人，而且也深深影响了我国无产阶级革命家的创作。阅读下列诗歌，分析其中蕴含的志向和情感。

秋兴八首用杜甫原韵（其三）

朱　德

重光祖国借余晖，万众同心用力微。
毳幕腥膻终寂寞，汉家子弟尽雄飞。
喜当年富兼身壮，时正秋高又马肥。
戎马少年半同学，倾心为国志无违。

2. 辛弃疾是南宋中叶最伟大的文学家,他的词作充实、巩固并极大地发展了苏轼所开创的豪放风格。他用这种风格创作了大量的"英雄语""豪杰词""爱国词"。但是,辛弃疾又是一个风格多样的词人,他也有温婉、清丽、自然之作。阅读并鉴赏下列三首词作,体会不同风格的美妙之处。

农村词:

清平乐·村居

茅檐低小,溪上青青草。醉里吴音相媚好,白发谁家翁媪。
大儿锄豆溪东,中儿正织鸡笼。最喜小儿无赖,溪头卧剥莲蓬。

闲适词:

水调歌头·盟鸥

带湖吾甚爱,千丈翠奁开。先生杖屦无事,一日走千回。凡我同盟鸥鸟,今日既盟之后,来往莫相猜。白鹤在何处,尝试与偕来。
破青萍,排翠藻,立苍苔。窥鱼笑汝痴计,不解举吾杯。废沼荒丘畴昔,明月清风此夜,人世几欢哀?东岸绿阴少,杨柳更须栽。

爱情词:

青玉案·元夕

东风夜放花千树,更吹落,星如雨。宝马雕车香满路。凤箫声动,玉壶光转,一夜鱼龙舞。
蛾儿雪柳黄金缕,笑语盈盈暗香去。众里寻他千百度,蓦然回首,那人却在,灯火阑珊处。

3. 岳飞是南宋初年的抗金名将,他不仅作词,还很有诗情。请同学们赏析他戎马倥偬生涯中的一篇佳作——《池州翠微亭》。

池州翠微亭

经年尘土满征衣,特特寻芳上翠微。
好山好水看不足,马蹄催趁月明归。

4. 历史的耻辱柱上,有蛀虫、卖国贼的身影;历史的光荣榜上,更有英雄、革命者的史诗。我国老一辈无产阶级革命家抛头颅、洒热血,不怕牺牲,为国奋斗,创造出社会主义幸福新生活!请大家深入了解一至两位无产阶级革命家的生平事迹,讲给家长、同学们听一听,体会他们大无畏的革命精神,并思索这种精神对当代社会发展的重要意义。

乡思离别遣怀类

（一）
宣州谢朓楼饯别校书叔云

李　白[1]

[导读]

　　《宣州谢朓楼饯别校书叔云》是李白在宣城与李云相遇并同登谢朓楼时创作的一首送别诗。此诗共九十二字，并不直言离别，而是重笔抒发自己怀才不遇的牢骚。全诗灌注了慷慨豪迈的情怀，抒发了诗人怀才不遇的激烈愤懑，表达了对黑暗社会的强烈不满和对光明世界的执着追求。虽极写烦忧苦闷，却并不阴郁低沉。诗中蕴含了强烈的思想感情，如奔腾的江河瞬息万变，波澜迭起，和艺术结构的腾挪跌宕、跳跃发展完美结合，达到了豪放与自然和谐统一的境界。

[选文]

　　　　弃我去者昨日之日不可留，乱我心者今日之日多烦忧。
　　　　　　长风万里送秋雁[2]，对此可以酣高楼[3]。
　　　　　　蓬莱文章建安骨[4]，中间小谢又清发[5]。
　　　　　　俱怀逸兴壮思飞[6]，欲上青天览明月[7]。
　　　　　　抽刀断水水更流，举杯销愁愁更愁。
　　　　　　人生在世不称意[8]，明朝[9]散发[10]弄扁舟[11]。

（选自《唐诗鉴赏辞典》，上海辞书出版社，2004年版）

[注释]

　　[1] 李白（701—762），字太白，号青莲居士，唐朝诗人，有"诗仙"之称，伟大的浪漫主义诗人。出生于四川绵阳江油市青莲乡，一说生于西域碎叶城（今吉尔吉斯斯坦托克马克），祖籍陇西郡成纪县（今甘肃省天水市秦安县）。代表作有《蜀道难》《将进酒》等诗篇，有《李太白集》传世。762年病逝于安徽当涂，享年六十一岁。

　　此诗《文苑英华》题作《陪侍御叔华登楼歌》，则所别者一为李云，一为李华。李白另有五言诗《饯校书叔云》，作于某春季，且无登楼事，与此诗无涉。宣州：今安徽宣城一带。谢朓楼：又名北楼、谢公楼，在陵阳山上，谢朓任宣城太守时所建，并改名为叠嶂楼。饯别：以酒食送行。校（jiào）书：官名，即秘书省校书郎，掌管朝廷的图书整理工作。叔云：李白的叔叔李云。

　　[2] 长风：远风，大风。

　　[3] 此：指上句的长风秋雁的景色。酣（hān）高楼：畅饮于高楼。

　　[4] 蓬莱：此指东汉时藏书之东观。《后汉书》卷二三《窦融列传》附窦章传："是时学者称东观为老氏藏室，道家蓬莱山"。李贤注："言东观经籍多也。蓬莱，海中神山，为仙府，幽经秘籍并皆在也。"蓬莱文章：借指李云的文章。建安骨：汉末建安（汉献帝

年号，196—220）年间，"三曹"和"七子"等作家所作之诗风骨遒上，后人称之为"建安风骨"。

[5] 小谢：指谢朓，字玄晖，南朝齐诗人。后人将他和谢灵运并举，称为大谢、小谢。这里用以自喻。清发（fā）：指清新秀发的诗风。发：秀发，诗文俊逸。

[6] 俱怀：两人都怀有。逸兴（xìng）：飘逸豪放的兴致，多指山水游兴，超远的意兴。王勃《滕王阁序》："遥襟甫畅，逸兴遄飞"。李白《送贺宾客归越》："镜湖流水漾清波，狂客归舟逸兴多。"壮思飞：卢思道《卢记室诔》："丽词泉涌，壮思云飞。"壮思：雄心壮志，豪壮的意思。

[7] 览：通"揽"，摘取。览明月：《唐诗鉴赏辞典》（上海辞书出版社1983年版）作"揽明月"。

[8] 称（chèn）意：称心如意。

[9] 明朝（zhāo）：明天。

[10] 散发（fà）：不束冠，意谓不做官。这里是形容狂放不羁。古人束发戴冠，散发表示闲适自在。

[11] 弄扁（piān）舟：乘小舟归隐江湖。扁舟：小舟，小船。春秋末年，范蠡辞别越王勾践，"乘扁舟浮于江湖"（《史记·货殖列传》）。

[鉴赏训练]

李白的诗歌中，写月、写酒、写愁的名篇佳作比比皆是，《宣州谢朓楼饯别校书叔云》一诗几乎集中体现了李白诗歌的所有特色：李白喜月，诗中有月；李白嗜酒，诗中有酒；李白怀才不遇，诗中写满了他的忧愤与期冀；李白豪迈洒脱，于是他诗情如狂涛，笔势若天马。

1. 请背诵三句李白诗歌中含有"月""酒""愁"或其他典型意象的诗句。

2. 请从"月""酒""愁"等典型意象中选取一个作为分析对象，在李白的诗歌作品中选取自己喜欢的篇章进行横向比较分析，尝试品味其中的不同。

[拓展阅读]

李白的生平、思想，诗歌的主要内容及艺术成就

一、李白的生平

李白的一生大致可分5个时期：

1. 蜀中学习与漫游时期（25岁以前）：李白自少年时就博涉百家，习辞赋，学剑术，好任侠，慕神仙。

2. 远游求仕时期（26至42岁）：李白为实现自己的人生理想，"仗剑去国，辞亲远游"。游历过江陵、洞庭湖、扬州，后在湖北安陆与故相许圉师的孙女结婚。此后以安陆为中心，游历过梁宋、齐、鲁等地。在漫游中结交了许多友人，曾经隐逸学道，也干谒过权贵，希望得到重用和引荐，以实现自己的政治报复。

3. 长安时期（42至45岁）：天宝元年李白应诏进京，为翰林待诏，供奉宫廷。但李

白地位和处境并不能实现他的理想，傲岸不羁的个性又难容于世，饮酒狂放，蔑视权贵，终招嫉恨谗毁，自请放还。长安的生活实践，使他加深了对现实社会的认识。

4. 再度漫游时期（45至55岁）：李白离开长安后游历过梁宋、齐鲁、燕赵、江浙等地，其间结识了杜甫。理想的破灭、人生的失意及对现实的不满，使其思想充斥着理想与现实的矛盾。

5. 安史之乱时期（44至62岁）：安史之乱起，李白由宣城奔剡中，旋又隐于庐山。次年应聘参加永王李璘的幕府。永王抗命兵败，李白以"附逆"论罪，长流夜郎，中途遇赦而还。李白身经战乱，始终满怀着报国靖乱的志向和忧国伤时的情怀。

二、李白的主要思想

李白的思想主要体现为儒、道、侠三者兼综的特点。儒家的忧患精神与用世济时思想及人生价值观，始终影响着李白，而道家超尘出世、追求精神自由的人格精神及道教的神仙世界，又始终沾溉着李白的思想与性格。此外，李白的思想与人格中还渗透了游侠和纵横家的侠义精神和人格理想。

三、李白诗歌的主要内容

1. 表现个人的理想抱负与建功立业的渴望，以及理想和愿望难以实现的失意与愤懑的情绪。如《梁甫吟》《古风》（第十首）等，赞美古代名臣贤相借表达自己的人格理想与建功立业、拯物济世的雄心壮志。《行路难》《将进酒》《登宣州谢朓楼饯别校书叔云》《梦游天姥吟留别》等，表现了失意后的抑郁愤懑和鄙弃世俗、蔑视权贵的傲岸个性，以及欲求超脱的旷达情怀和追求自由的精神。

2. 关怀现实的政治、忧患时局和批判现实的黑暗，以及对人民的热爱和对民生疾苦的关怀。如《古风》中的一些诗，抨击了统治者的昏庸荒淫和专横跋扈，具有很强的现实批判精神。安史之乱后的诗，如《奔亡道中》《永王东巡歌》等，表现反对分裂割据、靖难救国的爱国精神。《丁都护歌》《宿五松山下荀媪家》《长干行》等，表现了对普通百姓的感情和对妇女不幸命运的同情。

3. 热情讴歌大自然，寄托自己的情怀。李白一生好游历，亲近自然，因此写景记游诗数量较多。如《送孟浩然之广陵》《望庐山瀑布》《望天门山》《早发白帝城》等，都体现了诗人对大自然的审美情趣和情感寄托。

四、李白诗歌的艺术成就

1. 李白诗歌风格以雄奇飘逸、真率自然为主，但也有多维度的呈现。他上承庄、骚的浪漫主义精神，又以个人的艺术天才创造性地运用了浪漫主义艺术手法，使诗歌的内容和形式达到了完美统一。他反对绮丽华靡、雕琢繁饰，倡导清新自然、朴素真率的诗风。他的诗歌绝句多清新隽永、明快自然，歌行多纵横飘逸、流畅自然，可谓做到了"清水出芙蓉，天然去雕饰"（《赠江下韦太守良宰》）。

2. 李白的诗歌虽不乏对现实生活的深刻体验，但在艺术表现上却偏重于内心感受的抒写，因而他的诗歌感情充沛、率真豪放，具有鲜明的个性特征。他的诗歌无论是何种题材都具有浓厚的主观抒情色彩，充分地表现着生活中诗人的喜怒哀乐、好恶爱憎的感情，使我们时时体会到诗人自我抒情形象的存在。

3. 李白的诗歌善于运用丰富而奇诡的想象，创造出绚丽多姿的艺术形象，并寄托着诗人的情感意蕴和精神境界。诗人常将想象与比喻、夸张、象征、拟人等手法相结合，把现实与理想、人间与幻境、自然与人事，巧妙地熔铸成篇，创造出瑰丽神奇的艺术境界。

4. 李白能驾驭多种诗体，尤擅长乐府歌行和五、七言古诗，绝句的成就也相当突出，尤以七绝佳作最多。

（二）

八声甘州·对潇潇暮雨洒江天

柳　永[1]

[导读]

柳永是北宋著名词人，婉约词派的代表性人物。

这首词的主题是游子思归，柳永是较早把游子羁旅情怀纳入词中的人。作品通过描写羁旅行役之苦，表达了强烈的思归情绪，语浅而情深。苏轼赞赏该词中的佳句"不减唐人高处"；陈廷焯称此词为"古今杰构"，是"耆卿集中仅见之作"（《词则·大雅集》）；王国维更以此词与苏轼《水调歌头》媲美，认为此二作皆"格高千古，不能以常调论也"。由此可见它在词史上的地位。

[选文]

对潇潇[2]暮雨洒江天，一番洗清秋。渐霜风凄紧，关河[3]冷落，残照当楼。是处[4]红衰翠减[5]，苒苒[6]物华休[7]。惟有长江水，无语东流。

不忍登高临远，望故乡渺邈，归思难收。叹年来踪迹，何事苦淹留[8]？想佳人妆楼颙望[9]，误几回、天际识归舟[10]？争知我，倚栏杆处，正恁[11]凝愁。

（选自《宋词鉴赏辞典》，上海辞书出版社，2003年版）

[注释]

[1] 柳永（约987—约1053），汉族，崇安（今福建省武夷山市）人，原名三变，字景庄，后改名永，字耆卿，排行第七，又称柳七。宋仁宗朝进士，官至屯田员外郎，故世称柳屯田。他自称"奉旨填词柳三变"，以毕生精力作词，并以"白衣卿相"自诩。其词多描绘城市风光和歌妓生活，尤长于抒写羁旅行役之情，创作慢词独多。其词铺叙刻画，情景交融，语言通俗，音律谐婉，在当时流传极其广泛，人称"凡有井水饮处，皆能歌柳词"，对宋词的发展有重大影响。

八声甘州既是词牌名也是曲牌名。词牌八声甘州是从唐教坊大曲《甘州》截取一段改制的，后用为词牌。因全词前后片共八韵，故名八声，慢词。曲牌八声甘州南北曲均有，属仙吕宫。

[2] 潇潇：急骤的下雨声。

[3] 关河：关山河流。

[4] 是处：到处。

[5] 红衰翠减：花朵凋零，绿叶枯萎。李商隐《赠荷花》中有"此荷此叶常相映，红

衷翠减愁煞人"句。

　　[6] 苒苒（rǎn）：渐渐地。

　　[7] 物华休：美好的景致已不复存在。

　　[8] 淹留：久留。

　　[9] 颙（yóng）：抬头。

　　[10] 天际识归舟：谢朓《之宣城出新林浦向板桥》诗中有"天际识归舟，云中辨江树。""误几回、天际识归舟"指多少次将远处来的船误认作丈夫的归舟，写思情之深。

　　[11] 恁（nèn）：如此，这样。

[鉴赏训练]

　　1. 简要分析《八声甘州·对潇潇暮雨洒江天》的思想内容和艺术特色。

　　2. 王国维说："昔人论诗词有景语、情语之别。不知一切景语皆情语也。"（《人间词话》）请你谈谈《八声甘州·对潇潇暮雨洒江天》中的景物描写和情感抒发是怎样融合起来的。

　　3. 柳词善用虚字，使词意一气贯注。这首词中便用了"对""渐""望""叹""误"等一串去声字，请问它们在表现力度上起了什么样的作用？

[拓展阅读]

　　柳永是北宋第一个专力写词的作家，也是真正开启宋词天地的重要词人。作为一个落魄文人，他流连坊曲，采纳市井新声，为文人词作输入新鲜血液，并自觉地以市民情调取代贵族情调，变"雅"为"俗"，从而改变了词的审美内涵和审美情趣，在词中开拓出另外一番境界。

　　从内容上来看，柳词虽仍多倚红偎翠、浅斟低唱之作，但也体现出许多新的倾向，扩大了词的题材范围。第一，在描写男欢女爱的传统题材时，柳词从达官显宦的峻台重阁转向了平民百姓的市井青楼，具有浓厚的市民气息。这类词作有的表现了世俗女性大胆泼辣的爱情意识，有的表现了惨遭遗弃的平民女子的痛苦心声，有的抒写了处于社会下层的伶工乐伎的不幸遭遇和美好愿望，皆透露出新的时代气息。第二，工于羁旅行役，他把这些本来多入于诗的言志抒情内容一并移入词中，用来描写江湖流落的索寞，抒发别离相思的况味，此类作品达到了比较完美的艺术境界。第三，部分词作还展现了北宋承平之世繁华富庶的都市生活与多彩多姿的市井风情，这在柳永之前的词作中是不曾见过的。另外，那些抒写作者身世遭遇，表达怀才不遇的愤懑和对游宦生涯厌倦的作品也颇值得注意。

　　柳永词标志着北宋词发展的转折，他对词的创造性贡献更主要是体现在词调和艺术方面。首先，发展了词的长调体制。柳永精通音律，或利用民间原有的曲调，或把小令扩展为慢词，或旧曲新翻，或自创新调，使慢词的曲牌大为丰富，词的体式至此相当完备。这样就增加了词的表现容量，扩大了词的表现能力。长调蔚然成为一代风气，倡导之功不能不归于柳永。其次，丰富了词的表现手法。柳永把六朝小赋的作法移植于词，创造了铺叙展衍、恣意渲染的艺术手法，写景状物备足无余，叙事抒情淋漓尽致；与铺叙相配合，他还长于白描，不加藻饰而又生动传神；此外，构思细密，布局完整，章法委婉，层次分明也是柳词的重要艺术特征。第三，革新了词的语言表达方式。柳永也能以清丽的语言写传统的雅词，但他贡献最大的却是使用极其生动、浅近的语言写出的俚词。他一扫晚唐五代词人的雕琢习气，充分吸收日常生活中的俗语、口语入词，以通俗流利的语言取代雅致绮丽的修辞，达到了"状难状之景，达难达之情，而出之以自然"（冯煦《宋六十一家词选例言》）的境界。正是在柳永手中，俚词才具备了和传统雅词分庭抗礼的资格。作为第一位对宋词进行全面革新的词人，柳永对后来词人沾溉甚深，许多大家都受惠于他。柳词不仅促进了宋代俗文学的发展，也为金元曲子开启了先河，以至有人称他为"曲祖"。柳永的代表作品有《雨霖铃·寒蝉凄切》《八声甘州·对潇潇暮雨洒江天》《望海潮·东南形胜》等。

（三）

行香子[1]·天与秋光

李清照

[导读]

李清照（1084—约1151），南宋女词人，号易安居士，济南人（今山东省济南市）人。父亲李格非为当时著名学者，丈夫赵明诚为金石考据家，宰相赵挺之子。早期生活优裕，夫妻共同致力于书画金石的搜集整理。金兵入据中原，流寓南方，赵明诚病死，李清照境遇孤苦。李清照工诗能文，词犹为南宋一大家。前期词多写闺情相思，韵调优美；后期多悲叹身世、怀念故土，情调感伤，低回婉转。形式上善用白描手法，自辟途径，语言清丽。李清照提出"词别是一家"之说，反对以作诗文之法作词。著有《漱玉词》辑本，今人有《李清照集》。

[选文]

天与秋光，转转[2]情伤，探金英[3]知近重阳。薄衣初试，绿蚁[4]新尝，渐一番风，一番雨，一番凉。

黄昏院落，凄凄惶惶[5]，酒醒时往事愁肠。那堪[6]永夜，明月空床。闻砧[7]声捣，蛩声细，漏声长。

（选自《宋词鉴赏辞典》，上海辞书出版社，2003年版）

[注释]

[1] 行香子：词牌名，双调小令，六十六字。形式有三种：前段八句四平韵，后段八句三平韵；前段八句五平韵，后段八句三平韵；前段八句五平韵，后段八句四平韵。

[2] 转转：犹渐渐。

[3] 探：探看。金英：菊花。

[4] 绿蚁：新酿的酒，未滤清时，酒面浮起酒渣，色微绿，细如蚁（蚁：酒的泡沫），称为"绿蚁"。

[5] 凄凄惶惶：不安状。

[6] 那堪：怎么能忍受。

[7] 砧（zhēn）声捣：捣衣的声音，古代妇女将秋冬衣物置于砧上用棒槌捶洗，叫捣寒衣。蛩（qióng）：蟋蟀。漏：计时工具。

[鉴赏训练]

1. "凄凄惶惶"四字让人自然想起李清照的《声声慢·寻寻觅觅》中的哪一句词？
2. 说说"砧声"这个意象在词中的表达作用。
3. 探究这首词的语言特点。

[拓展阅读]

李清照工于造语，善于运用白描的手法塑造鲜明的人物形象，她在语言艺术上的独到之处可以与李煜相提并论。试比较李煜的《长相思·云一缂》和李清照的《蝶恋花·暖雨晴风初破冻》，体会二人词作的异同。

长相思·云一缂

李煜

云一缂，玉一梭。澹澹衫儿薄薄罗。轻颦双黛螺。

秋风多，雨相和。帘外芭蕉三两窠。夜长人奈何？

蝶恋花·暖雨晴风初破冻

李清照

暖雨晴风初破冻，柳眼梅腮，已觉春心动。酒意诗情谁与共？泪融残粉花钿重。

乍试夹衫金缕缝，山枕斜欹，枕损钗头凤。独抱浓愁无好梦，夜阑犹剪灯花弄。

（四）

春天，遂想起

余光中[1]

[导读]

这首诗创作于一九六二年四月二十九日，这是诗人爱祖国、爱故乡之情感的升华。本诗以江南美景作为背景，意境优美，情真意切，催人泪下。第一节，诗人描述了一位九岁少年生活于江南的情景，引人遐想联翩。第二节，接着对江南的历史做了概要的回顾，令人产生厚重的历史感，对家乡的向往进一步加深，对祖国的感情也得到一次升华。本诗中反复出现"母亲"这一意象，它除了实指自己的母亲，也表明作者对祖国的一片深情。这个"母亲"已经上升为祖国了。所以，"母亲在喊我""在海峡这边喊我""在海峡那边喊"等句子，就不仅是对亲人的怀念，更是对家乡对祖国的眷恋。诗人对亲人、对家乡、对祖国的情感交融在一起，在循环往复的韵律中，得到了淋漓尽致的体现。

[选文]

春天，遂想起江南，
唐诗里的江南，九岁时
采桑叶于其中，捉蜻蜓于其中
（可以从基隆港回去的）
江南
小杜的江南
苏小小的江南
遂想起多莲的湖，多菱的湖
多螃蟹的湖，多湖的江南
吴王和越王的小战场
（那场战争是够美的）
逃了西施
失踪了范蠡
失踪在酒旗招展的
（从松山飞三个小时就到的）
乾隆皇帝的江南

春天，遂想起遍地垂柳的江南，
想起太湖滨一渔港，
想起那么多的表妹，走在柳堤
（我只能娶其中的一朵！）
走过柳堤，那许多的表妹
就那么任伊老了
任伊老了，在江南
（喷射云三小时的江南）
即使见面，她们也不会陪我
陪我去采莲，陪我去采菱
即使见面，见面在江南
在杏花春雨的江南
在江南的杏花村
借问酒家何处
何处有我的母亲

复活节，不复活的是我的母亲
一个江南小女孩变成的母亲
清明节，母亲在喊我，在圆通寺喊我，
在海峡这边喊我，

在海峡那边喊，
在江南，在江南
多寺的江南，多亭的江南，
多风筝的江南啊，
钟声里的江南
（站在基隆港，想——
想回也回不去的）
多燕子的江南

[注释]

[1] 余光中（1928—2017），中国现当代文坛杰出的诗人与散文家。生于南京，祖籍福建，1949年随父母到香港，1950年迁居台湾，之后一直在中国台湾、中国香港和美国之间辗转漂泊。1974年，到香港中文大学任教，1992年，终于得以回到他思念已久的大陆。余光中热爱中国传统文化，他说"中国，最美最母亲的国度"，而自己"要做屈原和李白的传人"，其诗文具有浓郁的中国传统文化气息。

[鉴赏训练]

1. 本诗分为几节，各节的意思是什么？
2. 谈谈你对这首诗的理解。
3. 说说此诗运用了哪几种艺术手法，有何效果。

[拓展阅读]

乡情·乡思·乡愁
——台湾五位诗人的家国之恋

徐亚军

秋天总是多思的季节，尤其是近日翻阅报刊收看电视，读到一些海峡对岸的令人愤怒的鸦噪，不禁又想念那个说遥远并不遥远的岛屿，想念台湾的五位杰出诗人，想起他们留给我的墨痕或片语，想起他们深情的家国之恋。他们不愧是龙的传人，炎黄子孙，将其坚挺的脊梁和"冒烟的啼声"刻在了民族芬芳的册页上。今夜，我的心灵打开一双洁白的鸽翅——

余光中："后古人而乐，怀千古之忧。"

余光中先生一九九九年访问湖南时，正是凉秋九月，先生一头银发在洞庭的波涛中闪亮，瘦削的身影掩不住他的文采光华，印证了我此前种种揣度与猜想。

当我还是个粗野而贫穷的乡下孩子，打着呼哨掠过父亲的田野时，就从高中老师那借来的书里知道了余光中的《乡愁》。其时我并未离开故乡，但那传统的诗句仍像种子一样长在我的心里，年深日久。念大学的时候知道了余光中不仅是名满天下的大诗人，还有一手好的散文、评论和译作，知道他学的是外文，浪迹西国，于传统与现代中进出自如。他的诗充满了对中国之爱："当我死时／葬我／在长江与黄河之间／枕我的头颅／白发盖着黑土／在中国／最美最母亲的国度。"我相信，余光中是一位现代的古典诗人。对故国和民族文化的热情，埋藏着他太多青春的记忆。

记忆中的江南遍地垂柳，众多美丽的表妹永远在杏花春雨中嬉戏。而此刻，在屈子故里，在岳阳师院的教室里，千余名莘莘学子齐声朗诵《乡愁》和《民歌》的这个下午，我再次泪流满面。"蓝墨水的上游是汨罗江。"我猜想，古典和传统是他拥抱这个世界的方式。他声称："搞诗歌创作而要彻底否定传统，等于枪上没有准星。"所以他"要做屈原和李白的嫡系传人"。

九月廿二日上午，七十岁的余光中登岳阳楼，在千年亭阁的屋檐下挥诗一道："昔闻洞庭水／今上岳阳楼／依旧三层／却高过唐宋的日月／在透明的秋晴里／排开湘云楚雨／容我尽一日之乐／后古人而乐／怀千古之忧／老杜与范公之忧。"

先生此来，倏尔离去，从此海天茫茫，是否将生生不已的乡愁从此卸去了一些呢？

洛夫："历史睡了而时间醒着。"

"酒是黄昏回家的一条小路"，这是洛夫先生赠予我的一幅墨宝。一九九五年十一月，再次拜谒生养过他的旧时的楚地，寻找遗落故土的诗篇，诗人洛夫醉了。

洞庭湖上凝神远望，岳阳楼上阑干拍遍，魁伟的身影映在了故乡的天空上。诗人默然无语。而他诗歌语言的光辉，却从五十年代即已照亮了美丽的海岛。在台湾，洛夫以"诗魔"著称。

四十年来家国，或许，整个台湾是充满乡愁的。"望远镜中扩大数十倍的乡愁／乱如风中的散发／当距离调整到令人心跳的程度／一座远山迎面飞来／把我撞成了／严重的内伤"（《边界望乡》）。洛夫如此轻易地用语言封杀了我黯淡的表达。我这样理解洛夫的文字，在语言的炼钢炉中，诗歌升起。因为乡愁，洛夫，他真正成为一位在人世锤炼尘俗铁器的大匠。在海峡漂浮着民谣和稻香的岁月，洛夫用诗歌将家国之恋的灯盏点亮在水一方。一九八七年初的一个雪夜，洛夫撩开海浪给家居长沙的著名诗评家李元洛先生打来电话。问及他一别数十年的故乡是否下雪，然后说要送一首诗给他，这就是后来传遍内地的《湖南大雪——赠长沙李元洛》："雪落无声／街衢睡了而路灯醒着／泥土睡了而树根醒着／鸟雀睡了而翅膀醒着／寺庙睡了而钟声醒着／山河睡了而风景醒着／肢体睡了而血液醒着／书籍睡了而诗句醒着／历史睡了而时间醒着／世界睡了而你我醒着／雪落无声"。借着漫天飞舞的风雪，诗人将其深沉的家国之思、民族之情与故土之恋洒向了万千里地山河。

此刻，我坐在江南暮春的雨声中补记这段文字，窗外传来一个熟悉而苍老的叫卖声："买米酒啊——"住在这里两年了，我从来不知道那个老人长的什么模样，也不知是否有人买他的米酒，但那一声声叫唤使我无端地疼痛——他此刻一定需要回家。而我在想念洛夫，那个白发苍苍的诗意与充满酒意的游子，故乡的黄昏与谷酒永远在等着你！

向明："海隅虽美，终究是失土的浮根。"

我在一个忙乱的午后听到街头店里传来一位台湾歌手的歌，伊人已逝。我感到了从先人血液里永远流传的哀痛。怀旧的气息重重包围了我，我就在这样的情境中想起了台湾，想起了一面之缘的诗人向明先生。

向明本名董平，地道的长沙人。一九九五年十一月十八日，与洛夫一同回湘时，向明紧紧握住我的手，问这问那，仿佛要将楚地的山山水水刻到骨子里去。站在岳阳楼深掩的重门后，向明兴奋地对他说："好像出了趟远差回来。"这一去竟是半个世纪，向明何以寄情？是诗歌收割了他的心事，摆放成一畦金黄的稻穗。

一天，久违故土的向明忽然收到妹妹辗转寄来的一幅湘绣被面，诗人的想象立马腾空而起："一床宽大亮丽的绸质被面/一展就开放成一条花鸟夹道的路/仿佛一走上去就可以回家。"

"回家"这个字眼再次闪现。也许隔海相望的亲人一辈子都在渴望祖国统一，与亲人团圆，他们的表达方式各不相同，但向明的意象显然是独特的。作为《蓝星》诗刊的一员大将，他总是试图寻求语言更新更美的秩序。向明常常"品几口唐诗的佳酿/亲数宋词的寒玉/或者，舀几勺/晚明小品的清泉/洗耳，清目"。在海浪天风的洗礼之后，向明的作品已经呈现他特有的美质。

"海隅虽美/终究是失土的浮根。久已呆滞的双目/真想放纵在家乡无垠的长空。"（《湘绣被面》）挥手之间，向明在我的书页间留下"如去来"二字（"去来"被他写成了一个字），"去来"者何意？诗人答曰："归也"。去而后来，这两个字将我的书页硌得生疼。

周鼎："等到中国统一，我就带你回湖南。"

周鼎是笔名。原名周去往。诗人从故乡岳阳去往台湾后，四十年才回家一转，这一转，又转出许多诗句来："为了餍足我的/乡思/陈亚先先生起了个大早/跑了大半个/岳阳市/买到一条桂花鱼……"

一九九六年十月他再来岳阳时曾在我家歇脚，一进家门他就抱起我不到一岁的儿子徐州牧逗弄个没完。儿子也似乎与这位远方的爷爷特别的亲，一个劲儿地抓他的眼镜。周鼎此时不像周代那个持重庄穆的传国宝鼎，不像台湾那个疏放狷狂的盛名诗人，而更像一位可爱的心无牵绊的邻家老头。

他回家了。抖落经年累月的风霜。他敲响了故乡的门楣，《一具空空的白》是他递给这个城市的名片，也是他的处女诗集。翻开淡黄的书页，我总能看见字里行间的周鼎，静静地待在那个岛屿上，让白天的劳作与黑夜的星斗落在了洁净的稿纸上，周鼎是幸福的。

美丽的女儿周千象，气象万千的女儿周千象，是周鼎珍爱的作品。女儿念中学时参加台北市诗歌朗诵比赛，对故乡念念不能忘情的周鼎为她创作了《我与我的爸爸》："我像的爸爸/爸爸是湖南人/所以我也是湖南人/爸爸说/湖南在一个大湖之南/那个湖/浩浩荡荡/湖的名字叫洞庭"，在诗的后部分，他更是直抒胸臆："爸爸说/等到中国统一/我就带你回湖南……"女儿在那次比赛中获得中学组第一名，这是女儿的荣光，也是周鼎四十年难言的隐痛。

痖弦："这里拉人一把，那里拉人一把。"

在台湾文坛大家中，痖弦一直无缘谋面，但留给我一沓厚达十年的书简。一九九一年四月，在剧作家陈亚先《曹操与杨修》由大陆唱红台湾时，我将拙作《一路悲怆的醉拳》寄给了《联合报》，不久该报副刊主编痖弦就有发稿清样和书信寄来。我们的交往自此开始。他总是从台北市忠孝东路4段555号给我邮来或黄或白的信笺。看到那熟悉的地址我就想起童安格的那首《让生命去等候》:"走在忠孝东路,徘徊在人群中……"我想象中的忠孝东路市井繁华,方正的汉字古色古香地挂在台北临街的门面。

从零星的资料知道,痖弦是名诗人,在台湾影响深远的"创世纪"诗社就是他与洛夫、张默发起成立的。但我觉得他更像我的父亲或私塾先生。透过书信,我们谈诗,谈我们共同的朋友,谈我们目及的生命情状。痖弦每信必复,从不拖怠,他竖行繁体的字态从容而温暖,使我想起古人的书简。

我永远喜欢诗人那首《如歌的行板》。"……一点点酒和木樨花之必要/正正经经看一名女子走过之必要/君非海明威这一起码常识之必要……"它固然是一首城市民谣,但最后一句"观音在远远的山上,罂粟在罂粟的田里"却永远孤独地向我袭来,我知道这个城市没有宗教,但痖弦年轻的诗歌曾照彻城市和乡村。然而,痖弦绝不仅仅是一名歌者,他更是一位侠士,一位赤子。他有两句名言最叫人肃然起敬:"这里拉人一把,那里拉人一把;这里放人一马,那里放人一马。"一九九〇年夏天,中国内地遭受洪灾侵袭,隔岸的痖弦心急如焚,匆匆向岳阳的朋友作家李自由写信索要抗洪救灾的报告文字在《联合报》上发表,以期引起台湾人民对灾情的关注。

时到今日,我仍想象他给我的信是从驿路传来,一亭又一亭地在马背上传递着遥远的消息和祝福,秋风瘦马日月兼程,我已不忍展读。

[综合鉴赏训练]

1. "床前明月光,疑是地上霜。举头望明月,低头思故乡。"在封建社会里,为了生计,为了前途,为了理想,为了抱负,人们不得不离开家乡,转徙各地。这一去,山长水阔,不知何时才能相见。敏感的诗人身在他乡,无处不起思乡之情。

试分析下表中惜别类作品表达的思想情感、思乡缘由、表达思乡惜别之情的方式等。

篇名	作者	原文
《宿建德江》	孟浩然	移舟泊烟渚,日暮客愁新。 野旷天低树,江清月近人。
《九月九日忆山东兄弟》	王维	独在异乡为异客,每逢佳节倍思亲。 遥知兄弟登高处,遍插茱萸少一人。
《夜上受降城闻笛》	李益	回乐峰前沙似雪,受降城外月如霜。 不知何处吹芦管,一夜征人尽望乡。
《闺怨》	王昌龄	闺中少妇不知愁,春日凝妆上翠楼。 忽见枝头杨柳色,悔教夫婿觅封侯。
《夜雨寄北》	李商隐	君问归期未有期,巴山夜雨涨秋池。 何当共剪西窗烛,却话巴山夜雨时。
《月夜忆舍弟》	杜甫	戍鼓断人行,边秋一雁声。露从今夜白,月是故乡明。 有弟皆分散,无家问死生。寄书长不达,况乃未休兵。

2. 作品鉴赏。

旅次寄湖南张郎中

戎 昱

寒江近户漫流声，竹影当窗乱月明。
归梦不知湖水阔，夜来还到洛阳城。

（1）前人评说，"归梦"是这首诗的诗眼。诗中写"归梦"突出了什么？
（2）你是否同意这种说法？为什么？

商 山 早 行

温庭筠

晨起动征铎，客行悲故乡。鸡声茅店月，人迹板桥霜。
槲叶落山路，枳花明驿墙。因思杜陵梦，凫雁满回塘。

（1）诗中除了"晨起""鸡声"表现了早行，还有什么词语也表现了早行？此诗颔联上下句除对仗外，其构成形式还有什么特点？
（2）"凫雁满回塘"表现了怎样的意境？联系首联解说作者这样写的意图。

村 行

王禹偁

马穿山径菊初黄，信马悠悠野兴长。万壑有声含晚籁，数峰无语立斜阳。
棠梨叶落胭脂色，荞麦花开白雪香。何事吟余忽惆怅，村桥原树似吾乡。

（1）概述本诗描写的景物特点。
（2）概述作者通过本诗所传达的思想感情。
（3）第二联"万壑有声含晚籁，数峰无语立斜阳"是历来所传诵的名句，试分析人们传诵赞叹的原因。

（一）

蝉

虞世南[1]

[导读]

　　这是一首托物寓意的小诗，写蝉餐清风饮晓露，栖于梧桐树上，声因高而远，而非是依靠秋风，寓意君子应像蝉一样居高而声远，而不必凭借、受制于它物。表达了诗人对人的内在品格的热情赞美和高度自信，表现了一种雍容不迫的气韵风度。

[选文]

　　　　　　垂緌[2]饮清露，流响出疏桐。
　　　　　　居高声自远，非是藉[3]秋风。
　　　　（选自《历代文学作品选》，朱东润主编，上海古籍出版社，2002年版）

[注释]

　　[1] 虞世南，字伯施，余姚人，唐初政治家、书法家、文学家。虞世南一生经历了南朝的陈、隋和初唐三个时代。隋炀帝时官起居舍人，唐时历任秘书监、弘文馆学士等。唐太宗称他德行、忠直、博学、文词、书翰为五绝。

　　[2] 緌（ruí）：古人结在颌下帽带下垂的部分。蝉的头部伸出的触须形状与其有些相似。

　　[3] 藉：凭借。

[鉴赏训练]

　　1. 分析诗中"蝉"字的寓意。
　　2. 如何理解诗中"高"字的含义。
　　3. 背诵这首诗。

[拓展阅读]

　　唐代托咏蝉以寄意的名作有三首，分别是虞世南的《蝉》、李商隐的《蝉》和骆宾王的《在狱咏蝉》。由于作者地位、际遇、气质的不同，虽同样工于比兴寄托，却呈现出殊异的面貌，构成富有个性特征的艺术形象，成为唐代文坛"咏蝉"诗的三绝。清施补华《岘佣说诗》云："三百篇比兴为多，唐人犹得此意。同一咏蝉，虞世南'居高声自远，非是藉秋风'，是清华人语；骆宾王'露重飞难进，风多响易沉'，是患难人语；李商隐'本以高难饱，徒劳恨费声'，是牢骚人语。比兴不同如此。"

蝉

李商隐

　　　　本以高难饱，徒劳恨费声。
　　　　五更疏欲断，一树碧无情。
　　　　薄宦梗犹泛，故园芜已平。
　　　　烦君最相警，我亦举家清。

在狱咏蝉·并序

骆宾王

　　余禁所禁垣西，是法厅事也，有古槐数株焉。虽生意可知，同殷仲文之古树；而听讼斯在，即周召伯之甘棠，每至夕照低阴，秋蝉疏引，发声幽息，有切尝闻，岂人心异于曩时，将虫响悲于前听？嗟乎，声以动容，德以象贤。故洁其身也，禀君子达人之高行；蜕其皮也，有仙都羽化之灵姿。候时而来，顺阴阳之数；应节为变，审藏用之机。有目斯开，不以道昏而昧其视；有翼自薄，不以俗厚而易其真。吟乔树之微风，韵姿天纵；饮高秋之坠露，清畏人知。仆失路艰虞，遭时徽纆。不哀伤而自怨，未摇落而先衰。闻蟪蛄之流声，悟平反之已奏；见螳螂之抱影，怯危机之未安。感而缀诗，贻诸知己。庶情沿物应，哀弱羽之飘零；道寄人知，悯余声之寂寞。非谓文墨，取代幽忧云尔。

西陆蝉声唱，南冠客思深。
不堪玄鬓影，来对白头吟。
露重飞难进，风多响易沉。
无人信高洁，谁为表予心。

（二）

长恨歌[1]

白居易[2]

[导读]

《长恨歌》是一首脍炙人口的长篇叙事诗，以为流传的唐玄宗和杨贵妃的爱情悲剧为题材，因此以"长恨"为篇名。诗歌的前半部分，力图通过这一事件，批判统治集团因腐朽荒淫而招致祸乱，垂作历史教训。诗歌的后半部分却倾注诗人对帝、妃之间的爱情悲剧以深厚的同情和歌颂。这两者之间是有矛盾的，因而使主题思想复杂化。

全诗大致可分为四段：第一段写李杨会合经过及李对杨的宠幸；第二段写变乱爆发，杨殒命，李伤痛不已；第三段写李重归长安后对杨的无穷思念；第四段写杨对李的忠贞不渝之情。

此诗叙事有致，张弛自如；抒情深挚，缠绵细腻；章法上下贯通，前后贯通，前后构连；语言优美明丽，自然流畅；运用对偶、排比、顶针等修辞手法，娴熟圆美。

[选文]

汉皇重色思倾国[3]，御宇多年求不得[4]。
杨家有女初长成[5]，养在深闺人未识。
天生丽质难自弃[6]，一朝选在君王侧。
回眸一笑百媚生[7]，六宫粉黛无颜色[8]。
春寒赐浴华清池[9]，温泉水滑洗凝脂[10]。
侍儿扶起娇无力，始是新承恩泽时[11]。
云鬓花颜金步摇[12]，芙蓉帐暖度春宵[13]。
春宵苦短日高起，从此君王不早朝。
承欢侍宴无闲暇，春从春游夜专夜[14]。
后宫佳丽三千人[15]，三千宠爱在一身。
金屋妆成娇侍夜[16]，玉楼宴罢醉和春。
姊妹弟兄皆列土[17]，可怜光彩生门户[18]。
遂令天下父母心，不重生男重生女[19]。
骊宫高处入青云[20]，仙乐风飘处处闻。

缓歌慢舞凝丝竹[21],尽日君王看不足。

渔阳鼙鼓动地来[22],惊破霓裳羽衣曲[23]。
九重城阙烟尘生[24],千乘万骑西南行[25]。
翠华摇摇行复止[26],西出都门百余里[27]。
六军不发无奈何[28],宛转蛾眉马前死[29]。
花钿委地无人收[30],翠翘金雀玉搔头[31]。
　君王掩面救不得,回看血泪相和流。
黄埃散漫风萧索[32],云栈萦纡登剑阁[33]。
　峨嵋山下少人行[34],旌旗无光日色薄。
　蜀江水碧蜀山青,圣主朝朝暮暮情[35]。
行宫见月伤心色[36],夜雨闻铃肠断声[37]。
　天旋日转回龙驭[38],到此踌躇不能去[39]。
　马嵬坡下泥土中,不见玉颜空死处[40]。

君臣相顾尽沾衣[41],东望都门信马归[42]。
　归来池苑皆依旧,太液芙蓉未央柳[43]。
　芙蓉如面柳如眉[44],对此如何不泪垂?
　春风桃李花开夜,秋雨梧桐叶落时。
　西宫南内多秋草[45],落叶满阶红不扫。
梨园弟子白发新[46],椒房阿监青娥老[47]。
　夕殿萤飞思悄然,孤灯挑尽未成眠[48]。
　迟迟钟鼓初长夜,耿耿星河欲曙天[49]。
鸳鸯瓦冷霜华重[50],翡翠衾寒谁与共[51]?
　悠悠生死别经年,魂魄不曾来入梦。

　临邛道士鸿都客[52],能以精诚致魂魄。
　为感君王辗转思,遂教方士殷勤觅[53]。
　排空驭气奔如电,升天入地求之遍。
　上穷碧落下黄泉[54],两处茫茫皆不见。
　忽闻海上有仙山,山在虚无缥缈间。
楼阁玲珑五云起[55],其中绰约多仙子[56]。
中有一人字太真[57],雪肤花貌参差是[58]。
金阙西厢叩玉扃[59],转教小玉报双成[60]。
　闻道汉家天子使,九华帐里梦魂惊[61]。
　揽衣推枕起徘徊,珠箔银屏迤逦开[62]。
　云鬓半偏新睡觉,花冠不整下堂来。
　风吹仙袂飘飘举,犹似霓裳羽衣舞。

　　　　玉容寂寞泪阑干[63]，梨花一枝春带雨。
　　　　含情凝睇谢君王[64]，一别音容两渺茫。
　　　　昭阳殿里恩爱绝[65]，蓬莱宫中日月长[66]。
　　　　回头下望人寰处，不见长安见尘雾。
　　　　惟将旧物表深情，钿合金钗寄将去[67]。
　　　　钗留一股合一扇[68]，钗擘黄金合分钿[69]。
　　　　但令心似金钿坚，天上人间会相见。
　　　　临别殷勤重寄词，词中有誓两心知。
　　　　七月七日长生殿[70]，夜半无人私语时。
　　　　在天愿作比翼鸟[71]，在地愿为连理枝[72]。
　　　　天长地久有时尽，此恨绵绵无绝期。
　　　　　　　　（选自《历代文学作品选》，朱东润主编，上海古籍出版社，2002年版）

[注释]

　　[1] 唐宪宗元和元年（806），白居易任盩厔（今西安市周至县）县尉。一日，与友人陈鸿、王质夫到马嵬驿附近的仙游寺游览，谈及李隆基与杨贵妃事。王质夫认为，像这样突出的事情，如无大手笔加工润色，就会随着时间的推移而消没。他鼓励白居易："乐天深于诗，多于情者也，试为歌之，何如？"于是，白居易写下了这首长诗。陈鸿同时写了一篇传奇小说《长恨歌传》。

　　[2] 白居易，字乐天，号香山居士、醉吟先生。原籍太原（今属山西省），后迁至下邽（今陕西省渭南市），遂为下邽人。唐德宗贞元十六年（800）进士，由秘书省校书郎累官至左拾遗。唐宪宗元和十年（815），因上书言事，遭到当权者的忌恨，被贬为江州（今江西省九江市）司马。以后又担任忠州、杭州、苏州刺史，在刑部尚书任上致仕。主张"文章合为时而著，歌诗合为事而作"。他和元稹一起倡导新乐府运动，创作了大量指斥时弊的作品，《秦中吟》十首、《新乐府》五十首是这方面的代表。白居易诗风以平易通俗著称，时称"元（稹）白体"。有《白氏长庆集》。

　　[3] 汉皇：指汉武帝刘彻。此处借指唐玄宗李隆基。重色：爱好女色。倾国：绝色女子。《汉书·外戚传》载："乐工李延年歌：'北方有佳人，绝世而独立，一顾倾人城，再顾倾人国，宁不知倾城与倾国，佳人难再得。'"后世就以"倾城""倾国"形容绝色女子。

　　[4] 御宇：驾驭宇内，统治天下。

　　[5] 杨家有女：杨贵妃，乳名玉环，弘农华阴（今属陕西省）人，徙居蒲州永乐（今山西省永济市）。因其父蜀州司户杨玄琰早亡，寄养于叔父杨玄珪家。唐玄宗开元二十三年（735）册封为寿王李瑁（唐玄宗之子李瑁）妃。开元二十八年（740），唐玄宗将她度为女道士，道号太真。天宝四年（745）召她入宫，册封为贵妃。"养在深闺人未识"，是为唐玄宗掩盖事实真相的曲笔。

　　[6] 丽质：美丽的姿质。难自弃：意思是难于被埋没在民间。弃，舍弃。

　　[7] 回眸（móu）：即回首顾盼的意思。眸：眼珠。百媚：种种媚态。

[8] 六宫句：是说与杨贵妃的美貌相比，宫里所有的妃嫔才人都黯然失色。六宫，古代皇帝立六宫，为后妃居住的地方。粉黛（dài），指代宫妃。粉，指脂粉；黛，妇女画眉用的青黑色颜料。

[9] 华清池：唐玄宗所建的华清宫的温泉浴池，在今陕西省西安市临潼区骊山上。

[10] 凝脂：古代形容女性皮肤白嫩滑润。

[11] 新承恩泽：刚得到皇帝的宠幸。

[12] 云鬓：如云的鬓发，形容头发浓密。花颜：如花的容貌。金步摇：古代妇女的一种金首饰，上有金花，下有垂珠，走动时会自然摆动，所以叫作"步摇"。

[13] 芙蓉帐：绣有并蒂莲花图案的帐幔。

[14] 夜专夜：意思是每夜都得到宠爱。

[15] 佳丽：美人。此指皇后、贵妃、才人等宫中女子。三千：据说唐玄宗后宫有嫔妃数万，这里说佳丽三千，当中其中最美貌的女子。

[16] 金屋：装饰华丽的房屋。《汉武故事》载：汉武帝刘彻年幼时，他的姑母长公主问他长大后要不要娶她的女儿阿娇为妻。汉武帝回答说："若得娇，当以金屋贮之。"后世就以"金屋"指男子宠爱的女子居住的地方。

[17] 列土：即"裂土"，指皇帝把土地分封给王侯。杨贵妃得宠后，姊妹兄弟都分封了土地。

[18] 可怜：可美的意思。

[19] 不重句：据唐陈鸿《长恨歌传》记载，"当时谣咏有云：'生女勿悲酸，生男勿喜欢。'又云：'男不封侯女作妃，看女却为门上楣等。'其为人美慕如此！"

[20] 骊宫：骊山上的华清宫。

[21] 缓歌：悠扬的歌声。慢舞：即曼舞，轻盈美妙的舞姿。凝丝竹：管弦乐奏出徐缓的音乐。丝，弦乐器；竹，指管乐器。

[22] 渔阳鞞（pí）鼓：指天宝十四年（755）十一月，平卢、范阳、河东节度使安禄山从范阳起兵叛唐。渔阳，郡名，治所在今河北省蓟州区，唐时为范阳节度使所辖八郡之一。此指安禄山起兵之地。诗中暗用东汉彭宠据渔阳起兵反汉的典故（事见《后汉书·彭宠传》）。鞞鼓，骑兵用的小鼓。

[23] 《霓裳羽衣曲》：唐代大型舞曲名，相传是唐玄宗游月宫时暗暗记住了这个曲子，回来谱出来的。其实这支舞曲是当时西凉节度使杨敬述所献，本名《婆罗门曲》，系由印度传入。

[24] 九重城阙：指皇帝居住的地方。宋玉《九辩》："君之门以九重。"这里指京城长安。烟尘生：指发生战事。烟尘，弥漫的战云。

[25] 西南行：天宝十五年（756）六月，安禄山破潼关，唐玄宗李隆基与贵妃杨玉环向西南方的蜀中逃避。

[26] 翠华：指皇帝仪仗中用翠鸟羽毛装饰的旗子。

[27] 百余里：指马嵬坡，在今陕西省兴平市西二十里，离长安百余里。也叫马嵬驿，今称马嵬镇。

[28] 六军：周代制度，天子有六军。这里指皇帝的护卫军。不发：不再前进。指右

龙武将军陈玄礼带领的军队发生哗变，不肯前进。

[29] 宛转句：指陈玄礼的部下要求杀死杨国忠和杨玉环。唐玄宗无奈只得先杀死杨国忠，然后命杨玉环自尽。宛转，缠绵悱恻的样子。蛾眉，美女的代称，《诗·卫风·硕人》："螓首蛾眉。"这里指杨玉环。

[30] 花钿（diàn）：古代贵族妇女戴的镶嵌珠宝的金花状首饰。委地：丢在地上。

[31] 翠翘：一种形状像翠鸟尾羽的首饰。朱雀：雀形的金钗。玉搔头：玉簪。

[32] 埃：尘土。

[33] 云栈：高入云霄的栈道。在悬崖陡壁上凿石架木修筑的通道为栈道。萦纡（yíng yū）：蜿蜒曲折。剑阁：即剑门关，在今四川省剑阁县北。

[34] 峨眉山：在四川省峨眉县境内。唐玄宗入蜀只到成都，没有经过峨眉山，这里泛指蜀中高山。

[35] 圣主：指唐玄宗。

[36] 行宫：皇帝出行时的住处。

[37] 夜雨闻铃：传说唐玄宗去四川时，经过斜谷，遇到十多天的阴雨，在栈道上听到雨中铃声隔山相应，十分凄凉，便更想念杨贵妃，因而谱成《雨霖铃曲》以寄恨。

[38] 天旋地转：指局势有所好转，不久收复了长安。回龙驭：皇帝的车驾从蜀中返回长安。

[39] 踌躇：徘徊不前的样子。

[40] 不见句：唐肃宗至德二年（757）十二月，唐玄宗由蜀郡回长安，经马嵬坡时派人以礼改葬杨贵妃，掘土，杨贵妃的香囊犹在，不胜悲戚。空死处，只见她死的地方。

[41] 沾衣：泪湿衣襟。

[42] 东望都门：向东望着京城长安。信马：听任马随意往前进。意即完全沉浸在悲伤之中。

[43] 太液、未央：在这里均代指唐代的池苑宫殿。太液，汉代宫廷中的池名，在建章宫北。唐代的太液池在长安城东北的大明宫内。未央，汉代的未央宫。

[44] 芙蓉二句：写唐玄宗回到长安后，看见池中的荷花像杨贵妃的脸，宫里的柳条像杨贵妃的眉，触景生情，禁不住伤心落泪。芙蓉，荷花。

[45] 西宫南内：指太极宫和兴庆宫。唐玄宗李隆基从四川回长安时已让位给唐肃宗李亨。李亨不让李隆基再过问国事，把他从兴庆宫迁至西边的太极宫。皇宫称大内。兴庆宫在南，称南内。太极宫在西，称西内。

[46] 梨园弟子：指唐玄宗过去所训练的一批乐工声伎。

[47] 椒房：后妃所住的宫殿。以椒和泥涂壁，取其温暖而芳香。阿监：宫廷中的近侍，唐代六、七品女官名。青娥：指年轻貌美的宫女。

[48] 孤灯挑尽：古时用灯草点油灯，过一会儿就要把灯草往前挑一挑，让它好燃烧。挑尽，是说夜已深，灯草也将挑尽。

[49] 耿耿：明亮貌。欲曙天：长夜将晓之时。

[50] 鸳鸯瓦：两片瓦一俯一仰嵌合在一起的瓦。

[51] 翡翠衾（qīn）：绣有翡翠鸟的被子。谁与共：与谁共。

[52] 临邛（qióng）道士句：意谓这道士是临邛人，来到京城作客。临邛，县名，唐时属剑南道，今四川省邛崃市。鸿都：后汉首都洛阳宫门名。这里借指长安。

[53] 教：使，令。

[54] 穷：找遍的意思。碧落，道家称天界为碧落。

[55] 五云起：耸立在五色的彩云中。

[56] 绰约：形容风姿美好。

[57] 太真：即杨贵妃，被度为女道士时叫太真，住内太真宫，所以这里用仙号。

[58] 参差（cēn cī）：仿佛就是。

[59] 叩玉扃：敲玉作的门。

[60] 小玉、双成：均为古代神话中的女子名。这里借指杨玉环所在的仙府的侍婢。

[61] 九华帐：用九华图案绣成的彩帐。

[62] 珠箔（bó）：用珍珠穿成的珠帘。银屏：镶嵌银丝花纹的屏风。迤逦（yǐ lǐ）：一个接一个，连绵不断。

[63] 阑干：泪水纵横流淌。

[64] 含情凝睇：无限深情地注视着。

[65] 昭阳殿：汉代宫殿名，赵飞燕姊妹所居。这里借指贵妃生前的寝宫。

[66] 蓬莱宫：泛指仙境。蓬莱是神话中海外三山之一。

[67] 钿合：用珠宝镶嵌的金盒。

[68] 钗留句：钗由两股结成，此捎去一股，留下一股；盒由两片合成，此捎去一片留一片。

[69] 擘（bò）：分开。

[70] 长生殿：在骊山上，天宝元年建，名"集灵台"，以祀神。一说，唐代后妃所居寝宫，通称为长生殿。

[71] 比翼鸟：本名鹣鹣，此鸟仅一目一翼，雌雄须并翼飞行，故常比喻恩爱夫妻。

[72] 连理枝：异本草木，两棵树不同根而枝叶连生在一起。

[鉴赏训练]

1. 对白居易《长恨歌》的主题，历来有不同认识。归纳起来，主要有三种观点：一是歌颂爱情；二是讽喻荒淫；三是双重主题。试以作品本身为据，谈谈你的观点。

2. 本诗是一首抒情性强的叙事诗，试分析本诗是如何将叙事、写景、抒情融为一体的。

3. 分析诗中排比、比喻、顶真等修辞手法所起的作用。

[拓展阅读]

要准确把握《长恨歌》这首诗的主题思想，需首先了解诗人的思想境界和人生际遇，了解唐玄宗和杨贵妃及"安史之乱"这段历史，才能把握蕴藏于形象之中的言外之意、弦外之音。

这是一首作于唐宪宗元和元年（806）的长篇叙事诗。诗人一生跨中、晚唐，他的思想以被贬江州司马为界，经历了积极入世到消极出世两个阶段，实践了他所信奉的"达则兼济天下，穷则独善其身"的儒家人生模式。在他的整个思想体系中，"独善"与"兼济"并行不悖，它们是一个完整人生观的两个侧面。还在遭贬以前，他努力为云龙、为风鹏，并与元稹大力倡导新乐府运动。也正是因为他年轻时候的"达则兼济天下"的人生追求，使他敢说敢为，热心国事，《长恨歌》也就写在这一时期。在封建社会中，权力结构将皇帝置于政治生活的中心和最高地位，天下兴亡系于皇帝一身，因此，当时人们在总结安史之乱的教训时，李、杨的关系自然就成为议论的中心。基于以上种种原因，才使得他有足够的气魄处理这样一个重大的历史题材，并以"不惑"来总结唐玄宗后半生的政治得失，写就了《长恨歌》。

诗歌全篇都是根据唐玄宗和杨贵妃的故事传说来构架的，但由于受到佛教变文乃至道教仙化故事的影响，同时，还掺杂了白居易个人的情感经历，使得故事在一定程度上脱离了历史的原貌，浓烈的抒情贯穿于叙事的全过程，也让全诗风情摇曳，生动流转，极富感染力。

白居易虽出身于书香门第，但是父母的婚姻生活并不美满，双方经常发生争吵。白居易在感同身受中，对母亲的不幸寄予了深切的同情，对母亲的养育之恩铭记不忘。在结婚前，白居易曾与一位名叫湘灵的女子自由恋爱，但家庭和社会不能接受这种婚姻，原因即在于门第观念和社会风尚的阻碍。诗人被迫与自己相爱的人分开，乃是迫于世俗礼法和所处环境的无奈，诗人对此唯有痛苦、无可奈何地接受，再加上家庭对白居易幼年的影响，白居易在道德与感情问题的选择上也常常陷于困境。白居易长达三十五年的情感历程，可以看出诗人对这段恋情一生一世是难以忘怀的。正是由于这一深沉的情感积淀才使得他写出了千古传诵的长篇爱情诗作《长恨歌》，同时也奠定了他在中国古代文学史上的重要地位。

（三）

北陂[1]杏花

王安石[2]

[导读]

这是一首别具姿态的咏物诗。写的是临水的杏花，所以岸上花身与水中花影同时出现在诗人笔下，工巧而富于情韵。后两句则是作者托物言志，用杏花的高洁来比喻自己不愿同流合污的刚强性格。

[选文]

一陂春水绕花身，花影妖娆各占春[3]。
纵被春风吹作雪，绝胜[4]南陌碾成尘。

（选自《王安石诗文鉴赏辞典》，上海辞书出版社，2014年版）

[注释]

[1] 陂（bēi）：池塘。
[2] 王安石（1021—1086），字介甫，抚州临川（今江西省抚州市）人。主改革，神宗熙宁二年（1069）任参知政事，次年，同中书门下平章事。推行新政，创青苗、水利、

均输、保甲、免役、市易、方田诸法，为司马光等反对，两次罢相。晚年退居江宁（今江苏省南京市）城外半山园，自号半山老人。封荆国公，卒谥文。王安石工诗擅文，是欧阳修倡导的诗文革新运动的积极参加者，唐宋八大家之一。其散文雄健峭拔，诗歌遒劲清新，词虽不多而风格高峻。著有《临川集》。

[3] 妖娆：妩媚多姿。各占春：各呈娇媚之姿，占尽春光。

[4] 绝胜（shēng）：远比……为好。

[鉴赏训练]

1. 作者爱用"绕"字摹写山形水势，请你说说"一陂春水绕花身"中的"绕"字用得好在何处？

2. 诗歌前两句描写出一幅什么景象？"各占春"具体指什么？

3. 后人陈衍《宋诗精华录》说"荆公绝句，多对语甚工者"，赞其语言精工、意旨深远。请依据诗歌的后两句作简要分析。

[拓展阅读]

杏花春雨江南，这是一幅多么迷人的景色。三月的大地上，莺歌燕舞，花红柳绿。更有杏花潇潇洒洒，纷纷扬扬。在烟雨濛濛中，那些郊游看花的人络绎不绝。这是谁也不会放弃的大好时光。

古人就有观赏杏花的风俗，他们赏杏花，买卖杏花，头发上插着杏花，可以说对杏花是情有独钟。诗人们更是赏杏花雨，饮杏花酒，咏杏花诗。沾衣不湿杏花雨，深巷明朝卖杏花，牧童遥指杏花村，等等，给我们留下了多少宝贵的精神财富。下面我们选出六首绝句，看古人如何吟咏杏花。

杏　园

杜　牧

夜来微雨洗芳尘，公子骅骝步贴匀。
莫怪杏园憔悴去，满城多少插花人。

读过杜甫的诗《春夜喜雨》，知道那春雨总是在夜晚的时候降临。雨虽说洗去了花草的疲惫，但是也让道路泥泞难行，因此就有了很多骑马看花的人。

这是赏春的大好时光，人们都像小孩子一样很兴奋，不少人还折下杏花，插在头发上。这对杏花园子是一个不幸，多少杏花都被攀折得病恹恹的。这里表现了当时游春插杏花的风俗，以及诗人爱花惜春的心情。

重寻杏园

白居易

忽忆芳时频酩酊，却寻醉处重裴回。
杏花结子春深后，谁解多情又独来。

忽然想到杏花盛开的时候，那种一边赏花一边喝酒的情景，于是一个人独自来到醉酒的地方，寻找当初的感觉。但是徘徊寻觅又有什么用呢，这个时候已经晚了，杏花都结果子了，谁又能理解你的心情。

这里也有早知今日何必当初的意思。人要懂得珍惜，当初相好的时候如果不互相理解，将来后悔也没有用。就像这杏花一样，别人都结籽了，就不要再去多情了。

下第后上永崇高侍郎

高 蟾

天上碧桃和露种，日边红杏倚云栽。
芙蓉生在秋江上，不向东风怨未开。

这首诗写得很神奇，像神话一样，桃子栽种在天上，还带着雨露。杏花树也是在太阳边倚着云彩开放。只有芙蓉花在秋天的江头，它不开花也不怨恨。

其实这首诗是有所指的。高蟾参加科举考试落第，他写了这首诗给主考官高侍郎，意思是说那些考上了的人是碧桃，是红杏，他们依靠天日，都是走了门路的。我只是江头的一棵芙蓉，地位低下，开不了花，我也不怪谁。自比芙蓉，其高洁可知。

杏 花

罗 隐

暖气潜催次第春，梅花已谢杏花新。
半开半落闲园里，何异荣枯世上人。

东风送暖，大地春回，那些梅花已经隐退，现在是大好春光，莺歌燕舞，百花盛开。看那杏花开得蓬蓬勃勃，它们争先恐后，有的已经谢了，有的还正在枝头吐露芬芳。

诗人在这里也是有所指的。一是表达世上万物新陈代谢是自然规律；二是慨叹自己的人生际遇，他仕途不顺，参加进士考试屡试不中。人间世就像这杏花一样，有的高高在上，有的就坠入泥土。

游园不值

叶绍翁

应怜屐齿印苍苔，小扣柴扉久不开。
春色满园关不住，一枝红杏出墙来。

去游春赏花，恰巧主人不在家，无法进到园子里去。但是也不枉跑了一趟，因为一枝红杏伸到了墙外，终究还是看到了这美丽的春色。

作者好像在说俏皮话，说主人爱惜青苔故意关闭花园，客人敲门也装作没听见。实际上作者是为下文铺垫，美好的春光是关不住的。这句话也可以理解为，一切新生事物和美好的东西都是不可阻挡的。

绝 句

志 南

古木阴中系短篷，杖藜扶我过桥东。
沾衣欲湿杏花雨，吹面不寒杨柳风。

在古树底下把小船系好，我扶着拐杖走过小桥，然后向着东面漫游。此时已经下起了小雨，但是游兴正浓，这点小雨又有何妨，它洒在杏花上，花朵更显得妩媚多姿。

杏花占尽三月春光，胭脂万点，花繁姿娇。它遍布城镇乡村，房前屋后，街道两旁，水畔山岗。同学们，让我们走出户外，去欣赏这大自然赐予的旖旎风光吧！

（四）

卜算子·咏梅

陆游[1]

[导读]

　　这是一首托物言志的词。作者以梅花自喻，借梅花孤高正直、操节自守、矢志不渝的高尚品质，抒发自己请缨无路、壮志难酬的苦闷和炽热的爱国情感，其实这也正是作者一生性格孤高，绝不与争宠邀媚、阿谀奉迎之徒为伍的品格和不畏谗毁、坚贞不渝的铮铮傲骨的真实写照，故历来为后人称颂。

　　上片写梅花的遭遇：它植根的地方，是荒凉的驿亭外面，断桥旁边。下片写梅花的品格：一任百花嫉妒，却无意与它们争春斗艳；即使凋零飘落，化为尘泥，依旧保持着清香。全词用清俊的语言，白描的手法，形象地写出梅的品格、姿态，隐喻表达了诗人矢志不移、坚持理想的高尚品质。

[选文]

　　　　驿外断桥边[2]，寂寞开无主[3]。已是黄昏独自愁，更著风和雨[4]。
　　　　无意苦争春[5]，一任群芳妒。零落成泥碾作尘，只有香如故。

（选自《历代文学作品选》，朱东润主编，上海古籍出版社，2002年版）

[注释]

　　[1]陆游（1125—1210），字务观，号放翁，越州山阴（今浙江省绍兴市）人。曾任镇江、隆兴、夔州通判，福建路常平茶盐公事、江西常平提举、知严州、礼部郎中、兼实录检讨官等职。后被劾去职，归老故乡。陆游生当民族矛盾尖锐、国势危迫的南宋时期，"扫胡尘""靖国难"，是他生平志事所在。在政治斗争中，他屡受统治阶级投降派的排挤、打击，但他坚持理想，始终不渝。他是南宋杰出爱国诗人，他的作品洋溢着战斗情绪和悲愤情绪，风格慷慨激昂，语言明快。

　　[2]驿（yì）外：指荒僻、冷清之地。驿，驿站，古代传递政府文书的人中途换马匹休息、住宿的地方。断桥：残破的桥。一说"断"通"簖"，簖桥乃是古时在为拦河捕鱼蟹而设簖之处所建之桥。

　　[3]无主：无人过问，无人欣赏。

　　[4]著（zhuó）：同"着"，这里是遭受的意思。更著：更加受到。

　　[5]争春：与百花争奇斗艳。此指争权。

[鉴赏训练]

1. 从这首词分析陆游当时的处境。
2. 这首词中，陆游以梅花自喻，表达了他什么样的思想感情？

[拓展阅读]

陶渊明爱菊，为的是"采菊东篱下，悠然见南山"的闲适；周敦颐喜莲，为的是"出淤泥而不染，濯清涟而不妖"的高洁；而陆游重梅，则为的是"雪虐风饕愈凛然，花中气节最高坚"的坚贞。这可以从他的《卜算子·咏梅》中得到印证。

作为一代伟大的爱国诗人，陆游很早就立下了"上马击狂胡，下马草军书"（《观大散关图有感》，《剑南诗稿校对》卷四）的壮志。二十九岁时，陆游参加进士考试，因名列秦桧的孙子之前而受到其嫉恨，复试时被黜落，直到秦桧死后才得以入仕。他在后来的仕途中又两度因力主抗金而被罢职。一而再，再而三的打击、排挤、贬谪，使陆游不得不发出"胡未灭，鬓先秋，泪空流，此生谁料，心在天山，身老沧州"的浩然长叹。尽管如此，但是陆游忧国忧民的情怀、不从俗媚的节操没有丝毫的改变。即便到了"食且不继"，因为没钱，药也停了吃，因为省灯油，书也没得读，甚至不得不连自己常用的酒杯都忍痛卖掉的地步，他仍然足迹不踏权门，他依旧胸怀社稷，心系百姓。我们从中仿佛听到了屈原那"路漫漫其修远兮，吾将上下而求索"的执着与坚定，我们仿佛看到了杜甫那"穷年忧黎园，叹息肠内热"的抑郁与沉重，范仲淹的"居庙堂之高，则忧其民；处江湖之远，则忧其君。进亦忧，退亦忧"。也正是有这样的社会背景，有这样的思想根基，使我们在品读《卜算子·咏梅》时，更能清楚地看到陆游那至死不渝的追求。这也正像他在一首咏梅诗中所写的，"过时自会飘零去，耻向东君更乞怜"。陆游以他饱满的爱国热情，谱写了一曲曲爱国主义诗篇，并激励着一代又一代人，真可谓"双鬓多年作雪，寸心至死如丹"。

[综合鉴赏训练]

1. 唐代出现了不少以唐玄宗李隆基与贵妃杨玉环之间的爱情悲剧为题材的文学作品，如白居易的《长恨歌》、杜牧的《过华清宫》、李商隐的《马嵬》，将这三首诗进行相比，试分析各自有何独特之处。

过华清宫

杜 牧

长安回望绣成堆，山顶千门次第开。
一骑红尘妃子笑，无人知是荔枝来。

马 嵬

李商隐

海外徒闻更九州，他生未卜此生休。
空闻虎旅鸣宵柝，无复鸡人报晓筹。

此日六军同驻马,当时七夕笑牵牛。

如何四纪为天子,不及卢家有莫愁。

2. 阅读毛泽东的《卜算子·咏梅》和陆游的《卜算子·咏梅》这两首词,回答以下问题。

卜算子·咏梅

毛泽东

风雨送春归,飞雪迎春到。已是悬崖百丈冰,犹有花枝俏。

俏也不争春,只把春来报。待到山花烂漫时,她在丛中笑。

(1) 试分析这两首词的艺术风格。

(2) 同为《卜算子·咏梅》的词,都是咏梅,都是托物言志,都采用了人格化的描写,试从意境方面对这两首词进行对比分析,说明"反其意而用之"的含义。

3. 阅读苏轼的咏物词,试回答以下问题。

卜算子·黄州定慧院寓居作

苏 轼

缺月挂疏桐,漏断人初静。谁见幽人独往来,缥缈孤鸿影。

惊起却回头,有恨无人省。拣尽寒枝不肯栖,寂寞沙洲冷。

(1) 词中出现了两个关键的意象——"幽人"和"孤鸿",你认为两者之间有怎样的联系?

(2) 从这首词分析苏轼刚到黄州时的心态,请谈谈"拣尽寒枝不肯栖,寂寞沙洲冷"表现了中国许多士大夫知识分子怎样的精神。

(一)

归园田居·其三

陶渊明[1]

[导读]

这是一首脍炙人口的优美的田园诗。这首短诗十分细腻、生动地描写了诗人对农田劳动生活的体验,抒发了作者辞官归隐后的愉快心情和乡居乐趣,从而表现了他对田园生活的热爱,表现出劳动者的喜悦,同时又隐含了对官场黑暗腐败的生活的厌恶之感。

这首诗用语十分平淡自然。"种豆南山下""夕露沾我衣""带月荷锄归",朴素如随口而出,不见丝毫修饰。劳动归来的诗人虽然独自一身,却有一轮明月陪伴。月下的诗人,肩扛一副锄头,穿行在齐腰深的草丛里,这是一幅多么美好的月夜归耕图啊!其中洋溢着诗人心情的愉快和归隐的自豪。这自然平淡的诗句融入全诗醇美的意境之中,则使口语上升为诗句,使口语的平淡和诗意的醇美和谐地统一起来,形成陶诗平淡醇美的艺术特色。

[选文]

种豆南山下[2]，草盛豆苗稀[3]。
晨兴理荒秽[4]，带月荷锄归[5]。
道狭草木长，夕露沾我衣。
衣沾不足惜，但使愿无违[6]。

（选自《历代文学作品选》，朱东润主编，上海古籍出版社，2002年版）

[注释]

[1] 陶渊明（365—427），字元亮，一说名潜，字渊明，浔阳柴桑（今江西省九江市）人。陶渊明少有"猛志逸四海"的大志，早年曾任江州祭酒、镇军参军、彭泽令等职。由于当时门阀制度森严，他出生庶族，感到不堪官吏，后因厌恶官场，退隐农村，长期过着躬耕隐居的生活。陶渊明写了不少田园诗，风格平淡自然。

[2] 南山：庐山。

[3] 稀：稀少。

[4] 兴：起。理：整顿。

[5] 荷（hè）：扛着。

[6] 愿无违：不违背自己的志愿。愿，指隐居躬耕，不与世俗同流合污。

[鉴赏训练]

1. 分析"衣沾不足惜，但使愿无违"表达的思想感情。
2. 结合陶渊明《归田园居》的其他诗作，谈谈你对陶渊明隐居生活的认识。
3. 背诵这首诗。

[拓展阅读]

《归田园居》共有五首，这五首诗歌是一个不可分割的整体，分别从辞官场、聚亲朋、乐农事、访故旧、欢夜饮等侧面描绘诗人丰富充实的隐居生活。诗人是以质性自然、乐在其中的情趣来贯穿这一组诗篇的。诗中虽有感情的动荡、转折，但那种欢愉、明朗的色彩是辉映全篇的。请一起来欣赏其他四首诗。

归田园居

其一

少无适俗韵，性本爱丘山。
误落尘网中，一去三十年。
羁鸟恋旧林，池鱼思故渊。
开荒南野际，守拙归园田。
方宅十余亩，草屋八九间。
榆柳荫后檐，桃李罗堂前。
暧暧远人村，依依墟里烟。
狗吠深巷中，鸡鸣桑树颠。

户庭无尘杂，虚室有余闲。
久在樊笼里，复得返自然。

其二

野外罕人事，穷巷寡轮鞅。
白日掩荆扉，虚室绝尘想。
时复墟曲中，披草共来往。
相见无杂言，但道桑麻长。
桑麻日已长，我土日已广。
常恐霜霰至，零落同草莽。

其四

久去山泽游，浪莽林野娱。
试携子侄辈，披榛步荒墟。
徘徊丘垄间，依依昔人居。
井灶有遗处，桑竹残朽株。
借问采薪者，此人皆焉如？
薪者向我言，死没无复余。
一世异朝市，此语真不虚！
人生似幻化，终当归空无。

其五

怅恨独策还，崎岖历榛曲。
山涧清且浅，可以濯吾足。
漉我新熟酒，只鸡招近局。
日入室中暗，荆薪代明烛。
欢来苦夕短，已复至天旭。

（二）

春江花月夜

张若虚[1]

[导读]

《春江花月夜》这首七言古诗被闻一多誉为"诗中的诗，顶峰中的顶峰。"诗歌借着对春江花月夜的描写，由此生发出对人生哲理与宇宙奥秘的思索和对游子思妇在这样良辰美景里却天各一方的叹惋之情。但诗人的叹惋之情并不颓废与绝望，反而充满了对生命的留恋，对青春的珍惜，对"人生代代无穷已"的欣慰，对重逢的美好期盼。

全诗可分为两大部分。从开头到"但见长江送流水"为第一部分，写春、江、花、月、夜的幽美景色，侧重描绘皓月当空、光照整个江天、天地一派空明的美妙境界，并由此转向观照人生，思索宇宙奥秘与人生哲理。"白云一片去悠悠"至结束为第二部分，抒写人间思妇游子的离愁别绪，讴歌人们对爱情的向往和对幸福的憧憬。

全诗四句一韵，平仄交错，借声韵的回环往复，把离愁别绪表现得往复缠绵，摇曳有致。全诗诗情荡漾，画意优美，哲理隽永，三者浑然一体。

[选文]

春江潮水连海平，海上明月共潮生[2]。滟滟随波千万里[3]，何处春江无月明！江流宛转绕芳甸[4]，月照花林皆似霰[5]。空里流霜不觉飞[6]，汀上白沙看不见[7]。江天一色无纤尘，皎皎空中孤月轮。江畔何人初见月？江月何年初照人？人生代代无穷已，江月年年只相似。不知江月待何人，但见长江送流水。白云一片去悠悠[8]，青枫浦上不胜愁[9]。谁家今夜扁舟子[10]？何处相思明月楼[11]？可怜楼上月徘徊[12]，应照离人妆镜台。玉户帘中卷不去，捣衣砧上拂还来[13]。此时相望不相闻，愿逐月华流照君。鸿雁长飞光不度，鱼龙潜跃水成文[14]。昨夜闲潭梦落花[15]，可怜春半不还家。江水流春去欲尽，江潭落月复西斜。斜月沉沉藏海雾，碣石潇湘无限路[16]。不知乘月几人归，落月摇情满江树[17]。

（选自《历代文学作品选》朱东润主编，上海古籍出版社，2002年版）

[注释]

[1] 张若虚（约660—720），唐代诗人，扬州人，曾任兖州兵曹。唐中宗神龙（705—707）中，他以文词俊秀驰名于京都，与贺知章、张旭、包融齐名，并称"吴中四士"。现存诗作仅《春江花月夜》和《代答闺梦还》二首，录存于《全唐诗》中。

[2] 生：生长，升起。

[3] 滟滟（yàn）：波光闪烁的样子。

[4] 芳甸：花草丛生的郊野。

[5] 霰（xiàn）：细密的雪珠，形容洁白月光照映下的花朵。

[6] 空里句：古人认为霜像雪一样，是从天上落下来的，所以称为飞霜。这里因为月色如霜，所以说只觉得其流而不觉得飞。比喻月光悄悄泻满大地。

[7] 汀：江畔沙滩。

[8] 白云：喻指游子。

[9] 青枫浦：一名双枫浦。在今湖南省浏阳市境内。这里指遥远荒僻的水边。

[10] 扁（piān）舟子：漂泊在外的游子。

[11] 明月楼：指月夜楼中的思妇。

[12] 徘徊：月影缓缓移动的样子。曹植《七哀》诗："明月照高楼，流光正徘徊。上有愁思妇，悲叹有余哀。"

[13] 卷不去、拂还来：意谓月色带着离愁渗进思妇的心头，无法派遣。

[14] 鸿雁二句：意为两人相隔太遥远，善于长途飞翔的鸿雁，也不能随月光飞到你身边；潜跃的鱼龙，也仅能在水面上泛泛起层层波纹却难以游到你跟前。

[15] 闲潭：幽静的水潭。

[16] 碣石句：意思是说，游子思妇分处于天南地北，难以相见。碣石潇湘：此处指天南地北。碣石：山名，故址在今河北省。一说，碣石山已沉入海里。潇湘：水名，在今

湖南省。

[17] 落月句：落月的余晖洒在江边的树上，轻轻摇曳着，像是满怀着无尽的情意。

[鉴赏训练]

1. 分析诗人在诗中塑造了怎样的意境。
2. 这首诗是如何将诗情、画意、哲理相结合的？
3. 有人认为这首诗的感情基调是抒发离愁别恨，比较哀伤，也有人认为这首诗是"哀而不伤"，你如何看待这个问题？

[拓展阅读]

《春江花月夜》为乐府《清商曲辞·吴声歌曲》旧题。创制者是谁，说法不一。今据郭茂倩《乐府诗集》所录，《春江花月夜》除张若虚这一首外，尚有隋炀帝二首，诸葛颖一首，张子容二首，温庭筠一首。现存最早的《春江花月夜》是隋炀帝杨广的两首宫体诗。宫体诗以宫廷为中心，以艳情为内容，描红点翠，堆香砌玉，浮华荒谬，空虚无聊；从梁陈到隋唐，百余年间，主宰文坛，造成诗国的黑暗，遗下无数罪孽，一直以来被视为统治阶级生活浮靡的表现而加以批判。

张若虚的《春江花月夜》既富于南方民歌的色彩与风调，又较成功地运用了经过齐梁到唐初百年酝酿接近完成的新诗格律，还首次探索了七言诗中以小组转韵结合长篇的技巧，三者的糅合是那样完美，给后来的诗人提供了一个很好的范本。《春江花月夜》被闻一多先生誉为"诗中的诗，顶峰上的顶峰"，其思想与艺术都超越了以前那些单纯模山范水的景物诗、"年年岁岁花相似，岁岁年年人不同"的哲理诗、抒儿女别情离愁的爱情诗，将传统题材注入新的含义，融诗情、画意、哲理为一体。通过对春江花月夜的描绘，赞叹自然的美丽，讴歌爱情的纯洁，探索宇宙的奥秘，思考人生的真谛，营造出一种情、景、理交融的幽美而又邈远的意境。

张若虚的歌行在改造六朝宫体方面作出了贡献，洗却了浓艳的铅华，呈现出了清晰自然的风韵，舍弃了赋法的铺陈，代之以委婉隽永的抒情。这对诗歌的继承和发展，影响极为深远。

（三）

终 南 别 业

王 维[1]

[导读]

这是一首五言律诗，是唐代山水田园诗人王维的代表作之一。诗中把退隐后自得其乐的闲适情趣，写得有声有色，惟妙惟肖。诗人兴致来了就独自信步漫游，走到水的尽头就坐看行云变幻，这生动地刻画了一位隐居者的形象，如见其人。同山间老人谈谈笑笑，把回家的时间也忘了，十分自由惬意，这是诗人捕捉到了典型环境中的典型事例，诗人把退隐后自得其乐的闲适情趣，写得有声有色，突出地表现了退隐者豁达的性格。平白如话，却极具功力，诗味、理趣二者兼备。

[选文]

中岁[2]颇好道[3],晚家[4]南山陲[5]。
兴来每独往,胜事[6]空自知。
行到水穷处,坐看云起时。
偶然值[7]林叟,谈笑无还期[8]。

(选自《唐诗鉴赏辞典》,上海辞书出版社,2004年版)

[注释]

[1] 王维(701—761),字摩诘,汉族,祖籍山西省祁县,盛唐诗人的代表,创造了水墨山水画派,有"诗佛"之称。开元九年(721)中进士,任太乐丞。今存诗400余首,有《王摩诘文集》等行世。王维精通佛学,受禅宗影响很大,佛教有一部《维摩诘经》,是王维名和字的由来。王维参禅悟理,学庄信道,精通诗、书、画、音乐等,与孟浩然合称"王孟"。

[2] 中岁:中年。

[3] 道:这里指佛教。

[4] 家:安家。

[5] 陲(chuí):边缘,旁边,边境。南山陲,指辋川别墅所在地,意思是终南山脚下。

[6] 胜事:美好的事。

[7] 值:遇到。

[8] 无还期:没有回还的准确时间。

[鉴赏训练]

1. 这首诗三、四句中最精练传神的各是哪个字?请结合诗意作简要分析。
2. 结合所学和所了解的诗歌思考分析,谈谈唐人眼中的终南山及终南山情结。

[拓展阅读]

山水诗是唐诗的重要组成部分,是以山水等自然景观为描写对象的诗。其实古文学的任何一个分支的发展都可以在先秦时期找到渊源。孔子曰:"知者乐水,仁者乐山。"充满智慧的人是喜好水的,讲仁义的人是喜好山的,那这是为什么呢?孔子并没有告诉我们,但是我们从中可以知道,我们人和山水自然之间有着某种必然的联系。知者、仁者的品德情操与山水的自然特征和规律性具有某种类似性,因而产生乐水乐山之情。先秦时代的诗歌(如《诗经》和《楚辞》)中,有些描写山水风景的诗句,如"昔我往矣,杨柳依依;今我来归,雨雪霏霏",可以说是思乡的源泉,也可以说是山水的起源,但处于内容的从属地位,并未当作独立的审美对象来歌咏。直到汉末建安时期,才出现了中国诗歌史上最早的一首完整的山水诗,那就是曹操所写的四言诗《观沧海》。而真正将自然山水作为一种独立的审美对象,以自然山水为题材写诗,则始于魏晋六朝;到了陶渊明进一步发扬光大,一语天然万古新,"豪华落尽见真醇"的语言,清新自然的风格,悠然见南山的情调,显示了魏晋风流的独特。特别是谢灵运,在那个时候就已经是山水诗的大家了。魏晋六朝，既是一个干戈纷扰、政治紊乱的时代，人命危浅、朝不保夕的恐怖和悲哀，使得许多具有觉醒意识的诗人，为了全身远祸，不得不离开动荡的政治，藏身匿迹于山泉林木之间，他们苦闷的精神和悲愤的感情，便在这足以娱情解忧的青山绿水间觅得了可以寄托和安放的处所。但是魏晋六朝的山水诗又和唐朝的山水诗有所不同。一是那时候的诗歌水平没有那么高，二是南朝的地域没有那么广阔。唐朝国家统一了，疆域很辽阔，政治稳定，经济发达，诗人特别喜欢游历名山大川，所以唐朝没有哪个诗人没有写过以自然山水为题材的诗篇。如张若虚的《春江花月夜》、王之涣的《登鹳雀楼》、杜甫的《望岳》、张继的《枫桥夜泊》、戴叔伦的《苏溪亭》、储光羲的《钓鱼湾》、白居易的《钱塘湖春行》、柳宗元的《江雪》……所以唐朝出现了一个诗派，称为山水诗。但能代表山水诗成熟的，主要还是王维和孟浩然，尤其是王维的成就更高。

（四）

采桑子·重阳[1]

毛泽东[2]

[导读]

  此词作于1929年的重阳节（10月11日）。当时，毛泽东在上杭县城的临江楼上养病，重阳佳节来到，院子里的黄花如散金般盛开。此时毛泽东已经离开红四军的领导岗位，他的梦想和现实再一次发生了位移，因而作了此词。

  整首词有情有景，有色有香，熔诗情画意、野趣、哲理于一炉，形成生机盎然的诗境，既歌颂了土地革命战争，又显示了作者诗人兼战士的豪迈旷放的情怀，以壮阔绚丽的诗境、昂扬振奋的豪情，唤起人们为理想而奋斗的英雄气概和高尚情操。

[选文]

  人生易老天难老[3]，岁岁[4]重阳。今又重阳[5]，战地黄花分外香[6]。一年一度秋风劲[7]，不似[8]春光。胜似春光[9]，寥廓江天万里霜[10]。

（选自《毛泽东诗词鉴赏》，公木著，长春出版社，1994年版）

[注释]

  [1] 重阳：农历九月九日为传统的重阳节，又称"老人节"。

  [2] 毛泽东（1893年12月26日—1976年9月9日），字润之（原作咏芝，后改润芝），笔名子任，湖南湘潭人，伟大的马克思主义者，无产阶级革命家、战略家和理论家，中国共产党、中国人民解放军和中华人民共和国的主要缔造者和领导人，政治家，军事家，诗人，书法家。他一生写下了很多震撼人心的诗篇，对鼓舞革命战士和亿万人民的战斗豪情产生过巨大的影响。他的诗词，显示了博大的胸襟、豪迈的气魄、广阔的意境，读起来让人热血沸腾、精神奋发。

  [3] 人生易老天难老：人生有尽，天道无穷。李贺《金铜仙人辞汉歌》："天若有情天亦老。"此反用其意。

  [4] 岁岁：年年。

[5] 今又重阳：此重阳是指诗人在战地重逢的重阳，1929 年的重阳。

[6] 战地黄花分外香：也作"但看黄花不用伤"。战地：这里指闽西农村根据地，当时这里外有敌人包围，内有地主民团的扰乱。黄花：指菊花。依五行之律秋属金，金之色黄，而菊花秋日开放，故曰黄花。《礼记·月令》："季秋之月，鞠有黄华。"古人重阳有饮酒赏菊之风俗。张翰《杂诗》："黄花如散金。"李白《九日龙山歌》："九日龙山饮，黄花笑逐臣。"初稿作"但看黄花不用伤"，改后更显从容气度。分外：格外。

[7] 劲：强劲。

[8] 不似：不类似，不像。

[9] 胜似春光：是说秋风比春光更美，是主观感受。

[10] 寥廓江天万里霜：指广阔和泛着白霜的天空。寥廓：指宇宙的广阔，也指广阔高远。江天：指汀江流域的天空。

[鉴赏训练]

1. "一年一度秋风劲"中的"劲"字传神，说说它的表达效果。
2. 下片上句刚说"不似春光"，下句又马上说"胜似春光"，是不是自相矛盾？请说明理由。

[拓展阅读]

中国工农红军的伟大长征，被誉为"地球上的红飘带"。红军将士们在艰苦的行军与作战间隙创作的诗词，则是镶嵌在这条红飘带上的璀璨宝石，其中，毛泽东创作的长征诗词尤为光彩夺目。

长征时期，毛泽东主要创作了《十六字令三首》《忆秦娥·娄山关》《七律·长征》《念奴娇·昆仑》《清平乐·六盘山》《六言诗·给彭德怀同志》等诗词。毛泽东的长征诗词，充满热情、执着、坚毅的革命乐观主义精神，对长征中的红军指战员起到了巨大的鼓舞激励作用，不仅生动地反映了红军长征辗转曲折的行动轨迹，更艺术地再现了红军长征历经困苦走向胜利的光辉历程。

湘江之战，红军虽突破了国民党军设置的第四道封锁线，但付出了极其惨重的代价。危急关头，毛泽东提出中央红军放弃北上、向敌军力量比较薄弱的贵州转移的建议，当时并没有获得采纳。经过通道、黎平、猴场会议的激烈争论，中共中央决定向黔北前进，建立川黔边根据地。

毛泽东在行军途中，望着连绵的山岭，作《十六字令三首》：

山，快马加鞭未下鞍。惊回首，离天三尺三。山，倒海翻江卷巨澜。奔腾急，万马战犹酣。山，刺破青天锷未残。天欲堕，赖以拄其间。

三首小令凸显了湘江之战后红军面临的紧张局势。"快马加鞭""惊回首""奔腾急""天欲堕"，寥寥数语，战事危急的情形跃然纸上。但"万马战犹酣""赖以拄其间"，笔锋一转，就把红军将士饱满的战斗激情和坚韧的革命意志表现得淋漓尽致。

夺取娄山关、占领遵义城后，中央政治局召开的遵义会议，结束了"左"倾教条主义错误在中央的统治，开始确立了毛泽东在中共中央和红军的领导地位。红军在遵义战役中歼敌两个师八个团，打击了国民党军队的气焰，鼓舞了红军的斗志。遵义会议后，毛泽东作《忆秦娥·娄山关》：

西风烈，长空雁叫霜晨月。霜晨月，马蹄声碎，喇叭声咽。雄关漫道真如铁，而今迈步从头越。从头越，苍山如海，残阳如血。

一句"雄关漫道真如铁，而今迈步从头越"，道出了他对中国革命道路的冷静思索，表明党和红军历经艰难曲折、跨过生死攸关的转折之后，由此踏上了新的征程。

1935年9月27日，红军到达甘肃通渭榜罗镇。毛泽东主持召开的中共中央政治局常委会议（"榜罗镇会议"），正式决定把红军长征的落脚点放到陕北，巩固和发展陕北革命根据地，把陕北作为领导中国革命的大本营。

9月28日，毛泽东在通渭县城东文庙街小学召开的中国工农红军抗日先遣队全军排以上干部会议上讲话时，即兴朗诵了自翻过终年积雪的岷山后就酝酿在心中的诗篇《七律·长征》：

红军不怕远征难，万水千山只等闲。五岭逶迤腾细浪，乌蒙磅礴走泥丸。金沙水拍云崖暖，大渡桥横铁索寒。更喜岷山千里雪，三军过后尽开颜。

这是长征时期毛泽东创作的唯一一首律诗，定稿于1935年10月。毛泽东以高度凝练的诗句和生动形象的比喻，把两万五千里的万水千山串在一起，回顾了红军长征的艰难历程，歌颂了红军长征的伟大壮举。"更喜岷山千里雪，三军过后尽开颜"是全诗的点睛之笔，道出了毛泽东在长征途中心境从焦急忧虑到胜利喜悦的转换。

《七律·长征》是毛泽东长征诗词的巅峰之作，既是长征的史诗，也是中国共产党和红军崇高革命精神的赞歌。埃德加·斯诺在《西行漫记》中引用了这首诗，使其成为与世界读者见面最早的毛泽东诗词作品。

之后，毛泽东又创作了《念奴娇·昆仑》《清平乐·六盘山》两首词，展示了"太平世界，环球同此凉热"的乐观情绪和"今日长缨在手，何时缚住苍龙"的宏伟抱负。

毛泽东创作的《六言诗·给彭德怀同志》，高度评价了彭德怀为党和人民革命事业奋斗拼搏建立的丰功伟绩，树立了彭德怀骁勇善战、威武不屈的光辉形象，同时体现了毛泽东知兵爱将的博大胸怀和将帅之间的相互信赖。

[综合鉴赏训练]

1. 谢灵运是我国文学史第一位大量创作山水诗的诗人。其大部分诗歌描绘了他所到之处的自然景物，刻画逼真，精雕细刻，注意渲染，重视声色，极大地丰富和开拓了诗的境界，使山水的描写从玄言诗中独立出来，从而结束了东晋以来的玄言诗风。请阅读谢灵运的《登池上楼》这首诗，并回答问题。

登池上楼

潜虬媚幽姿，飞鸿响远音。
薄霄愧云浮，栖川怍渊沉。
进德智所拙，退耕力不任。
徇禄反穷海，卧疴对空林。
衾枕昧节候，褰开暂窥临。
倾耳聆波澜，举目眺岖嵚。

初景革绪风，新阳改故阴。
池塘生春草，园柳变鸣禽。
祁祁伤豳歌，萋萋感楚吟。
索居易永久，离群难处心。
持操岂独古，无闷征在今。

（1）结合作者创作此诗的处境说说"池塘生春草，园柳变鸣禽"这联诗的妙处。
（2）诗歌是怎样把写景与抒情结合起来从而为抒情服务的？
2．阅读唐代山水诗人孟浩然这首诗歌，并回答问题。

望洞庭湖赠张丞相

八月湖水平，涵虚混太清。
气蒸云梦泽，波撼岳阳城。
欲济无舟楫，端居耻圣明。
坐观垂钓者，徒有羡鱼情。

（1）请对这首诗进行鉴赏。
（2）结合孟浩然的其他诗作以及王维的诗作，请比较同为唐代的山水诗人，他们在诗风上的异同。
3．请将《春江花月夜》改写成一篇散文。
4．边塞诗是唐代诗歌的主要题材，是唐诗中思想性最深刻、想象力最丰富、艺术性最强的一部分。以边塞军旅生活为主要内容，或描写奇异的塞外风光，或反映戍边的艰辛，或表达戍边将士的思乡之情的诗作称为边塞诗。边塞诗一般出自出征的将领或随军文官之手，通过对古战场的艰辛生活和自然风光的描写，表达思乡之情以及保家卫国的高尚情操。唐代边塞诗代表人物有高适与岑参，请阅读他们的作品，并回答问题。

燕 歌 行

高 适

开元二十六年，客有从御史大夫张公出塞而还者，作《燕歌行》以示适，感征戍之事，因而和焉。

汉家烟尘在东北，汉将辞家破残贼，
男儿本自重横行，天子非常赐颜色。
摐金伐鼓下榆关，旌旆逶迤碣石间，
校尉羽书飞瀚海，单于猎火照狼山。
山川萧条极边土，胡骑凭陵杂风雨，
战士军前半死生，美人帐下犹歌舞！
大漠穷秋塞草腓，孤城落日斗兵稀，
身当恩遇常轻敌，力尽关山未解围。
铁衣远戍辛勤久，玉箸应啼别离后，

少妇城南欲断肠，征人蓟北空回首。
边庭飘摇那可度，绝域苍茫无所有。
杀气三时作阵云，寒声一夜传刁斗。
相看白刃血纷纷，死节从来岂顾勋？
君不见沙场征战苦，至今犹忆李将军。

走马川行奉送封大夫出师西征

岑 参

君不见走马川行雪海边，平沙莽莽黄入天。
轮台九月风夜吼，一川碎石大如斗，随风满地石乱走。
匈奴草黄马正肥，金山西见烟尘飞，汉家大将西出师。
将军金甲夜不脱，半夜军行戈相拨，风头如刀面如割。
马毛带雪汗气蒸，五花连钱旋作冰，幕中草檄砚水凝。
虏骑闻之应胆慑，料知短兵不敢接，车师西门伫献捷。

(1)《燕歌行》中写了征战生活中的哪些内容？诗人对此持何种态度与观点？

(2)《燕歌行》中哪些地方是把叙事、描写、写景、抒情议论等手法结合运用的？

(3)《燕歌行》中"战士军前半死生，美人帐下犹歌舞"两句是否与杜甫的名句"朱门酒肉臭，路有冻死骨"有异曲同工之妙？请谈谈你的理解。

(4)《走马川行奉送封大夫出师西征》中哪些地方是把叙事、写景、抒情等手法结合运用的？

(5) 请比较高适与岑参诗风的不同。

（一）

子 衿

[导读]

《子衿》是《诗经》国风中郑风的一篇，是一首女子思念恋人的诗歌，表达了女子在城楼上等候情人时的焦急心情。全诗共分三个章节，采用了倒叙手法。诗中运用了大量的心理描写，全诗不到五十个字，但女主人公等待恋人时的焦灼万分的情状宛若就在眼前。所以钱锺书说："在《子衿》云：'纵我不往，子宁不嗣音？''子宁不来？'薄责己而厚望于人也。已开后世言情小说心理描绘矣。"

[选文]

青青子衿[1]，悠悠我心。纵我不往，子宁不嗣音[2]？
青青子佩[3]，悠悠我思。纵我不往，子宁不来？
挑兮达兮[4]，在城阙兮[5]。一日不见，如三月兮。

（选自朱熹《诗集传》，上海古籍出版社，1991年版）

[注释]

[1] 子衿：周代读书人的服装。子，男子的美称，这里即指"你"。衿，即襟，衣领。
[2] 嗣（yí）音：传音讯。
[3] 佩：这里指系佩玉的绶带。
[4] 挑（táo）兮达（tà）兮：独自走来走去的样子。
[5] 城阙：城门两边的观楼。

[鉴赏训练]

1. 找出诗中心理描写的句子，并体会主人公的心理感受。
2. 背诵这首诗。

[拓展阅读]

1. 曹操在他的诗歌《短歌行》中，引用了这首诗，而且他还说自己一直低低地吟诵它，这实在是太巧妙了。他说"青青子衿，悠悠我心"，固然是直接比喻了对贤才的思念，但更重要的是他所省略的两句话："纵我不往，子宁不嗣音？"由于曹操事实上不可能一个个地去寻找"贤才"，所以他便用这种含蓄的方法告诉贤才们："就算我没有一个个地去找你们，你们又为什么不主动来投奔我呢？"曹操在《短歌行》中将《子衿》中的男女相思之情比作自己对贤才的思念，阅读这两首诗，体会文艺创作中政治性与艺术性的结合。

短 歌 行

曹 操

对酒当歌，人生几何？譬如朝露，去日苦多。
慨当以慷，忧思难忘。何以解忧？唯有杜康。
青青子衿，悠悠我心。但为君故，沉吟至今。
呦呦鹿鸣，食野之苹。我有嘉宾，鼓瑟吹笙。
明明如月，何时可掇？忧从中来，不可断绝。
越陌度阡，枉用相存。契阔谈䜩，心念旧恩。
月明星稀，乌鹊南飞。绕树三匝，何枝可依。
山不厌高，海不厌深。周公吐哺，天下归心。

2. 《诗经》邶风中有一首诗歌——《静女》，和《子衿》一样都是《诗经》中优秀的爱情类诗歌的代表作。《子衿》描述的是女子等待恋人的情状，而《静女》是从男子的角度来写，表现的是男女幽会时，男子等待恋人的焦急情态。请比较阅读。

静 女

静女其姝，俟我于城隅。爱而不见，搔首踟蹰。
静女其娈，贻我彤管。彤管有炜，说怿女美。
自牧归荑，洵美且异。匪女之为美，美人之贻。

（二）

游 子 吟

孟 郊[1]

[导读]

　　这是一首母爱的颂歌。前四句一个临行缝衣的细节，便把母亲对孩子的无限关切、依依不舍之情尽涵其中。末二句以小草和阳光的关系比母子之情，形象贴切，情感真挚。此诗与孟郊其他诗的刻意雕琢不同，把平淡而深厚的母子情，寓于平实、简朴的语句，因而赢得了千百年来无数读者的强烈共鸣。

[选文]

　　　　　　　慈母手中线，游子身上衣。
　　　　　　　临行密密缝，意恐迟迟归[2]。
　　　　　　　谁言寸草心，报得三春晖[3]。

（选自《唐诗选注评鉴》（第七卷），刘学锴撰，中州古籍出版社，2019年版）

[注释]

　　[1]孟郊（751—814），字东野，湖州武康（今浙江省德清县）人。家贫，屡试不第，终于贞元十二年（796）登进士，曾任溧阳尉、协律郎。一生潦倒，但诗名甚高，为韩愈所尊崇，与韩愈并称"韩孟"。常苦吟为诗，与贾岛相近，后世称为"郊岛""郊寒岛瘦"。诗思悲苦，诗境荒寒，得到历代寒士的共鸣。
　　[2]缝：缝制。迟迟归：久不归。
　　[3]三春晖：春天的阳光，比喻母爱。三春：即孟春、仲春、季春。

[鉴赏训练]

　　1. "临行密密缝，意恐迟迟归"这句运用了什么表达技巧？表现了母亲什么样的情感？
　　2. 背诵这首诗，并把它改编成一个感人的小故事，讲给同学、父母听一听，体悟亲情的温暖、真挚。

[拓展阅读]

一、孔子在《论语》中对"孝"的阐述

　　孟懿子问孝。子曰："无违。"
　　孟武伯问孝。子曰："父母唯其疾之忧。"
　　子游问孝。子曰："今之孝者，是谓能养。至于犬马，皆能有养；不敬，何以别乎？"
　　子夏问孝。子曰："色难。"

二、王阳明的孝顺三境界

1. 养长辈的身，保障长辈吃穿不愁；
2. 养长辈的心，让长辈心情愉悦；
3. 养长辈的志，让长辈活得有意义。

三、古代孝道小故事

孝感动天——舜

相传舜的家世甚为寒微，虽然是帝颛顼的后裔，但五世为庶人，处于社会下层。舜的遭遇更为不幸，父亲瞽叟，是个盲人，母亲很早去世。瞽叟续娶，继母生弟名叫象。舜生活在"父顽、母嚚、象傲"的家庭环境里，父亲心术不正，继母两面三刀，弟弟桀骜不驯，几个人串通一气，必欲置舜于死地而后快；然而舜对父母不失子道，十分孝顺，于弟弟十分友善，多年如一日，没有丝毫懈怠。

舜在家里人要加害于他的时候，及时逃避；稍有好转，马上回到他们身边，尽可能给予帮助，所以是"欲杀，不可得；即求，尝（常）侧"。身世如此不幸，环境如此恶劣，舜却能表现出非凡的品德，处理好家庭关系，这是他在传说故事中独具特色的一个方面。

舜家境清贫，故从事各种体力劳动，经历坎坷。他在历山耕耘种植，在雷泽打鱼，在黄河之滨制作陶器，总之生计艰难，颠沛流离，为养家糊口而到处奔波。

相传舜在二十岁的时候，名气就很大了，他是以孝行而闻名的。因为能对虐待、迫害他的父母坚守孝道，故在青年时代即为人称扬。过了十年，尧向四岳（四方诸侯之长）征询继任人选，四岳就推荐了舜。尧将两个女儿嫁给舜，以考察他的品行和能力。

舜不但使二女与全家和睦相处，而且在各方面都表现出卓越的才干和高尚的人格力量。后来尧让舜参与政事，管理百官，接待宾客，经受各种磨炼，舜终于得到尧的认可。选择吉日，举行大典，尧禅位于舜。舜登天子位后，去看望父亲，仍然恭恭敬敬，并封象为诸侯。

啮指痛心——曾参

曾子，姓曾，名参，字子舆，春秋末年鲁国南武城人，与孔子、孟子、颜子（颜回）、子思比肩，共称为五大圣人。

曾参十六岁拜孔子为师，他勤奋好学，颇得孔子真传。他积极推行儒家主张，传播儒家思想。孔子的孙子孔伋师从参公，又传授给孟子。因之，曾参上承孔子之道，下启思孟学派，对孔子的儒学学派思想既有继承，又有发展和建树。

他的修齐治平的政治观，省身、慎独的修养观，以孝为本、孝道为先的孝道观影响中国两千多年，至今仍具有极其宝贵的社会意义和实用价值，是当今建立和谐社会的丰富思想道德营养。

曾参性情沉静，举止稳重，为人谨慎，待人谦恭，以孝著称。齐国欲聘之为卿，他因在家孝敬父母，辞而不就。曾参提出"慎终（慎重地办理父母的丧事）、追远（虔诚地追念祖先）、民德归厚（要注重人民的道德修养）"的主张。

二十四孝记载了曾参啮指痛心的佳话：少年时家贫，曾参常入山打柴。一天，家里来了客人，母亲不知所措，就用牙咬自己的手指。曾参忽然觉得心疼，知道母亲在呼唤自己，便背着柴迅速返回家中，跪问缘故。母亲说："有客人忽然到来，我咬手指盼你回来。"曾参于是接见客人，以礼相待。

曾参著述有《大学》《孝经》等儒家经典，后世儒家尊他为"宗圣"。

卖身葬父——董永

董永，相传为东汉时期千乘人，早年丧母，与父亲董还如相依为命，以种田为生。董永每去田间劳作，则以小车推着父亲，放到树荫下，并备有水罐，为父解渴，过着父子相依为命的生活。帝中平年间，山东青州黄巾起义，渤海骚动，董永随父亲为避乱迁徙至汝南，后又流寓安陆。

董永的父亲病亡，无力埋葬，董永卖身至一富家为奴，换取丧葬费用。董永扶亡父灵柩回乡，葬于城北。在返回偿债途中，于槐荫下遇一女子，自言无家可归，二人结为夫妇。女子以一月时间织成三百匹锦缎，为董永抵债赎身。返家途中，行至槐荫，女子告诉董永：自己是天帝之女，奉命帮助董永还债。言毕凌空而去。因此，槐荫改名为孝感。

（三）

永遇乐·长忆别时

苏　轼[1]

[导读]

　　这首词一般认为写于熙宁七年（1074）。苏东坡在孙巨源离海州三月后经行海州，登景疏楼，想起与孙巨源润州相遇、楚州分手的往事，不由心有所动，遂作此词。

　　上片由设想孙巨源当初离别海州时写起，以月为抒情线索。首三句写景疏楼上饯别时"明月如水"；"美酒"三句写巨源起行后明月有情，"随人千里"；下六句写别来三度月圆，而旅途孤单，无人同醉，唯有明月相共，照影无眠。几种不同情景，层深递进，形象逼真，情景宛然，而且这都是出自词人的想象，都是从对方在月下的心理感受上落笔。词人这样着力刻画，表面上是映托孙巨源，实际上是写词人自己怀人之思。过片三句点破引发词人遥思之因，有客从濉上来，捎带了孙巨源的"深意"，遂使词人更加痴情怀念。"凭仗"三句，又发奇想。淮河发源于河南，东经安徽、江苏入洪泽湖，其下游流经淮阴、涟山入海。此时孙巨源在汴京，苏轼在海州，友人泪洒清淮，东流到海，见出其思念之情深；自己看出淮水中有友人相思之泪，又说明怀友之意切。举目所见，无不联想到友情，而且也知道友人也必念到自己。淮水之泪，将对方之深意，己方之情思，外化为具体形象，设想精奇，抒情深透。"而今"以下六句，又翻进一境，再写意想中景象，回应上片几次点月，使全篇浑然圆妥，勾连一气，意脉层深。"夜永"句设想孙巨源在西垣（中书省）任起居舍人宫中值宿时情景，长夜无眠，孤清寂寞，"此时看、回廊晓月"，当起怀我之情，刻画更为感人，有形象，有情思。词人不说自己彻夜无眠，对月怀人，而说对方如此，仍是借人映己。最后"也应暗记"四字可谓神来之笔，这里有人有我，深细婉曲，既写到了孙巨源的心理，又写出了自己的深意，是提醒，也是确信孙巨源会"暗记"往日的情景，二人绵长情思，具见言外。

此词以离别时的明月为线索抒写友情，艺术上别具一格。全词五次写到月：有离别时刻之月，有随友人而去之月，有时光流逝之月，有陪伴词人孤独之月，有友人所望之月。词之上片以写月始，下片以写月终，月光映衬友情，使作品词清意达，格高情真。

[选文]

　　孙巨源以八月十五日离海州[2]，坐别于景疏楼[3]上。既而与余会于润州，至楚州乃别[4]。余以十一月十五日[5]至海州，与太守[6]会于景疏楼上，作此词以寄巨源。

　　长忆别时，景疏楼上，明月如水。美酒清歌，留连不住，月随人千里。别来三度[7]，孤光[8]又满，冷落共谁同醉？卷珠帘、凄然顾影，共伊[9]到明无寐。

　　今朝有客，来从濉[10]上，能道使君[11]深意。凭仗[12]清淮，分明到海，中有相思泪。而今何在？西垣清禁[13]，夜永露华侵被[14]。此时看、回廊晓月，也应暗记。

　　　　　　　　　　（选自《宋词鉴赏辞典》（第二卷），上海辞书出版社，2017年版）

[注释]

　　[1] 苏轼（1037—1101），字子瞻，号东坡居士，眉州眉山（今属四川省）人，北宋著名文学家、书画家，一生仕途坎坷。他学识渊博，天资极高，诗文书画皆精。其文汪洋恣肆，明白畅达，与欧阳修并称欧苏，为"唐宋八大家"之一；诗清新豪健，善用夸张、比喻，艺术表现独具风格，与黄庭坚并称苏黄；词开豪放一派，对后世有巨大影响，与辛弃疾并称苏辛；书法擅长行书、楷书，能自创新意，用笔丰腴跌宕，有天真烂漫之趣，与黄庭坚、米芾、蔡襄并称宋四家；画学文同，喜作枯木怪石，论画主张神似，提倡"士人画"。著有《苏东坡全集》《东坡乐府》等。

　　[2] 孙巨源：名洙，苏轼友人。海州：今江苏连云港市西南。

　　[3] 景疏楼：在海州东北。宋代叶祖洽因景仰汉人二疏（疏广、疏受）建此楼。

　　[4] 润州：今江苏省镇江市。楚州：今江苏省淮安市。孙巨源离海州后先南游江苏一带，于十月间与离杭北赴密州的苏东坡会于润州，苏东坡作《润州甘露书弹筝》诗和《采桑子·润州多景楼与孙巨源相遇》词（前录）。二人同游扬州等地，至楚州分手，继而之后。

　　[5] 十一月十五日：按傅藻《东坡纪年录》记，苏轼熙宁七年十一月三日到密州任，不应此月十五日仍在海州。"一"字疑误衍。

　　[6] 太守：汉时郡长名。宋时改郡为府、州，长官称知府、知州，但仍习惯称太守。此指继知海州的陈太守（名不传）。

　　[7] 三度：指三度月圆。如果"十一月十五日"中"一"字误衍，则孙巨源八月十五日离海州，至东坡十月十五日作此词，八月、九月、十月，三见月圆。如果实为"十一月十五日"，则八月不算，九、十、十一月，三见月圆。暂存两说。

　　[8] 孤光：日月之光，此指月光。唐贾岛《酬朱侍御望月见寄》："相思唯有霜台月，忘尽孤光见却生。"方干《君不来》："夜月生愁望，孤光必照君。"苏东坡《西江月》："中秋谁与共孤光。"

[9] 伊：第三人称代词。指月。

[10] 濉（suī）：水名，宋时自河南经安徽到江苏萧县入泗水。

[11] 使君：指孙巨源，甫卸知州任，故仍以旧职称之。以上三句谓客人带来孙巨源对自己的问候。

[12] 凭仗：凭借。元稹《苍溪县寄扬州兄弟》："凭仗鲤鱼将远信。"

[13] 西垣（yuán）：中书省（中央行政官署）别称西垣，又称西台、西掖。清禁：宫中。时孙巨源任修起居注、知制诰，在宫中办公，故云。

[14] 永：长。露华：露水。侵被：沾湿了被子。

[鉴赏训练]

1. "月"在本词中多次出现，请结合上片，简要分析"月"的意象在本词中的作用。
2. 苏轼词中多有抒写离别思念之作，试找出几首，加以赏析。

[拓展阅读]

一、苏轼对词的卓越贡献

苏轼把诗文革新运动的精神扩展到词的领域，为词的发展开拓出全新的世界，词在他手中得到了空前的解放和提高，他的贡献是全方位的：

1. 在观念上，破除了诗尊词卑、诗庄词媚的传统见解，把词与诗相提并论，认为二者是具有同等功用的文体，大大提高了词的文学地位与艺术价值。
2. 在内容上，进一步突破了晚唐五代以来"词为艳科"的藩篱，"以诗为词"，凡是诗能表现的内容，他几乎全部用词表现了出来，扩大了词的创作视野，开拓了词的境界。
3. 在风格上，于柔媚婉约之外，另创恢宏雄迈的豪放词风，这在两宋词史上是一次重大转变，为南宋以辛弃疾为首的爱国词派开了先路。
4. 在形式上，无论是词的表现手法、艺术技巧，还是语言、音律各个方面，都有很大的发展，增强了词这一新诗体的表现功能，显示出前所未有的新风貌。

二、苏词的思想内容

1. 塑造英雄人物形象，寄托慷慨激昂的爱国情怀。这是苏轼对词的内容的一大开拓，代表作品有《江城子·老夫聊发少年狂》等。
2. 表达自己的人生体验，抒写自我的人生理想。此类词作深层次地展示了自我丰富而复杂的精神世界，体现出活脱脱的个性风神，显示出强烈的主体意识。代表作品有《水调歌头·明月几时有》《定风波·莫听穿林打叶声》等。
3. 描绘自然风光和农村风情。代表作品《浣溪沙·徐门石潭谢雨道上作》五首，是北宋词史上第一组饶有风味的农村风景图和风俗图。
4. 形神兼备，寄托遥深的咏物词。苏轼对咏物词有开拓之功，奠定了咏物词的体制特色。代表作品有咏孤鸿的《卜算子·缺月挂疏桐》、咏杨花的《水龙吟·似花还似非花》。
5. 一往情深，真挚动人的亲情、友情词。代表作品《江城子·十年生死两茫茫》，是悼亡词的首创和绝唱。

三、苏词的艺术特色

1. 苏词的风格丰富多彩，既有纵放遒劲、壮怀激烈的豪放词，又有缠绵幽怨、情辞妩媚的婉约词，还有洒脱旷达、抒发逸怀浩气的清旷之作，以及清新明丽、洋溢乡土气息的韶秀之篇。其中最为引人注目的还是豪放清旷之风，此类作品往往气象雄浑，境界阔大，最能显示词人的胸襟和性格，代表着宋词风气的转变。

2. 发展了词的表现技巧。苏轼开创了直抒胸臆甚至纯以议论写怀的抒情手法，将写景、叙事、抒情、议论熔于一炉，以宏大场面烘托非凡人物，用日常小景寄情寓理；还创造性地运用词题和词序，与词的内容相互补充，深化了词的主题表达和审美内涵。

3. 在音律方面也有所革新。苏轼并非不讲音律，但不屑于以内在的情感韵律迁就音律的外形，不屑于牺牲文意以迁就声情，在一定程度上突破了音律的束缚以充分地表情达意，把词从音乐的附庸变为独立的抒情诗体。

4. 在语言方面，改变了传统词的镂金错彩之风，"一洗绮罗香泽之态"，努力锤炼一种清新雅练、劲健晓畅的语言。把大量的诗文句法及民间口语引入词中，使词诗化、散文化，丰富了词的语言，增强了词的表现力。

（四）
当你老了

叶 芝[1]

[导读]

《当你老了》是叶芝献给他的梦中情人茅德·冈的一首热烈而真挚的爱情诗篇。诗歌虚拟了一个暮年的老人，回忆自己的青春爱情，字字句句都是诗人爱的表白，都是诗人对未来的想象。"当你老了"是一种对时间的假设，但这种假设却因为"头白了""睡思昏沉""炉火旁打盹"这些意象而具体起来。虽然整首诗都是用第二人称，但是我们依然可以感觉到诗人的存在。时光留下了浓重的阴影，虽然摧毁了容颜，带走了青春，但时光也验证、创造了爱情。也只有经过漫长的时间的考验，爱情才能坚如磐石。诗歌的语言朴素而含蓄，没有热烈宣泄的激动，只有平静的真挚的倾诉。调子优雅而舒缓，如一首曼妙的华尔兹，在流动和飘逸中透出一抹淡淡的哀伤。

[选文]

当你老了，头白了，睡意昏沉，
炉火旁打盹，请取下这部诗歌，
慢慢读，回想你过去眼神的柔和，
回想它们昔日浓重的阴影；

多少人爱你青春欢畅的时辰，
爱慕你的美丽，假意或真心，
只有一个人爱你那朝圣者的灵魂，
爱你衰老了的脸上痛苦的皱纹；

　　　　垂下头来，在红光闪耀的炉子旁，
　　　　凄然地轻轻诉说那爱情的消逝，
　　　　在头顶的山上它缓缓踱着步子，
　　　　在一群星星中间隐藏着脸庞。

　　　　　　（选自《叶芝诗精选》，袁可嘉译，华文出版社2005年版）

[注释]

　　[1] 威廉·巴特勒·叶芝（William Bulter Yeats，1865—1939）是爱尔兰著名诗人、剧作家和散文家，1923年度诺贝尔文学奖得主，一生创作丰富，备受敬仰。其诗吸收浪漫主义、唯美主义、神秘主义、象征主义和玄学诗的精华，几经变革，最终熔炼出独特的风格。其艺术被视为英语诗从传统到现代过渡的缩影。艾略特曾誉之为"20世纪最伟大的英语诗人"。

　　1889年1月30日，二十三岁的叶芝第一次遇见了美丽的女演员茅德·冈，她时年二十二岁，是一位驻爱尔兰英军上校的女儿，叶芝对于茅德·冈一见钟情，而且一往情深，叶芝这样描写过他第一次见到茅德·冈的情形："她伫立窗畔，身旁盛开着一大团苹果花；她光彩夺目，仿佛自身就是洒满了阳光的花瓣。"叶芝深深地爱恋着她，但又因为她在他的心目中形成的高贵形象而感到无望，年轻的叶芝觉得自己"不成熟和缺乏成就"，所以，尽管恋情煎熬着他，但他尚未对她进行表白。茅德·冈一直对叶芝若即若离。1891年7月，叶芝误解了她在给自己的一封信的信息，以为她对自己做了爱情的暗示，立即兴冲冲地跑去第一次向茅德·冈求婚，却遭到了拒绝。此后茅德·冈多次拒绝了叶芝的追求。她在1903年嫁给了爱尔兰军官麦克布莱德少校，尽管这场婚姻后来颇有波折，但她即使在感情完全失意时，依然拒绝了叶芝的追求。虽然如此，叶芝对于她的爱慕终生不渝，因此，难以排解的痛苦充满了叶芝一生的很长一段时间。

　　叶芝对于茅德·冈爱情无望的痛苦和不幸，促使叶芝写下很多针对茅德·冈的诗歌来。在数十年的时光里，从各种各样的角度，茅德·冈不断激发叶芝的创作灵感，有时是激情的爱恋，有时是绝望的怨恨，更多的时候是爱和恨之间复杂的张力。《当你老了》《他希望得到天堂中的锦绣》《白鸟》《和解》《反对无价值的称赞》……都是叶芝为茅德·冈写下的名篇。

[鉴赏训练]

　　1. 有人曾说：一首好诗，贵在沉郁。世上的爱情诗很多，然而能像诗人叶芝这样，把爱情描写得如此深沉、如此感人的却很少。请你用柔和的声调朗诵这首诗，然后再写一段赏析文字。

　　2. 诗歌是需要想象的，请以"当你老了"为题，发挥你的想象力，试着创作诗歌一首。

[拓展阅读]

　　《当你老了》一诗借鉴了16世纪的法国诗人龙萨《当你衰老之时》的方式，比较两首诗的异同，体会这种抒情方式的魅力。

当你衰老之时

龙　萨

当你衰老之时，伴着摇曳的灯，
晚上纺纱，坐在炉边摇着纺车，
唱着、赞叹着我的诗歌，你会说：
"龙萨赞美过我，当我美貌年轻。"
女仆们已因劳累而睡意蒙眬，
但一听到这件新闻，没有一个
不被我的名字惊醒，精神振作，
祝福你受过不朽赞扬的美名。
那时，我将是一个幽灵，在地底，
在爱神木的树荫下得到安息；
而你呢，一个蹲在火边的婆婆，
后悔曾高傲地蔑视了我的爱。——
听信我：生活吧，别把明天等待，
今天你就该采摘生活的花朵。

[综合鉴赏训练]

一、爱情类诗词常见意象分析

1. 红豆。传说古代一位女子，因丈夫死在边疆，哭于树下而死，化为红豆，于是红豆又称"相思子"，常用以象征爱情或相思。如王维《相思》诗："红豆生南国，春来发几枝。愿君多采撷，此物最相思。"诗人借生于南国的红豆，抒发了对友人的眷念之情。

2. 莲。与"怜"音同，所以古诗中有不少写莲的诗句，借以表达爱情。如南朝乐府《西洲曲》："采莲南塘秋，莲花过人头。低头弄莲子，莲子青如水。"采用谐音双关的修辞，表达了一个女子对所爱男子的深长思念和爱情的纯洁。

3. 连理枝、比翼鸟。连理枝，指根和枝交错在一起的两棵树；比翼鸟，传说中的一种鸟，雌雄总在一起飞，古典诗歌里用作恩爱夫妻的比喻。白居易的《长恨歌》："七月七日长生殿，夜半无人私语时。在天愿作比翼鸟，在地愿为连理枝。"

二、鉴赏训练

1. 在中国的诗歌史上，爱情是一个永恒的主题。从诗经的"关关雎鸠"开始，历代文人写下了无数美丽动人感人至深的爱情篇章。而在这些爱情诗之中，最感人最悲惨最催人泪下的一个种类，就是悼亡诗。当相伴身边患难与共的伴侣忽然间天人永隔，只留下一只单飞的孤雁零落天涯，那种肝肠寸断的悲伤，那种美满的幸福忽然间灰飞烟灭的痛楚，催生出无数凄凉哀婉饱蘸血泪的诗篇。悼亡诗据说起自西晋的潘岳，后来悼亡诗成了哀悼伴侣所作诗词的专有名词。

请大家逐一对苏轼的《江城子·乙卯正月二十日夜记梦》、贺铸的《半死桐》和元稹的《离思（其四）》进行鉴赏，说出你最喜欢其中的哪一首，为什么？

江城子·乙卯正月二十日夜记梦

苏 轼

十年生死两茫茫，不思量，自难忘。千里孤坟，无处话凄凉。纵使相逢应不识，尘满面，鬓如霜。

夜来幽梦忽还乡，小轩窗，正梳妆。相顾无言，惟有泪千行。料得年年肠断处，明月夜，短松冈。

半死桐

贺 铸

重过阊门万事非，同来何事不同归？
梧桐半死清霜后，头白鸳鸯失伴飞。
原上草，露初晞，旧栖新垅雨依依。
空床卧听南窗雨，谁复挑灯夜补衣！

离思（其四）

元 稹

曾经沧海难为水，除却巫山不是云。
取次花丛懒回顾，半缘修道半缘君。

2. 据史料记载，南宋年间，著名爱国诗人陆游因在科场上秉笔直言，抒发抗金忧国之情而名落孙山。陆游父母遂安排他与表妹唐婉成婚。陆游和唐婉结婚后，生活非常幸福。但是陆游母亲对此不悦，她认为唐婉成天弹琴吟诗，不但有失妇道，而且有误儿子的功名前程。在母亲压力下，陆游被迫休妻，无由的孝道、世俗功名和虚玄的命运八字活活拆散这对夫妻，唐婉另与赵士程结婚。绍兴二十一年（1151）春天，他们在沈园偶然重逢，唐婉为陆游送去酒菜，陆游"怅然久之，为赋《钗头凤·红酥手》一词，题园壁间"。

钗头凤·红酥手

陆 游

红酥手，黄縢酒，满城春色宫墙柳。
东风恶，欢情薄，一怀愁绪，几年离索。
错、错、错。
春如旧，人空瘦，泪痕红浥鲛绡透。
桃花落，闲池阁，山盟虽在，锦书难托。
莫、莫、莫。

(1) 该词主要运用了什么手法？
(2) 分析诗词的意境、语言、形象。

（3）相传，唐婉看了这首词后非常伤感，回家后也和词一首。这两首词出自不同的人之手，却浸润着同样的情怨和无奈。请试着分析这两首词，体味作者表达的情感。

钗头凤·世情薄

唐　婉

世情薄，人情恶，雨送黄昏花易落。
晓风干，泪痕残，欲笺心事，独语斜阑。
难！难！难！
人成各，今非昨，病魂常似秋千索。
角声寒，夜阑珊，怕人寻问，咽泪装欢。
瞒！瞒！瞒！

3. 诗歌王国里，与爱情主题并存的，是友情主题。在我国的文学里，表现友情的作品数量极大，行旅怀思、赠答送别，无代无之。让我们怀着对真挚执着友情的敬意，赏析下列作品。

思旧赋（并序）

向　秀

　　余与嵇康、吕安居止接近，其人并有不羁之才。然嵇志远而疏，吕心旷而放，其后各以事见法。嵇博综技艺，于丝竹特妙。临当就命，顾视日影，索琴而弹之。余逝将西迈，经其旧庐。于时日薄虞渊，寒冰凄然。邻人有吹笛者，发音寥亮。追思曩昔游宴之好，感音而叹，故作赋云：

　　　　将命适于远京兮，遂旋反而北徂。济黄河以泛舟兮，经山阳之旧居。
　　　　瞻旷野之萧条兮，息余驾乎城隅。践二子之遗迹兮，历穷巷之空庐。
　　　　叹《黍离》之愍周兮，悲《麦秀》于殷墟。惟古昔以怀今兮，心徘徊以踌躇。
　　　　栋宇存而弗毁兮，形神逝其焉如。昔李斯之受罪兮，叹黄犬而长吟。
　　　　悼嵇生之永辞兮，顾日影而弹琴。托运遇于领会兮，寄余命于寸阴。
　　　　听鸣笛之慷慨兮，妙声绝而复寻。停驾言其将迈兮，遂援翰而写心。

梦李白二首

杜　甫

其一

死别已吞声，生别常恻恻。
江南瘴疠地，逐客无消息。
故人入我梦，明我长相忆。
恐非平生魂，路远不可测。

魂来枫林青，魂返关塞黑。
君今在罗网，何以有羽翼？
落月满屋梁，犹疑照颜色。
水深波浪阔，无使蛟龙得。

其二

浮云终日行，游子久不至。
三夜频梦君，情亲见君意。
告归常局促，苦道来不易。
江湖多风波，舟楫恐失坠。
出门搔白首，若负平生志。
冠盖满京华，斯人独憔悴。
孰云网恢恢，将老身反累。
千秋万岁名，寂寞身后事。

金缕曲二首

顾贞观

寄吴汉槎宁古塔，以词代书。丙辰冬，寓京师千佛寺，冰雪中作。

其一

季子平安否？便归来，平生万事，那堪回首？行路悠悠谁慰藉？母老家贫子幼。记不起，从前杯酒。魑魅择人应见惯，总输他、覆雨翻云手，冰与雪，周旋久。

泪痕莫滴牛衣透，数天涯、依然骨肉，几家能够？比似红颜多命薄，更不如今还有。只绝塞、苦寒难受。廿载包胥承一诺，盼乌头马角终相救。置此札，君怀袖。

其二

我亦飘零久。十年来，深恩负尽，死生师友。宿昔齐名非忝窃，只看杜陵穷瘦，曾不减夜郎僝僽，薄命长辞知己别，问人生到此凄凉否？千万恨，为兄剖。

兄生辛未吾丁丑，共些时、冰霜摧折，早衰蒲柳。词赋从今须少作，留取心魂相守。但愿得、河清人寿。归日急翻行戍稿，把空名料理传身后。言不尽，观顿首。

4. 有人曾说，读《出师表》不哭者不忠，而读《陈情表》不哭者不孝。千百年来，人们常将诸葛亮的《出师表》作为忠臣的典范，将三国两晋时期文学家李密的《陈情表》作为孝子的榜样。请同学们熟读《陈情表》，体悟文章中蕴含的作者对祖母的孝顺以及感激之情，并以"孝道"为话题，写一篇300字左右的小作文。

任务二 散文鉴赏

一、散文的定义

现代散文,是指与小说、诗歌、戏剧并列的一种文学体裁,对它又有广义和狭义两种理解。

广义的散文,是指诗歌、小说、戏剧以外的所有具有文学性的散行文章,除以议论抒情为主的散文外,还包括通讯、报告文学、随笔杂文、回忆录、传记等文体,随着写作学科的发展,许多文体自立门户,散文的范围日益缩小。

狭义的散文是指文艺性散文,它是一种以记叙或抒情为主,取材广泛,笔法灵活,篇幅短小,情文并茂的文学样式。

二、散文的分类

散文具有记叙、抒情、议论三种功能,与此相应,散文可分为记叙性散文、抒情性散文和议论性散文三种。

1. 记叙性散文

以记叙人物、事件、景物为主的散文,称为记叙性散文。记叙散文叙事较完整,描写人物人物形象鲜明,描写景物倾注作者的情感。这类散文与短篇小说相似,但又有明显的区别。就叙事而言,散文所述的事件不要求情节完整,更不追求曲折变化,而小说对叙事的要求要较散文高得多;另外,散文在叙事的时候需要饱蘸情感,小说的情感则主要由人物体现出来,不须作者明确抒发。就写人而言,小说要求努力塑造典型人物形象,典型人物是作者虚构出来的,而散文中的人物则是在真人真事的基础上,进行某些剪裁加工,注重对人物进行写意式的描绘。

根据该类散文内容的侧重点不同,又可将它区分为记事性散文和写人性散文。

偏重于记事的散文以事件发展为线索,偏重对事件的叙述,它可以是一个有头有尾的故事,如许地山的《落花生》,也可以是几个片段的剪辑,如鲁迅的《从百草园到三味书屋》,在叙事中倾注作者真挚的感情,这是与小说叙事最显著的区别。

偏重于写人的散文,全篇以人物为中心,它往往抓住人物的性格特征作粗线条勾勒,偏重表现人物的基本气质、性格和精神面貌,如鲁迅的《藤野先生》,人物形象是否真实是它与小说的区别。

另外，这类散文中还有一种偏重于描写景物的。这种散文描写一地的景物，除一些风土志以外，主要是游记性散文，它的内容十分广泛，山川景色、风俗民情、名胜古迹都属游记范围。游记性散文最主要的特点是：作品所描写的景物必须完全真实，不允许夸饰和虚构，但又不是照相似的实录，而是作者融情于物，达到情景交融。

2. 抒情性散文

主要用以抒发作者主观情感的散文叫抒情性散文。富有情感是所有散文的共同特征，但与其他散文相比，抒情性散文情感更强烈，想象更丰富，语言更具有诗意。

抒情性散文主要用象征、比兴、拟人等方法，通过对外在形象的描绘来传达作者的情思，因此借景抒情和托物言志是这类散文最常用的手法，而直抒胸臆的方法，在文章中可以出现，但通篇用此一法者并不多见。

托物言志式散文，即象征性散文，作者将情感融于某个具有象征意义的具体事物，借助象形联想或意蕴联想把主观情感表现出来，如杨朔的多数散文、矛盾的《白杨礼赞》等。

借景抒情式散文，将感情寓于景物之中，赋景物以生命，明写景，暗写情，做到情景交融，情景相生，如朱自清的《荷塘月色》、刘白羽的《日出》等。

3. 议论性散文

以发表议论为主的散文称为议论性散文。它与抒情性散文一样注重情感的抒发，不同的是议论性散文重于理智，抒情性散文重于感情。它又不同于一般的议论文用事实和逻辑来说理，它主要用文学形象来说话，是一种文艺性的议论文。它既有生动的形象，又有严密的逻辑，既要以情动人，又要以理服人，熔形、情、理于一炉，合政论与文艺于一体，如鲁迅先生的杂文、陶铸的《松树的风格》等都是典型的议论性散文。

▶ 三、散文的特征

1. 较强的纪实性

散文具有较强的纪实性质。散文写作，在选材上也并不是绝对地排斥任何虚构的，也就是说，在保持题材上大体真实的前提下，某些细节的虚构，乃至某个次要人物的虚拟，不但在创作实践上是有成例的、被允许的，而且有时甚至是很必要的，关键则是要"大实小虚"。散文是文学作品，而虚构是文学作品常用的一种手法，所以散文不可能与虚构无关，但这种虚构又不能破坏散文的纪实性原则，所以它只能是"大实小虚"。尽管散文的细节可以虚构，但散文中的情感是绝对真实的，这一点也应该是散文真实性的一个重要侧面。

2. 取材的广泛性

散文的取材范围十分广泛，大千世界几乎无不可写，所以郁达夫说："散文清淡易为，并且包括很广，人间天上，草木虫鱼，无不可谈。"（《达夫自选集》）鲁迅说，散文的"题材应听其十分自由选择，风景静物，虫鱼，即一花一叶均可。"（《鲁迅书信》）正因如此，有人讲散文作者"触目闻声，随处可感。鲁迅目阅白雪纷飞而抒怀，形成《雪》的精魂；茅盾见白杨挺拔而命笔，致成《白杨礼赞》；巴金观朝暾乍涌而心吟，因有《海上的日出》；吴伯箫忆纺车声韵而挥毫，写下名篇《记一辆纺车》；杨朔赏茶花绚丽引起创作冲动，留下脍炙人口的《茶花赋》。总之，一个作者的所见所闻，所知所感，都有可能被取来作为写散文的材料。"

　　散文的内容涉及自然万物、各色人等、古今中外、政事私情……可以说是无所不包、无所不有的。可以写国内外和社会上的矛盾、斗争，写经济建设，写文艺论争，写伦理道德，也可以写文艺随笔、读书笔记、日记书简，既可以是风土人物志、游记和偶感录，也可以是知识小品、文坛轶事，它能够谈天说地，更可以抒情写趣。凡是能给人以思想启迪、美的感受、情操的陶冶，使人开阔视野、丰富知识、心旷神怡的，都可选作散文的题材。

　　取材广泛，首先表现在它选择题材可以不分古今，不分中外，不分大小上下，凡能给人以知识、美感，陶冶人的情操的东西都可信手写来，缀成优美的篇什；其次，表现在写作散文时，可以在一个主题的统率下选取不同时间、空间的材料，十分自由。我们承认和强调散文取材的广泛性，但也不是说什么东西都可写成散文，那种不分青红皂白，挖到篮里就是菜的做法是行不通的，写散文要选取揭示人类那种崇高感和庄严感的材料，要选取反映具有超世俗的审美理想、审美情趣的材料。

3. 形式的灵活性

　　散文取材广泛、内容丰富，为其服务的形式也灵活多样、不拘一格。

　　（1）结构多种多样。首先散文的结构中心多样：可以用人物为结构中心，如《藤野先生》；可以用典型的细节为结构中心，如朱自清的《背影》；可以用景物为结构中心，如郁达夫的《故都的秋》；可以用某一象征事物作结构中心，如《茶花赋》。其次，散文的结构形式不拘一格：有的按时间发展先后顺序或以空间转移为序组织材料，如《小橘灯》和《从百草园到三味书屋》；有的以作者的思想认识和感情变化为序，如张洁的《挖荠菜》和杨朔的《荔枝蜜》；有的以某一思想为统率，把材料分别组织在几个不同的侧面之内，如《土地》。

　　（2）表达方式自由灵活。散文可以自由地使用叙述、描写等最基本的表达方式，也可使用暗示、象征、比兴、联想等手法。记叙性散文以叙述、描写和议论为主，议论性散文以议论为主，间用叙述、描写和抒情。

　　（3）语言运用自如。现代散文的语言主要是现代汉语，但有时为了表达的需要，可以借用文言词语、方言俚语、歌谣谚语等语言形式。

4. 诗意浓郁

　　散文不像小说、戏剧，靠虚构的故事情节、矛盾冲突和塑造的人物形象吸引读者，而是靠浓郁的诗意和理趣来感染读者，尤其在抒情、叙事类散文中要追求诗意。有的散文家说，真正的散文是充满诗意的，就像苹果饱含果汁一样，毫无诗意的散文是没有生命力的。因此，散文作者努力在生活中寻求诗意，并使自己的作品富有诗意。杨朔说："不要从狭义方面来理解诗意两个字，杏花春雨固然有诗，铁马金戈的英雄气概更富有诗意，你在斗争中、劳动中、生活中时常会有些东西触动你的心，使你激昂，使你欢乐，使你忧愁，使你深思，凡是遇到这种动情的事，我就要反复思索，到后来往往形成我文章里的思想意境。"

散文的诗意与它是一种长于抒情的文体是分不开的，其诗意的浓度同作者感情的深度总是成正比的。为什么散文长于抒情呢？因为散文一般采用第一人称，写"我"的所见所闻所感，无论写到什么，其目的都是抒发作者的生活感受和思想见解，带有浓烈的感情色彩，是作者心灵的歌声。散文有自己特殊的笔调，即所谓散文笔调；散文笔调，首先是语言凝练，优美富有文采，其次是笔法灵活疏放，挥洒自如。

议论性散文中，追求文章的理趣也是散文富有诗意的一种表现。朱自清评鲁迅的杂感说："这里吸引我的，一方面固然也是幽默，一方面还有别的，那就是传统的理趣，现在我们可以说是理智的结晶，而这也是诗。"这类文章让我们为作者深邃的思想所震撼，被其中精辟的论辩所折服，如韩愈的《马说》、朱自清的《匆匆》。散文的说理与议论文不同，它必须借助形象来说理，将情与理交融起来，使之既表现人们的感情，也表现人们的思想。

5. 语言优美

优美的语言是散文所以成为美文的一个重要方面，散文语言具有以下特征：

（1）讲究文采。常用多种手法，或浓墨重彩，或淡笔轻彩，着力表现事物的"画意"，再现美好的形象。有的散文作家有意识地化常语为奇语，以更好地表现散文的"诗情"和"画意"，如朱自清的《春》中开头几句：

桃树，杏树，梨树，你不让我，我不让你，都开满了花赶趟儿，红的像火，粉的像霞，白的像雪。

（2）灵活疏放。作者可以浮想联翩，随意点染，任情穿插，时而叙，时而议，时而抒情，或将它们水乳交融起来，可谓腾挪翻飞，无不随心应手。

（3）注重节奏。句式富于变化，有时骈散相间，平仄相调，有时长短交错，张弛相映，使作品富有音乐美。请看袁鹰《青山翠竹》中的一节：

血雨腥风里，毛竹青了又黄，黄了又青，不向残暴低头，不向敌人弯腰，竹子烧了，还有竹枝，竹枝断了，还有竹鞭，竹鞭坏了，还有深埋于地下的竹根。

学习散文写作，既要掌握华丽的文采，也要掌握朴素的文采，写得华丽并不容易，写得朴素更难。徐迟的文章是很有文采的，他常用赋的方法，兼用比、兴修辞，使得文采华美，但是他说："只有写得朴素了，才能显出真正的文采来，古今大散文家，都是这样写作的，越是大作家，越到成熟之时，越是写得朴素，而文采闪耀在朴素的篇页之上。"我们还要看到，不管是华丽的还是朴素的，散文的富有文采的语言都是从新鲜、活泼的口语中来的，也是对优秀的古代散文创造性的继承，也是作者仔细选择，锤炼和加工的结果。

▶ 四、欣赏散文的方法

散文以其灵活的笔法、浓烈的情味和优美的语言征服了许多读者的心。散文是最大众化的抒情佳品。面对一篇情深意远的散文该如何欣赏呢？

1. 欣赏散文的意境美

意，情思也；境，形象也。散文既然是一种自由多样，关注真实世相的文体，自有其对特定意境的追求。古有"诗文一家""文中有画"之说，也揭示了意境美不独为诗所有，也为散文所有；现代人介于"散文是美文"的界说，也在认同散文文质相承、形神兼美的同时，实质上承认了散文的特征之一，即用独具质感的优美的语言创设特定的情境以寄托哲理情思。

在散文中意境的创设，通常有两种主要途径——以行传神和以神御形，其共性是达到散文意境的融合统一，不可分离。鉴赏散文的意境美，就要循其通达意境的路途，领略不同人生的不同场景，从这种场景的或闪烁而过或慢速显现之间，捕捉到作者寄寓其中的绵长的情思、深邃的哲理。

（1）以形传神的意境需要循形察情。散文意境创设方法之一是以形传神，就是"通过对具体形象逼真描绘而传达出抒情主体的精神意蕴"，传递出文中主人公的主观情感。阅读这样的文章，不妨循其形，入其里，察其情，达到鉴赏的目的，获得审美的愉悦。

朱自清的《荷塘月色》中"月光如流水"一段给人的美感非同一般，作为鉴赏就需要体味这种美感的产生过程。我们可以见出该段重点是荷塘的月色，故文中先用一比喻写月光，用"流水"似的"泻"来形容圆月的普照，给人月华似水的真切感受。"薄薄的清雾"句看似突兀，实乃紧扣住"月色"二字：上有月光映照，下有荷叶反射，白雾便成若无之青雾。透过薄雾看荷塘，景物皆如此朦胧飘忽，作者便用"像笼着轻纱的梦"来形容，"梦"为喻体，恰好是月色之美，美得令人感到不真实的写照。至于下文的"梵婀玲""树影"都是构成此段美好意境的绝不可少的意象。总之，在这幅画面中，月光、荷塘、青雾，构成了绘画的构图美；明与暗，层次和色彩造成视觉上的美感；小提琴演奏名曲，给人以音乐美，造成听觉上的美感。我们进入这样的场景，充分领略"荷塘月色"的美时，又怎能不意会到作者此刻那份平和宁静的心境呢？而联系上下文，因"噪"而觅"静"，因"烦"而觅"宁"，这般心境背后的烦忧和"不宁静"也就可见一斑了。刘勰在《文心雕龙》中提道："夫缀文者情动而辞发，观文者披文以入情，沿波讨源，虽幽必显。"这正是揭示了此种情形下的鉴赏方法。

（2）以神写形的意境需要追问真意。散文创设意境方法之二是以神写形，就是通过对象的底蕴来塑造形神兼备的意象。这种方法创设的意境，通常呈现出夸张的变形的特点，充满象征意味。阅读这种散文，尤其应该探求散文形象变异的原因、象征的背景，也就是说，这种鉴赏较之前者那种自然的进入，更着意在有意识的探求。

鲁迅的《秋夜》中，夜空会躲闪、微笑，枣树也有感情与知性，夜空是"奇怪而高"、色厉内荏、狡诈阴险，枣树则直而往上，不屈不挠，抗争到底，这样，自然景致完全在作者的主观世界中异化变形，构成独特的意境之美。

2. 欣赏散文的情感美

与韵文相比，散文如日常谈话般率性真诚，随意自由。外国散文中有所谓絮语散文、随笔散文，我国现代有所谓"闲话""杂谈"类散文，在强调散文情感的自然流露上二者恰好不谋而合。

的确，散文抒情言志的功能并不比诗歌差，在深入人心探幽、在方式途径的灵活多样上，散文可说还胜诗歌一筹，因此，散文往往成为作者内心情感最自然最熨帖的寄托。散文直接面对的是宇宙间最美丽的生命体——人，直接面对的是最为丰富多样的生命的情感体验。实现散文的审美功能，还需要循其语言表征，追寻它直抒或隐含的人物情感，在对这些情感的理解认同和反复体味中提升审美品位。

那么，散文的这种审美功能在阅读中是如何实现的呢？

深入文本，发挥想象，换位思考，是实现欣赏散文情感美的有效途径。

在朱自清的《背影》中，作者在用家庭灾祸设置好父亲送子远行的背景后，描绘了父亲送子的几个场面，尤其细致入微地刻画了父亲为"我"买橘子的行动，此时似电影镜头迭现的情势点示了"我"多次的流泪。"事非经历不知难，情非感受不知味"，若只是冷眼旁观，漠然置之，又何以能唤起我们的审美愉悦？此时，唯有发挥想象，换位思考，调动自己的生活体现，才能深切意会到一个父亲、一个一家之长在家国两茫茫之际，送子远行时的那种深情的牵挂，那种不忍不舍于满怀希望而前景黯淡相互交织的复杂感受。

人的情感是相同的，不同经历不同阶层不同时代的不同读者都可能从某一角度与散文作者产生情感共鸣，达到部分地接受作品，关键是看你在什么理性背景下，沿什么途径入手、探幽，也就是说，鉴赏散文的情感美，不但要"通其情"，并且要"晓其理"。

3. 欣赏散文的哲思美

小说展现故事风光，让读者在领略其风光的同时，步入看不见的故事深处，悟出宝贵的人生智慧；诗歌表现情感，读者总是被诗的意象、情感和想象能力牢牢吸引，在诗的阅读中得到更多的是情感宣泄的快感，是破解解读这种宣泄途径后的愉悦；而散文，从历史的隧道中走来，更从人间世相中显现而出，自有其有别于诗歌、小说的追求。

回顾散文走过的足迹，战国时的《左传》作为古代虚实散文成熟的代表，长于记事写人，尤其擅长描写战争，而叙事散文的丰碑《史记》则进一步发扬古代叙事散文的纪实笔法，唐宋作为散文的黄金时代，叙事当中夹进了抒情议论，明清小品散文把情思信息慢慢张扬开来……以下至今，才是我们较为熟知的现当代散文，这一时期的特征，用郁达夫的话来说，是每一位作家的每一篇散文中所表现的个性比从前的任何散文都来得强。鲁迅的沉郁博大、朱自清的清新淡雅、张爱玲的真切微妙、丰子恺的幽默拙雅……无不具有鲜明的个性特征。

长久以来散文以纪实为本、以史学为伴，蕴集着散文作者对于人生世相的多少关注、多少思索、多少探索。因此，我们可以说，散文是体验历程的产物，是纯正思考的结晶。散文之"神"、散文之"魂"就是作者对于人生世相的思考，对于生存之理的探索，这就是渗透于散文形象中的哲思。罗丹提及其著名的作品《思想者》时说："艺术人的整个美，来自思想，来自意图，来自作者在宇宙中得到启发的思想和意图。"这句话也适用于散文。

欣赏散文这种独特的哲思美，需要开放性地理解散文的哲思，需要以多元的精神为引导，开放性地接纳、理解，由此而拓展自己的认识空间，从而更好地提高审美品位。

史铁生的《我与地坛》是当代散文独具浓重生命个性色彩的一篇，其艺术感染力不但来自冷静的文笔穿越苦难喷涌而出的独特的凝重与凄然的气息，而且来自本应旺盛如青草却瞬间枯萎的岁月中的往事，来自似被毁灭的命运中对生命的思考，对生与死的执着的追问。

毫无疑问，《我与地坛》最独有的美的特质就在于其哲思的表达。这种哲思因其存在于那个狂乱浮躁的年代而愈显独特，因其存在于作者的遭受厄运之中又似乎显得如此普通。只有剖析一个时代的追求，明白群体与个体的力量之比，只有理解了史铁生的插队生涯、他的青春梦想，才能明白那个发出亘古疑问的瞬间对他意味着什么，我们可以把这种对生命两难境地的艰难抉择放到特定的群像背景中加以考察，如屈原，如司马迁，如老舍，如哈姆雷特……，那么"生"或者"死"对我们就不只意味着一个问题，而意味着人生的一种永恒的状态。悲剧感由此而生，审美演变为累积人生经验，洞察生命。——而这，需要开放的目光、广阔的视野。

当然，欣赏散文的哲思美还应该留意到它与散文的意境是魂体相依的，不可以独立地抽离开来品读而妄自衍生出某种概念。

4. 欣赏散文的形式美

黑格尔说："艺术内容在某种意义上最终是从感性事物，从自然取来的；或者说，纵使内容是心灵的，这种心灵性的东西也必须借用在现实中的形象，才能掌握得到，才能表现出来。"这是说，文学的情感美和哲思美都离不开表现方面的形式美。美学家有个命题叫"艺术美在形式，而不即是形式"，说明形式与内容的和谐统一才能铸成艺术的美。

（1）篇章结构的"恰当美"。一篇散文所写的内容，尽管可以是上下五千年，纵横八万里，但绝不会是一盘散沙；尤其是优秀散文，其内容应该是一个整体，是一个和谐统一的有机结构。内容的整体性要求便带来内在结构的恰到好处的张力和运动方式，使文章的篇章结构更紧密地附着于内容之上，甚至与血肉相连，息息相关。在文字的散与整，材料的疏与密，文笔的繁与简，布局的开与合、收与放的关系上，能够根据文章意境的要求、作者情思的要求而处理好这些关系，这样的篇章结构称为美。

（2）语言表达的"外饰美"。生动的语言、形象的修饰与体裁的运用、章句的排列等若配合得当，往往使作品更为出色，体现了外在装饰般的动人的美。对这种美的观照和审视将强化鉴赏过程中的审美愉悦，也加深对散文美的多方位的认识。

（一）

垓下之围

司马迁[1]

[导读]

《项羽本纪》是《史记》中最著名的人物传记之一。这里所节选的垓下之围部分，主要记叙了项羽最后失败、身死乌江的一些史事片段。司马迁不以成败论英雄，在对项羽作盖棺论定时，既肯定了项羽起兵灭秦的重大历史功绩，又批评了他缺乏政治远见、专恃武力以经营天下的致命错误。

本文通过三个场面的描写，塑造了一个个性特点十分鲜明的悲剧英雄形象。在四面楚歌中霸王别姬，慷慨悲歌，表现了英雄多情而又无可奈何的心境，同时也暗示出项羽不善用人、众叛亲离的困境。在东城"快战"中连斩数将，说到做到，展露了项羽勇猛无比的英姿，同时也表现出他爱逞匹夫之勇、不理解自己失败原因的悲剧性。因愧见江东父老而自刎乌江，宁死不辱，揭示了项羽内心世界中知耻重义的一面，同时也表现出他走投无路、只能一死了之的英雄末路心情。多角度的个性描写和心理刻画，大大增加了人物形象的立体感。

《史记》语言生动，影响深远，短短的垓下之围中就留下了"四面楚歌""霸王别姬""无颜见江东父老"等含义丰富的成语，难怪鲁迅先生评价《史记》为"史家之绝唱，无韵之《离骚》"。

[选文]

项王军壁垓下[2]，兵少食尽，汉军及诸侯兵围之数重。夜闻汉军四面皆楚歌[3]，项王乃大惊曰："汉皆已得楚乎？是何楚人之多也！"项王则夜起，饮帐中。有美人名虞[4]，常幸从[5]；骏马名骓[6]，常骑之。于是项王乃悲歌慷慨，自为诗曰："力拔山兮气盖世[7]，时不利兮骓不逝[8]。骓不逝兮可奈何[9]，虞兮虞兮奈若何！"歌数阕[10]，美人和之[11]。项王泣数行下，左右皆泣，莫能仰视。

于是项王乃上马骑[12]，麾下壮士骑从者八百余人[13]，直夜溃围南出[14]，驰走。平明[15]，汉军乃觉之，令骑将灌婴以五千骑追之[16]。项王渡淮，骑能属者百余人耳[17]。项王至阴陵[18]，迷失道，问一田父，田父绐曰[19]："左。"左，乃陷大泽中，以故汉追及之。项王乃复引兵而东，至东城[20]，乃有二十八骑。汉骑追者数千人。项王自度不得脱[21]，谓其骑曰："吾起兵至今八岁矣，身七十余战[22]，所当者破[23]，所击者服，未尝败北[24]，遂霸有天下。然今卒困于此，此天之亡我，非战之罪也。今日固决死[25]，愿为诸君快战[26]，必三胜之，为诸君溃围，斩将，刈旗[27]，令诸君知天亡我，非战之罪也。"乃分其骑以为四队，四向[28]。汉军围之数重。项王谓其骑曰："吾为公取彼一将。"令四面骑驰下，期山东为三处[29]。于是项王大呼驰下，汉军皆披靡[30]，遂斩汉一将。是时，赤泉侯为骑将[31]，追项王，项王瞋目而叱之，赤泉侯人马俱惊，辟易数里[32]。与其骑会为三处。汉军不知项王所在，乃分军为三，复围之。项王乃驰，复斩汉一都尉[33]，杀数十百人，复聚其骑，亡其两骑耳。乃谓其骑曰："何如？"骑皆伏曰[34]："如大王言！"

于是项王乃欲东渡乌江[35]。乌江亭长舣船待[36]，谓项王曰："江东虽小，地方千里，众数十万人，亦足王也。愿大王急渡。今独臣有船，汉军至，无以渡。"项王笑曰："天之亡我，我何渡为！且籍与江东子弟八千人渡江而西，今无一人还，纵江东父兄怜而王我[37]，我何面目见之？纵彼不言，籍独不愧于心乎？"乃谓亭长曰："吾知公长者[38]。吾骑此马五岁，所当无敌，尝一日行千里，不忍杀之，以赐公。"乃令骑皆下马步行，持短兵接战[39]。独籍所杀汉军数百人。项王身亦被十余创[40]，顾见汉骑司马吕马童[41]，曰："若非吾故人乎？"马童面之[42]，指王翳曰[43]："此项王也。"项王乃曰："吾闻汉购我头千金，邑万户[44]，吾为若德[45]。"乃自刎而死。王翳取其头，余骑相蹂践争项王，相杀者数十人。……

太史公曰[46]：吾闻之周生曰[47]"舜目盖重瞳子"[48]。又闻项羽亦重瞳子。羽岂其苗裔邪[49]？何兴之暴也[50]！夫秦失其政，陈涉首难[51]，豪杰蜂起，相与并争，不可胜数。然羽非有尺寸[52]，乘势起陇亩之中[53]，三年，遂将五诸侯灭秦[54]，分裂天下，而封王侯，政由羽出，号为"霸王"，位虽不终，近古以来未尝有也。及羽背关怀楚[55]，放逐义帝而自立[56]，怨王侯叛己，难矣。自矜功伐[57]，奋其私智而不师古[58]。谓霸王之业，欲以力征经营天下[59]。五年卒亡其国，身死东城，尚不觉寤而不自责[60]，过矣[61]。乃引"天亡我，非用兵之罪也"，岂不谬哉！

(选自司马迁《史记·项羽本纪》)

[注释]

[1] 司马迁（前145—?）字子长，夏阳龙门（今陕西省韩城市）人。幼而好学，二十岁开始漫游，足迹遍及南北。初任郎中，随汉武帝巡行各地。元丰三年（前108），继父职，任太史令，得以博览皇家藏书，并于汉武帝太初元年（前104）开始写作《史记》。后因李陵事件，得罪下狱，受腐刑。出狱后发愤著书，以毕生精力完成《史记》。

[2] 壁：营垒。此处作动词用，指驻扎。

[3] 楚歌：用楚语唱的歌曲。

[4] 虞：应当是美人的姓氏。班固的《汉书·项籍传》中即作："有美人，姓虞氏。"

[5] 幸从：受宠爱而随从。

[6] 骓（zhuī）：黑白杂色马，以色为马名。

[7] 盖世：指才能、功绩等超过所有当代人。

[8] 逝：往，此处指奔驰。

[9] 奈若何：将你怎么安排？若，你。

[10] 歌数阕（què）：连唱几遍。阕，乐歌一段叫一阕。

[11] 和（hè）：应和，跟着唱。据《楚汉春秋》载，虞美人所和的歌词是："汉兵已略地，四方楚歌声。大王意气尽，贱妾何聊生！"有人疑为伪托，仅录以备考。

[12] 骑（jì）：单乘，即一人独乘一马。

[13] 麾（huī）下：部下。

[14] 直夜：当夜；一说中夜，半夜。（见李慈铭《史记札记》）

[15] 平明：天刚亮时。

[16] 骑将：骑兵将领。灌婴：曾为丝帛商贩，后随从刘邦，封颍阴侯。

[17] 属：跟随。

[18] 阴陵：地名，故址在今安徽省定远县西北。

[19] 父：农夫。绐（dài）：欺骗。

[20] 东城：地名，故址在今安徽省定远县东南。

[21] 度：估计。脱：逃脱，脱险。

[22] 身：亲身经历。

[23] 当：抵挡，抵抗。

[24] 败北：战败。

[25] 决死：必死无疑。
[26] 快战：痛快地一战。
[27] 刈（yì）：砍，割。
[28] 四向：向着四面。
[29] 期：约定。山东：指山的东面。相传此山为安徽省和县北面的四溃山。
[30] 披靡：原指草木随风倒伏，这里指人马溃散。
[31] 赤泉侯：指汉将杨喜，因获项羽尸体有功而封侯，赤泉在今河南省南阳市。
[32] 辟易：因畏惧而退避。辟，通"避"。易，易地，挪地方。
[33] 都尉：武官，级位比将军低。
[34] 伏：通"服"，心服。
[35] 乌江：指乌江浦，渡口名，在今安徽省和县东北的长江西岸。
[36] 亭长：乡官。秦汉时十里一亭，设亭长一人。舣（yǐ）：拢船靠岸。
[37] 纵：即使。王（wàng）我：拥我为王。
[38] 长者：年高有德之人。
[39] 短兵：短小轻便的武器，如刀、剑等。
[40] 被：受。创：伤。
[41] 顾：回头看。骑司马：骑兵将领衔名之一。吕马童：原属项王旧部，后叛楚投汉，以功封中水侯。中水，汉县名，故址在今河北省饶阳县东。
[42] 面：通"偭"，背对之意。
[43] 指王翳：指给王翳看。王翳，汉将，后封杜衍侯。杜衍，汉县名，故址在今河南南阳西南。
[44] 邑万户：以万家之众的都邑来封赏。
[45] 德：此处指封侯受赏的好事。
[46] 太史公：即太史令，司马迁自称。
[47] 周生：姓周的儒生。
[48] 舜：传说中父系氏族社会后期部落联盟领袖。重瞳（chóng tóng）子：一个眼睛里有两个眸子。《史记集解》引尸子曰："舜两眸子，是谓重瞳。"
[49] 苗裔：后代。
[50] 暴：突然，迅速。
[51] 陈涉：名胜，涉为其字，秦末农民起义领袖。首难：首先发难起义。
[52] 尺寸：尺寸之地，比喻微小。这里指没有多少封地、权势等凭借。
[53] 陇亩：田垄间，此处指民间。
[54] 五诸侯：指齐、赵、韩、魏、燕五国之众，因楚为首，故不计。
[55] 背关怀楚：放弃关中，怀念楚地。指项羽东归定都彭城一事。
[56] 义帝：指楚怀王孙子叫熊心，原为牧羊人，被项羽叔项梁以楚王后代立为楚怀王，项羽为夺其实权，尊其为义帝，含有名无实之意，后被项羽所杀。
[57] 矜（jīn）：夸耀，自负。功伐：功勋。
[58] 奋：逞，发挥。私智：个人聪明才智。

[59] 力征：武力征伐。

[60] 寤：通"悟"。

[61] 过：错误。

[鉴赏训练]

1. 作者对项羽这个悲剧英雄的态度是极其鲜明的，请问是何种态度？

2. 仔细品味文中项羽说的三段话（"自为诗曰"、东城告二十八骑语、答乌江亭长），谈谈你的感受。

3. 谈谈自己对项羽的整体认识。

[拓展阅读]

1. 《史记》是中国西汉时期的历史学家司马迁撰写的史学名著，列"二十四史"之首，是中国古代最著名的古典典籍之一，与后来的《汉书》《后汉书》《三国志》合称"前四史"。《史记》记载了上自中国上古传说中的黄帝时代，下至汉武帝元狩元年（前122）共3000多年的历史。作者司马迁以其"究天人之际，通古今之变，成一家之言"的史识，使《史记》成为中国历史上第一部纪传体通史。全书包括十二本纪、三十世家、七十列传、十表、八书，共一百三十篇，五十二万六千五百余字，对后世史学和文学的发展都产生了深远影响，其首创的纪传体编史方法为后来历代"正史"所传承。同时，《史记》还被认为是一部优秀的文学著作，在中国文学史上有重要地位，被鲁迅誉为"史家之绝唱，无韵之《离骚》"。

2. 在司马迁的《报任少卿书》中，作者以极为激愤的心情，申述了自己的不幸遭遇，抒发了内心的无限痛苦，大胆揭露了汉武帝的喜怒无常、刚愎自用，提出了"人固有一死，或重于泰山，或轻于鸿毛"的比较进步的生死观，并表现了他为实现可贵的理想而甘受凌辱、坚韧不屈的战斗精神，感情真挚，语言流畅，具有颇为强烈的艺术感染力，对于了解司马迁的生平和思想，有重要的价值。

（二）

张中丞传后叙

韩　愈[1]

[导读]

韩愈的散文气势磅礴，笔力遒劲，纵横开阖，内容殷实，或诡谲，或严正，艺术特色多样化，扫荡了六朝以来柔靡骈俪的文风。他继承《史记》历史散文传统，以现实主义的创作手法所作的《张中丞传后叙》，熔叙事、议论、抒情于一炉。文章摆事实，恳切而不拖泥带水；讲道理，层层析理、逻辑缜密；谋篇布局精密严谨，前后照应；写法灵活而富于变化。作者鲜明的思想倾向和强烈的感情色彩自始至终贯穿全篇，无论叙述和议论，其语言痛快淋漓，富于感染力和鼓动性。本文充分展现了作者行文长于叙事辩理的特点。

[选文]

　　元和二年四月十三日夜[2]，愈与吴郡张籍阅家中旧书[3]，得李翰所为《张巡传》[4]。翰以文章自名[5]，为此传颇详密。然尚恨有阙者：不为许远立传[6]又不载雷万春事首尾[7]。

　　远虽材若不及巡者，开门纳巡[8]，位本在巡上。授之柄而处其下[9]，无所疑忌，竟与巡俱守死，成功名，城陷而虏，与巡死先后异耳[10]。两家子弟材智下[11]，不能通知二父志[12]，以为巡死而远就虏，疑畏死而辞服于贼。远诚畏死，何苦守尺寸之地，食其所爱之肉[13]，以与贼抗而不降乎？当其围守时，外无蚍蜉蚁子之援[14]，所欲忠者，国与主耳，而贼语以国亡主灭[15]。远见救援不至，而贼来益众，必以其言为信；外无待而犹死守[16]，人相食且尽，虽愚人亦能数日而知死所矣。远之不畏死亦明矣！乌有城坏其徒俱死，独蒙愧耻求活？虽至愚者不忍为，呜呼！而谓远之贤而为之邪？

　　说者又谓远与巡分城而守，城之陷，自远所分始[17]。以此诟远，此又与儿童之见无异。人之将死，其藏腑必有先受其病者；引绳而绝之，其绝必有处。观者见其然，从而尤之，其亦不达于理矣！小人之好议论，不乐成人之美，如是哉！如巡、远之所成就，如此卓卓，犹不得免，其他则又何说！

　　当二公之初守也，宁能知人之卒不救，弃城而逆遁？苟此不能守，虽避之他处何益？及其无救而且穷也，将其创残饿羸之余[18]，虽欲去，必不达。二公之贤，其讲之精矣[19]！守一城，捍天下，以千百就尽之卒，战百万日滋之师，蔽遮江淮，沮遏其势[20]，天下之不亡，其谁之功也！当是时，弃城而图存者，不可一二数；擅强兵坐而观者，相环也。不追议此，而责二公以死守，亦见其自比于逆乱，设淫辞而助之攻也。

　　愈尝从事于汴徐二府[21]，屡道于两府间，亲祭于其所谓双庙者[22]。其老人往往说巡、远时事云。南霁云之乞救于贺兰也[23]，贺兰嫉巡、远之声威功绩出己上，不肯出师救；爱霁云之勇且壮，不听其语，强留之，具食与乐，延霁云坐。霁云慷慨语曰："云来时，睢阳之人，不食月余日矣！云虽欲独食，义不忍；虽食，且不下咽！"因拔所佩刀，断一指，血淋漓，以示贺兰。一座大惊，皆感激为云泣下。云知贺兰终无为云出师意，即驰去；将出城，抽矢射佛寺浮图，矢着其上砖半箭，曰："吾归破贼，必灭贺兰！此矢所以志也。"愈贞元中过泗州[24]，船上人犹指以相语。城陷，贼以刃胁降巡，巡不屈，即牵去，将斩之；又降霁云，云未应。巡呼云曰："南八[25]，男儿死耳，不可为不义屈！"云笑曰："欲将以有为也；公有言，云敢不死！"即不屈。

　　张籍曰："有于嵩者，少依于巡；及巡起事，嵩常在围中[26]。籍大历中于和州乌江县见嵩[27]，嵩时年六十余矣。以巡初尝得临涣县尉[28]，好学无所不读。籍时尚小，粗问巡、远事，不能细也。云：巡长七尺余，须髯若神。尝见嵩读《汉书》，谓嵩曰：'何为久读此？'嵩曰：'未熟也。'巡曰：'吾于书读不过三遍，终身不忘也。'因诵嵩所读书，尽卷不错一字。嵩惊，以为巡偶熟此卷，因乱抽他帙以试[29]，无不尽然。嵩又取架上诸书试以问巡，巡应口诵无疑。嵩从巡久，亦不见巡常读书也。为文章，操纸笔立书，未尝起草。初守睢阳时，士卒仅万人[30]，城中居人户，亦且数万，巡因一见问姓名，其后无不识者。巡怒，须髯辄张。及城陷，贼缚巡等数十人坐，且将戮。巡起旋，其众见巡起，或起或泣。巡曰：'汝勿怖！死，命也。'众泣不能仰视。巡就戮时，颜色不乱，阳阳如平常。远宽厚长者，貌如其心；与巡同年生，月日后于巡，呼巡为兄，死时年四十九。"嵩贞元初死于亳宋间[31]。或传嵩有田在亳宋间，武人夺而有之，嵩将诣州讼理，为所杀。嵩无子。张籍云。

（选自东雅堂校刊本《昌黎先生集》）

[注释]

[1] 韩愈（768—824），字退之，河阳（今河南省孟州市）人，郡望昌黎（今属河北省），故自称昌黎人，世称韩昌黎。韩愈虽生于官宦之家，但家道中落，"三岁而孤"，其兄早死，随寡嫂颠沛流离。贞元八年（792）中进士后，参加吏部博学鸿词科考试，三次落榜。此后，离开京师，到地方为佐吏，先佐汴州，又佐徐州。直到贞元十八年（802），才得到国子监四门博士。唐宪宗时，曾随同裴度平定淮西藩镇之乱。在刑部侍郎任上，他上疏谏迎佛骨，触怒宪宗，被贬为潮州刺史。后于穆宗时，召为国子监祭酒，历任京兆尹及兵部、吏部侍郎。著有《韩昌黎集》。韩愈的散文创作卓有成就。他善于扬弃前人语言，主张"文从字顺"，创造了一种在口语基础上提炼出来的书面散文语言，扩大了文言文体的表达功能。他与柳宗元倡导了古文运动，后人尊韩愈为唐宋八大家之首。杜牧称他"杜诗韩笔"，苏轼称他"文起八代之衰"。

[2] 元和二年：807年。元和，唐宪宗李纯的年号。

[3] 张籍（约767—约830），字文昌，吴郡（治所在今江苏省苏州市）人，唐代著名诗人，韩愈的学生。

[4] 李翰：字子羽，赵州赞皇（今河北省元氏县）人，官至翰林学士。与张巡友善，客居睢阳时，曾亲见张巡战守事迹。张巡死后，有人诬其降贼，因撰《张巡传》上肃宗，并有《进张中丞传表》（见《全唐文》卷四三〇）。

[5] 以文章自名：《旧唐书·文苑传》中，翰"为文精密，用思苦涩"。自名，自许。

[6] 许远（709—757）：字令威，杭州盐官（今浙江省海宁市）人。安史之乱时，任睢阳太守，后与张巡合守孤城，城陷被掳往洛阳，至偃师被害。事见两唐书本传。

[7] 雷万春：张巡部下勇将。按：此当是"南霁云"之误，如此方与后文相应。

[8] 开门纳巡：肃宗至德二年（757）正月，叛军安庆绪部将尹子奇带兵十三万围睢阳，许远向张巡告急，张巡自宁陵率军入睢阳城（见《资治通鉴》卷二一九）。

[9] 柄：权柄。

[10] 城陷而虏二句：此年十月，睢阳陷落，张巡、许远被虏。张巡与部将被斩，许远被送往洛阳邀功。

[11] 两家句：据《新唐书·许远传》载，安史之乱平定后，大历年间，张巡之子张去疾轻信小人挑拨，上书代宗，谓城破后张巡等被害，惟许远独存，是屈降叛军，请追夺许远官爵。诏令去疾与许远之子许岘及百官议此事。两家子弟即指张去疾、许岘。

[12] 通知：通晓。

[13] 食其句：尹子奇围睢阳时，城中粮尽，军民以雀鼠为食，最后只得以妇女与老弱男子充饥。当时，张巡曾杀爱妾、许远曾杀奴仆以充军粮。

[14] 蚍蜉（pí fú）：黑色大蚁。蚁子：幼蚁。

[15] 而贼句：安史之乱时，长安、洛阳陷落，玄宗逃往西蜀，唐室岌岌可危。

[16] 外无待：睢阳被围后，河南节度使贺兰进明等皆拥兵观望，不来相救。

[17] 说者句：张巡和许远分兵守城，张守东北，许守西南。城破时叛军先从西南处攻入，故有此说。

[18] 羸（léi）：瘦弱。

[19] 二公二句：谓二公功绩前人已有精当的评价。此指李翰《进张中丞传表》所云："巡退军睢阳，扼其咽领，前后拒守，自春徂冬，大战数十，小战数百，以少击众，以弱击强，出奇无穷，制胜如神，杀其凶丑九十余万。贼所以不敢越睢阳而取江淮，江淮所以保全者，巡之力也。"

[20] 沮（jǔ）遏：阻止。

[21] 愈尝句：韩愈曾先后在汴州（治所在今河南省开封市）、徐州（治所在今江苏省徐州市）任推官之职。唐称幕僚为从事。

[22] 双庙：张巡、许远死后，后人在睢阳立庙祭祀，称为双庙。

[23] 南霁云（？—757），魏州顿丘（今河南省清丰县西南）人。安禄山反叛，被遣至睢阳与张巡议事，为张所感，遂留为部将。贺兰：复姓，指贺兰进明。时为御史大夫、河南节度使，驻节于临淮一带。

[24] 贞元：唐德宗李适年号（785—805）。泗州：唐属河南道，州治在临淮（今江苏省泗洪县东南），当年贺兰屯兵于此。

[25] 南八：南霁云排行第八，故称。

[26] 常：通"尝"，曾经。

[27] 大历：唐代宗李豫年号（766—779）。和州乌江县：在今安徽省和县东北。

[28] 以巡句：张巡死后，朝廷封赏他的亲戚、部下，于嵩因此得官。临涣：故城在今安徽省宿州市西南。

[29] 帙（zhì）：书套，也指书本。

[30] 仅：几乎。

[31] 亳（bó）：亳州，治所在今安徽省亳州市。宋：宋州，治所在河南省商丘市睢阳区。

[鉴赏训练]

1. 体会本文议论与叙事紧密结合的特色。
2. 请概述本文几个主人公的形象，并分别举一个与之相似的历史人物进行对比。

[拓展阅读]

1. 本文作于唐宪宗元和二年（807），当时安史之乱（755）已平息四十多年，唐朝初步恢复了生产，稳定了社会秩序。韩愈写《张中丞传后叙》的原因表面上是读了李翰写的《张中丞传》之后，认为其内容欠完备，事实应增补，道理应进一步阐发，实质上是借歌颂抗击藩镇作乱的群项，表达他强烈反对藩镇割据，希望改革政治，重振盛唐大一统的繁荣局面之情。

《张中丞传》即《张巡传》，唐李翰撰，今已失传。后叙也作"后序"，是著作、诗文或图册的后记，用以对正文进行说明、考订、补充或议论，又称"跋""题后"等。

2. 贾岛曾以苦吟见知于韩愈，由此而有著名的"推敲"故事。这首诗显示了他们之间不同寻常的交情，写出了诗人与韩愈患难与共的感情，以及良好的祝愿，贾岛诗一向以幽奇寒僻的风格著称，但这首诗却写得清澈如水，感情宣泄无遗。

寄韩潮州愈

贾　岛

此心曾与木兰舟，直到天南潮水头。
隔岭篇章来华岳，出关书信过泷流。
峰悬驿路残云断，海浸城根老树秋。
一夕瘴烟风卷尽，月明初上浪西楼。

（三）
桨声灯影里的秦淮河

俞平伯[1]

[导读]

南京秦淮河，历来就是许多骚人墨客歌咏凭吊的场所。多年前，俞平伯与朱自清同游秦淮河，以《桨声灯影里的秦淮河》为题，各作散文一篇，以风格不同、各有千秋而传世，成为现代文学史上的一段佳话。

这篇散文写于五四革命风潮刚刚过去三四年的时候，整个文化领域显得比较冷落。由于新的革命高潮还没有到来，一些知识分子感到前途茫茫。俞平伯作为当时知识分子的一员，同样困缚在知识分子的狭小天地里，他对现实有所不满，但是又感到十分迷惘，因而文中始终有着一种怅惘之感。他并不掩饰自己思想上的苦闷，写道："其实同被因袭的癖趣所沉浸。"想借秦淮之游来滋润心灵的干枯，慰藉一下寂寞的灵魂，但是山水声色之乐，毕竟不能解除他精神上的苦闷，他也不能像古代一些文人那样放浪形骸，因而在灯月交辉、笙歌彻夜的秦淮河上，他处处显得拘谨，显得与环境很不协调，结果自然是乘兴而去，惆怅而归。

在艺术特色上，该文不侧重于写游览秦淮河的游踪，而是侧重写对外物的感受或评判，或对自我游兴的反省与辨析，富有哲理意味。文章写景段落极少，寥寥数语，简约概括，没有朱自清同题散文的精雕细刻，叙事写景同时不忘加上哲思理趣的生发，使文章思深意邈，余味虚灵。语言上也独具特色，遣词造句方面，他吸收了明人小品的某些长处，古朴、凝练。文中有些段落用了古典词曲的句式，比如"今天的一晚，且默了滔滔的言说，且舒了恻恻的情怀，暂且学着，姑且学着我们平时认为在醉里梦里的他们的憨痴笑语"。这一段不仅读起来朗朗上口，而且有着一种诗词的韵律美，为文章平添了不少风采，增加了读者许多兴味，应该说，这些地方都是得力于作者古典文学修养的深厚。

[选文]

我们消受得秦淮河上的灯影，当圆月犹皎的仲夏之夜。

在茶店里吃了一盘豆腐干丝，两个烧饼之后，以歪歪的脚步跫[2]商夫子庙前停泊着的画舫，就懒洋洋躺到藤椅上去了。好郁蒸的江南，傍晚也还是热的。"快开船罢！"桨声响了。

小的灯舫初次在河中荡漾；于我，情景是颇朦胧，滋味是怪羞涩的。我要错认它作七里的山塘；可是，河房里明窗洞启，映着玲珑入画的曲栏干，顿然省得身在何处了。佩弦呢，他已是重来，很应当消释一些迷惘的。但看他太频繁地摇着我的黑纸扇。胖子是这个样怯热的吗？

又早是夕阳西下，河上妆成一抹胭脂的薄媚。是被青溪的姊妹们所薰染的吗？还是匀得她们脸上的残脂呢？寂寂的河水，随双桨打它，终是没言语。密匝匝的绮恨逐老去的年华，已都如蜜饧[3]似的融在流波的心窝里，连呜咽也将嫌它多事，更哪里论到哀嘶。心头，宛转的凄怀；口内，徘徊的低唱；留在夜夜的秦淮河上。

在利涉桥边买了一匣烟，荡过东关头，渐荡出大中桥了。船儿悄悄地穿出连环着的三个壮阔的涵洞，青溪夏夜的韶华已如巨幅的画豁然而抖落。哦！凄厉而繁的弦索，颤岔而涩的歌喉，杂着吓哈的笑语声，劈拍的竹牌响，更能把诸楼船上的华灯彩绘，显出火样的鲜明，火样的温煦了。小船儿载着我们，在大船缝里挤着，挨着，抹着走。它忘了自己也是今宵河上的一星灯火。

既踏进所谓"六朝金粉气"的销金锅，谁不笑笑呢！今天的一晚，且默了滔滔的言说，且舒了恻恻的情怀，暂且学着，姑且学着我们平时认为在醉里梦里的他们的憨痴笑语。看！初上的灯儿们一点点掠剪柔腻的波心，梭织地往来，把河水都皱[4]得微明了。纸薄的心旌，我的，尽无休息地跟着它飘荡，以致于怦怦而内热。这还好说什么的！如此说，诱惑是诚然有的，且于我已留下不易磨灭的印记。至于对榻的那一位先生，自认曾经一度摆脱了纠缠的他，其辨解又在何处？这实在非我所知。

我们，醉不以涩味的酒，以微漾着、轻晕着的夜的风华。不是什么欣悦，不是什么慰藉，只感到一种怪陌生，怪异样的朦胧。朦胧之中似乎胎孕着一个如花的笑——这么淡，那么淡的倩笑。淡到已不可说，已不可拟，且已不可想；但我们终久是眩晕在它离合的神光之下。我们没法使人信它是有，我们不信它是没有。勉强哲学地说，这或近于佛家的所谓"空"，既不当鲁莽说它是"无"，也不能径直说它是"有"。或者说"有"是有的，只因无可比拟形容那"有"的光景；故从表面看，与"没有"似不生分别。若定要我再说得具体些：譬如东风初劲时，直上高翔的纸鸢[5]，牵线的那人儿自然远得很了，知她是哪一家呢？但凭那鸢尾一缕飘绵的彩线，便容易揣知下面的人寰中，必有微红的一双素手，卷起轻绡[6]的广袖，牢担荷小纸鸢儿的命根的。飘翔岂不是东风的力，又岂不是纸鸢的含德；但其根株却将另有所寄。请问，这和纸鸢的省悟与否有何关系？故我们不能认笑是非有，也不能认朦胧即是笑。我们定应当如此说，朦胧里胎孕着一个如花的幻笑，和朦胧又互相混融着的；因它本来是淡极了，淡极了这么一个。

漫题那些纷烦的话，船儿已将泊在灯火的丛中去了。对岸有盏跳动的汽油灯，佩弦便硬说它远不如微黄的灯火。我简直没法和他分证那是非。

时有小小的艇子急忙忙打桨，向灯影的密流里横冲直撞。冷静孤独的油灯映见黯淡已久的画船头上，秦淮河姑娘们的靓妆。茉莉的香，白兰花的香，脂粉的香，纱衣裳的香……微波泛滥出甜的暗香，随着她们那些船儿荡，随着我们这船儿荡，随着大大小小一切的船儿荡。有的互相笑语，有的默然不响，有的衬着胡琴亮着嗓子唱。一个，三两个，五六七个，比肩坐在船头的两旁，也无非多添些淡薄的影儿葬在我们的心上——太过火了，不至于罢，早消失在我们的眼皮上。谁都是这样急忙忙的打着桨，谁都是这样向灯影的密流里冲着撞；又何况久沉沦的她们，又何况飘泊惯的我们俩。当时浅浅的醉，今朝空空的惆怅；老实说，咱们萍泛的绮思不过如此而已，至多也不过如此而已。你且别讲，你且别想！这无非是梦中的电光，这无非是无明的幻相，这无非是以零星的火种微炎在大欲的根苗上。扮戏的咱们，散了场一个样，然而，上场锣，下场锣，天天忙，人人忙。看！吓！载送女郎的艇子才过去，货郎担的小船不是又来了？一盏小煤油灯，一舱的什物，他也忙得来象手里的摇铃，这样丁冬而郎当。

　　杨枝绿影下有条华灯璀璨的彩舫在那边停泊。我们那船不禁也依傍短柳的腰肢，欹[7]侧地歇了。游客们的大船，歌女们的艇子，靠着。唱的拉着嗓子；听的歪着头，斜着眼，有的甚至于跳过她们的船头。如那时有严重些的声音，必然说："这哪里是什么旖旎风光！"咱们真是不知道，只模糊地觉着在秦淮河船上板起方正的脸是怪不好意思的。咱们本是在旅馆里，为什么不早早入睡，掂着牙儿，领略那"卧后清宵细细长"；而偏这样急急忙忙跑到河上来无聊浪荡？

　　还说那时的话，从杨柳枝的乱鬓里所得的境界，照规矩，外带三分风华的。况且今宵此地，动荡着有灯火的明姿。况且今宵此地，又是圆月欲缺未缺，欲上未上的黄昏时候。叮当的小锣，伊轧的胡琴，沉填的大鼓……弦吹声腾沸遍了三里的秦淮河。喧喧嚷嚷的一片，分不出谁是谁，分不出那儿是那儿，只有整个的繁喧来把我们包填。仿佛都抢着说笑，这儿夜夜尽是如此的，不过初上城的乡下老是第一次呢。真是乡下人，真是第一次。

　　穿花蝴蝶样的小艇子多到不和我们相干。货郎担式的船，曾以一瓶汽水之故而拢近来，这是真的。至于她们呢，即使偶然灯影相偎而切掠过去，也无非瞧见我们微红的脸罢了，不见得有什么别的。可是，夸口早哩！——来了，竟向我们来了！不但是近，且拢着了。船头傍着，船尾也傍着；这不但是拢着，且并着了。厮并着倒还不很要紧，且有人扑冬地跨上我们的船头了。这岂不大吃一惊！幸而来的不是姑娘们，还好。（她们正冷冰冰地在那船头上。）来人年纪并不大，神气倒怪狡猾，把一扣破烂的手折，摊在我们眼前，让细瞧那些戏目，好好儿点个唱。他说："先生，这是小意思。"诸君，读者，怎么办？

　　好，自命为超然派的来看榜样！两船挨着，灯光愈皎，见佩弦的脸又红起来了。那时的我是否也这样？这当转问他。（我希望我的镜子不要过于给我下不去。）老是红着脸终久不能打发人家走路的，所以想个法子在当时是很必要。说来也好笑，我的老调是一味的默，或干脆说个"不"，或者摇摇头，摆摆手表示"决不"。如今都已使尽了。佩弦便进了一步，他嫌我的方术太冷漠了，又未必中用，摆脱纠缠的正当道路惟有辩解。好吗！听他说："你不知道？这事我们是不能做的。"这是诸辩解中最简洁，最漂亮的一个。可惜他所说的"不知道？"来人倒真有些"不知道！"辜负了这二十分聪明的反语。他想得有理由，你们为什么不能做这事呢？因这"为什么？"佩弦又有进一层的曲解。那知道更坏事，竟只博得那些船上人的一哂[8]而去。他们平常虽不以聪明名家，但今晚却又怪聪明，如洞彻我们的肺肝一样的。这故事即我情愿讲给诸君听，怕有人未必愿意哩。"算了罢，就是这样算了罢;"恕我不再写下了,以外的让他自己说。

叙述只是如此,其实那时连翩而来的,我记得至少也有三五次。我们把它们一个一个的打发走路。但走的是走了,来的还正来。我们可以使它们走,我们不能禁止它们来。我们虽不轻被摇撼,但已有一点杌陧[9]了。况且小艇上总载去一半的失望和一半的轻蔑,在桨声里仿佛狠狠地说,"都是呆子,都是吝啬鬼!"还有我们的船家(姑娘们卖个唱,他可以赚几个子的佣金。)眼看她们一个一个的去远了,呆呆的蹲踞着,怪无聊赖似的。碰着了这种外缘,无怒亦无哀,惟有一种情意的紧张,使我们从颓弛中体会出挣扎来。这味道倒许很真切的,只恐怕不易为倦鸦似的人们所喜。

曾游过秦淮河的到底乖些。佩弦告船家:"我们多给你酒钱,把船摇开,别让他们来噜苏。"自此以后,桨声复响,还我以平静了,我们俩又渐渐无拘无束舒服起来,又滔滔不断地来谈谈方才的经过。今儿是算怎么一回事?我们齐声说,欲的胎动无可疑的。正如水见波痕轻婉已极,与未波时究不相类。微醉的我们,洪醉的他们,深浅虽不同,却同为一醉。接着来了第二问,既自认有欲的微炎,为什么艇子来时又羞涩地躲了呢?在这儿,答语参差着。佩弦说他的是一种暗昧的道德意味,我说是一种似较深沉的眷爱。我只背诵岂君的几句诗给佩弦听,望他曲喻我的心胸。可恨他今天似乎有些发钝,反而追着问我。

前面已是复成桥。青溪之东,暗碧的树梢上面微耀着一桁[10]的清光。我们的船就缚在枯柳桩边待月。其时河心里晃荡着的,河岸头歇泊着的各式灯船,望去,少说点也有十廿来只。惟不觉繁喧,只添我们以幽甜。虽同是灯船,虽同是秦淮,虽同是我们;却是灯影淡了,河水静了,我们倦了,——况且月儿将上了。灯影里的昏黄,和月下灯影里的昏黄原是不相似的,又何况入倦的眼中所见的昏黄呢。灯光所以映她的秾姿,月华所以洗她的秀骨,以蓬腾的心焰跳舞她的盛年,以惝涩的眼波供养她的迟暮。必如此,才会有圆足的醉,圆足的恋,圆足的颓弛,成熟了我们的心田。

犹未下弦,一丸鹅蛋似的月,被纤柔的云丝们簇拥上了一碧的遥天。冉冉地行来,冷冷地照着秦淮。我们已打桨而徐归了。归途的感念,这一个黄昏里,心和境的交紫互染,其繁密殊超我们的言说。主心主物的哲思,依我外行人看,实在把事情说得太嫌简单,太嫌容易,太嫌分明了。实有的只是浑然之感。就论这一次秦淮夜泛罢,从来处来,从去处去,分析其间的成因自然亦是可能;不过求得圆满足尽的解析,使片段的因子们合拢来代替刹那间所体验的实有,这个我觉得有点不可能,至少于现在的我们是如此的。凡上所叙,请读者们只看作我归来后,回忆中所偶然留下的千百分之一二,微薄的残影。若所谓"当时之感",我决不敢望诸君能在此中窥得。即我自己虽正在这儿执笔构思,实在也无从重新体验出那时的情景。说老实话,我所有的只是忆。我告诸君的只是忆中的秦淮夜泛。至于说到那"当时之感",这应当去请教当时的我。而他久飞升了,无所存在。

……

凉月凉风之下,我们背着秦淮河走去,悄默是当然的事了。如回头,河中的繁灯想定是依然。我们却早已走得远,"灯火未阑人散";佩弦,诸君,我记得这就是在南京四日的酣嬉,将分手时的前夜。

(选自俞平伯的《杂拌儿》)

[注释]

　　[1] 俞平伯（1900—1990），古典文学研究家，红学家、诗人、作家，浙江德清人。1919年毕业于北京大学，先后在燕京大学、清华大学、北京大学等校任教多年，1952年起任中国科学院文学研究所研究员。主要作品有红学研究著作《红楼梦研究》，诗集《冬夜》《古槐书屋间》，散文集《燕知草》《杂拌儿》等。在古典诗词研究方面，著有《读词偶得》《清真词释》《读诗札记》等重要著作。

　　[2] 踅（xué）：来回走，中途折回。

　　[3] 饧（xíng）：精神不振，眼睛半睁半闭。

　　[4] 皴（cūn）：皮肤因受冻而开裂。

　　[5] 鸢（yuān）：老鹰。

　　[6] 绡（xiāo）：生丝织成的绸子。

　　[7] 欹（qī）：倾斜，歪。

　　[8] 哂（shěn）：微笑。

　　[9] 杌陧（wù niè）：不安定。

　　[10] 桁（héng）：檩。桁架：桥梁房屋等的架空的骨架式承重结构。

[鉴赏练习]

　　1. 请分析作品中的哲理意味。

　　2. 作者在遣词造句方面，吸收了明人小品的某些长处，古朴、凝练，文中有些段落用了古典词曲的句式，请找出来并进行分析。

[拓展阅读]

　　俞平伯自幼受古代文化的熏陶，奠定了雄厚了旧学基础。1915年考入北京大学文学部，其时正是新文化运动从兴起走向蓬勃发展的时期，年轻的俞平伯也受到了五四革命运动的洗礼。

　　1918年5月，他在《新青年》上发表了题为《春水》的新诗。10月，参加新潮社的筹备工作，并被推举为干事部书记。次年4月，参加平民教育讲师团，为传播新文化观念而四处奔走。五四运动爆发后，他又走上街头散发传单，成为新文化运动的弄潮儿。1919年11月北大毕业后，先后在杭州第一师范、上海大学任教，其间与热心新文学的朱自清、叶圣陶、郑振铎等结识，并于1921年加入文学研究会。1923年，与郑振铎、沈雁冰等十人成立朴社，集资出版进步书刊。其后，俞平伯曾长期在燕京大学、清华大学、中国学院和北京大学等校任教。抗战胜利前夕，他参加了党的外围组织"中国民主革命同盟"（简称"小民革"）。中华人民共和国成立后，他担任北京大学教授。1952年院系调整时，调到文学研究所工作。1956年，晋级为文学研究所一级研究员。"十年动乱"期间，尽管他也受到抄家、下乡改造等不公正待遇，但值得庆幸的是，俞平伯和夫人许宝钏相依为命，在逆境中顽强地生活着。1969年11月，两位年逾七旬的老人被迫赴河南干校劳动，与当地质朴善良的农民结下的深厚的友谊。次年回京后生活相对安定，终于迎来了"文革"的结束和新时期的到来。1986年元月，中国社会科学院隆重举行"庆贺俞平伯先生从事学术活动六十五周年大会",对他在文学创作和研究方面的杰出成就给予了高度评价。

俞平伯是出色的古典文学研究专家,他在诗经研究和唐诗宋词研究方面均作出了卓越成就,但最引人瞩目的成就是他的《红楼梦》研究。俞氏系考证派红学的创始人之一,自1921年始研究《红楼梦》,1923年发表了《红楼梦辨》。胡绳曾指出:"俞平伯二十年初对《红楼梦》研究是有开拓性意义的。"1953年他修订了《红楼梦辨》,并易名《〈红楼梦〉研究》重新出版。他一生共发表红学著作近四十万言,为《红楼梦》研究作出了不可磨灭的贡献。

[综合鉴赏训练]

1. 朱自清成名作《桨声灯影里的秦淮河》,记叙夏夜泛舟秦淮河的见闻感受,作者在声光色彩的协奏中,敏锐地捕捉到了秦淮河不同时地、不同情境中的绰约风姿,引发人们思古之幽情。富有诗情画意是文章的最大特色,秦淮河在作者笔下如诗、如画、如梦一般。试比较俞平伯与朱自清的《桨声灯影里的秦淮河》各自在内容表达、写作特色、写作手法上的异同。

2. 用一段记叙性散文来描述自己的家乡或校园。

3. 阅读下面散文,完成后面的题目。

我很重要

毕淑敏

当我说出"我很重要"这句话的时候,颈项后面掠过一丝战栗。我知道这是把自己的额头裸露在弓箭之下了,心灵极容易被别人的批判洞伤。

许多年来,没有人敢在光天化日之下表示自己"很重要"。我们从小受到的教育都是——"我不重要"。作为一名普通士兵,与辉煌的胜利相比,我不重要;作为一个单薄的个体,与浑厚的集体相比,我不重要;作为一个奉献型的女性,与整个家庭相比,我不重要;作为随处可见的一分子,与宝贵的物质相比,我不重要。我们——简明扼要地说,就是每一个单独的"我"——到底重要还是不重要?

对于我们的父母,我们永远是不可重复的孤本。无论他们有多少儿女,我们都是独特的一个。

假如我不存在了,他们就空留一份慈爱,在风中蜘蛛般飘荡。

假如我生了病,他们的心就会皱缩成石块,无数次向上苍祈祷我的康复,甚至愿灾痛以十倍的烈度降临于他们自身,以换取我的平安。

我的每一滴成功,都如同经过放大镜,进入他们的瞳孔,摄入他们的心底。

假如我先他们而去,他们的白发会从日出垂到日暮。他们的泪水会使太平洋为之涨潮。

面对这无法承载的亲情,我们还敢说我不重要吗?俯对我们的孩童,我们是至高至尊的惟一。我们是他们最初的宇宙,我们是深不可测的海洋。假如我们离去,孩子就失去淳淳无双的血缘之爱,天倾东南,地陷西北,万劫不复。盘子破裂可以粘住,童年碎了,永不复原。伤口流血了,没有母亲的手为他包扎。面临抉择,没有父亲的智慧为他谋略……面对后代,我们有胆量说我不重要吗?相交多年的密友,就如同沙漠中的古陶,摔碎一件就少一件，再也找不到一模一样的成品。面对这般友情，我们还好意思说我不重要吗？

我很重要。

我对于我的工作我的事业，是不可或缺的主宰。我的独出心裁的创意，像鸽群一般在天空翱翔，只有我才捉得住它们的羽毛；我的设想像珍珠一般落在海滩上，等待着我把它用金线串起；我的意志向前延伸，直到地平线消失的地方……没有人能替代我，就像我不能代替别人。

我很重要。

我对自己小声说。我还不习惯嘹亮地宣布这一主张，我们在不重要中生活得太久了。

是的，我很重要。我们每个人都应该有勇气这样说。我们的地位可能很卑微，我们的身份可能很渺小，但这丝毫不意味着我们不重要。

重要并不是伟大的同义词，它是心灵对生命的许诺。人们常常从成就事业的角度，断定我们是否重要。但我要说，只要我们在时刻努力着，为光明在奋斗着，我们就无比重要地生活着。让我们昂起头，对着我们这颗美丽的星球上无数的生灵，响亮地宣布——我很重要。

（选自《毕淑敏文集》）

（1）"我的每一滴成功，都如同经过放大镜，进入他们的瞳孔，摄入他们的心底"，这句话中"放大镜"怎么理解？

（2）理解下列句子在文中的含义，并简要说明其表达效果。

①我们的头颅就是一部历史。

②相交多年的密友，就如同沙漠中的古陶，摔碎一件就少一件，再也找不到一模一样的成品。

（3）从下面题目中任选一个，写一篇300字左右的赏析文章。

①单薄生命的响亮宣言

——赏析《我很重要》的主题思想及其表现

②试析《我很重要》的欲扬先抑的手法

凤凰——草鞋下的故乡（节选）

祝 勇

一见到凤凰，我就发觉自己对它爱得揪心。

凤凰是一座建在山谷的斜坡上的小城。在这喧哗的世界上，凤凰的宁静与美丽，脆弱无助得令人揪心。

凤凰的小巷很多，幽远而神秘，我好像永远搞不清楚哪条小巷通向哪里。我听见了自己踏响小巷的石板路的声音，有点像啄木鸟的尖喙撞击树干的声音，竟是那样干净和清脆。我偶尔同路边的人说话，我的呼吸和我的说话声都是干净的。小巷的两侧多是木屋，大面积的木板占满了我的视线，我仿佛穿行于封闭的船舱里，岁月是其中最多的存贷。在满眼的木头颜色里，时间保留着原初的形貌，鲜嫩得像未被碰触、也从未渗漏的汁液。在偶尔敞开的花窗里，我看见女人站在朝水的一面漱口，姿态安详，如古老时间中的一幅插图。我从木板的缝隙间看到房屋外面河流的反光。寻一家老屋进去，靠水的一面，有斑驳的花窗，装饰着壮丽的河景，还有美人靠，迎水悬在半空，倚在上面，还真有点惊心。但是，如果看到江面上的水鸟，在观察者视线的下方悠闲地盘旋，心情便会顷刻间轻松下来。人们通常仰望飞鸟，一旦有一天看到鸟儿在眼睛的下方飞翔，感受会大不一样。

我是循着河流的方向，浏览这座小城的。这就是我所选择的方式。我是都市的偷渡者，不是这里的居民，也没有过境的护照，但是我却能在两个迥异的世界上自如地跨越。我对历史的钟情使我获得了豁免权。我向小城的终点走去，心中带着一点悬念。小巷为我描述了这座古城的故事梗概，而每一间老屋里，都掩藏着无比丰富的细节。我看到了他们空洞的房间，用了几辈子的家具，样式至少是清代的，还有各种劳动工具。每一张苍老或者稚嫩的面孔，都令我怦然心动。快走不动的时候，我到了凤凰的尽头。没有了吊脚楼，只有青山，面对着河流。在这里我发现了沈从文的墓，像一个句号，在故事的结尾出现。

走进凤凰的最好方式，便是脚踏草鞋。

草鞋带着我进入凤凰最真实的部分。草鞋的年纪和凤凰的年纪一样大。草鞋很轻，拎起来没有分量，手里像什么都没有，草鞋那黄灿灿的颜色像是阳光下的幻影。穿在脚上，你就知道它的益处了。它能让你所有的辛劳都变成一种贴心的享受。

过去我只在电影里见到过草鞋，它们丈量过许多革命者的心路历程。我丝毫没有想到，在凤凰这个地方，草鞋在日常生活中仍然被普遍地使用。早已脱去水分的草叶，通过某种编织程序，重又获得了生命。绵软的草鞋，保持着双脚与大地的联系。

我在街边的一家小店买了一双草鞋，一元钱一双，十分便宜。草鞋在凤凰几乎不需要什么成本，因为乡野间到处是草丛，而编草鞋的手艺，几乎人人都会。对他们来说，草鞋是多么的平淡无奇，像绵延而来的每个寻常日子，谁也扔不掉。城里人仅仅因为皮鞋的款式过时就将皮鞋扔掉，而草鞋的款式却千百年不曾变过，它的骨骼像吊脚楼一样稳固。不管道路有多深远，穿上草鞋，心里就踏实。贫穷使他们充满诗意。贫穷像他们的歌唱一样淳真和朴素。贫穷是多么的美好。

在凤凰，我时常看见穿草鞋的人，我注意到他们的双脚已被太阳晒成绛紫色，那干燥的草梗，从他们的脚趾间穿过，在他们的脚背上打着结实的结。穿着草鞋，即使漂泊，日子也仿佛结实、稳固了许多。

密密麻麻的石子路在脚下延伸，像点点串串、读不懂的盲文。穿上草鞋，我的双足便机敏起来，瞬间具有了解密那些神秘文字的能力。几千年的岁月，在这座城里出现过的所有生者与死者，一下子都浮现出来，令小街拥挤不堪。历史就像幽灵，只有相信它们，它们才存在。我明白了现实中的凤凰，不过是显露于河面上的部分，它带着青蓝的反光，吸引我们的视线；而民众生活中最生动的部分，恰恰藏于幽深的水底。草鞋让我深入到凤凰最隐秘的角落去用眼睛用身体的每一部位去探索和证实它们。草鞋让我们深入到凤凰最隐秘的角落去，带着同样通红的脚板，和饱含水气的口音。它让我们心甘情愿地住在吊脚楼里，日子久了，便把我们变成吊脚楼的一部分，而且是具有生命力、永不枯朽的那一部分。

（选自祝勇文化笔记《凤凰——草鞋下的故乡》，有删改）

(1) 作者说"一见到凤凰，我就发觉自己对它爱得揪心"，这是为什么？

(2) 文章以"凤凰——草鞋下的故乡"为题，"草鞋"这一意象有什么丰富的意蕴？

(3) 根据全文内容概括，第四自然段中"两个迥异的世界"是指什么？

(4) 结合全文分析，作者在文中说"我是都市的偷渡者，不是这里的居民"，而在文题中又把凤凰称为"故乡"，并且在文后又说"我们变成吊脚楼的一部分"，这样说是否矛盾？为什么？

(5) 从下列题目中任选一个，对《凤凰——草鞋下的故乡（节选）》这篇文章进行赏析，不少于350字。

① 草鞋下的故乡
　　——简析文章的主旨情感

② 故乡的草鞋
　　——谈谈"草鞋"的意象特点

③ 真情的诉说
　　——简析文章的表现手法

议论散文赏析

（一）

谏 逐 客 书

李　斯[1]

[导读]

李斯的文章，说理透辟，论事周详，富有文采。除代表作《谏逐客书》之外，还有一些奏书。此外，《泰山刻石文》《琅琊台刻石文》等碑文，对后代的碑志铭文颇有影响。

本篇载于《史记·李斯列传》，写于秦王政十年（前237）。谏，规劝君王或尊长采纳意见或改正错误的用语。客，客卿，指客籍官员。书，上书，古代臣子向君主陈述意见的一种文体。前247年，韩国派一个名叫郑国的人赴秦建议大兴水利，企图消耗秦国的实力。秦发觉后，宗室大臣皆言于秦王曰："诸侯人来事秦者，大抵为其主游间于秦耳，请一切逐客！"秦王于是下令逐客。李斯也在被逐之列，便作此奏章，呈给秦王，秦王阅后乃废止了逐客令。

[选文]

臣闻吏议逐客，窃以为过矣[2]。

昔缪公求士[3]，西取由余于戎[4]，东得百里奚于宛[5]，迎蹇叔于宋[6]，求丕豹、公孙支于晋[7]，此五子者，不产于秦，而缪公用之，并国二十，遂霸西戎。孝公用商鞅之法[8]，移风易俗，民以殷盛[9]，国以富强，百姓乐用，诸侯亲服[10]，获楚、魏之师[11]，举地千里，至今治强[12]。惠王用张仪之计[13]，拔三川之地[14]，西并巴、蜀[15]，北收上郡[16]，南取汉中[17]，包九夷，制鄢、郢[18]，东据成皋之险[19]，割膏腴之壤[20]，遂散六国之从[21]，使之西面事秦[22]，功施到今[23]。昭王得范雎[24]，废穰侯，逐华阳[25]，强公室，杜私门[26]，蚕食诸侯，使秦成帝业。此四君者，皆以客之功。由此观之，客何负于秦哉！向使四君却客而不内[27]，疏士而不用，是使国无富利之实，而秦无强大之名也。

今陛下致昆山之玉[28]，有随、和之宝[29]，垂明月之珠，服太阿之剑[30]，乘纤离之马[31]，建翠凤之旗[32]，树灵鼍之鼓[33]。此数宝者，秦不生一焉，而陛下说之[34]，何也？必秦国之所生而然后可，则是夜光之璧不饰朝廷[35]，犀象之器不为玩好[36]，郑、卫之女不充后宫，而骏良䭿骡不实外厩[37]，江南金锡不为用，西蜀丹青不为采[38]。所以饰后宫、充下陈、娱心意、说耳目者[39]，必出于秦然后可，则是宛珠之簪、傅玑之珥、阿缟之衣、锦绣之饰不进于前[40]，而随俗雅化、佳冶窈窕赵女不立于侧也[41]。夫击瓮叩缶、弹筝搏髀而歌呼呜呜快耳者[42]，真秦之声也。《郑》《卫》《桑间》《韶虞》《武象》者[43]，异国之乐也。今弃击瓮而就《郑》《卫》，退弹筝而取韶虞，若是者何也？快意当前，适观而已矣[44]。今取人则不然，不问可否，不论曲直，非秦者去，为客者逐。然则是所重者在乎色乐珠玉，而所轻者在乎民人也。此非所以跨海内、制诸侯之术也。

臣闻地广者粟多，国大者人众，兵强则士勇。是以泰山不让土壤[45]，故能成其大；河海不择细流，故能就其深；王者不却众庶，故能明其德[46]。是以地无四方，民无异国[47]，四时充美[48]，鬼神降福，此五帝、三王之所以无敌也。今乃弃黔首以资敌国[49]，却宾客以业诸侯[50]，使天下之士，退而不敢西向，裹足不入秦，此所谓藉寇兵而赍盗粮者也[51]。

夫物不产于秦，可宝者多；士不产于秦，而愿忠者众。今逐客以资敌国，损民以仇，内自虚而外树怨于诸侯[52]，求国之无危，不可得也。

（选自《古文观止今译》，袁梅、刘焱等注译，齐鲁书社，1983年版）

[注释]

[1] 李斯（约前284—前208），李氏，名斯，字通右（先秦男子称氏，女子称姓），战国末期楚国上蔡（今河南省上蔡县）人，秦代著名的政治家、文学家和书法家。李斯初为小郡吏，后受学于荀子，学成入秦，初为相国吕不韦舍人，后得秦王的赏识，拜为客卿。秦统一六国后，官至丞相。秦二世时，为赵高诬陷，被腰斩于咸阳，夷灭三族。

[2] 窃，私下，自谦之词。过：错误。

[3] 缪（mù）公：秦穆公，秦国君，前659年至前621年在位。缪，通"穆"。

[4] 由余：人名，春秋时晋国人，原为西戎做事，被缪公收为谋臣。

[5] 百里奚：楚国人，曾任虞国大夫。晋灭虞后，俘百里奚。后晋献公女儿适秦，作陪嫁奴仆入秦。百里奚从秦逃到楚国被楚国拘捕，缪公知其贤，以五张公羊皮把他赎回，任为相。

[6] 蹇（jiǎn）叔：岐（今陕西省境内）人，客居宋，百里奚荐于缪公，缪公厚礼聘为上大夫。

[7] 丕豹：晋大夫丕郑的儿子，因其父被晋惠公诛杀逃到秦国，缪公任他为大将。公孙支：字子桑，岐人，客居于晋，缪公收为谋臣。

[8] 孝公：秦孝公，秦国君，前361年至前338年在位。商鞅：战国时卫国人，姓公孙，名鞅，卫国人，任孝公相十年，两次变法，使秦得以富强。

[9] 以：因（此）。

[10] 乐（lè）用：乐于为国效力。亲服：亲近臣服。

〔11〕获楚、魏之师：指先击败魏军，俘魏公子卬（áng），后南侵楚地。

〔12〕举：占领。治：安定。

〔13〕惠王：秦惠王，也称惠文王，秦国君，前337年至前311年在位。张仪：魏国人，惠王用为相，以连横计攻破六国的合纵。

〔14〕拔：攻取。三川：指黄河、伊水、洛水。三川之地：今河南省黄河以南、灵宝以东地带，原属韩国。

〔15〕巴、蜀：古时国名，即今四川省的东、西部。

〔16〕上郡：魏地，包括现在的陕西北部，宁夏、内蒙古部分地方。

〔17〕汉中：今陕西省西南部，前312年，秦大破楚军而占取之。

〔18〕九夷：总称楚境内少数民族。鄢：今湖北宜城市。郢（yǐng）：楚国国都，今湖北省江陵县。楚国先后在两地建都。包：吞并。

〔19〕成皋（gāo）：今河南省荥阳市汜（sì）水镇，古时为军事要地。

〔20〕膏腴（yú）之壤：肥沃的土地。

〔21〕散：瓦解。从：通"纵"，即合纵，指六国联合抗秦。

〔22〕事秦：尊奉秦国，臣服秦国。

〔23〕施（yì）：延续。

〔24〕昭王：秦昭襄王。范雎（jū）：一作范睢（suī），魏人，后入秦任相，封应侯。他提出远交近攻的策略，使秦国逐步兼并六国。

〔25〕穰（ráng）侯：秦昭王母宣太后的异父弟，为秦相，擅权三十余年，封于穰，故称穰侯。华阳：华阳君，宣太后的同父弟，封于华阳，故称华阳君。

〔26〕强公室两句：巩固、加强王室，限制贵族豪门私家势力。公室：王室。私门：指贵族豪门。

〔27〕向使：从前假使。却：拒绝。内：通"纳"，接纳。

〔28〕昆山：昆仑山。古时谓昆仑山北和田产美玉。

〔29〕随、和之宝：指随侯珠、和氏璧。

〔30〕服：佩带。太阿（ē）：宝剑名，相传为吴国名匠干将和欧冶子精心合铸。

〔31〕纤离：骏马名。

〔32〕建：树立。翠凤：用翠羽做成凤形。

〔33〕鼍（tuó）：长江下游所产扬子鳄，皮可作鼓。

〔34〕说：和下文"说耳目者"中的"说"都通"悦"。

〔35〕夜光之璧：夜里闪闪发光的宝玉，为楚王所献。

〔36〕犀：犀牛角。象：象牙。玩好：供玩赏的工艺品。

〔37〕駃騠（jué tí）：良马名。厩（jiù）：马棚。

〔38〕丹青：丹砂与青䨼（huò），绘画颜料。

〔39〕所以：表工具，意思是"用来作为……"。充下陈：站满侍女的行列。说耳目：使听觉、视觉获得快感。

〔40〕是：这些。宛珠：今河南省南阳市出产的珠。傅玑之珥（ěr）：镶着珠玑的耳饰。阿（ē）缟：阿地（今山东省阳谷县阿城镇）产的白色丝绸。锦：织锦。绣：刺绣。

［41］随俗雅化：跟随时尚打扮得时髦漂亮。佳冶窈窕（yǎo tiǎo）：容貌美艳，体态优美。

［42］击、叩：拍打。瓮缶（fǒu）：瓦器。古代秦地用为打击乐器。筝：秦地用弦乐器。搏髀（bì）：拍打大腿，以为节奏。快耳：悦耳。

［43］《郑》《卫》：指郑、卫两国的民间乐曲。《桑间》：指卫国濮水之滨的音乐。《韶虞》：相传是舜时的乐曲。《武象》：周武王时的乐舞曲。

［44］适观：适于观赏。

［45］让：排斥。成：形成，实现。

［46］明其德：充分发扬他的美德。

［47］民无异国：百姓不论是哪个国家的人。

［48］四时：指四季。

［49］黔（qián）首：秦时统治者对百姓的称呼。

［50］业诸侯：使诸侯成就功业。

［51］藉：借（给）。兵：兵器。赍（jī）：赠送，给予。

［52］树怨：结仇。

[鉴赏训练]

1. 文章意在论逐客之过，作者不直斥秦王逐客之非，而用很大篇幅详叙秦国历代君主的纳客之功，这是出于何种考虑？
2. 指出文中的铺陈部分，并说明其作用。
3. 举例说明本文所采用的正反对比的说理方法。

[拓展阅读]

贾谊的《过秦论》详尽地分析了秦所以能削平六国及其所以灭亡的原因，扼要而明确地指出秦成败关键所在，开中国散文中"史论"体裁的先河。

（二）

更 衣 记

张爱玲[1]

[导读]

张爱玲是中国现代文学史上著名的小说家、散文家。1921年出生于上海，名门闺秀，1952年赴香港，1966年定居英国。20世纪40年代开始文学创作，长篇小说《倾城之恋》是其成名作。主要作品有散文集《流言》、短篇小说集《传奇》、长篇小说《赤地之恋》等。

她的作品多取材于上海和香港上层社会的人和事，擅长人物心理刻画，风格朴素，笔致秀逸，具有浓郁的女性气质。

对于服装，作者有丰富的见识、阅历，也有一定的研究，所以能把古往今来服装的变化一一道来，且还在细细的描摹之中对文化传统进行反思，对东西方服装文化的异同进行比较,将其深刻寓于娓娓道来的叙述中,写得举重若轻,读来既增长见识,又陶冶情操。

语言韵味十足,张力无限。

[选文]

  如果当初世代相传的衣服没有大批卖给收旧货的,一年一度六月里晒衣裳,该是一件辉煌热闹的事罢。你在竹竿与竹竿之间走过,两边拦着绫罗绸缎的墙——那是埋在地底下的古代宫室里发掘出的甬道。你把额角贴在织金的花绣上。太阳在这边的时候,将金线晒得滚烫,然而现在已经冷了。

  从前的人吃力地过了一辈子,所作所为,渐渐蒙上了灰尘;子孙晾衣裳的时候又把灰尘给抖了下来,在黄色的太阳里飞舞着。回忆这东西若是有气味的话,那就是樟脑的香,甜而稳妥,像记得分明的块乐,甜而怅惘,像忘却了的忧愁。

  我们不大能够想象过去的世界,这么迂缓,安静,齐整——在满清三百年的统治下,女人竟没有什么时装可言!一代又一代的人穿着同样的衣服而不觉得厌烦。开国的时候,因为"男降女不降",女子的服装还保留着显着的明代遗风。从十七世纪中叶直到十九世纪末,流行着极度宽大的衫裤,有一种四平八稳的沉着气象。领圈很低,有等于无。穿在外面的"大袄",在并非正式的场合,宽了衣,便露出"中袄"。

  "中袄"里面有紧窄合身的"小袄",上床也不脱去,多半是娇媚的,桃红或水红。三件袄子之上又加着"云肩背心",黑缎宽镶,盘着大云头。

  削肩,细腰,平胸,薄而小的标准美女在这一层层衣衫的重压下失踪了。她的本身是不存在的,不过是一个衣架子罢了。中国人不赞成太触目的女人。历史上记载的耸人听闻的美德——譬如说,一只胳膊被陌生男子拉了一把,便将它砍掉——虽然博得普通的赞叹,知识阶级对之总隐隐地觉得有点遗憾,因为一个女人不该吸引过度的注意;任是铁铮铮的名字,挂在千万人的嘴唇上,也在呼吸的水蒸气里生了锈。

  女人要想出众一点,连这样堂而皇之的途径都有人反对,何况奇装异服,自然那更是伤风败俗了。

  出门时裤子上罩的裙子,其规律化更为彻底。通常都是黑色,逢着喜度年节,太太穿红的,姨太太穿粉红。寡妇系黑裙,可是丈夫过世多年之后,如有公婆在堂,她可以穿湖色或雪青。裙上的细褶是女人的仪态最严格的试验。家教好的姑娘,莲步姗姗,百褶裙虽不至于纹丝不动,也只限于最轻微的摇颤。不惯穿裙的小家碧玉走起路来便予人以惊风骇浪的印象。更为苛刻的是新娘的红裙,裙腰垂下一条条半寸来宽的飘带,带端系着铃。行动时只许有一点隐约的叮当,像远山上宝塔上的风铃。晚至一九二〇年左右,比较潇洒自由的宽褶裙入时了,这一类的裙子方才完全废除。

  穿皮子,更是禁不起一些出入,便被目为暴发户。皮衣有一定的季节,分门别类,至为详尽。十月里若是冷得出奇,穿三层皮是可以的,至于穿什么皮,那却要顾到季节而不能顾到天气了。初冬穿"小毛",如青种羊,紫羔,珠羔;然后穿"中毛",如银鼠,灰鼠,灰脊,狐腿,甘肩,倭刀;隆冬穿"大毛",——白狐,青狐,西狐,玄狐,紫貂。"有功名"的人方能穿貂。中下等阶级的人以前比现在富裕得多,大都有一件金银嵌或羊皮袍子。

　　姑娘们的"昭君套[2]"为阴森的冬月添上点色彩。根据历代的图画，昭君出塞所戴的风兜是爱斯基摩式的，简单大方，好莱坞明星仿制者颇多。中国十九世纪的"昭君套"却是颠狂冶艳的，——一顶瓜皮帽，帽檐围上一圈皮，帽顶缀着极大的红绒球，脑后垂着两根粉红缎带，带端缀着一对金印，动辄相击作声。

　　对于细节的过份的注意，为这一时期的服装的要点。现代西方的时装，不必要的点缀品未尝不花样多端，但是都有个目的——把眼睛的蓝色发扬光大起来，补助不发达的胸部，使人看上去高些或矮些，集中注意力在腰肢上，消灭臀部过度的曲线……古中国衣衫上的点缀品却是完全无意义的。若说它是纯粹装饰性质的罢，为什么连鞋底上也满布着繁缛的图案呢？鞋的本身就很少在人前露脸的机会，别说鞋底了，高底的边缘也充塞着密密的花纹。

　　袄子有"三镶三滚"，"五镶五滚"，"七镶七滚"之别，镶滚之外，下摆与大襟上还闪烁着水钻盘的梅花，菊花。袖上另钉着名唤"阑干"的丝质花边，宽约七寸，挖空镂出福寿字样。

　　这样聚集了无数小小的有趣之点，这样不停地另生枝节，放恣，不讲理，在不相干的事物上浪费了精力，正是中国有闲阶级一贯的态度。惟有世界上最清闲的国家里最闲的人，方才能够领略到这些细节的妙处。制造一百种相仿而不犯重的图案，固然需要艺术与时间；欣赏它，也同样地烦难。

　　古中国的时装设计家似乎不知道，一个女人到底不是大观园。太多的堆砌使兴趣不能集中。我们的时装的历史，一言以蔽之，就是这些点缀品的逐渐减去。

　　当然事情不是这么简单。还有腰身大小的交替盈蚀。第一个严重的变化发生在光绪三十二三年。铁路已经不那么稀罕了，火车开始在中国人的生活里占一重要位置。诸大商港的时新款式迅速地传入内地。衣裤渐渐缩小，"阑干"与阔滚条过了时，单剩下一条极窄的。扁的是"韭菜边"，圆的是"灯草边"，又称"线香滚"。在政治动乱与社会不靖的时期——譬如欧洲的文艺复兴时代——时髦的衣服永远是紧匝在身上，轻捷利落，容许剧烈的活动。在十五世纪的意大利，因为衣裤过于紧小，肘弯膝盖，筋骨接榫处非得开缝不可。中国衣服在革命酝酿期间差一点就胀裂开来了。"小皇帝"登基的时候，袄子套在人身上像刀鞘。中国女人的紧身背心的功用实在奇妙——衣服再紧些，衣服底下的肉体也还不是写实派的作风，看上去不大像个女人而像一缕诗魂。长袄的直线延至膝盖为止，下面虚飘飘垂下两条窄窄的裤管，似脚非脚的金莲抱歉地轻轻踏在地上。铅笔一般瘦的裤脚妙在给人一种伶仃无告的感觉。在中国诗里，"可怜"是"可爱"的代名词。男人向有保护异性的嗜好，而在青黄不接的过渡时代，颠连困苦的生活情形更激动了这种倾向。宽袍大袖的，端凝[3]的妇女现在发现太福相了是不行的，做个薄命人反倒于她们有利。

　　那又是一个各趋极端的时代。政治与家庭制度的缺点突然被揭穿。年青的知识阶级仇视着传统的一切，甚至于中国的一切。保守性的方面也因为惊恐的缘故而增强了压力。神经质的论争无日不进行着，在家庭里，在报纸上，在娱乐场所。连涂脂抹粉的文明戏演员，姨太太们的理想恋人，也在戏台上向他们的未婚妻借题发挥讨论时事，声泪俱下。

一向心平气和的古国从来没有如此骚动过。在那歇斯底里的气氛里，"元宝领"这东西产生了——高得与鼻尖平行的硬领，像缅甸的一层层叠至尺来高的金属项圈一般，逼迫女人们伸长了脖子。这吓人的衣领与下面的一捻柳腰完全不相称。头重脚轻，无均衡的性质正象征了那个时代。

民国初建立，有一时期似乎各方面都有浮面的清明气象。

大家都认真相信卢骚的理想化的人权主义。学生们热诚拥护投票制度，非孝，自由恋爱。甚至于纯粹的精神恋爱也有人实验过，但似乎不会成功。

时装上也显出空前的天真，轻快，愉悦。"喇叭管袖子"飘飘欲仙，露出一大截玉腕。短袄腰部极为紧小。上层阶级的女人出门系裙，在家里只穿一条齐膝的短裤，丝袜也只到膝为止，裤与袜的交界处偶然也大胆地暴露了膝盖，存心不良的女人往往从袄底垂下挑拨性的长而宽的淡色丝质裤带，带端飘着排穗。

民国初年的时装，大部份的灵感是得自西方的。衣领减低了不算，甚至被蠲免了的时候也有。领口挖成圆形，方形，鸡心形，金刚钻形。白色丝质围巾四季都能用。白丝袜脚跟上的黑绣花，像虫的行列，蠕蠕爬到腿肚子上。交际花与妓女常常有戴平光眼镜以为美的。舶来品不分皂白地被接受，可见一斑。

军阀来来去去，马蹄后飞沙走石，跟着他们自己的官员，政府，法律，跌跌绊绊赶上去的时装，也同样地千变万化。短袄的下摆忽而圆，忽而尖，忽而六角形。女人的衣服往常是和珠宝一般，没有年纪的，随时可以变卖，然而在民国的当铺里不复受欢迎了，因为过了时就一文不值。

时装的日新月异并不一定表现活泼的精神与新颖的思想。恰巧相反。它可以代表呆滞；由于其他活动范围内的失败，所有的创造力都流入衣服的区域里去。在政治混乱期间，人们没有能力改良他们的生活情形。他们只能够创造他们贴身的环境——那就是衣服。我们各人住在各人的衣服里。

一九二一年，女人穿上了长袍。发源于满洲的旗装自从旗人入关之后一直是与中土的服装并行着的，各不相犯。旗下的妇女嫌她们的旗袍缺乏女性美，也想改穿较妩媚的袄裤，然而皇帝下诏，严厉禁止了。五族共和之后，全国妇女突然一致采用旗袍，倒不是为了效忠于满清，提倡复辟运动，而是因为女子蓄意要模仿男子。在中国，自古以来女人的代名词是"三绺梳头，两截穿衣。"一截穿衣与两截穿衣是很细微的区别，似乎没有什么不公平之处，可是一九二〇年的女人很容易地就多了心。她们初受西方文化的薰陶，醉心于男女平权之说，可是四周的实际情形与理想相差太远了，羞愤之下，她们排斥女性化的一切，恨不得将女人的根性斩尽杀绝。

因此初兴的旗袍是严冷方正的，具有清教徒的风格。

政治上，对内对外陆续发生的不幸事件使民众灰了心。青年人的理想总有支持不了的一天。时装开始紧缩。喇叭管袖子收小了。一九三〇年，袖长及肘，衣领又高了起来。往年的元宝领的优点在它的适宜的角度，斜斜地切过两腮，不是瓜子脸也变了瓜子脸，这一次的高领却是圆筒式的，紧抵着下颔，肌肉尚未松弛的姑娘们也生了双下巴。这种衣领根本不可恕。可是它象征了十年前那种理智化的淫逸的空气——直挺挺的衣领远远隔开了女神似的头与下面的丰柔肉身。这儿有讽刺、有绝望后的狂笑。

当时欧美流行着的双排钮扣的军人式的外套正和中国人凄厉的心情一拍即合。然而恪守中庸之道的中国女人在那雄赳赳的大衣底下穿着拂地的丝绒长袍，袍叉开到大腿上，露出同样质料的长裤子，裤脚上闪着银色花边。衣服的主人翁也是这样的奇异的配搭，表面上无不激烈地唱高调，骨子里还是唯物主义者。

近年来最重要的变化是衣袖的废除。（那似乎是极其艰难危险的工作，小心翼翼地，费了二十年的工夫方才完全剪去。）同时衣领矮了，袍身短了，装饰性质的镶滚[4]也免了，改用盘花钮扣来代替，不久连钮扣也被捐弃了，改用揿钮。总之，这笔账完全是减法——所有的点缀品，无论有用没用，一概剔去。剩下的只有一件紧身背心，露出颈项，两臂与小腿。

现在要紧的是人，旗袍的作用不外乎烘云托月忠实地将人体轮廓曲曲勾出。革命前的装束却反之，人属次要，单只注重诗意的线条，于是女人的体格公式化，不脱衣服不知道她与她有什么不同。

我们的时装不是一种有计划有组织的实业，不比在巴黎，几个规模宏大的时装公司如Lelong's，Schiaparelli's，垄断一切，影响及整个白种人的世界。我们的裁缝却是没主张的。公众的幻想往往不谋而合，产生一种不可思议的洪流。裁缝只有追随的份儿。因为这缘故，中国的时装更可以作民意的代表。

究竟谁是时装的首创者，很难证明，因为中国人素不尊重版权，而且作者也不甚介意，既然抄袭是最隆重的赞美。最近入时的半长不短的袖子，又称"四分之三袖"，上海人便说是香港发起的，而香港人又说是由上海传来的，互相推诿，不敢负责。

一双袖子翩翩归来，预兆形式主义的复兴。最新的发展是向传统的一方面走，细节虽不能恢复，轮廓却可尽量引用，用得活泛，一样能够适应现代环境的需要。旗袍的大襟采取围裙式，就是个好例子，很有点"三日入厨[5]下"的风情，耐人寻味。

男装的近代史较为平淡。只有一个极短的时期，民国四年至八九年，男人的衣服也讲究花哨，滚上多道的如意头，而且男女的衣料可以通用，然而生当其时的人都认为是天下大乱的怪现状之一。目前中国人的西装，固然是谨严而黯淡，遵守西洋绅士的成规，即是中装也长年地在灰色，咖啡色，深青里面打滚，质地与图案也极单调。男子的生活比女子自由得多，然而单凭这一件不自由，我就不愿意做一个男子。

衣服似乎是不足挂齿的小事。刘备说过这样的话："兄弟如手足，妻子如衣服。"可是如果女人能够做到"丈夫如衣服"的地步，就很不容易。有个西方作家（是萧伯纳么？）曾经抱怨过，多数女人选择丈夫远不及选择帽子一般的聚精会神，慎重考虑。再没有心肝的女子说起她"去年那件织锦缎夹袍"的时候，也是一往情深的。

直到十八世纪为止，中外的男子尚有穿红着绿的权利。男子服色的限制是现代文明的特征。不论这在心理上有没有不健康的影响，至少这是不必要的压抑。文明社会的集团生活里，必要的压抑有许多种，似乎小节上应当放纵些，作为补偿。有这么一种议论，说男性如果对于衣着感到兴趣些，也许他们会安分一点，不至于千方百计争取社会的注意与赞美，为了造就一己的声望，不惜祸国殃民。若说只消将男人打扮得花红柳绿的，天下就太平了，那当然是笑话。大红蟒衣里面戴着绣花肚兜的官员，照样会淆乱朝纲。但是预言家威尔斯[6]的合理化的乌托邦里面的男女公民一律穿着最鲜艳的薄膜质的衣裤，斗篷，这倒也值得做我们参考的资料。

　　因为习惯上的关系，男子打扮得略略不中程式，的确看着不顺眼，中装上加大衣，就是一个例子，不如另加上一件棉袍或皮袍来得妥当，便臃肿些也不妨。有一次我在电车上看见一个年青人，也许是学生，也许是店伙，用米色绿方格的兔子呢制了太紧的袍，脚上穿着女式红绿条纹短袜，嘴里衔着别致的描花假象牙烟斗，烟斗里并没有烟。他吮了一会，拿下来把它一截截拆开了，又装上去，再送到嘴里去吮，面上颇有得色。乍看觉得可笑，然而为什么不呢，如果他喜欢？……

　　秋凉的薄暮，小菜场上收了摊子，满地的鱼腥和青白色的芦粟的皮与渣。一个小孩骑了自行车冲过来，卖弄本领，大叫一声，放松了扶手，摇摆着，轻倩地掠过。在这一刹那，满街的人都充满了不可理喻的景仰之心。人生最可爱的当儿便在那一撒手罢？

　　　　　　（选自《张爱玲作品精选》，张爱玲著，彰军编，伊犁人民出版社，2000年版）

[注释]

　　[1] 张爱玲（1920—1995），原名张瑛，出生于上海一个没落的官宦之家，其祖父为张佩纶，外曾祖父为李鸿章。1937年毕业于上海圣玛利亚女子中学，次年考取伦敦大学，后因战事改入香港大学。1943年发表小说《沉香屑·第一炉香》，一举成名，同年发表代表作《金锁记》《倾城之恋》等。1944年出版小说集《传奇》和散文集《流言》。1955年留美定居。1995年9月8日于洛杉矶家中去世。

　　[2] 昭君套：古代妇人的头上饰物。用条状貂皮围于髻下额上，如帽套。相传为昭君出塞时所戴，故称。

　　[3] 端凝：端正而注意力集中。

　　[4] 镶滚：在衣服边缘加一道边，女服加宽边叫镶，加窄边叫滚。

　　[5] 三日入厨下：古代风俗，新娘结婚三日后到厨房做饭。借指初入社会或刚任职。唐代王建《新嫁娘》："三日入厨下，洗手作羹汤。未谙姑食性，先遣小姑尝。"

　　[6] 威尔斯：即赫伯特·乔治·威尔斯（1866—1946），英国著名小说家，尤以科幻小说创作闻名于世。1895年出版《时间机器》一举成名，随后又发表了《莫洛博士岛》《隐身人》《星际战争》等多部科幻小说。他还是一位社会改革家和预言家，曾是费边社的重要成员，会晤过罗斯福和斯大林，撰写了《基普斯》《托诺－邦盖》《波里先生和他的历史》《勃列林先生看穿了他》《恩惠》《预测》《世界史纲》等大量关注现实，思考未来的作品。

[鉴赏训练]

1. 《更衣记》体现作者哪些创作风格？

2. 张爱玲说："我只能从描写现代人的机智与装饰中去衬出人生的素朴的底子。"从文中举例说明她是如何从人的服饰来写出世态人生的。

3. 从张爱玲写作《更衣记》到今天，将近80年了，中国的服饰也又经历了几度变迁，请尝试以张爱玲的方式分析这些变化背后的文化因素。

[拓展阅读]

张爱玲的《金锁记》写于1943年，小说描写了一个小商人家庭出身的女子曹七巧的心灵变迁历程。七巧做过残疾人的妻子，欲爱而不能爱，几乎像疯子一样在姜家过了三十年。在财欲与情欲的压迫下，她的性格终于被扭曲，行为变得乖戾，不但破坏儿子的婚姻，致使儿媳被折磨而死，还拆散女儿的爱情。"三十年来她戴着黄金的枷锁。她用那沉重的枷角劈杀了几个人，没死的也送了半条命。"张爱玲在本书中在空前深刻的程度上表现了现代社会两性心理的基本意蕴。她在她那创作的年代并无任何前卫的思想，然而却令人震惊地拉开了两性世界温情脉脉的面纱。主人公曾被作者称为她小说世界中唯一的"英雄"，她拥有着"一个疯子的审慎和机智"，为了报复曾经伤害过她的社会，她用最为病态的方式，"她那平扁而尖利的喉咙四面割着人像剃刀片"，随心所欲地施展着淫威。

（三）

秋天的况味

林语堂[1]

[导读]

这篇小品文写得随性而不散漫，正像林语堂评价中国的士大夫画，有一种特质叫作"逸"，他说这是"从游戏精神来的。仿佛道家精神，它是人类想摆脱这个劳形的俗世的努力，而获得心情上的解放与自由"。

[选文]

秋天的黄昏，一人独坐在沙发上抽烟，看烟头白灰之下露出红光，微微透露出暖气，心头的情绪便跟着那蓝烟缭绕而上，一样的轻松，一样的自由。不转眼缭烟变成缕缕的细丝，慢慢不见了，而那霎时，心上的情绪也跟着消沉于大千世界，所以也不讲那时的情绪，而只讲那时的情绪的况味。待要再划一根洋火，再点起那已点过三四次的雪茄，却因白灰已积得太多，点不着，乃轻轻的一弹，烟灰静悄悄的落在铜炉上，其静寂如同我此时用毛笔写在中纸上一样，一点的声息也没有。

于是再点起来，一口一口的吞云吐雾，香气扑鼻，宛如偎红倚翠温香在抱情调。

于是想到烟，想到这烟一股温煦的热气，想到室中缭绕暗淡的烟霞，想到秋天的意味。这时才想起，向来诗文上秋的含义，并不是这样的，使人联想的是萧杀，是凄凉，是秋扇，是红叶，是荒林，是萎草。

然而秋确有另一意味，没有春天的阳气勃勃，也没有夏天的炎烈迫人，也不像冬天之全入于枯槁凋零。

我所爱的是秋林古气磅礴气象。有人以老气横秋[2]骂人，可见是不懂得秋林古色之滋味。在四时中，我于秋是有偏爱的，所以不妨说说。秋是代表成熟，对于春天之明媚娇艳，夏日之茂密浓深，都是过来人，不足为奇了，所以其色淡，叶多黄，有古色苍茏之慨，不单以葱翠争荣了。

这是我所谓秋的意味。

大概我所爱的不是晚秋，是初秋，那时暄气初消，月正圆，蟹正肥，桂花皎洁，也未陷入惨烈萧瑟气态，这是最值得赏乐的。

那时的温和，如我烟上的红灰，只是一股熏熟的温香罢了。或如文人已排脱下笔惊人的格调，而渐趋纯熟练达，宏毅[4]坚实，其文读来有深长意味。

这就是庄子[5]所谓"正得秋而万宝成"结实的意义。在人生上最享乐的就是这一类的事。比如酒以醇以老为佳。烟也有和烈之辨。雪茄之佳者，远胜于香烟，因其味较和。倘是烧得得法，慢慢的吸完一支，看那红光炙发，有无穷的意味。

鸦片吾不知，然看见人在烟灯上烧，听那微微哔剥的声音，也觉得有一种诗意。大概凡是古老，纯熟，熏黄，熟炼的事物，都使我得到同样的愉快。如一只熏黑的陶锅在烘炉上用慢火炖猪肉时所发出的锅中徐吟的声调，是使我感到同观人烧大烟一样的兴趣。或如一本用过二十年而尚未破烂的字典，或是一张用了半世的书桌，或如看见街上一块熏黑了老气横秋的招牌，或是看见书法大家苍劲雄深的笔迹，都令人有相同的快乐，人生世上如岁月之有四时，必须要经过这纯熟时期，如女人发育健全遭遇顺的，亦必有一时徐娘半老的风韵，为二八佳人所绝不可及者。

使我最佩服的是邓肯的佳句："世人只会吟咏春天与恋爱，真无道理。须知秋天的景色，更华丽，更恢奇，而秋天的快乐有万倍的雄壮，惊奇，都丽。我真可怜那些妇女识见偏狭，使她们错过爱之秋天的宏大的赠赐。"若邓肯者，可谓识趣之人。

（选自《林语堂散文选集》，百花文艺出版社，1987 年版）

[注释]

［1］林语堂（1895—1976），福建龙溪人，中国现代学者，散文家。1916 年在上海圣约翰大学毕业后，到清华大学任教。1919 年后先后赴美、法、德国留学。1923 年获博士学位后回国，先后在厦门、上海等地教书。1936 年去美国教书。1954 年任新加坡南洋大学校长。1967 年受聘为香港中文大学教授。主要作品有杂文集《剪拂集》《大荒集》《我的话》，散文集《欧美风语》《林语堂散文集》，长篇小说《京华烟云》等。此文写于 1941 年 1 月，后收入《我的话·行素集》。

［2］老气横秋：形容自高自大，摆老资格，自以为了不起的样子；也形容年轻人缺乏朝气，暮气沉沉的样子。老气，老年人的气派。横，充满。

［3］四时：①指一年四季的农时。《逸周书·文传》："无杀天胎，无伐不成材，无竭四时，如此十年，有十年之积者王。"《史记·五帝本纪》："岁三百六十六日，以闰月正四时。"《淮南子·本经训》："四时者，春生夏长，秋收冬藏，取予有节，出入有时，开阖张歙，不失其叙，喜怒刚柔，不离其理。"②指一日的朝、昼、夕、夜。《左传·昭公元年》："君子有四时，朝以听政，昼以访问，夕以修令，夜以安身。"③乐舞名。汉文帝作。《汉书·礼乐志》："孝文庙奏《昭德》《文始》《四时》《五行》之舞。"南朝梁刘勰《文心雕龙·乐府》："《武德》兴乎高祖，《四时》广于孝文。"

［4］宏毅：谓志向远大，意志坚强。宋代杨万里《诚斋诗话》："《周礼·考工记》云：'车人盖圜以象天，轸方以象地。'而山谷云：'大夫要宏毅，天地为盖轸。'"元代刘

壎《隐居通议·理学一》："晦菴则宏毅笃实，象山则颖悟超卓。"清代管同《与友人论文书》："圣贤论人，重刚而不重柔，取宏毅而不取巽顺。"

[5] 庄子（前369—前286），姓庄名周，字子休，战国时期散文家、思想家和哲学家，宋国蒙（战国蒙地多有争议，一说河南商丘市民权县，另说安徽省蒙城县）人，道家学说的主要创始人之一。庄子祖上系出楚国公族，后因吴起变法楚国发生内乱，先人避夷宗之罪迁至宋国蒙地。庄子生平只做过地方漆园吏，因崇尚自由而不应同宗楚威王之聘。庄子与道家始祖老子并称"老庄"，他们的哲学思想体系，被思想学术界尊为"老庄哲学"。代表作品为《庄子》，名篇有《逍遥游》《齐物论》等。庄子主张"天人合一"和"清静无为"。

[鉴赏训练]

1. 关于秋的意味作者展开了哪些丰富的联想？
2. 请说说你对秋天的体悟。
3. 林语堂说："善于优悠岁月的人才是真正有智慧的人。"请对此谈谈你的看法。

[拓展阅读]

林语堂的长篇小说《京华烟云》以主人公姚木兰的命运发展为线索，讲述了北平曾、姚、牛三大家族从1901年义和团运动到抗日战争三十多年间的悲欢离合恩怨情仇，并在其中安插了袁世凯篡国、张勋复辟、直奉大战、军阀割据、五四运动、"三一八"惨案、"雨丝派"与"现代评论派"笔战、青年"左"倾、"二战"爆发等历史事件，全景式展现了中国近现代社会风云变动的历史风貌。

书中穿插的是近现代中国的发展史，那是一个多事之秋，是一个动乱的时代，一个战争的年代。当时的中国政府岌岌可危，社会上动乱不安，中国面临着改朝换代的变化；但是，书中从无绝望的笔迹，反而到处都彰示着积极的希望，照射出胜利的光辉，尤其是在书中结尾处，人们喊着"山河不重光，誓不回家乡"的口号。一个民族，由于一个共同的爱国热情而结合，由于逃离一个共同的敌人而跋涉万里；一个民族，其雄伟的力量，像万里长城之经历千年万载而不朽。亿万的中国人共同在这伟大的史诗时代奋斗生活着，这就是中国的希望所在。

[综合鉴赏训练]

1. 不同的眼睛看到的秋景是不一样的，不同的人对于秋有着不同的感受。那么，你眼中的秋景是怎样的呢？试着写一段关于秋景的文字，看看是不是也能表达出自己内心的感受。

2. 在张爱玲笔下，女子的时装始终与政治时事相连，请分析下面几句话所体现的女子的地位，并分析其中的原因。

（1）高得与鼻尖平行的硬领，像缅甸的一层层叠至尺来高的金属项圈一般，逼迫女人们伸长了脖子。

（2）这一次的高领却是圆筒式的，紧抵着下颌，肌肉尚未松弛的姑娘们也生了双下巴。

（3）直挺挺的衣领远远隔开了女神似的头与下面的丰柔的肉身。这儿有讽刺、有绝望后的狂笑。

3. 作品赏析

为标新立异者辩

金　马

实在想不出任何理由该贬斥"标新立异者"。因为迄今为止人类（包括自身进化在内）所享受着的或即将有幸继续享受的文明成果，有哪一样不是标新立异者创造的，或由此而派生、普及的成果呢？

要是没有总鳍鱼标新立异率先登陆（要是这"登陆说"最终可被证实的话），哪来人类的远古祖先——高级哺乳动物的出现？要是猴子都安分守己地在树上生活，又哪来人类呢？

岂止如此，人类第一个吃熟食的，第一个下海的，第一个穿裤子的，第一个上天的，第一个拿起手术刀的，无疑都是标新立异者。然而，没有这诸如此类的"第一个"，人类何以有今日的文明？没有这"第一个"的继续涌现，人类的文明又何以能进步。

马克思标新立异，创造了理论深的无产阶级最美好的"天国"；列宁标新立异，创造了历史上未曾有过的第一个社会主义国家；毛泽东标新立异，以农村包围城市的妙招拯救了半殖民地半封建的中国；当今的改革，也在标新立异，一个中国式的社会主义雏形正出现在东方地平线上……

标新立异，固然是智慧的产物，但它绝不是来无踪、去无影一般的神秘，而是历史发展的必然产物，就如没有资本主义的发生和发展，就不可能诞生共产主义学说，没有世界经济形势的巨大影响和面临世界新技术革命的挑战，我国也不可能出现如此波澜壮阔的改革热潮一样。标新立异者是探索新时代信息的"雷达"；标新立异，乃推动人类文明进步的大道德、大智慧。

中华民族在人类文明史上曾不愧为拥戴标新立异者的光辉典范。如今，我们这一代青年，不正赶上一个标新立异者为俊杰的时代？人类的远古祖先，正是借助于标新立异结束了爬行状态；今天，我们要从心理上彻底驱除自甘爬行的状态，勇敢地昂起头来，立志为中华民族留下标新立异的大功勋。唯有如此，我们的事业才能发展，民族才能振兴，人类才有希望。

（1）"标新立异"在本文中是什么意思？"实在想不出任何理由该贬斥'标新立异者'"是什么意思？请用自己的语言把这句话的意思写出来。

（2）你眼中的"标新立异"是什么意思？

（3）请以"读《为标新立异者辩》有感"为题，写一篇议论文，谈谈你对创新的认识。

抒情散文赏析

（一）
我们临死以前的话

方志敏[1]

[导读]

方志敏被捕后，利用敌人让其写"自传"的机会，在狱中写就包括《可爱的中国》《清贫》等在内的十多篇文稿。其中，有三篇是给党组织的密信。《给党中央的信》，经鲁迅送达上海地下党组织。《在狱中致全体同志书》《我们临死以前的话》两篇文稿，在监狱文书高家骏的协助下，被送给上海地下党组织。1935年8月，参加共产国际第七次代表大会的中共代表，将这两篇文稿带到莫斯科。1935年12月，《我们临死以前的话》在《救国时报》上刊发。

《我们临死以前的话》是方志敏烈士伟大革命精神的崇高体现，是无产阶级革命者宁死不屈的壮烈凯歌，是反投降主义的战斗宣言，气势磅礴，催人奋进，我们可以真切地感受到方志敏烈士充沛天地的浩然正气和宁死不屈的英雄气概。

[选文]

我们因政治领导上的错误，与军事指挥上的迟疑，致红十军团开入狭隘的敌人碉堡区域，在玉山地方，受七倍于我的敌人之包围，弹尽粮绝，人马疲苦，遭受极大的损失。我们急于转回赣东北苏区，一方面接受中央的批评和指示，检查皖南的行动，作出正确的结论。另方面整顿队伍，准备再去执行新的任务。故不避危险，不顾雨雪和饥饿（七天没有吃什么东西），不分昼夜，绕过敌人之封锁线，但因叛徒告密与自己的疏忽在陇首村封锁线上，被敌军四十三旅俘住，时在一九三五年一月二十四日上午一时。

我们被俘后，即解南昌，脚镣重镣押于军法处看守所。同囚所押的，有红十军干部周群同志等三十五人（周群、李树彬、张胡天同志一月即被敌枪毙）。同囚室的则有我与刘畴西、王如痴、曹仰山等同志四人。在被俘时，负伤三人，入狱后，三日即大病，病了一个多月，现在好了一点，骨瘦如柴，远望活像一个骷髅。接着王如痴同志又患肋炎症，热度达摄氏表四十度，刘畴西同志也病了，狱中囚人有百分之九十以上是患病的。只有我小病十几天，整天拿着笔写文章，不管病与不病，都要被敌枪毙的。

我们是共产党员，为革命而死，毫无所怨，更无所惧，只有两件事，使我们不能释怀：作过某些错误，但经党指出，莫不立刻纠正，我们始终是党的正确路线的拥护者和执行者，是马克思、列宁主义竭诚的信仰者，我们相信共产国际的伟大和他领导世界革命的正确，我们相信中国布尔什维克党中央的伟大和领导中国革命的正确，我们坚决相信在国际和中央列宁主义领导之下，中国革命和世界革命必能在不远的将来得到全部成功！

苏维埃的制度将代替国民党的制度，而将中国从最后崩溃中挽救出来！

共产主义世界的系统，将代替资本主义世界的系统，而将全世界无产阶级和全人类，从痛苦死亡毁灭中拯救出来。全世界的光明，只有待共产主义的实现！我们临死前，对全党同志诚恳的希望，就是全党同志要一致团结在中央领导之下，发扬布尔什维克最高的积极性、坚决性、创造性，用尽自己的体力和智力，学习列宁同志"一天做十六点钟工作"的榜样，努力为党工作！积极开展城市工人运动（这是我党目前工作最薄弱的一环），不惮艰苦地进行国民党军中的工农运动（白军工兵不满已到极点），广泛开展农民运动，争取千百万被压迫的工农士兵群众到党的旗帜之下来，很快实现党所提出"创造一百万强大的红军"的口号，在中国各地开展游击战争，分散国民党的兵力，使民党像打火一样，这处打不熄，那处又燃烧起来，不能集中大的兵力来攻我主力红军。在各地积极创造新苏区，来拥护和援助主力红军，使能很快击破敌人，造成全国的反攻形势，汇集中国苏维埃运动的洪流，冲毁法西斯国民党血腥统治，达到独立自由的工农的苏维埃新中国的建立！

在此时，如有哪些同志不执行党的决议和指示，而消极怠工，那简直不是真正的革命同志，而是冒牌党员，这样的人，是忘记了国民党囚牢里正在有好几万的同志，正在受刑吃苦，忘记了国民党的刑场上党的同志流下的斑斑血迹，忘记了我们的主力红军正在川黔滇湘艰苦的战斗，更忘记了千千万万的工农劳苦群众正在啼饥号寒无法生存。

亲爱的同志们，我们因错误而失败，而被俘入狱，现在是无可奈何的要被法西斯国民党屠杀了。我们要与你们永别了！

法西斯国民党在用种种威迫利诱的可耻手段，企图劝诱我们投降。你国民党是什么东西！——一伙凶恶的强盗，一伙无耻的卖国汉奸！一伙屠杀工农的刽子手！我们与你们反革命国民党是势不两立的，你法西斯匪徒只能砍下我们的头颅，决不能丝毫动摇我们的信仰！我们的信仰是铁一般的坚硬的。

我们现在准备着越狱，能成功更好，不能成功则坚决就死！在法西斯匪徒们拿枪向我们的头颅胸膛发射，或持刀向我们头上砍下之前，即在我们流血之前，我们将用最大的阶级愤怒，高呼下列口号：

打倒日本帝国主义！

打倒卖国的国民党！

红军最后胜利万岁！

中华苏维埃共和国万岁！

中华民族解放万岁！

中国共产党万岁！

共产国际万岁！

苏联万岁！

全世界无产阶级最伟大的领袖——斯大林同志万岁！

共产主义在全世界胜利万岁！

方志敏

一九三五年六月二十九日

写于南昌军法处囚室

（选自《红色家书——革命烈士书信选编》，中国井冈山干部学院编，

党建读物出版社，2018年版）

[注释]

　　［1］方志敏（1899—1935），江西省弋阳县人。1922年8月加入中社会主义青年团。1924年3月转入中国共产党，中共第六届中央委员。1928年1月，参与领导弋横起义，创建赣东北苏区，领导组建中国工农红军第十军。先后任赣东北省、闽浙赣省苏维埃政府主席，红十军政治委员，中共闽浙赣省委书记。1934年11月初，任红十军团军政委员会主席，奉命率红军北上抗日先遣队北上，在皖南遭国民党军重兵围追堵截，艰苦奋战两月余，终因寡不敌众，于1935年1月被俘。被俘时，国民党士兵搜遍他全身，除一块怀表和一支钢笔，没有一文钱。在狱中，面对敌人的严刑和诱降，他正气凛然，坚贞不屈。在极端艰苦的条件下，写下了《可爱的中国》《清贫》等著名文稿，给我们留下了宝贵的精神财富。1935年8月6日，在江西南昌英勇就义，时年三十六岁。

[鉴赏训练]

　　1.《我们临死以前的话》是在什么背景下写作的？体现了方志敏烈士怎样的气概和精神？

　　2.读一读《可爱的中国》《清贫》等文稿，谈谈你的感受。

[拓展阅读]

方志敏：一位伟大的"共产主义的殉道者"

沈谦芳

　　方志敏是伟大的无产阶级革命家、军事家、杰出的农民运动领袖。在他短暂而光辉的一生中，面对苦难多舛的祖国，无论艰难困苦、艰途险阻，都义无反顾、秉志直行，积极探索救国救民道路，直至献出自己的生命。他用热血和忠诚奏响了励志报国、革命救国、以身殉国三部曲，始终保持坚定的革命信仰是贯穿其整个生命乐章不变的主旋律。

追求真理　矢志不渝

　　方志敏出生在江西省弋阳县的一个家境贫困的农民家庭。早在青少年时期，他就开始积极探求救国救民的道路，寻求强国富民的真理，并积极参加反帝反封建斗争。五四运动前夕，17岁的他考取了弋阳县城的县立高等小学，在那里，他深受新文化思潮影响，立志要寻求救国救民的真理。他在校园组织进步团体"九区青年社"，积极投身五四爱国运动，成为反帝反封建的先锋。高小毕业后，他考进了远在省城南昌的江西省立甲种工业学校。他一边认真学习，一边寻求强国富民的真理。虽然他学习成绩优良，终因带头痛砭时弊而遭军阀当局仇视被校方开除学籍。他继而以优异成绩考进九江南伟烈学校，在这里接触并阅读了《共产党宣言》《资本论》等进步书籍，由此成为马克思主义的信仰者，认定"只有社会主义可以救中国"。历史的机缘，让有着共同革命理想的三位杰出江西籍青年走到了一起，方志敏、赵醒侬、袁玉冰被后人称为"江西三杰"。为鼓吹革命运动，他们商议在南昌建立文化书社，专门销售宣传马克思主义和革命思想的书刊。这个意见得到了中国社会主义青年团中央的同意。1922年8月，方志敏加入社会主义青年团。随后，他回到江西筹办文化书社，推动革命思想在江西的传播，并筹建江西地方党团组织。1923年1月20日，方志敏与赵醒侬等人在文化书社创建了"中国社会主义青年团江西地方团"。方志敏还与袁玉冰合力创办了报纸《青年声》，此后还担任过《新江西半月刊》的编辑，积极传播马克思主义。1924年3月，方志敏在南昌加入中国共产党。之后，他与赵醒侬一道创建了江西第一个党组织——中共南昌支部，成为江西党团组织创始人之一。

<h3 style="text-align:center">投身革命　坚贞不渝</h3>

踏上革命的征程，方志敏始终保持着高昂的革命斗志和坚定的革命信仰。在第一次国共合作期间，他坚决服从党的安排，担任了国民党江西省党部农民部部长、省农民协会常务委员兼秘书长，积极领导开展农民运动。大革命失败后，大批共产党员和革命群众遭屠杀，全国笼罩在一片血雨腥风的白色恐怖之中。危难关头，他坚信革命必胜，秘密潜回家乡领导武装起义，开始探寻创建农村革命根据地、进行土地革命的道路。在领导赣东北革命斗争期间，他与邵式平、黄道等共产党员一起，克服环境封闭、没有外援等困难，一切从当地实际和革命斗争需要出发，创造性地开展工作，创建党的组织和红色政权，开展武装斗争和土地革命，逐步形成"工农武装割据"局面。根据地的范围逐步"由弋横而信江，由信江而赣东北，由赣东北而闽浙赣"，其区域最广时纵横赣东北、闽北、浙西、皖南4省边区近50个县，人口100多万。闽浙（皖）赣苏区发展成为全国6大苏区之一和中央苏区重要的侧翼，被誉为"坚强的苏维埃阵地"。在根据地创建发展过程中，这里先后组建了老红十军和新红十军两支地方主力红军。根据地党的建设、政权建设、军事建设乃至社会建设都取得了巨大成就，积累了丰富经验。为此，中华苏维埃临时中央政府授予其"苏维埃模范省"的光荣称号，毛泽东同志称赞其为"方志敏式"根据地。在根据地创建与发展过程中，方志敏作为实际担负着最主要职责者，被中华苏维埃中央政府特别授予了红旗勋章。在第五次反"围剿"战争期间，方志敏根据中央电令将红七军团与新红十军整编为红十军团，并计划分兵两路，一路跳向苏区外线打乱敌军部署，一路转移至闽北开展游击战。但这一正确主张遭到否决，中央军区命令组成以方志敏为主席的军政委员会，率红十军团向皖南出击，执行北上抗日先遣队任务。此时中央红军已被迫长征，在此形势下向国民党统治中心进军，其前程必然是艰险重重。尽管如此，他还是以坚强的革命意志，严格执行上级决定。对于权力与地位，方志敏总是个人服从大局，地方服从中央，从不计较自己职位的高低与权力的得失；在与党内"左"倾冒险主义作斗争过程中，既注重维护党内团结，也力求保护干部。对于干部队伍建设，他从不搞亲亲疏疏，既重视培养和使用本地干部，对外来干部的培养和使用也是高度重视。对于金钱和享受，他一向过着朴素的生活，甚至无钱去营救自己的爱妻，却分三次向党中央输送了大量黄金。他时时事事无一不体现出坚贞的革命信念和崇高的人生品格，体现出一个伟大革命者宽广的眼界和大局意识。

<h3 style="text-align:center">身陷囹圄　至死不屈</h3>

"血战东南半壁红"，方志敏率北上抗日先遣队浴血奋战两个月，终因弹尽粮绝被七倍于己的敌军围困于怀玉山区。他虽带领先头部队奋战脱险，但为接应后续部队又复入重

围，终因弹尽粮绝，于 1935 年 1 月 27 日在江西玉山陇首村被俘。国民党当局如获至宝，给他戴上手铐脚镣押上铁甲车"示众"。令他们始料未及的是方志敏的革命风采赢得了人们由衷的敬佩，闹剧草草收场。国民党当局继而又软硬兼施，威逼利诱，但这一切丝毫不能动摇他坚定的共产主义信念和钢铁般的革命意志。在狱中，他一面与敌人进行信仰的交锋，意志的较量，一面领导难友建立党支部，进行革命气节教育，积极组织越狱斗争。在遭受囚禁的 6 个月中，他不是消极地等待敌人的杀害，而是以对党的无限忠诚，对祖国的无限热爱，在极其险恶的环境下，撰写了《可爱的中国》《清贫》《死——共产主义的殉道者的自述》《我从事革命斗争的略述》等狱中文稿共 16 篇约 14 万字，展示了他坚定的革命信仰和不屈的革命意志。他的高尚情操和人格魅力，甚至感染了狱中的看守人员和"落难"的原国民党高官。他们帮助他将这批文稿传出，使得这一宝贵的精神财富得以留存。1935 年 8 月 6 日，方志敏在南昌下沙窝为国捐躯，时年 36 岁。

方志敏同志对革命事业忠心耿耿，对共产主义信仰坚定不移，对革命大局全力维护，他的崇高品格和浩然正气凝聚为我们党宝贵的精神财富！当前党所处的环境和条件发生了巨大的变化，重温方志敏革命事迹，重读方志敏所遗文稿，学习弘扬方志敏精神，对于共产党员特别是党员领导干部进一步树立正确的价值取向、培养高尚的道德情操仍具重要的借鉴意义。

（二）

马 缨 花

季羡林

[导读]

季羡林，1911 年生，山东清平（今并入临清市）人。1930 年考入清华大学西洋文学系。1935 年赴德国留学，在哥廷根大学学习梵文、巴利文、吐火罗文等印度及中亚古代语文。1941 年获博士学位。1946 年回国后历任北京大学教授兼东方语言文学系主任、北京大学副校长、中国科学院哲学社会科学部委员。著有散文集《天竺心影》《朗润集》《留德十年》《牛棚杂忆》《季羡林论人生》《病榻杂记》等。

本文以"马缨花"为载体，寄托了自己对于新旧两个不同时代的情感。文章运用比喻、拟人、对比等多种修辞，语言平实，描写细腻，感情真挚自然。

[选文]

曾经有很长的一段时间，我孤零零一个人住在一个很深的大院子里。从外面走进去，越走越静，自己的脚步声越听越清楚，仿佛从闹市走向深山。等到脚步声成为空谷足音的时候，我住的地方就到了。

院子不小，都是方砖铺地，三面有走廊。天井里遮满了树枝，走到下面，浓荫匝地，清凉蔽体。从房子的气势来看，从梁柱的粗细来看，依稀还可以看出当年的富贵气象。

这富贵气象是有来源的。在几百年前，这里曾经是明朝的东厂。不知道有多少忧国忧民的志士曾在这里被囚禁过，也不知道有多少人在这里受过苦刑，甚至丧掉性命。据说当年的水牢现在还有迹可寻哩。

等到我住进去的时候，富贵气象早已成为陈迹，但是阴森凄苦的气氛却是原封未动。再加上走廊上陈列的那一些汉代的石棺石椁，古代的刻着篆字和隶字的石碑，我一走回这个院子里，就仿佛进入了古墓。这样的环境，这样的气氛，把我的记忆提到几千年前去；有时候我简直就像是生活在历史里，自己俨然成为古人了。

这样的气氛同我当时的心情是相适应的，我一向又不相信有什么鬼神，所以我住在这里，也还处之泰然。

但是也有紧张不泰然的时候。往往在半夜里，我突然听到推门的声音，声音很大，很强烈。我不得不起来看一看。那时候经常停电，我只能在黑暗中摸索着爬起来，摸索着找门，摸索着走出去。院子里一片浓黑，什么东西也看不见，连树影子也仿佛同黑暗粘在一起，一点都分辨不出来。我只听到大香椿树上有一阵的声音，然后咪噢的一声，有两只小电灯似的眼睛从树枝深处对着我闪闪发光。

这样一个地方，对我那些经常来往的朋友来说，是不会引起什么好感的。有几位在白天还有兴致来找我谈谈，他们很怕在黄昏时分走进这个院子。万一有事，不得不来，也一定在大门口向工友再三打听，我是否真在家里，然后才有勇气，跋涉过那一个长长的胡同，走过深深的院子，来到我的屋里。有一次，我出门去了，看门的工友没有看见，一位朋友走到我住的那个院子里。在黄昏的微光中，只见一地树影，满院石棺，我那小窗上却没有灯光。他的腿立刻抖了起来，费了好大力量，才拖着它们走了出去。第二天我们见面时，谈到这点经历，两人相对大笑。

我是不是也有孤寂之感呢？应该说是有的。当时正是"万家墨面没蒿莱"的时代，北京城一片黑暗。白天在学校里的时候，同青年同学在一起，从他们那蓬蓬勃勃的斗争意志和生命活力里，还可以汲取一些力量和快乐，精神十分振奋。但是，一到晚上，当我孤零一个人走回这个所谓家的时候，我仿佛遗世而独立。没有人声，没有电灯，没有一点活气。在煤油灯的微光中，我只看到自己那高得、大得、黑得惊人的身影在四面的墙壁上晃动，仿佛是有个巨灵来到我的屋内。寂寞像毒蛇似地偷偷地袭来，折磨着我，使我无所逃于天地之间。

在这样无可奈何的时候，有一天，在傍晚的时候，我从外面一走进那个院子，蓦地闻到一股似浓似淡的香气。我抬头一看，原来是遮满院子的马缨花开花了。在这以前，我知道这些树都是马缨花；但是我却没有十分注意它们。今天它们用自己的香气告诉了我它们的存在。这对我似乎是一件新事。我不由得就站在树下，仰头观望：细碎的叶子密密地搭成了一座天棚，天棚上面是一层粉红色的细丝般的花瓣，远处望去，就像是绿云层上浮上了一团团的红雾。香气就是从这一片绿云里洒下来的，洒满了整个院子，洒满了我的全身，使我仿佛游泳在香海里。

花开也是常有的事，开花有香气更是司空见惯。但是，在这样一个时候，这样一个地方，有这样的花，有这样的香，我就觉得很不寻常；有花香慰我寂寥，我甚至有一些近乎感激的心情了。

从此，我就爱上了马缨花，把它当成了自己的知心朋友。

北京终于解放了。1949 年的 10 月 1 日给全中国带来了光明与希望，给全世界带来了光明与希望。这一个具有重大意义的日子在我的生命里划上了一道鸿沟，我仿佛重新获得了生命。可惜不久我就搬出了那个院子，同那些可爱的马缨花告别了。

　　时间也过得真快，到现在，才一转眼的工夫，已经过去了十三年。这十三年是我生命史上最重要、最充实、最有意义的十三年。我看了许多新东西，学习了很多新东西，走了很多新地方。我当然也看了很多奇花异草。我曾在亚洲大陆最南端科摩林海角看到高凌霄汉的巨树上开着大朵的红花；我曾在缅甸的避暑胜地东枝看到开满了小花园的火红照眼的不知名的花朵；我也曾在塔什干看到长得像小树般的玫瑰花。这些花都是异常美妙动人的。

　　然而使我深深地怀念的却仍然是那些平凡的马缨花，我是多么想见到它们呀！

　　最近几年来，北京的马缨花似乎多起来了。在公园里，在马路旁边，在大旅馆的前面，在草坪里，都可以看到新栽种的马缨花。细碎的叶子密密地搭成了一座座的天棚，天棚上面是一层粉红色的细丝般的花瓣。远处望去，就像是绿云层上浮上了一团团的红雾。这绿云红雾飘满了北京，衬上红墙、黄瓦，给人民的首都增添了绚丽与芬芳。

　　我十分高兴，我仿佛是见了久别重逢的老友。但是，我却隐隐约约地感觉到，这些马缨花同我回忆中的那些很不相同。叶子仍然是那样的叶子，花也仍然是那样的花；在短短的十几年以内，它决不会变了种。它们不同之处究竟何在呢？

　　我最初确实是有些困惑，左思右想，只是无法解释。后来，我扩大了我回忆的范围，不把回忆死死地拴在马缨花上面，而是把当时所有同我有关的事物都包括在里面。不管我是怎样喜欢院子里那些马缨花，不管我是怎样爱回忆它们，回忆的范围一扩大，同它们联系在一起的不是黄昏，就是夜雨，否则就是迷离凄苦的梦境。我好像是在那些可爱的马缨花上面从来没有见到哪怕是一点点阳光。

　　然而，今天摆在我眼前的这些马缨花，却仿佛总是在光天化日之下。即使是在黄昏时候，在深夜里，我看到它们，它们也仿佛是生气勃勃，同浴在阳光里一样。它们仿佛想同灯光竞赛，同明月争辉。同我回忆里那些马缨花比起来，一个是照相的底片，一个是洗好的照片；一个是影，一个是光。影中的马缨花也许是值得留恋的，但是光中的马缨花不是更可爱吗？

　　我从此就爱上了这光中的马缨花，而且我也爱藏在我心中的这一个光与影的对比。它能告诉我很多事情，带给我无穷无尽的力量，送给我无限的温暖与幸福；它也能促使我前进。我愿意马缨花永远在这光中含笑怒放。

1962 年 10 月 1 日
（选自季羡林《季羡林散文精选》，2008 年版）

[鉴赏训练]

1. 作者为何用了很多笔墨写过去"大院子里"的生活？
2. 文中所说的"光与影的对比"具体指什么？文章写马缨花有什么寓意？

[拓展阅读]

　　季羡林，中国著名的古文字学家、历史学家、东方学家、思想家、翻译家、佛学家、梵文、巴利文专家、作家、中科院院士。他 6 岁到济南，投奔叔父季嗣诚，入私塾读书。7 岁后，在山东省立第一师范学校附设新育小学读书。10 岁，开始学英文。12 岁，考入正谊中学，半年后转入山东大学附设高中。在高中开始学德文，并对外国文学发生兴趣。18

岁，转入省立济南高中，国文老师是董秋芳，他又是翻译家。季羡林先生曾自说道："我之所以五六十年来舞笔弄墨不辍，至今将过耄耋之年，仍然不能放下笔，全出于董老师之赐，我毕生难忘。"

季羡林先生精通12国语言，对印度语文文学历史的研究建树颇多。曾任中国科学院哲学社会科学部委员、北京大学教授、副校长，中国社科院南亚研究所所长，中国文化书院院务委员会主席。为"梵学、佛学、吐火罗文研究并举，中国文学、比较文学、文艺理论研究齐飞"，其著作汇编成《季羡林文集》，共24卷。2009年7月11日北京时间8点50分，国学大师季羡林在北京301医院病逝，享年98岁。

季羡林被许多人尊重，并被一些人奉为中国大陆的"国学大师""学界泰斗""国宝"。

温家宝曾五次看望季羡林。他称："您最大的特点就是一生笔耕不辍，桃李不言，下自成蹊。您写的作品，如行云流水，叙事真实，传承精神，非常耐读。""您写的几本书，不仅是个人一生的写照，也是近百年来中国知识分子历程的反映。……您在最困难的时候，包括在'牛棚'挨整的时候，也没有丢掉自己的信仰。""您一生坎坷，敢说真话，直抒己见，这是值得人们学习的。"

贺剑城称自己"为老搭档的逝世感到悲痛"，贺剑城道："季先生对待学术、工作非常严谨，对自己和别人要求都非常严格。他精力过人，每天到单位非常早，有时竟然会提前三个小时到。"贺老称，季先生一生对待学问十分刻苦，提及他在德国同时学三门语言的情况，笑称"简直是自我折磨"。

学贯中西的季羡林先生也是散文大家。他在20世纪30年代直至近年的七十多年里，写作、发表了大量散文作品，出版了多部散文集。这些散文，淳朴、隽永、平易、深邃，蕴含着深刻的人生哲理。

钟敬文先生在《季羡林散文全编·序》中用四句诗来评价季羡林先生的文章："浮花浪蕊岂真芳，语朴情醇是正行；我爱先生文品好，如同野老话家长。"这四句诗正是对季羡林散文风格特点的极佳概括，说得通俗明确些，就是自然、真实。季羡林先生国学根底深厚，又懂多种语言；饱经忧患，又见多识广；敢说真话，又洞明世事；可谓集史、识、才情于一身。

（三）

提 醒 幸 福

毕淑敏[1]

[导读]

幸福是什么，如何才能幸福？这是人类恒久的话题。这是一篇抒情色彩浓厚的哲理性散文，作者的观点非常明确，文章的脉络很清楚，全文按"为什么要提醒幸福""什么是幸福""怎样享受幸福"的思路依次展开。作者在阐述自己的观点时，主要不是靠议论，而是靠描写和抒情，融入大量生活事项，用事实来昭示所要阐述的道理，以新颖的视角、以温馨的笔调告诫热爱生活的人们，"享受幸福是需要学习的，当幸福即将来临的时刻需要提醒。"

[选文]

　　我们从小就习惯了在提醒中过日子。天气刚有一丝风吹草动，妈妈就说，别忘了多穿衣服。才相识了一个朋友，爸爸就说，小心他是个骗子。你取得了一点成功，还没容得乐出声来，所有关切着你的人一起说，别骄傲！你沉浸在欢快中的时候，自己不停地对自己说："千万不可太高兴，苦难也许马上就要降临……"我们已经习惯了在提醒中过日子。看得见的恐惧和看不见的恐惧始终像乌鸦盘旋在头顶。

　　在皓月当空的良宵，提醒会走出来对你说：注意风暴。于是我们忽略了皎洁的月光，急急忙忙做好风暴来临前的一切准备。当我们大睁着眼睛枕戈待旦之时，风暴却像迟归的羊群，不知在哪里徘徊。当我们实在忍受不了等待灾难的煎熬时，我们甚至会恶意地祈盼风暴早些到来。

　　风暴终于姗姗地来了。我们怅然发现，所做的准备多半是没有用的。事先能够抵御的风险毕竟有限，世上无法预计的灾难却是无限的。战胜灾难靠的更多的是临门一脚，先前的惴惴不安帮不上忙。

　　当风暴的尾巴终于远去，我们守住零乱的家园。气还没喘匀，新的提醒又智慧地响起来，我们又开始对未来充满恐惧的期待。

　　人生总是有灾难。其实大多数人早已练就了对灾难的从容，我们只是还没有学会灾难间隙的快活。我们太多注重了自己警觉苦难，我们太忽视提醒幸福。请从此注意幸福！幸福也需要提醒吗？

　　提醒注意跌倒……提醒注意路滑……提醒受骗上当……提醒荣辱不惊……先哲们提醒了我们一万零一次，却不提醒我们幸福。

　　也许他们认为幸福不提醒也跑不了的。也许他们以为好的东西你自会珍惜，犯不上谆谆告诫。也许他们太崇尚血与火，觉得幸福无足挂齿。他们总是站在危崖上，指点我们逃离未来的苦难。但避去苦难之后的时间是什么？

　　那就是幸福啊！

　　享受幸福是需要学习的，当幸福即将来临的时刻需要提醒。人可以自然而然地学会感官的享乐，人却无法天生地掌握幸福的韵律。灵魂的快意同器官的舒适像一对孪生兄弟，时而相傍相依，时而南辕北辙。

　　幸福是一种心灵的振颤。它像会倾听音乐的耳朵一样，需要不断地训练。

　　简言之，幸福就是没有痛苦的时刻。它出现的频率并不像我们想象得那样少。

　　人们常常只是在幸福的金马车已经驶过去很远，捡起地上的金鬃毛说，原来我见过它。

　　人们喜爱回味幸福的标本，却忽略幸福披着露水散发清香的时刻。那时候我们往往步履匆匆，瞻前顾后不知在忙着什么。

　　世上有预报台风的，有预报蝗虫的，有预报瘟疫的，有预报地震的。没有人预报幸福。其实幸福和世界万物一样，有它的征兆。

　　幸福常常是朦胧的，很有节制地向我们喷洒甘霖。你不要总希冀轰轰烈烈的幸福，它多半只是悄悄地扑面而来。你也不要企图把水龙头拧得更大，使幸福很快地流失。而需静静地以平和之心，体验幸福的真谛。

　　幸福绝大多数是朴素的。它不会像信号弹似的，在很高的天际闪烁红色的光芒。它披着本色外衣，亲切温暖地包裹起我们。

幸福不喜欢喧嚣浮华，常常在暗淡中降临。贫困中相濡以沫的一块糕饼，患难中心心相印的一个眼神，父亲一次粗糙的抚摸，女友一个温馨的字条……这都是千金难买的幸福啊。像一粒粒缀在旧绸子上的红宝石，在凄凉中愈发熠熠夺目。

幸福有时会同我们开一个玩笑，乔装打扮而来。机遇、友情、成功、团圆……它们都酷似幸福，但它们并不等同于幸福。幸福会借了它们的衣裙，袅袅婷婷而来，走得近了，揭去帏幔，才发觉它有钢铁般的内核。幸福有时会很短暂，不像苦难似的笼罩天空。如果把人生的苦难和幸福分置天平两端，苦难体积庞大，幸福可能只是一块小小的矿石。但指针一定要向幸福这一侧倾斜，因为它有生命的黄金。

幸福有梯形的切面，它可以扩大也可以缩小，就看你是否珍惜。

我们要提高对于幸福的警惕，当它到来的时刻，激情地享受每一分钟。据科学家研究，有意注意的结果比无意要好得多。

当春天来临的时候，我们要对自己说，这是春天啦！心里就会泛起茸茸的绿意。

幸福的时候，我们要对自己说，请记住这一刻！幸福就会长久地伴随我们。那我们岂不是拥有了更多的幸福！

所以，丰收的季节，先不要去想可能的灾年，我们还有漫长的冬季来得及考虑这件事。我们要和朋友们跳舞唱歌，渲染喜悦。既然种子已经回报了汗水，我们就有权沉浸幸福。不要管以后的风霜雨雪，让我们先把麦子磨成面粉，烘一个香喷喷的面包。

所以，当我们从天涯海角相聚在一起的时候，请不要踌躇片刻后的别离。在今后漫长的岁月里，有无数孤寂的夜晚可以独自品尝愁绪。现在的每一分钟，都让它像纯净的酒精，燃烧成幸福的淡蓝色火焰，不留一丝渣滓。让我们一起举杯，说：我们幸福。

所以，当我们守候在年迈的父母膝下时，哪怕他们鬓发苍苍，哪怕他们垂垂老矣，你都要有勇气对自己说：我很幸福。因为天地无常，总有一天你会失去他们，会无限追悔此刻的时光。

幸福并不与财富地位声望婚姻同步，这只是你心灵的感觉。

所以，当我们一无所有的时候，我们也能够说：我很幸福。因为我们还有健康的身体。当我们不再享有健康的时候，那些最勇敢的人可以依然微笑着说：我很幸福。因为我还有一颗健康的心。甚至当我们连心也不再存在的时候，那些人类最优秀的分子仍旧可以对宇宙大声说：我很幸福。因为我曾经生活过。

常常提醒自己注意幸福，就像在寒冷的日子里经常看看太阳，心就不知不觉暖洋洋亮光光。

(选自《毕淑敏散文集》，中国社会出版社，2002年版)

[注释]

[1] 毕淑敏，1952出生于新疆伊宁，祖籍山东，当代女作家。1991年毕业于北京师范大学研究生院中文系，获硕士学位。1969年入伍，曾在西藏阿里高原部队当兵11年，历任卫生员、助理军医、军医。1980年转业回北京。在苍茫的高原上，她亲眼看到一些年轻人为了祖国的安全富强而永远长眠在冰层中的悲壮，那些惊心动魄、可歌可泣的"死

亡"使她对生命有着特别的关注。从事医学工作二十年后,开始专业写作,从1987年开始,共发表作品200余万字。1989年加入中国作家协会,国家一级作家。曾获小说月报第四、五、六届百花奖、当代文学奖、陈伯吹文学大奖、北京文学奖、解放军文艺奖、青年文学奖、台湾第16届中国时报文学奖、台湾第17届联报文学奖等各种文学奖等三十余次。

[鉴赏训练]

1. 谈谈你心目中的"幸福"是什么。
2. 以《提醒幸福》为题,展开一次课堂讨论。

[拓展阅读]

毕淑敏真正取得全国性声誉是在短篇小说《预约死亡》发表后,这篇作品被誉为"新体验小说"的代表作,它以作者在临终关怀医院的亲历为素材,对面对死亡的当事者及其身边人的内心进行了探索,十分精彩。作者以一个医生严谨客观的态度为读者描述了真实的死亡过程,更以一个女作家的身份,为我们塑造了充满爱心、为维护人的尊严而尽心竭力的人物形象,富有事业心的院长,后悔选错职业却又尽心尽责的齐大夫,在肮脏与死亡的映衬下越发现出生命的美丽与优雅的护理员小白……正是他们精心卫护着垂死者,把人道的精神铺到个体生命的临终舞台。

[综合鉴赏训练]

1. 1927年4月6日,奉系军阀张作霖勾结帝国主义,闯进苏联大使馆驻地,逮捕了李大钊等八十余人。在狱中,李大钊留下了两份珍贵的文献资料——《狱中供词》《狱中自述》。《狱中供词》是被敌人审问时的问答,而《狱中自述》则是他以书面形式向敌人作出的回答。《狱中自述》全文2700余字。请阅读下列节选段落,说一说你从中感受到了李大钊怎样的民族精神?

"谋中国民族之解放"
——狱中自述(节录)

惟吾中国,自鸦片战役而后,继之以英法联军之役,太平天国之变,甲午之战,庚子之变,乃至辛亥革命之变,直到于今,中国民族尚困轭于列强不平等条约之下,而未能解脱。此等不平等条约如不废除,则中国将永不能恢复其在国际上自由平等之位置。而长此以往,吾之国计民生,将必陷于绝无挽救之境界矣!然在今日谋中国民族之解放,已不能再用日本维新时代之政策,因在当时之世界,正是资本主义勃兴之时期,故日本能亦采用资本主义之制度,而成其民族解放之伟业。今日之世界,乃为资本主义渐次崩颓之时期,故必须采用一种新政策。对外联合以平等待我之民族及被压迫之弱小民族,并列强本国内之多数民族;对内唤起国内之多数民众,共同团结于一个挽救全民族之政治纲领之下,以抵制列强之压迫,而达到建立一恢复民族自主、保护民众利益、发达国家产业之国家之目的。

钊自束发受书,即矢志努力于民族解放之事业,实践其所信,励行其所知,为功为罪，所不暇计。今既被逮，惟有直言。倘因此而重获罪戾，则钊实当负其全则。惟望当局对于此等爱国青年宽大处理，不事株连，则钊感且不尽矣！

一九二七年四月

2. 鉴赏下面这篇散文，并回答后面的问题。

回 首

梅绍静

你不必想象我有年轻的面庞，或一双动人清纯的明眸，即使灯火阑珊，爱人回首望我时，也会令他惊喜万分。不，我在这座青春的校园里，时常不敢抬起眼睛，只有在四处兜售青春也无人买的晨光中，我才会仰起脸来感觉属于我自己的那份儿自在。

当燕园小径上的幽草冷花也变了模样时，涌到我嗓子来的那股激动便像我过去无数次坐在沟底看马兰花儿的时候一样了。

我愿意无数次回首去看我的马兰花，它们的幽静，它们的泼辣和那种水灵灵的招人疼爱的秀气。

啃着干粮，用搪瓷小碗去舀那花下的水喝。

要再上高山，走很多干渴的路，却舍不得采下一朵来，并不只是因为我对马兰怀着一种迷信。没有什么，我心里有你们水灵灵的影子。你们就会陪伴我走到另一处开满马兰的湿地。我多少次这么想过。

现在，终于能把我的这一种虔敬写出来，我也说不清是为了什么。假如这也是一篇祈祷词，我的马兰会听见。

那旧历五月的天气，那黄土坡上的燥热。可是马兰！我的马兰花会在那坡底下展开另一种清凉……

它们悠悠地开，不声不响地召唤着稀少的路人。花也似水，是那么清，那么止渴。受渴的人坐在这种兰花旁，就仿佛是一种文雅的享受。花丛多么泼实！人虽稀少，经过却必坐下，坐下又必站起来，因为他们可是歇美了。

回首时想哭，也许是喜，也许是悲。这种滋味有多么难以言传，它就有多么充实。

有好多时候，想念起那沟里的花朵，眼中心里便都不需要文字揩拭。我学会唱，唱就能盖过一切人生体验。我私下里唱的歌词才是真正的信天游。从来不会一次又一次地背诵自己的诗，更不会带着表情在生人面前表演，我觉得所有的诗都是一次性的，在这一点上，信天游这种形式给了我悟诗的灵感。

就这么，只宠爱连自己也感到惊讶、不知怎么就出世了的东西。好像是诗，也只能是诗，一次次在挖掘自己，使自己感到前面总有新鲜的文字。

说不清从哪一天起在心里下着狠心：我要把许多好人的心灵写在纸上，这也许不能叫责任感。这种孤注一掷，似乎是所有走投无路的人共有的心态。诗人，或许就是这种人吧。

他们的情感既软弱又坚强，他们的胸怀既宽广又狭小。

不是任何人的典范，却能唤起许多人的共鸣。我不知自己何时是卑屈软弱的，也不知自己何时是不屈顽强的。诗行啊，请为我留下一颗心，留下几行人性，留下劫而不复的才能。我是鸟，我也是鱼，只求给我广阔的天地。

我不幸而又幸运的，正是我拥有过这标语口号无法张贴的真正的天地。

往前看的时候写诗，往后看的时候才写文，瞻前顾后，磕磕绊绊，我并没走多远。也许这种回首才叫真正的"不堪"。

积攒下的稿子，多么可怜。想出诗集欲待 10 年之后，而即使出了，又有几行能够流传？绝望的心理早已深入骨髓，却也无法制止自己不著一字而去"尽得风流"。

杂志社的编辑们，给了我这种"放下架子"的机会，我觉得自己身上毫无"必须做大诗人"的重负，走起路来十分轻松。两旁的景致可以仔细观阅，陶然一阵，或者其他，都是从丰满自己出发。这种观阅本身也是对自己的超越。似乎这就是写诗的过程，似乎这种过程就是 24K 的金首饰，我得好好珍藏。

（1）第 12 段中的"这种人"是什么人？
（2）请用自己的语言概括第 16 段中"这种回首"的内容。
（3）如何理解文中"他们的情感既软弱又坚强，他们的胸怀既宽广又狭小"的含义？
（4）从下列题目中任选一个，写一篇不少于 350 字的赏析短文。

①超越的回首
　　——简评《回首》的主题思想
②马兰的告白
　　——赏谈《回首》的表现手法
③灵动的诗情
　　——试析《回首》的语言特色

3. 阅读下面这篇散文，并回答问题。

月　迹

贾平凹

我们这些孩子，什么都觉得新鲜，常常又什么都不觉满足；中秋的夜里，我们在院子里盼着月亮，好久却不见出来，便坐回中堂里，放下竹窗帘儿闷着，缠奶奶说故事。奶奶是会说故事的；说了一个，还要再说一个……奶奶突然说：

"月亮进来了！"

我们看时，那竹窗帘儿里，果然有了月亮，款款地，悄没声儿地溜进来，出现在窗前的穿衣镜上；原来月亮是长了腿的，爬着那竹帘格儿，先是一个白道儿，再是半圆，渐渐地爬高了，穿衣镜上的圆便满盈了。我们都高兴起来，又都屏气儿不出，生怕那是个尘影儿变的，会一口气吹跑了呢。月亮还在竹帘儿上爬，那满圆却慢慢又亏了，缺了；末了，便全没了踪迹，只留下一个空镜，一个失望。奶奶说："它走了，它是匆匆的；你们快出去寻月吧。"

我们就都跑出门去，它果然就在院子里，但再也不是那么一个满满的圆了，尽院子的白光，是玉玉的，银银的，灯光也没有这般儿亮的。院子的中央处，是那棵粗粗的桂树，疏疏的枝，疏疏的叶，桂花还没有开，却有了累累的骨朵儿。我们都走近去，不知道那个满圆儿去哪儿了，却疑心这骨朵儿是繁星儿变的；抬头看着天空，星儿似乎就比平日少了许多。月亮正在头顶，明显大多了，也圆多了，清清晰晰看见里边有了什么东西。

"奶奶，那月上是什么呢？"我问。

"是树，孩子。"奶奶说。

"什么树呢？"

"桂树。"

我们都面面相觑了，倏忽间，哪儿好像有了一种气息，就在我们身后袅袅，到了头发梢儿上，添了一种淡淡的痒痒的感觉；似乎我们已在了月里，那月桂分明就是我们身后的一棵了。

奶奶瞧着我们，就笑了：

"傻孩子，那里边已经有人了呢。"

"谁？"我们都吃惊了。

"嫦娥。"奶奶说。

"嫦娥是谁？"

"一个女子。"

哦，一个女子。我想。月亮里，地该是银铺的，墙该是玉砌的；那么好个地方，配住的一定是十分漂亮的女子了。

"有三妹漂亮吗？"

"和三妹一样漂亮的。"

三妹就乐了：

"啊啊，月亮是属于我的了！"

三妹是我们中最漂亮的，我们都羡慕起来；看着她的狂样儿，心里却有了一股儿的嫉妒。我们便争执起来，每个人都说月亮是属于自己的。奶奶从屋里端了一壶甜酒出来，给我们每人倒了一小杯儿，说：

"孩子们，你们瞧瞧你们的酒杯，你们都有一个月亮哩！"

我们都看着那杯酒，果真里边就浮起一个小小的月亮的满圆。捧着，一动不动的，手刚一动，它便酥酥地颤，使人可怜儿的样子。大家都喝下肚去，月亮就在每一个人的心里了。

奶奶说：

"月亮是每个人的，它并没有走，你们再去找吧。"

我们越发觉得奇了，便在院里找起来。妙极了，它真没有走去，我们很快就在葡萄叶儿上，瓷花盆儿上，爷爷的锨刃上发现了。我们来了兴趣，竟寻出了院门。

院门外，便是一条小河。河水细细的，却漫着一大片的净沙；全没白日那么的粗糙，灿烂地闪着银光，柔柔和和得像水面了。我们从沙滩上跑过去，弟弟刚站到河的上湾，就大呼小叫了：

"月亮在这儿！"

妹妹几乎同时在下湾喊道：

"月亮在这儿！"

我两处去看了，两处的水里都有月亮，沿着河沿跑，而且那一处的水里都有月亮了。

我们都看着天上，我突然又在弟弟妹妹的眼睛里看见了小小的月亮。我想，我的眼睛里也一定是会有的，噢，月亮竟是这么多的：只要你愿意，它就有了哩。

我们就坐在沙滩上，掬着沙儿，瞧那光辉，我说：

"你们说，月亮是个什么呢？"

"月亮是我所要的。"弟弟说。

"月亮是个好。"妹妹说。

我同意他们的话。正像奶奶说的那样：它是属于我们的，每个人的。我们就又仰起头来看那天上的月亮，月亮白光光的，在天空上。我突然觉得，我们有了月亮，那无边无际的天空也是我们的了：那月亮不是我们按在天上的印章吗？

大家都觉得满足了，身子也来了困意，就坐在沙滩上，相依相偎地甜甜地睡了一会儿。

（1）孩子们先后在哪些地方找到了月亮？

（2）历代文人把月亮作为美好事物的象征，你认为本文中的月亮有哪些美好的寓意？

（3）"奶奶"是怎样一个人？在文中起什么作用？

任务三　小说鉴赏

一、小说的发展

在我国，"小说"一词最早出现于《庄子·外物》："饰小说以干县令，其于大达亦远矣。"（干，追求；县令，美好的名声）"琐屑之言""浅识小道"，正是小说的本来含义。但真正具有故事性并对后来的小说有着源头意义的是神话、宗教传说和史传文学，以及诸子散文中的寓言等。

神话传说如"女娲补天""大禹治水""后羿射日"等，富于想象，自然质朴，开创了神怪题材，为后世小说的发展提供了母题和想象空间；先秦诸子寓言如"叶公好龙""刻舟求剑""守株待兔"等，浅近简短，善于用譬喻的方式说理，留下许多生动的寓言故事；史传文学如《史记》《汉书》《三国志》等，具有高超的叙事技巧，奠定了我国古代小说基本的叙事结构，其人物描写、历史题材和教化作用也对小说产生深远的影响。

从后汉至唐代以前，是中国小说的童年时期，或者说是中国小说初步形成的时期，这一时期的小说有一个共同特点，就是强调事物的"真实"而非强调艺术的真实，刘义庆的《世说新语》、干宝的《搜神记》是其中的代表作，对尔后文言短篇小说的发展与分流奠定了基础，甚至对某些长篇小说的创作也产生了影响。

中国小说的真正开端是在唐代，"至唐人始有意为小说"，鲁迅把唐以前的小说称为

"古小说",意在将唐以前的小说与唐人小说和唐以后的小说区别开来。唐代"传奇"是继魏晋志人志怪后新兴的一种文学样式,如《莺莺传》《南柯太守传》《任氏传》等,题材涉及爱情、豪侠、历史、仙梦等,其中爱情题材占有极大比重而艺术价值尤高,其语言华美,情节曲折完整,人物性格鲜明,标志着中国短篇小说体制的成熟。

宋、金、元代,小说全面发展,话本小说悄然兴起,与文言小说分流,并逐渐成为后来小说创作的主要流脉。话本即"说话"的底本,它以内容世俗化、语言口语化为主要特征。在宋元讲史话本的基础上,章回小说得以发展并成为中国古代长篇小说的唯一形式,它分章叙事,分回标目,每一章回内容相对完整,可以自成一个段落,但各个章回之间又相互联系,连缀成一个整体,如《三国志通俗演义》《水浒传》等长篇章回小说是这一时期的重要代表作品。长篇小说创作逐渐从历代累积、集体创作走向个人独创,内容逐渐由历史重大事件走向日常生活,人物形象从英雄走向平常百姓,益加世俗化、平凡化、口语化,更加能体现现实的社会风貌和时代特征。

值得注意的是,话本在明代大量刊行,一些文人有意识地模仿话本创作了供案头阅读的短篇小说,即"拟话本",代表作如冯梦龙编著的《喻世明言》《警世通言》《醒世恒言》和凌濛初编著的《初刻拍案惊奇》《二刻拍案惊奇》,分别总称为"三言""二拍"。

清代,小说达到了长篇章回体裁创作的最高峰。吴敬梓创作的《儒林外史》是中国古代讽刺文学的杰出代表,它以独特的结构方式将科举制度下几代知识分子的境况遭际穿连于百年历史图景之中,博大而深刻,饱含了作者对当世文人命运的思考。曹雪芹的《红楼梦》无论其思想性和艺术性是中国小说史和文学史上的巅峰,也是世界文学中的名著。它的巨大成就及影响力,可视为中国古代长篇小说现实主义创作艺术的光辉总结。

小说在近代继续发展,侠义公案和人情世态等题材随着社会文化的变更发生一定转向,出现了谴责小说、鸳鸯蝴蝶派小说等大量作品,为"五四"后白话小说的发展提供新的启示和影响。

与晚清小说界革命相衔接,"五四"时期现代小说的作者大多曾致力于外国文学作品的翻译介绍,他们从中受到外国文学作品题材、人物的启发,学到外国小说的创作方法和小说技巧。鲁迅在1918年5月发表在《新青年》上的《狂人日记》,宣告了中国现代新小说的诞生。

1918年至1927年,是中国现代小说的新生期。以鲁迅的《狂人日记》为先导,《呐喊》《彷徨》两部短篇小说集为代表,中国现代小说基本完成了内容和形式的现代化,在主题的开掘、题材的拓展、叙事模式与结构形态的转变、表现手法的更新等方面取得了蔚为壮观的成就。这一时期,中国小说大体经历"问题"小说、"为人生"小说、"自叙传"小说、乡土小说等创作潮流,作家主要有鲁迅、冰心、庐隐、许地山、王统照、叶圣陶等。

1927年至1937年是中国现代小说的发展期。中长篇小说是这一时期的主要收获。茅盾、巴金、老舍、沈从文为代表的30年代小说家创作了多部载入史册的优秀作品,出现了"革命小说"派、"新感觉"派、"社会剖析"派、京派等小说流派。现代小说的长足进步,标志这一新文学样式已趋于成熟。

1937年至1949年是中国现代小说的相对成熟期。抗日战争、解放战争导致社会格局变化,先后出现大后方与"孤岛"上海、解放区与国统区的隔离状态。与此相关联,这一时期虽然有不少优秀小说问世，在推出鸿篇巨制、探索小说艺术，在小说民族化、大众化等方面有进展，但总体成就上并未全面超越 30 年代。40 年代活跃的小说流派主要有七月派和后期浪漫派，重要小说作家，除前一时期的茅盾、巴金、老舍等，新进作家有路翎、张爱玲、师陀、钱锺书、赵树理、周立波、孙犁等，沙汀、丁玲的创作亦有新突破。

1949 年中华人民共和国成立，肇始了中国当代小说的发展历程。当代小说可以划分为建国十七年（1949—1966）、"文革"十年（1966—1976）、新时期（1976—）三个阶段。

建国十七年小说，基本上已经形成了一支专业的创作队伍，并且塑造了一大批具有鲜明时代特点的人物形象，有些作家开始形成自己独特的创作风格。但从整体上看，大多带有明显的简单化、公式化、概念化倾向，过于强调"写中心"，塑造英雄人物，表现光明，从而削弱了小说的艺术力量。这种偏狭倾向发展到 60 年代初以后，便逐渐走向极端。姚雪垠的历史题材长篇《李自成》（第一部）是这一时期小说创作的一个亮点。

"文革"十年，文学进入冬眠期，绝大多数作家遭到批斗，划为"右派"，关进牛棚；作品被判为"毒草"，受到清洗。全国八亿人民，除了八个"样板戏"之外，几乎没有任何文学作品可供阅读、欣赏。1976 年蒋子龙发表《机电局长的一天》，张扬的长篇《第二次握手》以"手抄本"的形式在"地下"流行，开始显露出新的文学转机的萌芽。

当代小说繁荣发展，取得最大成绩是在 1976 年 10 月粉碎"四人帮"之后，特别是 1978 年十一届三中全会以来的二十几年。新时期小说比较重要的潮流或现象有伤痕小说、反思小说、改革小说、寻根小说、"先锋派"小说、新写实小说、女性小说、新生代小说，等等，各种流脉、现象潮起浪涌，处于改革风云变幻时代中的当代小说，正在酝酿着纪念碑式的伟大作品的诞生，2012 年莫言获得诺贝尔文学奖就是明证。

二、小说鉴赏视角与要点

小说有三个基本特征，一是通过人物的外貌、对话、行动和心理等描写，塑造人物形象，表现人物或性格；二是要有一定的故事情节，通过对社会生活的细致描写，表现复杂的矛盾冲突，叙述故事的发生、发展、高潮和结局，在情节的发展中展现人物性格的变化；三是描写具体的社会环境，以表现人物和事件产生的历史背景、社会条件，用来烘托人物，显示人物的性格特征。这就是我们通常所说的小说三要素：人物、故事、环境。作者总是通过他笔下的人物形象，来描绘所处的时代，寄寓他所领悟的生活真理，而读者也只有通过人物形象的认识去把握作品所反映的生活本质。欣赏小说就应该根据小说的基本特点，去把握作品的思想内容和艺术特色。具体而言，鉴赏小说可以从以下几个方面进行。

1. 在解读故事中把握人物形象

从小说发展的历程中我们不难看出，小说最主要的审美特点就是"寓教于乐"，而这一特点总是通过可读性很强、艺术感染力较大的故事来实现的。小说的这一审美特征和表现手段决定了读者在鉴赏小说作品时首先就需要把握小说故事的基本轮廓和情节的基本类型。

作为叙事性文体，小说世界是由一个一个的人物形象、一个一个的情节事件、一个一个的环境景物有机有序地组合而成的。有什么样的人物性格和人物命运，小说就会生发什么样的事情和情节。小说鉴赏者在了解了故事轮廓和故事类型的基础上就要进一步把握小说人物，理解小说人物的性格和命运。而作家所写的故事是经过了严格的选择和提炼的，这些材料能生动地展示人物突出的某一方面的个性，短篇小说、微型小说大都采用这样的方法塑造人物形象。有的小说人物在作品里表现出矛盾的性格元素，概括出了生活中复杂的人物性格，甚至展示了一个复杂的性格系统，中长篇小说塑造的小说人物常常就是这样的典型人物。

无论是人物性格特征还是人物的历史命运，作家往往要在其中寄寓他对生活的审美理解和审美评价，常常是把他自己主观上对人物的感悟以及想确立的作品主题通过栩栩如生的人物性格和曲折多变的人物命运来含蓄地传达。因此，小说鉴赏一定要在鉴赏故事的同时欣赏小说中的人物，从而把握人物形象。

2. 在体味细节中把握故事情节

每个故事都是由一个个具体细小的情节组成的，人们一说起那些脍炙人口的小说典型人物时，往往就能想起若干个体现他的性格特征的细节。小说文体感的产生、小说与其他文学文体的最根本的区别，就在于小说细节的叙述与描写上，所以小说鉴赏在进入"局部解剖"时，在对每一个情节单元进行细致品味和分析时，我们的艺术感受力就应该着重放在每个情节单元的细节上。如同样是做一件事情，不同性格的人会有不同的做法，在什么地方安排环境描写，读者可以从这些细节上看出人物不同的"行为方式"并由此把握人物独特的性格特征。

小说情节有客观的内容因素，也有主观的形式因素。说它是客观的，是因为小说情节的各个细节的内容来源于现实生活；说它又具有主观的形式因素，是因为小说作家并不按照现实生活的原有形态来排列组合，而往往根据作家的创作意图和审美理想加以重新结构，做了新的重建与改造。小说情节中的巧合、误会、悬念、对比、重复等情节技法的出现，都是为了把读者熟悉的生活用新奇、陌生的形态来表现，实现小说情节"既出意料，又入情理"的审美境界。小说情节与现实生活的这种既联系又区别的特点深刻地影响了小说作家对情节的构造和小说读者对情节的鉴赏。

小说情节因小说种类的不同而有各种各样的模型。叙述模型如故事小说、人物小说、心理小说，结构模型如言情小说、武侠小说、侦探小说，文体模型如微型小说、短篇小说、长篇小说等。如果我们从这些情节模型来鉴赏小说，就会发现中外小说艺术发展过程中带规律性的现象，会对不同题材、不同类别的小说作品有更敏锐的鉴赏意识，有效地提高对小说文体的鉴赏水平。

3. 在主题分析中把握鉴赏技巧

文学主题是作家在创作题材中提炼出来的对生活的理性认识，是从作品描写的具体内容中概括出来的思想意义，是作家在描写和叙述人物性格、人物命运时显示出的对生活的理解和认识。小说作家这种有意的、机智的组合，使得细节与细节、事件与事件之间建立了一种因果关系，读者在把握有着因果关系的细节和事件时，可以看出小说作家对生活事件的理解和认识。

但是，小说的主题又不直接等同于作家的创作意图。小说主题与作家的创作意图之间既有联系又有区别,小说主题包含着"形象客观"和"作家主观"两种成分,作家在表达主观意图时有参差不齐的艺术水平。优秀的小说作品的主题内涵往往丰富、多义,可能读者不但领会了小说作家在小说人物形象和情节故事里寄寓的主观意图,而且还发现和感受出了小说作家没有意识到、小说形象获得了艺术生命时滋生的客观内涵。

主题分析是对小说的总体分析和鉴赏,在这个过程中有必要同时体味作品富有特色的艺术技巧,即作者是如何实现主题的传达的。小说的艺术技巧指的是小说作家在塑造性格和构建情节模型、提炼叙述语言等方面的技法因反复熟练地使用而形成的一种技能。

艺术技巧是为表达小说内容(人物、情节、环境)服务的,如塑造人物有让人物出场和不让人物出场两个最基本的技巧,小说人物一旦在作品中露面,作家就要集中艺术力量去写活人物,这就是"正面延宕";要正面表现的人物不让他出场,小说腾出的篇幅主要用于写与他有关联的次要人物或有关联的物品细节,写次要人物在主要人物的行为影响下产生的心灵震荡和命运转折,写在物品细节上留有的主要人物的影响和效果,这就是"侧面衬托"。

又如,在小说情节的有序组合和进行线性叙述时,小说作家为了实现小说情节的传奇性,他总想让小说读者猜不到他下一个情节内容和故事的结局,因此有意制造小说的两个情节之间发生意想不到的突转;或者在小说情节的设置中不是设置一重对比的情节,而是设置两重以上的对比,让人物与人物、事件与事件发生交织错落的变化,使情节的容量和包含的哲理大大扩增,情节的可读性与传奇色彩便得到了有力度的强化。

人物塑造赏析

(一)

诸葛亮舌战群儒[1]

罗贯中[2]

[导读]

这是一场精彩绝伦的舌战。作者通过这场舌战,成功地塑造了一位智慧之星——诸葛亮的形象。

诸葛亮为联合孙权,抗击曹操,奉命出使东吴,与东吴的主降派展开了一场激烈的论战。首先发难的是东吴第一谋士——张昭,张昭暗讽诸葛亮自比管仲、乐毅,却未能辅佐刘备取得荆襄,反而"弃新野,走樊城,败当阳,奔夏口","言行相悖"。诸葛亮不急不缓,巧言以对,诸葛亮自比管、乐,又以大鹏自比,把对方比作群鸟,从气势上镇住对方,然后以沉疴之疾如何调理来比喻抗敌时机的选择,又以刘豫州的仁义来说明目前败走不敌的原因,有理有据,步步深入,无可辩驳;同时不忘以"夸辩之徒,虚誉欺人"来将对方一军,挫其锐气,终使其"无言回答"。接着虞翻以曹操兵多将广来讥讽刘豫州不识时务,想迫使诸葛亮知难而退,诸葛亮则以刘豫州新败只是等待时机,而吴不战却欲屈膝投降来反讽对方,并以此反衬刘豫州"真不惧曹",可谓以子之矛攻子之盾。随后步骘直斥诸葛亮欲效苏秦、张仪之舌,诸葛亮则以苏、仪亦豪杰,来取笑对方畏首畏尾。薛综、陆绩、严畯、程德枢又接二连三的发难,而诸葛亮一一对答如流,于嬉笑怒骂中将对方逐一驳倒。

诸葛亮以一人之口，将"峨冠博带、整衣端坐"、傲然自大、锋芒毕露的一群吴国儒官，驳斥得尽皆失色，哑口无言，被传为千古佳话。

在这场舌战中，主辩人物——诸葛亮运用娴熟的论辩技巧，或斥论点，或批论据，或驳论证，雄辩滔滔、举重若轻；时而傲然正气，时而谦逊有礼，时而怒斥，时而戏谑，随机应变，从容裕如；一个大智大勇的大儒形象跃然纸上。

[选文]

却说鲁肃[3]、孔明辞了玄德[4]、刘琦[5]，登舟望柴桑[6]郡来。二人在舟中共议。鲁肃谓孔明曰："先生见孙将军，切不可实言曹操兵多将广。"孔明曰："不须子敬叮咛，亮自有对答之语。"及船到岸，肃请孔明于馆驿中暂歇，先自往见孙权。权正聚文武于堂上议事，闻鲁肃回，急召入问曰："子敬往江夏，体探虚实若何？"肃曰："已知其略，尚容徐禀。"权将曹操檄文示肃曰："操昨遣使赍[7]文至此，孤先发遣来使，现今会众商议未定。"肃接檄文观看。其略曰：

孤近承帝命，奉词伐罪。旄麾[8]南指，刘琮束手；荆襄[9]之民，望风归顺。今统雄兵百万，上将千员，欲与将军会猎于江夏[10]，共伐刘备，同分土地，永结盟好。幸勿观望，速赐回音。

鲁肃看毕曰："公主尊意若何？"权曰："未有定论。"张昭曰："曹操拥百万之众，借天子之名，以征四方，拒之不顺。且主公大势可以拒操者，长江也。今操既得荆州，长江之险，已与我共之矣，势不可敌。以愚之计，不如纳降，为万安之策。"众谋士皆曰："子布之言，正合天意。"孙权沉吟不语。张昭又曰："主公不必多疑。如降操，则东吴民安，江南六郡可保矣。"孙权低头不语。须臾，权起更衣[11]，鲁肃随于权后。权知肃意，乃执肃手而言曰："卿欲如何？"肃曰："恰才众人所言，深误将军。众人皆可降曹操，惟将军不可降曹操。"权曰："何以言之？"肃曰："如肃等降操，当[12]以肃还乡党[13]，累[14]官故[15]不失州郡也；将军降操，欲安所归[16]乎？位不过封侯，车不过一乘，骑不过一匹，从不过数人，岂得南面称孤[17]哉！众人之意，各自为己，不可听也。将军宜早定大计。"权叹曰："诸人议论，大失孤望。子敬开说大计，正与吾见相同。此天以子敬赐我也！但操新得袁绍之众，近又得荆州之兵，恐势大难以抵敌。"肃曰："肃至江夏，引诸葛瑾之弟诸葛亮在此，主公可问之，便知虚实。"权曰："卧龙先生在此乎？"肃曰："现在馆驿中安歇。"权曰："今日天晚，且未相见。来日聚文武于帐下，先教见我江东英俊，然后升堂议事。"

肃领命而去。次日至馆驿中见孔明，又嘱曰："今见我主，切不可言曹操兵多。"孔明笑曰："亮自见机而变，决不有误。"肃乃引孔明至幕下。早见张昭、顾雍等一班文武二十余人，峨冠博带[18]，整衣端坐。孔明逐一相见，各问姓名。施礼已毕，坐于客位。张昭等见孔明丰神飘洒，器宇轩昂，料道此人必来游说。张昭先以言挑之曰："昭乃江东微末之士，久闻先生高卧隆中，自比管、乐[19]。此语果有之乎？"孔明曰："此亮平生小可之比也。"昭曰："近闻刘豫州三顾先生于草庐之中，幸得先生，以为'如鱼得水'，思欲席卷荆襄。今一旦以属曹操，未审[20]是何主见？"孔明自思张昭乃孙权手下第一个谋士，若不先难倒他，如何说得孙权，遂答曰："吾观取汉上之地，易如反掌。我主刘豫州躬行仁义，不忍夺同宗之基业，故力辞之。刘琮孺子[21]，听信佞言[22]，暗自投降，致使曹操得以猖獗。今我主屯兵江夏，别有良图，非等闲可知也。"昭曰："若此，是先生言行相违也。先生自比管、乐——管仲相桓公，霸诸侯，一匡天下；乐毅扶持微弱之燕，下齐七十余城：此二人者，真济世之才也。先生在草庐之中，但笑傲风月，抱膝危坐。今既从事刘豫州，当为生灵兴利除害，剿灭乱贼。且刘豫州未得先生之前，尚且纵横寰宇，割据城池；今得先生，人皆仰望。虽三尺童蒙，亦谓彪虎生翼，将见汉室复兴，曹氏即灭矣。朝廷旧臣，山林隐士，无不拭面而待：以为拂高天之云翳[23]，仰日月之光辉，拯民于水火之中，措天下于衽席之上[24]，在此时也。何先生自归豫州，曹兵一出，弃甲抛戈，望风而窜；上不能报刘表以安庶民，下不能辅孤子而据疆土；乃弃新野，走樊城，败当阳，奔夏口，无容身之地：是豫州既得先生之后，反不如其初也。管仲、乐毅，果如是乎？愚直之言，幸勿见怪！"孔明听罢，哑然[25]而笑曰："鹏飞万里，其志岂群鸟能识哉？譬如人染沉疴[26]，当先用糜粥以饮之，和药以服之；待其腑脏调和，形体渐安，然后用肉食以补之，猛药以治之：则病根尽去，人得全生也。若不待气脉和缓，便投以猛药厚味，欲求安保，诚为难矣。吾主刘豫州，向日军败于汝南[27]，寄迹刘表，兵不满千，将止关、张、赵云而已：此正如病势尪羸[28]已极之时也。新野山僻小县，人民稀少，粮食鲜薄，豫州不过暂借以容身，岂真将坐守于此耶？夫以甲兵不完，城郭不固，军不经练，粮不继日，然而博望烧屯，白河用水，使夏侯惇、曹仁辈心惊胆裂：窃谓管仲、乐毅之用兵，未必过此。至于刘琮降操，豫州实出不知；且又不忍乘乱夺同宗之基业，此真大仁大义也。当阳之败，豫州见有数十万赴义之民，扶老携幼相随，不忍弃之，日行十里，不思进取江陵，甘与同败，此亦大仁大义也。寡不敌众，胜负乃其常事。昔高皇数败于项羽，而垓下一战成功，此非韩信之良谋乎？夫信久事高皇[29]，未尝累胜。盖国家大计，社稷安危，是有主谋。非比夸辩之徒，虚誉欺人：坐议立谈，无人可及；临机应变，百无一能。——诚为天下笑耳！"这一篇言语，说得张昭并无一言回答。

座上忽一人抗声问曰："今曹公兵屯百万，将列千员，龙骧虎视[30]，平吞江夏，公以为何如？"孔明视之，乃虞翻也。孔明曰："曹操收袁绍蚁聚之兵，劫刘表乌合之众，虽数百万不足惧也。"虞翻冷笑曰："军败于当阳，计穷于夏口，区区求救于人，而犹言'不惧'，此真大言欺人也！"孔明曰："刘豫州以数千仁义之师，安能敌百万残暴之众？退守夏口，所以待时也。今江东兵精粮足，且有长江之险，犹欲使其主屈膝降贼，不顾天下耻笑。——由此论之，刘豫州真不惧操贼者矣！"虞翻不能对。

座间又一人问曰："孔明欲效仪、秦之舌，游说东吴耶？"孔明视之，乃步骘也。孔明曰："步子山以苏秦、张仪为辩士，不知苏秦、张仪亦豪杰也：苏秦佩六国相印，张仪两次相秦，皆有匡扶人国之谋，非比畏强凌弱，惧刀避剑之人也。君等闻曹操虚发诈伪之词，便畏惧请降，敢笑苏秦、张仪乎？"步骘默然无语。

忽一人问曰："孔明以曹操何如人也？"孔明视其人，乃薛综也。孔明答曰："曹操乃汉贼也，又何必问？"综曰："公言差矣。汉传世至今，天数将终。今曹公已有天下三分之二，人皆归心。刘豫州不识天时，强欲与争，正如以卵击石，安得不败乎？"孔明厉声曰："薛敬文安得出此无父无君之言乎！夫人生天地间，以忠孝为立身之本。公既为汉臣，则见有不臣之人，当誓共戮之：臣之道也。今曹操祖宗叨食汉禄，不思报效，反怀篡逆之心，天下之所共愤；公乃以天数归之，真无父无君之人也！不足与语！请勿复言！"薛综满面羞惭，不能对答。

座上又一人应声问曰："曹操虽挟天子以令诸侯，犹是相国曹参[31]之后。刘豫州虽云中山靖王苗裔[32]，却无可稽考，眼见只是织席贩屦[33]之夫耳，何足与曹操抗衡哉！"孔明视之，乃陆绩也。孔明笑曰："公非袁术座间怀桔[34]之陆郎乎？请安坐，听吾一言：曹操既为曹相国之后，则世为汉臣矣；今乃专权肆横，欺凌君父，是不惟无君，亦且蔑祖，不惟汉室之乱臣，亦曹氏之贼子也。刘豫州堂堂帝胄[35]，当今皇帝，按谱赐爵，何云'无可稽考'？且高祖起身亭长，而终有天下；织席贩屦，又何足为辱乎？公小儿之见，不足与高士共语！"陆绩语塞。

座上一人忽曰："孔明所言，皆强词夺理，均非正论，不必再言。且请问孔明治何经典？"孔明视之，乃严畯也。孔明曰："寻章摘句，世之腐儒也，何能兴邦立事？且古耕莘伊尹[36]，钓渭子牙[37]，张良、陈平[38]之流，邓禹、耿弇[39]之辈，皆有匡扶宇宙之才，未审其生平治何经典？——岂亦效书生，区区于笔砚之间，数黑论黄[40]，舞文弄墨而已乎？"严畯低头丧气而不能对。

忽又一人大声曰："公好为大言，未必真有实学，恐适为儒者所笑耳。"孔明视其人，乃汝南程德枢也。孔明答曰："儒有君子小人之别。君子之儒，忠君爱国，守正恶邪，务使泽及当时，名留后世。——若夫小人之儒，惟务雕虫专工翰墨；青春作赋，皓首穷经[41]；笔下虽有千言，胸中实无一策。且如扬雄以文章名世，而屈身事莽，不免投阁而死，此所谓小人之儒也；虽日赋万言，亦何取哉！"程德枢不能对。众人见孔明对答如流，尽皆失色。

（选自《三国演义》罗贯中著，上海古籍出版社，1991年版）

[注释]

[1] 节选自《三国演义》第四十三回。诸葛亮，字孔明，刘备的主要谋士。

[2] 罗贯中（约1330—约1400），元末明初小说家，名本，号湖海散人，太原（今山西省太原市西南人），著有长篇小说《三国志通俗演义》《隋唐志传》《三遂平妖传》《残唐五代史演义》等。

[3] 鲁肃：字子敬，孙权的重要谋士。

[4] 玄德：刘备的字。

[5] 刘琦：刘表的儿子，与下文的刘琮是兄弟。

[6] 柴桑：古地名，在现在江西省九江市境内。

[7] 赍：怀抱着。

[8] 旄麾：军旗。

[9] 荆襄：古地名。荆，荆州，现在湖北省荆州市。襄，襄阳，现在湖北省襄阳市。

[10] 江夏：古代郡名，现在湖北省黄冈市一带。

[11] 更衣：上厕所的委婉说法。

[12] 当：如果。

［13］还乡党：送回乡里。乡党，乡里。
［14］累：逐步升官。累，积累。
［15］故：仍然。
［16］欲安所归：想回到哪里去呢？
［17］南面称孤：称帝称王。古代帝王面南而坐，故有此说。
［18］峨冠博带：这里指戴高帽子，束着阔衣带。
［19］管、乐：指管仲、乐毅。管仲，名夷吾，曾相齐桓公。乐毅，战国燕将。
［20］审：知道。
［21］孺子：犹言小子，年幼者的通称。
［22］佞言：花言巧语。
［23］云翳：阴暗的云。
［24］衽席之上：比喻安全舒适的地方。衽、席同义，都是坐卧的铺垫物。
［25］哑然：形容笑声。
［26］沉疴：重病。
［27］汝南：古代郡名，现在河南省上蔡县附近。
［28］尪羸：瘦脊，衰弱。
［29］高皇：指汉高祖刘邦。
［30］龙骧虎视：像龙马高昂着头，像老虎注视着猎物。形容人的气概威武。亦比作雄才大略。
［31］曹参：汉高祖刘邦的重臣。
［32］中山靖王苗裔：中山靖王的后代。中山靖王，汉孝景帝第七子刘胜的封号。苗裔，后代。
［33］织席贩屦：《三国演义》第一回"宴桃园豪杰三结义，斩黄巾英雄首立功"："玄德幼孤，事母至孝；家贫，贩屦织席为业。"陆绩以此嘲讽刘备出身低微。
［34］座间怀桔：陆绩六岁时，曾在袁术座间藏起三个待客的橘子放在怀中，临走时不小心掉了出来。袁术问他时，他说要带回去孝敬母亲。这事被传为美谈。这里诸葛亮以此事来问陆绩，暗含调侃揶揄他的意思。
［35］帝胄：古代称帝王或贵族的子孙。
［36］耕莘伊尹：在有莘地方（今河南省开封市东，一说今山东省曹县北）耕田的伊尹。伊尹，名挚，商汤臣，曾佐商汤伐夏桀。
［37］钓渭子牙：在渭水边上垂钓的姜子牙。子牙，又称姜牙、吕尚、太公望、姜太公，辅助周文王伐纣灭商。
［38］张良、陈平：两人都是汉高祖刘邦的功臣。
［39］邓禹、耿弇：两人都是汉光武帝刘秀的功臣。
［40］数黑论黄：背后乱加议论，肆意诽谤别人。数，数落。
［41］皓首穷经：年老发白还在苦苦地钻研经典。皓首，年老白头。穷经，深入研究经籍。

[鉴赏训练]

1. 诸葛亮和群儒双方争论的中心问题是什么？
2. 群儒有些什么样的观点？
3. 诸葛亮在驳斥的时候各运用了哪些方法？

[拓展阅读]

《三国演义》的历史背景始于黄巾起义，终于西晋统一，展现了184年到280年间的历史风云画卷。作者通过集中描绘三国时代各封建统治集团之间的政治、军事、外交斗争，揭示了东汉末年社会现实的动荡和黑暗，谴责了封建统治者的暴虐，反映了人民的苦难，表达了人民呼唤明君、呼唤安定的强烈愿望。

作者沿袭了平话"拥刘反曹"的传统，体现了封建时代人民拥明君、反暴君的共同愿望。根据正史记载和民间传说加以扩展而成，基本上采用了现实主义的创作方法，但在许多情节的设置和历史人物的塑造上，又充满了浪漫的传奇色彩，体现了现实主义与浪漫主义的结合。

小说的结构以蜀汉矛盾为中心，以三国矛盾斗争为主线来展开情节，既保证了前后发展的一贯性，又富于曲折和变化，于清晰明朗的脉络间，构成了一个古典小说中少见的既宏伟又严密的结构。

小说的中心内容是演绎各集团间的种种矛盾斗争乃至战争，这一切都是通过复杂的故事情节来完成的，而在讲述这一个个曲折的故事时，作者又总是以人物为中心。

小说用虚、实结合的手法来讲述战争，将人物置于激烈的矛盾冲突之中来展现他们不同的性格特征，其所运用的夸张、烘托、对比等手法，显示出作者极高的艺术造诣。小说语言通俗、简练、明快，人物语言富于个性化，张飞的豪爽、关羽的高傲、曹操的机诈、孔明的智慧，常在简练的几笔勾画中显露出来。

（二）

八卦炉中逃大圣　五行山下定心猿（节选）

吴承恩[1]

[导读]

《西游记》是一部神魔小说，写的是唐僧师徒四人西天取经、降妖除魔的故事。但是，这只是《西游记》这部小说的表层意义，它的深层意蕴乃是借降妖除魔，表达修炼心性的哲理。

本篇所选的《西游记》第七回片段，同样贯彻了这一主旨。20世纪以来，对这一片断所作的解释，大多认为它展现了孙悟空追求自由、敢于破坏旧秩序的反抗精神。但是，这类解释，只不过是这一片断的表层意义；其实，这一片断的深层意蕴是在展示哲理，从这一回回目"八卦炉中逃大圣，五行山下定心猿"可以看出。在这一片断中，可以把作家极力刻画的主人公孙悟空的形象看作是心的幻相与象征，即心猿。作家在文字中一再指出："猿猴道体配人心，心即猿猴意思深""马猿合作心和意，紧缚牢栓莫外寻"。如来佛祖将孙悟空压在五行山下，定住心猿，让孙悟空不要再放"心"，而是把"心"收住，才能走上之后的修"心"之旅（历经九九八十一难，求取真经）。

[选文]

话表齐天大圣被众天兵押去斩妖台下，绑在降妖柱上，刀砍斧剁，枪刺剑刳，莫想伤及其身。南斗星奋令火部众神，放火煨烧，亦不能烧着。又着雷部众神，以雷屑钉打，越发不能伤损一毫。那大力鬼王与众启奏道："万岁，这大圣不知是何处学得这护身之法，臣等用刀砍斧剁，雷打火烧，一毫不能伤损，却如之何？"玉帝闻言道："这厮这等，这等，如何处治？"太上老君即奏道："那猴吃了蟠桃，饮了御酒，又盗了仙丹。我那五壶丹，有生有熟，被他都吃在肚里，运用三昧火，锻成一块，所以浑做金钢之躯，急不能伤，不若与老道领去，放在八卦炉中，以文武火锻炼，炼出我的丹来，他身自为灰烬矣。"玉帝闻言，即教六丁六甲将他解下，付与老君。老君领旨去讫，一壁厢宣二郎显圣[2]，赏赐金花百朵，御酒百瓶，还丹百粒，异宝明珠，锦绣等件，教与义兄弟分享。真君谢恩，回灌江口不题。

那老君到兜率宫[3]，将大圣解去绳索，放了穿琵琶骨之器，推入八卦炉中，命看炉的道人，架火的童子，将火扇起锻炼。原来那炉是乾、坎、艮、震、巽、离、坤、兑八卦。他即将身钻在"巽宫"位下，巽乃风也，有风则无火，只是风搅得烟来，把一双眼熰红了，弄做个老害病眼，故唤作火眼金睛。

真个光阴迅速，不觉七七四十九日，老君的火候俱全，忽一日，开炉取丹。那大圣双手捂着眼，正自揉搓流涕，只听得炉头声响，猛睁睛看见光明，他就忍不住将身一纵，跳出丹炉，唿喇一声，蹬倒八卦炉，往外就走。慌得那架火看炉与丁甲一班人来扯，被他一个个都放倒，好似癫痫的白额虎，风狂的独角龙。老君赶上抓一把，被他一摔，摔了个倒栽葱，脱身走了。即去耳中掣出如意棒，迎风幌一幌，碗来粗细，依然拿在手中，不分好歹，却又大乱天宫，打得那九曜[4]星闭门闭户，四天王无影无形。好猴精！有诗为证，诗曰：混元体正合先天，万劫千番只自然。渺渺无为浑太乙，如如不动号初玄。炉中久炼非铅汞[5]，物外长生是本仙。变化无穷还变化，三皈五戒[6]总休言。又诗：一点灵光彻太虚，那条拄杖亦如之。或长或短随人用，横竖横排任卷舒。又诗：猿猴道体配人心，心即猿猴意思深。大圣齐天非假论，官封弼马是知音。马猿合作心和意，紧缚牢拴莫外寻。万相归真从一理，如来同契住双林[7]。

……当时众神把大圣攒在一处，却不能近身，乱嚷乱斗，早惊动玉帝。遂传旨着游奕灵官同翊圣真君上西方请佛老降伏。

那二圣得了旨，径到灵山胜境雷音宝刹之前，对四金刚、八菩萨礼毕，即烦转达。众神随至宝莲台下启知，如来召请。二圣礼佛三匝，侍立台下，如来问："玉帝何事烦二圣下临？"二圣即启道："向时花果山产一猴，在那里弄神通，聚众猴搅乱世界。玉帝降招安旨，封为弼马温，他嫌官小反去。当遭李天王、哪吒太子擒拿未获，复招安他，封做齐天大圣，先有官无禄。着他代管蟠桃园，他即偷桃，又走至瑶池偷肴偷酒，搅乱大会。仗酒又暗入兜率宫，偷老君仙丹，反出天宫。玉帝复遣十万天兵，亦不能收伏。后观世音举二郎真君同他义兄弟追杀，他变化多端，亏老君抛金钢琢打中，二郎方得拿住。解赴御前，即命斩之。刀砍斧剁，火烧雷打，俱不能伤，老君奏准领去，以火锻炼。四十九日开鼎，他却又跳出八卦炉，打退天丁，径入通明殿里，灵霄殿外；被佑圣真君的佐使王灵官挡住苦战，又调三十六员雷将，把他困在垓心，终不能相近。事在紧急，因此玉帝特请如来救驾。"如来闻诏，即对众菩萨道："汝等在此稳坐法堂，休得乱了禅位，待我炼魔救驾去来。"

如来即唤阿傩、迦叶[8]二尊者相随，离了雷音，径至灵霄门外，忽听得喊声振耳，乃三十六员雷将围困着大圣哩。佛祖传法旨："教雷将停息干戈，放开营所，叫那大圣出来，等我问他有何法力。"众将果退。大圣也收了法象，现出原身近前，怒气昂昂，厉声高叫道："你是那方善士，敢来止住刀兵问我？"如来笑道："我是西方极乐世界释迦牟尼尊者，南无阿弥陀佛。今闻你猖狂村野[9]，屡反天宫，不知是何方生长，何年得道，为何这等暴横？"大圣道："我本天地生成灵混仙，花果山中一老猿。水帘洞里为家业，拜友寻师悟太玄。炼就长生多少法，学来变化广无边。因在凡间嫌地窄，立心端要住瑶天。灵霄宝殿非他久，历代人王有分传。强者为尊该让我，英雄只此敢争先。"佛祖听言，呵呵冷笑道："你那厮乃是个猴子成精，焉敢欺心要夺玉皇上帝尊位？他自幼修持，苦历过一千七百五十劫，每劫该十二万九千六百年。你算，他该多少年数，方能享受此无极大道？你那个初世为人的畜生，如何出此大言！不当人子！不当人子！折了你的寿算！趁早皈依，切莫胡说！但恐遭了毒手，性命顷刻而休，可惜了你的本来面目！"大圣道："他虽年劫修长，也不应久占在此。常言道，皇帝轮流做，明年到我家。只教他搬出去，将天宫让与我便罢了；若还不让，定要搅攘，永不清平！"佛祖道："你除了长生变化之法，再有何能，敢占天宫胜境？"大圣道："我的手段多哩！我有七十二般变化，万劫不老长生。会驾筋斗云，一纵十万八千里。如何坐不得天位？"佛祖道："我与你打个赌赛：你若有本事，一筋斗打出我这右手掌中，算你赢，再不用动刀兵苦争战，就请玉帝到西方居住，把天宫让你；若不能打出手掌，你还下界为妖，再修几劫，却来争吵。"那大圣闻言暗笑道："你如来十分好呆！我老孙一筋斗去十万八千里。他那手掌，方圆不满一尺，如何跳不出去？"急发声道："既如此说，你可做得主张？"佛祖道："做得！做得！"伸开右手，却似个荷叶大小。那大圣收了如意棒，抖擞神威，将身一纵，站在佛祖手心里，却道声"我出去也！"你看他一路云光，无影无形去了。佛祖慧眼观看，见那猴王风车子一般相似不住，只管前进。大圣行时，忽见有五根肉红柱子，撑着一股青气。他道："此间乃尽头路了。这番回去，如来作证，灵霄宫定是我坐也。"又思量说："且住！等我留下些记号，方好与如来说话。"拔下一根毫毛，吹口仙气，叫"变！"变作一管浓墨双毫笔，在那中间柱子上写一行大字云："齐天大圣到此一游。"写毕收了毫毛，又不庄尊[10]，却在第一根柱子根下撒了一泡猴尿。翻转筋斗云，径回本处，站在如来掌内道"我已去，今来了。你教玉帝让天宫与我。"如来骂道："我把你这个尿精猴子！你正好不曾离了我掌哩！"大圣道："你是不知，我去到天尽头，见五根肉红柱，撑着一股青气，我留个记在那里，你敢和我同去看吗！"如来道："不消去，你只自低头看看。"那大圣睁圆火眼金睛，低头看时，原来佛祖右手中指写着"齐天大圣到此一游"，大指丫里，还有些猴尿臊气。大圣吃了一惊道："有这等事！有这等事！我将此字写在撑天柱子上，如何却在他手指上？莫非有个未卜先知的法术？我决不信！不信！等我再去来！"

好大圣，急纵身又要跳出，被佛祖翻掌一扑，把这猴王推出西天门外，将五指化作金木水火土五座联山，唤名五行山，轻轻的把他压住。众雷神与阿傩、迦叶一个个合掌称扬道："善哉！善哉！当年卵化学为人，立志修行果道真。万劫无移居胜境，一朝有变散精神。欺天罔上思高位，凌圣偷丹乱大伦。恶贯满盈今有报，不知何日得翻身。"

……

如来即辞了玉帝众神，与二尊者出天门之外，又发一个慈悲心，念动真言咒语，将五行山召一尊土地神祇，会同五方揭谛，居住此山监押。但他饥时，与他铁丸子吃；渴时，与他溶化的铜汁饮。待他灾愆满日，自有人救他。正是：妖猴大胆反天宫，却被如来伏手降。渴饮溶铜捱岁月，饥餐铁弹度时光。天灾苦困遭磨折，人事凄凉喜命长。若得英雄重展挣，他年奉佛上西方。又诗曰：伏逞豪强大势兴，降龙伏虎弄乖能。偷桃偷酒游天府，受箓承恩在玉京。恶贯满盈身受困，善根不绝气还升。果然脱得如来手，且待唐朝出圣僧。毕竟不知向后何年何月，方满灾殃，且听下回分解。

（节选自《西游记》，吴承恩著，岳麓书社，2012年版）

[注释]

[1] 吴承恩（约1500—1582），字汝忠，号射阳居士，又称射阳山人，南直隶淮安府（今江苏省淮安市，一说安徽省桐城）山阳县河下人，祖籍安东，明代文学家。他自幼敏慧，博览群书，尤其喜爱神话故事，擅长绘画、书法，多才多艺。在科举中屡遭挫折，嘉靖中举为岁贡生。嘉靖二十八年（1549）迁居南京，卖文为生。嘉靖三十九年（1560）任浙江长兴县丞，不久辞官归去。由于宦途困顿，晚年绝意仕进，闭门著书，终老于家。近现代学者一般认为吴承恩是中国四大古典名著之一的《西游记》的最后完成者。

[2] 二郎显圣：即民间传说中的二郎神，相传他为玉帝的外甥。

[3] 兜率宫：指天界、天宫。在佛教经典里，兜率天指欲界六天中的第四天。

[4] 九曜：一般指日、月、金、木、水、火、土这七个天体，再加上想象中的罗睺星与计都星。

[5] 铅汞：指丹药。

[6] 三皈：即佛教中的皈依佛、皈依法、皈依僧；五戒：即佛教的五种戒律——不杀生、不妄语、不偷盗、不邪淫、不饮酒食肉。

[7] 如来同契住双林：如来，即释迦牟尼，代指佛；《同契》，三国时魏伯阳著有《周易参同契》，阐述炼丹术，为道家著作，代指道家；合而言之，佛道一体。双林，佛教传说中如来灭度之处。

[8] 阿傩、迦叶：阿傩，佛陀如来的十大弟子之一。迦叶，即摩诃迦叶，佛灭度后传如来的正法眼藏。

[9] 村野：粗俗、鄙野。

[10] 庄尊：即庄重。

[鉴赏训练]

1. 简要概括孙悟空的人物形象。
2. 《西游记》中师徒四人都有不一样的称呼。请回答，心猿、意马、江流、木母、金公、刀圭各指的是谁？为什么如此称呼？

3. 熟读《西游记》第七回，分角色扮演，再现小说情节，加深对情节和人物形象的理解和认识。

[拓展阅读]

　　《西游记》中的孙悟空，总与"心"有着某种联系，作者不仅在书中反复以"心""心猿""心主""心神"指代孙悟空，而且还通过大量的描写来体现孙悟空与"心"的关系。在猴王出世时，他那"受天真地秀、日精月华、遂有灵通之意"的出身，正是"人心"的混沌纯洁状态。之后，猴王访师，所到之地乃"灵台方寸山""斜月三星洞"，皆是一个"心"字。尔后，须菩提祖师给猴王取名孙悟空，这个名字中的"孙"字，乃是由猢狲之"狲"去了兽旁，"子者，儿男也；系者，婴细也。正合婴儿之本论。"实乃赤子之心的意思。而法名"悟空"则与其师"须菩提"一脉相承，因为"菩提"就是"觉悟"的意思，所谓"悟彻菩提"，当然是"心"之悟。后来，须菩提祖师问悟空想学"道"字门中三百六十傍门的哪一门，悟空因为"术""流""静""动"诸门均非长生之术，一概不学；最后，终于在师父的暗示之下，学得了"都来总是精气神"的"内丹"之术。而这种内丹之术恰恰是比须菩提祖师"与众说法，谈的是公案比语，说的是外像包皮"要深奥得多的内心之学，无怪乎师父要嘱咐悟空"谨固牢藏休漏泄"了。由此可见，从孙悟空的出身、拜师、学法直到悟彻，正是一个由"心性修持大道生"到"断魔归本合元神"的过程。

　　如果孙悟空谨记其师父的教诲，将"精气神""休漏泄，体中藏"，"屏除邪欲得清凉"，那么，他很快就会"功完随作佛和仙"了。但他并非一般的修行之人，而是一只猿、一只心猿。心猿，心猿，心是内质，猿是表象。他的"心"的一切躁动都要通过"猿"的表象体现出来，而"猿"的好动行为又很准确地表示了他"心"的躁动。这样的如猿之心，不让其放纵便不能收束，不让其经受磨难便不能返本归元。你看，那心猿刚学得一些本领，便按捺不住，要在师兄们面前"抖擞精神，卖弄手段"，变化成一棵松树。他那大彻大悟的师父早已敏锐地看到了这一点，因而，趁机赶他离去，并预言他此去"定生不良"，只提出一个十分宽容的条件："凭你怎么惹祸行凶，却不许说是我的徒弟。"这样，其实是放纵"心猿"脱离了灵台方寸山、斜月三星洞这"心"的固定场所的束缚，而让他到更广阔的世界里去遨游。

　　果不其然，心猿下山之后，便体现出一种对"绝对自由"的追求。他闹龙宫，强取"如意金箍棒"；他闹地府，勾销"猴类生死簿"。从此，他"超生三界之外，跳出五行之中"。不料，心猿的自由追求惊动了玉皇大帝。玉帝以弼马温拘束他，他"官封弼马心何足"；玉帝以齐天大圣牢笼他，他"名注齐天意未宁"。在天宫"今日东游，明日西荡，云来云去，行踪不定"。后来，又无事生非，偷蟠桃、盗御酒、窃仙丹，直到扯起大旗，公然与天庭对抗。后来，虽在天庭联合势力的围则下身败被擒，但刀砍斧剁、雷劈火烧，均不能伤损其一毫，终被置于太上老君的八卦炉中锻炼。谁知七七四十九天之后，心猿"将身一纵，跳出丹炉"，"却又大乱天宫，打得那九曜星闭门闭户，四天王无影无形"，直打到"通明殿里，灵霄殿外"，并公然对前来救驾的佛祖说："常言道：'皇帝轮流做，明年到我家。'只教他搬出去,将天宫让与我,便罢了;若还不让,定要搅攘,永不清平。"

"大闹天宫"是《西游记》中最热闹的文字,极其恣肆、极其潇洒。但读过之后,我们平心静气地想一想,这段文字的内在含蕴究竟是什么?恐怕各人的回答难以一致。表面看来,这里的确是体现了美猴王孙悟空的叛逆精神,但实质上体现的却是"人心"的极度放纵。谓予不信,有诗为证:"猿猴道体配人心,心即猿猴意思深。大圣齐天非假论,官封弼马是知音。马猿合作心和意,紧缚牢栓莫外寻。万相归真从一理,如来同契住双林。"(第七回)作者说得再清楚不过了,闹天宫的猴王只是色相,放纵的"人心"才是真灵。人类生活在凡尘世界中,有无穷无尽的灾难、束缚、痛苦、折磨,但人类的心灵却永远期待着冲决这一切而进入自由的天地。人类渴望着无拘无束、自由自在的生活,但这种生活在现实世界中是永远不能实现的。于是,孙悟空这么一位战天斗地、敢于挣脱一切束缚的美猴王,便成为人心放纵的载体,去上下求索、搅攘乾坤,去争取那理想的生活、自由的空间。孙悟空所干的,正是人们想干而无法实现的事;心猿的所作所为,正是人类心灵无以遏制的大放纵的流程。

然而,正如同人类追求自由的放纵之心到底挣脱不出尘世的罗网和传统文化的圈束一样,那"心猿"尽管跳出了"八卦炉"中,却终于被压在了"五行山"下。从此,"放心"告终,"收心"开始。整个"西天取经"的一系列故事,就是"心猿"收束所经历的重重磨难的全过程。

(节选自石麟《心猿意马的放纵与收束——〈西游记〉主题新探》)

(三)

寒夜(节选)

巴金[1]

[导读]

《寒夜》代表了巴金在小说写作上的最高艺术成就,尤其是在心理描写上达到很高的境界。如果说,巴金在早期作品里常常直接向读者一泻无余地倾吐其奔放热情的话,那么,在后期作品中,他则是通过对人物内心世界的描写来表现人物丰富而复杂的情感。车尔尼雪夫斯基曾称赞托尔斯泰能够掌握"心灵的辩证法",其实这句话也同样适用于巴金的《寒夜》。巴金在小说中紧扣人物的独特个性,较多地采用了心理分析的方法来揭示人物的内心矛盾,充分发掘和描写了人物内心情感的丰富性和深刻性,尤其是常常抓住人物内心世界中两种对立的因素,从动态中加以剖析,写出它们的起伏消长。例如,对曾树生在赴兰州前夕内心"去"与"不去"两种心理因素,作者就写得真实、细腻、深刻,通过对人物内心两种心理因素反复碰撞的描写,把人物内心的痛苦表现得非常感人。

[选文]

星期六下午树生拿着调职通知书回家,她怀着又兴奋又痛苦的矛盾心情上了楼,推开自己的房门。小宣坐在书桌前藤椅上看书,母亲坐在方桌旁一张凳子上,他仍然躺在病床上。他们正在谈论什么事。小宣看见她进房,便立起来,唤了一声"妈",脸色苍白地勉强笑了笑。

她应了一声,接着就问:"我的信收到了吗?"

"收到了。学堂功课太严,我们好些同学都赶不上,"小宣象板起脸孔似地说,这算是他好些天不曾回家的理由。

她含糊地答应一句。她注意地看了看她这个儿子。贫血,老成,冷静,在他的身上似乎永远不曾有过青春。他还是一个十三岁的孩子,但是他已经衰老了!她皱了一下眉头,逃避似地掉开了眼睛。她走到床前,问病人:"今天好些罢?"

"好些了,"病人点头回答。

这样的问答成了"例行公事"。她每天照样地问,他每天照样地答,虽然他的病一点儿也不见好。

她听见他在咳嗽,看见他拿着枕头旁边的漱口杯(临时作了吐痰杯)吐痰,又慢慢地把漱口杯放下。他两颊上的肉更少了,两只眼睛带着一种可怕的眼神望着她。

"药吃过了?"她怜悯地再问一句。

他点点头,看他那种神情好象他很痛苦。

"我看,你还是到医院去检查一下罢,"她忍不住又说了那句不知说过多少遍的话。

"过几天再说罢,"他力竭似地摇头说。

"为什么不早去?我求求你!不要把病耽误了啊,"她恳切地望着他,央求似地说,眼睛里忽然迸出了几滴泪水,她便慢慢地把头掉开了。

"我现在还可以支持,除了咳嗽也没有什么病,"他慢吞吞地答道。

"咳嗽就是病啊,而且你每天发烧,"她又回过脸来说。"我担心——"她咽下了后面的话。

"你是说我害肺病吗?"他问。

她不敢回答。她现出了一点窘相。她后悔不该对他多讲话。

"其实不用检查,我也知道我这是肺病,"他说。"可是知道了又有什么用?我去检查,等于犯人听死刑宣告。"话说出来,他觉得心里很难过,自己也不想再说下去了。

她默默地望着他,她想:他什么都知道,甚至那个残酷的真实。她的劝告对他有什么用处呢?他躺在床上,不过在捱日子。不论是快,或者慢,他总之是在走向死亡。她还有什么办法拯救他?……没有。他不听她的话,不肯认真治病。她只有等待奇迹。或者……或者她先救出自己。她的脑子里有着矛盾的思想。所以她一边偷偷流泪,一边又暗暗抱着希望。

"不见得。肺病也养得好。你不要怕花钱。我说过,我愿意给你设法,"她忍住眼泪,最后一次努力地劝他。

"养病就不说要花钱,也应当有好心境,这你是知道的。象我这样生活,哪里会有好心境啊?"他又说。

"宣,你讲话太多了。睡一会儿罢,又快要吃药了。"母亲不耐烦地干涉道。

妻暗暗地瞪了母亲一眼。她走到方桌前坐下来。她坐在那里不知道应该做什么事好。没有人理她,连小宣也不过来跟她讲话。她感到厌倦,现在连眼光也似乎无处可放了。

她觉得无聊地枯坐了一会儿。她想难道必须坐在这里等着母亲煮好饭送上来吗?连吃饭的时候也是冷清清没有生气的。饭后更不会有温暖。永远是灰黄的灯光(不然就是停电时的漆黑，那样的时刻也不少），单调而无生气的闲谈，带病的面容。这样的生活她实在受不了。她不能让她的青春最后的时刻这样白白地耗尽。她不能救别人，至少先得救出她自己。不然她会死在这个地方，死在这间屋子里。

她突然站起来。她又一次下了决心。她用不着再迟疑了。她的手提包里还放着调职通知书。她为什么要放弃这个机会呢？

她走到小宣的身旁。"小宣，你跟我出去走走，"她说。

"不等吃饭吗？"小宣抬起头看她，有气无力地问道，这个孩子讲话象大人，尤其是象父亲。

"我们到外面去吃饭，"她短短地答道。

"那么不约婆一道去？"小宣又问，声音提高了些。

"不去也好，"她突然改变了主意。她觉得心烦。不知道怎样，孩子的话激怒了她。

小宣诧异地看了她一眼，还问一句："妈，你也不出去？"

"不出去，"她摇摇头说，心想这个孩子怎么这样多嘴！

小宣看了她一眼，也不再说话，又把头埋到书上去了。

"他好象不是我的儿子，"她想道；她还立在小宣的背后，注意地看了他好几次。小宣一点也不觉得。他在读一个剧本。白日的光线渐渐在消失，刚刚亮起来的电灯光又不太亮。所以他把头埋得很深。"他是在弄坏自己的眼睛啊！"她又想。她忍不住怜悯地说："小宣，你歇一会儿罢，你不要太用功啊。"

小宣又抬起头，惊奇地看她一眼，他回答一声："是，"他的眼睛不住地闪着，好象它们不大舒服似的。随后他合上书，懒洋洋地站起来。

"怎么，他笑都不笑一声，动作这样慢。他完全不象一个小孩。他就象他父亲，"她又想。

小宣静静地走到床前去看父亲。"他对我一点也不亲热，好象我是他的后母一样，"她痛苦地想。她就在孩子刚才离开的藤椅上坐下。

母亲正坐在床沿上跟宣讲话，小宣立在床前静静地听着。他们似乎谈得很亲密。

"她不要我跟他讲话。怎么她又不让他休息呢？这个自私的老太婆！"她愤慨地想道。她无意间伸手在书桌上拿起小宣刚才看的那本书来。"她就恨我！我是她的仇人！小宣对我冷淡，一定是她教出来的。宣也在敷衍她！不，他其实更爱她，"她继续想道，心更烦起来。她受不住这寂寞，这冷淡。她需要找一件分心的事情。她把眼光放到拿在手里的书上。她首先看到两个红字：《原野》。这是曹禺写的剧本。她看过它的上演。可是又听说后来被禁止了，不知道为什么。偏偏是这个戏，多么巧！戏里也有一个母亲憎恨自己的儿媳妇。那个丈夫永远夹在中间，两种爱的中间受苦。结果呢？结果太可怕了！她不会弄出那样的结果，她不是那样的女人！她在这里是多余的。她有机会走开。调职通知书还在她的手提包里。她为什么要放过机会呢？不，那是已经决定的事情了。行里不会改派另一个人，除非她辞职。她当然不会辞职。离开那个银行，她一时也找不到别的职业，而且她还借支了薪金，而且她这两个月还同陈主任搭伙在做囤积的生意。

"飞啊，飞啊！"好象有一个声音反复地在她的耳边轻轻地鼓舞她。调职通知书渐渐地在她的眼前扩大。兰州！这两个大字变成一架飞机在她的脑子里飞动。她渐渐地高兴起来。她觉得自己又有了勇气了。她甚至用轻蔑的眼光看他的母亲。她心想:"你们联在一起对付我,我也不怕,我有我的路!我要飞!"

他做了一个可怕的梦:她丢开他跟着另一个男人走了;母亲也好象死在什么地方了。他从梦中哭醒,他的眼睛还是湿的。他的心跳得厉害,他倾听着这敲鼓似的声音。他张开嘴,睁大眼睛,想在黑暗中看出什么来。但是屋子很黑,就好象有一张黑幕盖在他的头上和全身一样。他觉得气紧,呼吸似乎不十分畅快,胸部还在隐隐地痛。他疲乏地闭上眼睛,但是他立刻又睁开,因为那个可怕的梦景在他的眼前重现了。

"我究竟在什么地方?"他疑惑地想,"是死还是活?"四周没有人声,然而并不是完全静寂的,因为屋子里充满了细小的声音。"我一个人,"他寂寞地说了出来。忽然一阵心酸,他又落下了眼泪。

"真是走的走、死的死了吗?"他痛苦地问自己。没有回答。他翻了一个身,又一个身。"怎么一点动静也没有?"他想道。"我在做梦吗?"他的手摸着自己颊上的泪痕。他的喉咙发痒,他咳起嗽来。

他突然揭开被,跳下床。他扭开了电灯。屋子亮起来,灯光白得象雪似的,使他的眼睛差一点睁不开。他披着衣服站在方桌前。他第一眼便看他那个睡在床上的妻。谢谢天。妻睡得很好,棉被头盖着她下半个脸,黑黑的长睫毛使她睡着的时候也象睁开眼睛一样。她的额上没有一条皱纹,她还是象十年前那样地年轻。他看看自己,丝棉袍的绸面已经褪了色,蓝布罩衫也在泛白了。他全身骨头一齐发疫、发痛,痰似的东西直往喉管上冒。他同她不象是一个时代的人。他变了!这并不是一个新发现。但是这一次却象有一个拳头在他的胸膛上猛击一下。他的身子晃了晃,他连忙扶着方桌站定了。

他在方桌前立了一会儿。他忽然打了一个寒噤,他不自觉地把头一缩。屋子里依然很亮。老鼠又在啃地板。外面街上有一个人的脚步声,那个人走得慢,而且用一种衰老而凄凉的声音叫着:"炒米糖开水!"他无可奈何地叹了一口气。

他把眼光掉向母亲的房门。门关着,里面传出来一个人的鼾声,是小宣的,并不太高,不过他听得出。他们睡得很好。他侧耳再听,那还是小宣的鼾声。"这孩子也可怜,偏偏生在我们家里,"他想。"妈也是,老来受苦,"他又叹一口气。"不过幸好他们都很平安,"这一个念头倒给了他一点安慰。

接着他咳了两声嗽,他觉得痰贴在喉管上,他必须咳出它来。他不敢大声咳,他害怕惊醒妻和母亲。他慢慢地咻着。他的胸部接连地痛。他摸出手帕掩住嘴。他走到书桌前,跌坐在藤椅上。

他咻了好几声,居然把痰咳出来了;他要吐它在地上,可是痰贴在他的舌尖、唇边,不肯下地。"我连这点点力气也没有了,"他痛苦地、灰心地想道。

他吐出痰后,觉得喉咙干,想喝两口茶。他便站起来。他无意间把书桌上一件黑黑的东西撞落在地上。他即刻弯下身去拾那件东西。那是树生的手提包。他拾起来,手提包打开了,落下几张纸和一支唇膏。他再俯下身去拾它们。他看见了那张调职通知书。

他把通知书拿在手里,又坐回到藤椅上,他仔细地读着。虽然那上面不过寥寥几行字,他却反复不厌地念了几遍。他好象落在冷窖里一样,他全身都冷了。

"她瞒着我,"他低声自语道。接着他又想:她为什么要瞒我呢?我不会妨碍她的。他感到一种被人出卖了以后的痛苦和愤慨。他想不通，他默默地咬着自己的下嘴唇。胸部还是隐约地在痛。他用左手轻轻擦揉着胸膛。"病菌在吃我的肺，好，就让它们吃个痛快罢，"他想。

"她真的要走吗？"他问自己。他又埋下头看手里那张调职书。他用不着再问了。那张纸明明告诉他，她会走的。

"走了也好，她应该为自己找一个新天地。我让她住在这里只有把她白白糟蹋，"他安慰自己地想。他又把头掉过去看她。她已经向里翻过了身，他只看见她一头黑发。"她睡得很好，"他低声说。他把头放在靠背上，闭着眼睛，休息了一会儿。通知书仍然捏在他的手里。

他忽然又惊醒似地睁开眼睛。屋子里多么亮！多么静！多么冷！他又掉过头去看她。她还睡在床上，但是又翻过了身来，面向着他，并且把右膀伸到被外来了。这是一只白而多肉的膀子。"她会受凉的，"他想着，就站起来，走到床前，把她的膀子放回到被里去。他轻轻地拿着她的手，慢慢地动着，但是仍然把她惊醒了。

她起先哼了一声，慢慢地睁开眼睛。"你还不睡？"她问道。但是接着她又吃惊地说："怎么，你下床来了！"

"我看见你一只膀子露在外面，怕你着凉，"他低声解释道，通知书还捏在手里。

她感激地对他一笑，然后慢慢地把眼光移到别处去。她忽然看见了那张通知书。

"怎么在你手里？"她惊问道，就坐起来，把睡衣的领口拉紧一点。"你从哪里找到的？"

"我看见了，"他埋下头答道，他的脸立刻发红。他连忙加上一句解释："你的手提包从桌上掉下来打开了。"

"我今天才拿到它。我还不知道应该怎么办，"她抱歉似地说，她记起来是自己大意把手提包忘记在书桌上的。她打了一个冷噤，连忙用棉被裹住自己的身子。

"你去罢，我没有问题，"他低声说。

"我知道，"她点点头。她看见他望着自己好象有多少话要说，却又说不出来，她心里也难过。"我本来不想去，不过我不去我们这一家人怎么生活——"

"我知道，"他结结巴巴地说，打断了她的话。

"陈主任帮我订飞机票，说是下星期三走，"她又说。

"是，"他机械地答道。

"横顺我也没有多少行李。西北皮货便宜，我可以在那边做衣服，"她接下去说。

"是，那边皮货便宜，"他没精打采地应道。

"我可以在行里领路费，还可以借支一笔钱，我先留五万在家里。"

"好的，"他短短地回答。他的心象被木棒捣着似地痛得厉害。

"你好好养病。我到那边升了一级，可以多拿薪水，也可以多寄点钱回家。你只管安心养病罢。"她愈说愈有精神，脸上又浮起了微笑。

他实在支持不下去，便说："我睡了。"他勉强走到书桌那边，把通知书放回她的手提包里，然后回到床前，他颓然倒下去，用棉被蒙着头，低声哭起来。

她刚刚闭上了眼睛，忽然听见他的哭声。她的兴奋和愉快一下子都飞散了。她觉得不知道从哪里掉下许多根针,全刺在她的心上。她唤一声:"宣!"他不答应。她再唤一声。他仍然不答应,可是哭声却稍微高了些。她再也控制不住自己的感情。她掀开自己的棉被,也拉开他的棉被,把半个身子扑到他的身上,伸出两只膀子搂着他,不管他怎样躲开,她还是把他的脸扳过来。她流着眼泪,呜咽地喃喃说:"我也并不想去。要不是你妈,要不是大家的生活……我心里也很苦啊!……我一个女人,我……"

[注释]

[1] 巴金,原名李尧棠,字芾甘,四川成都人。1920年考入成都外语专门学校,参加反封建的进步刊物《半月社》活动。为了追求光明,1923年和三哥毅然冲破封建家庭的樊笼,来到上海、南京,进东南大学附中,并参加了一些社会活动。1927年旅法在巴黎读书,并开始了文学创作,次年回国从事文学活动,"九一八"事变后积极参加救亡工作。和鲁迅有交往。曾任《文学季刊》编委,文化生活出版社总编辑,与靳以合编《文季月刊》。抗日战争爆发后,和茅盾创办《烽火》,任中华全国文艺界抗敌协会理事。中华人民共和国成立后,历任中国文联第二至四届副主席,中国作家协会副主席、主席,《收获》和《上海文学》主编,曾任第五届全国人大常委会委员、全国政协副主席。主要作品有长篇小说《灭亡》《爱情三部曲》(《雾》《雨》《电》)、《激流三部曲》(《家》《春》《秋》)和《抗战三部曲》(《火》之一、之二、之三),中篇小说《春天里的秋天》《憩园》《寒夜》,散文集《新声集》《赞歌集》《随想录》(5集)。译作有长篇小说《父与子》《处女地》,回忆录《往事与随想》。

[鉴赏训练]

1. 结合作品分析《寒夜》的悲剧意蕴。
2. 比较分析汪文宣、曾树生形象。
3. 结合《家》《寒夜》,比较巴金前后期创作风格的变化及其原因。

[拓展阅读]

《巴金全集》26卷,700多万字。这是巴金献给人类的一笔巨大财富。巴金却说自己百分之五十是废品。

20世纪80年代中后期,人民文学出版社拟出版《巴金全集》。起初,巴金不同意,编辑王仰晨几次来沪做说服工作,被王仰晨的热情和决心打动,一年后巴金终于同意了。

巴金为何不同意出版他的全集?巴金说,编印全集是对自己的一次惩罚。因为,他认为,他的作品百分之五十不合格,是废品。

巴金是无情的。他说,第4卷中的《死去的太阳》,是一篇幼稚之作,第5卷中的《利娜》,严格地说还不是"创作"。他认为《砂丁》和《雪》都是失败之作。这两篇小说,写于30年代初,以矿工生活为题材,他虽然在长兴煤矿住过一个星期,但是对矿工的生活,了解的还只是皮毛,因此,编造的成分很大。尽管如此,当时统治者很害怕这两篇小说,发行不久就遭到查禁。《雪》的原名叫《萌芽》,重印时改为《雪》。

巴金是严厉的。在读者中广为流传的《爱情三部曲》,他也说是不成功之作。在《巴金全集》第6卷"代跋"中,巴金开篇就写道:"《爱情三部曲》也不是成功之作。关于这三卷书我讲过不少夸张的话，甚至有些装腔作势。我说我喜欢它们，1936年我写总序的时候，我的感情是真诚的。今天我重读小说中某些篇章，我的心仍然不平静，不过我不像从前那样的喜欢它们了，我看到了一些编造的东西。有人批评我写革命'上无领导、下无群众'，说这样的革命是空想，永远'革'不起来。说得对！我没有一点革命的经验。也可以说，我没有写革命的'本钱'。我只是想为一些熟人画像，他们每个人身上都有使我感动的发光的东西。我拿着画笔感到毫无办法时，就求助于想象，求助于编造，企图给人物增添光彩，结果却毫无所得。"

巴金是苛刻的。他还说《火》是失败之作，《火》也是三部曲。说它是失败之作，巴金多次讲过。在编选《巴金选集》时，也没有把它们收进去。巴金说："我不掩盖自己的缺点。但写一个短篇，不一定会暴露我的缺点。写中篇、长篇那就不同了，离不了生活，少不了对生活的感受。生活不够，感受不深，只好避实就虚，因此写出了肤浅的作品。"关于《火》，巴金还说："三卷《火》中我写了两位熟人……但是我应该承认跟我这样熟的两个人我都没有写好……除了刚才说的'避实就虚'外，我还有一个毛病，我做文章一贯信笔写去，不是想好才写。我没有计划，没有蓝图，想到哪里就写到哪里。所以我不是艺术家，也不是文学家，更不是什么大师。我只是用笔做武器，靠作品生活，在作品中进行战斗。我经常战败，倒下去，又爬起来，继续战斗。"

巴金是彻底的。他觉得，他在一些文章中写了自己不想说的话，写了自己不理解的事情。在一些作品里，他还写了许多不切实际的豪言壮语，与读者的距离越来越远。他的百分之五十废品的观点，自然不被人们认同。编辑王仰晨首先在给巴金的信中表达了异议。巴金回信道："说到废品你不同意，你以为我谦虚。你不同意我那百分之五十的废品的看法。但是，重读过去的文章，我绝不能宽恕自己。有人责问我为什么把自己搞得这样痛苦，正因为我无法使笔下的豪言壮举成为现实。"

巴金是理智的。他清晰地看到时代的发展，社会的变化。所以，他说："三十年代、四十年代的青年把我当作他们的朋友……在十八九岁的日子，热情像一锅煮沸的油，谁也愿意贡献出自己宝贵的血。我写了一本又一本的书，一次又一次地送到年轻读者手中。我感觉到我们之间的友谊在加深。但是二十年后，五十年代至八十年代的青年就不理解我了。我感到寂寞、孤独，因为我老了，我的书也老了，无论怎样修饰、加工，也不能给它们增加多少生命。你不用替我惋惜，不是他们离开我，是我离开了他们。我的时代可能已经过去。我理解了自己，就不会感到遗憾，也希望读者理解我。"

[综合鉴赏训练]

1. 熟读《诸葛亮舌战群儒》，认真揣摩人物心理和语言特点，结合演讲与辩论的要求，分角色再现"舌战"情景，进一步体会小说人物的语言机智，加强对作品的理解和认识。

2. 《西游记》是我国古代第一部浪漫主义章回体长篇神魔小说，是中国古典四大名著之一。小说主要描写了孙悟空出世及大闹天宫后，遇见了唐僧、猪八戒、沙僧和白龙马，西行取经，一路上历经艰险、降妖伏魔，经历了九九八十一难，终于到达西天见到如来佛祖，最终五圣成真的故事。根据你的阅读经验，简要概述师徒四人的形象特征。

3. 阅读蔡中锋的小小说《学无止境》，并思考回答下列问题。

学无止境

老婆发现小王买了一副麻将和一本《麻将入门》，一个人关在书房里摆弄，就说："这东西很害人，你玩它做什么呢？"小王说："我们单位的一把手爱玩麻将，天天陪他玩麻将的人都提拔了！我只有尽快适应新形势新任务的要求，才会有出息。"

不久，小王的打麻将技术就入门了，于是他就天天去陪领导玩。果然，只隔了两年的时间，他就被提拔成了王科长。

成了王科长之后，小王又开始在家里研究《麻将牌夺魁技巧》，他的老婆见了，就问他："你陪领导玩玩麻将，也不需要多高的技术啊，只要会输就行了，你还用心地研究什么夺魁技巧，难道你还真想赢领导的钱不成？"小王说："那倒不是，我现在正在研究如何将输给领导的钱从下面的人那儿赢回来，这样才能良性循环。"

靠着良性循环，又过了两年，小王成了一把手，他又开始拿了一本《麻将心理学》在研究，他的老婆看到了，很是奇怪，就问他："现在大家不都是输给你钱吗？你怎么还要研究什么打麻将心理学？"小王说："你真是头发长见识短！我当这个局的一把手容易吗？下面的人那么多，你以为谁的钱都能赢呀？如果通吃，一定会出事情的。而要想知道谁的钱能赢，谁的不能赢，能赢的赢他多少才最合适，这本领才是最难学到手的！"

过了不到一年，小王的老婆又见小王买了一副桥牌和一本《桥牌入门》在书房里摆弄，更加奇怪："你怎么又玩起桥牌来了？"小王说："新来的刘局长喜欢玩桥牌！"

（1）题目"学无止境"的含义是什么？

（2）请简要概括小王的性格特征。

（3）小说很短，却意味深长，读后不得不令人沉思，请分析小说的写作特点，以及在塑造小王这一人物形象时所使用的方法。

4. 人物刻画活动设计：选择班上熟悉的一位同学为对象进行人物刻画，作品完成后请大家阅读，看是否能够让同学们明确你刻画的人物是谁。要求结合人物刻画的要点，尽可能体现人物的心理活动、语言特点、行为习惯、个性特点及精神品质。

5. 阅读《河的第三条岸》，思考后面的题目。

河的第三条岸

[巴西] 若昂·吉马朗埃斯·罗萨

父亲是一个尽职、本分、坦白的人。他并不比谁更愉快或更烦恼，只是更沉默寡言一些。是母亲，而不是父亲，在掌管着我们家，她天天都责备我们——姐姐、哥哥和我。

但有一天，发生了一件事：父亲竟自己去定购了一条船。

父亲对船要求很严格，它要用含羞草特制，牢固得可以在水上漂二三十年，大小恰好可供一个人使用。母亲唠叨不停，牢骚满腹，丈夫是突然想去做渔夫吗？父亲什么也没有说。

离开我们家不到一英里，有一条大河流过，水波平静，又宽又深，一眼望不到对岸。

我总忘不了小船送来的那天，父亲并没有显示出什么特别的神情。他像往常一样戴上帽子，对我们说了一声再见，没带食物，也没拿别的什么。我原以为母亲会大吵大闹，但她没有。脸色苍白，从头到尾她只说了一句话："如果你出去，就待在外面，永远别回来。"

父亲没有吭声，他温柔地看着我，示意我和他一起出去。我们一起向河边走去。我强烈地感到无畏和兴奋。"爸爸，你会带我上船吗？"

他只是看着我，为我祝福，然后做了一个手势，要我回去。我假装照他的意思做了，但当他转过身去，我伏在灌木丛后面，偷偷地观察他。父亲上了船，划远了。父亲再没有回来。其实他哪儿也没去。他就在那条河里划来划去，漂来漂去。每个人都吓坏了。从未发生过，也不可能发生的事现在却发生了。

每个人都猜想父亲疯了。母亲觉得羞辱，但她几乎什么都不讲，尽力保持着镇静。河边的行人和两岸附近的居民说，无论白天黑夜都没见父亲踏上陆地一步。他像一条被遗弃的船，孤独地、毫无目的地在河上漂流。人们一致认为，对于父亲而言，食物是一个大问题，他一定会离开大河，回到家中。

他们可是大错特错了。父亲有一个秘密的补给来源，那就是我。我每天偷了食物带给他。后来我惊异地发现，母亲知道我做的一切，而且总是把食物放在我轻易就能偷到的地方。她怀有很多不曾流露的情感。

日复一日，年复一年，父亲从不踏上泥土、草地或河岸一步。从没生过火，他没有一丝光亮。他的身体怎样？不停摇桨要消耗他多少精力？河水泛滥时，他又怎么能幸免于难？我常常这样问自己。

姐姐生了一个男孩，她坚持要让父亲看看外孙，那天天气好极了，我们全家来到河滩。姐姐穿着白色的新婚纱裙，高高地举起婴儿，姐夫为他们撑着伞。我们呼喊，等待。但父亲始终没有出现。姐姐哭了，我们都哭了，大家彼此搀扶着。

后来，姐姐搬走了，哥哥也到城里去了。母亲最后也走了，和女儿一起生活去了。只剩下我一个人留了下来。我从未考虑过结婚。我留下来独自面对一生中的困境。父亲，孤独地在河上漂流的父亲需要我。我知道他需要我，尽管他从未告诉我们为什么要这样做。不管怎么样，我都不会因这件事责怪父亲。

我的头发渐渐地变白了。我到底有什么不对？我到底有什么罪过？渐渐地，我因年老而心瘁力竭，生命踌躇不前，同时爱讲到疾病和死亡。他呢？为什么？为什么要这样？终有一天，他会精疲力竭，只好让小船翻掉，或者听任河水把小船冲走，直到船内积水过多而沉入激流之中。哦，天哪！

我等待着，等待着。终于，他在远方出现了，那儿，就在那儿。我庄重地指天发誓，尽可能大声地叫着：

"爸爸，你在河上浮游得太久了，你老了，回来吧。你不是非这样下去不可，回来吧。无论何时，我会踏上你的船，顶上你的位置。"

他听见了，站了起来，挥动船桨向我划过来。他接受了我的提议。我突然浑身战栗起来。因为他举起手臂向我挥舞，这么多年来这是第一次。我不能……我害怕极了，发疯似的逃掉了。因为他像是从另一个世界来的人。

极度恐惧给我带来一种冰冷的感觉,我病倒了。从此以后,没有人再看见过他,听说过他。

(选自余华《温暖的旅程——影响我的10部短篇小说》,有删改)

（1）小说中写道"父亲,孤独地在河上漂流的父亲需要我",请联系全文,简述"父亲"为什么需要"我"。

（2）结合作品,请简要分析"母亲"这一人物形象。

（3）有人说,"河的第三条岸"在现实中并不存在,它象征着"父亲"超越世俗的人生追求。如果这样,那么"我"对"父亲"的这种追求持何种态度？请联系全文,谈谈你的看法。

故事营构赏析

（一）

宝玉挨打[1]（节选）

曹雪芹[2]

[导读]

《红楼梦》是我国古典文学巨著,是中国古典文学创作的巅峰之作,是全人类的文化瑰宝。《红楼梦》以贾宝玉和林黛玉的爱情悲剧为主要线索,塑造了几百位性格鲜明的人物形象,通过贾家荣宁两府的兴衰,表现了社会生活的各个方面,被誉为中国古代的百科全书。"宝玉挨打"是全书情节发展中的一次大波澜,此时的贾府,富贵荣华,已趋鼎盛,但在这"烈火烹油鲜花着锦"的外表下,却隐藏着深深的危机,存在着各种日趋尖锐的矛盾,尤其是以贾宝玉为代表的离经叛道和以贾政为代表的封建正统思想的矛盾,使得宝玉挨打成为一种必然。作者运用精湛的叙事写人手法,利用冲突事件来描写人物,把出场的人物写得各有性情,整个过程紧凑生动而又跌宕有趣。

[选文]

原来宝玉会过雨村回来听见了,便知金钏儿含羞赌气自尽,心中早又五内摧伤,进来被王夫人数落教训,也无可回说。见宝钗进来,方得便出来,茫然不知何往,背着手,低头一面感叹,一面慢慢的走着,信步来至厅上。刚转过屏门,不想对面来了一人正往里走,可巧儿撞了个满怀。只听那人喝了一声"站住!"宝玉唬了一跳,抬头一看,不是别人,却是他父亲,不觉的倒抽了一口气,只得垂手一旁站了。贾政道:"好端端的,你垂头丧气嗐些什么？方才雨村来了要见你,叫你那半天你才出来；既出来了,全无一点慷慨挥洒谈吐,仍是葳葳蕤蕤菱靡不振。我看你脸上一团思欲愁闷气色,这会子又咳声叹气。你那些还不足,还不自在？无故这样,却是为何？"宝玉素日虽是口角伶俐,只是此时一心总为金钏儿感伤,恨不得此时也身亡命殒,跟了金钏儿去。如今见了他父亲说这些话,究竟不曾听见,只是怔呵呵的站着。

贾政见他惶悚[3],应对不似往日,原本无气的,这一来倒生了三分气。方欲说话,忽有回事人来回:"忠顺亲王府里有人来,要见老爷。"贾政听了,心下疑惑,暗暗思忖道:

"素日并不和忠顺府来往，为什么今日打发人来？"一面想，一面令"快请"，急走出来看时，却是忠顺府长史官[4]，忙接进厅上坐了献茶。未及叙谈，那长史官先就说道："下官此来，并非擅造潭府[5]，皆因奉王命而来，有一件事相求。看王爷面上，敢烦老大人作主，不但王爷知情，且连下官辈亦感谢不尽。"贾政听了这话，抓不住头脑，忙陪笑起身问道："大人既奉王命而来，不知有何见谕，望大人宣明，学生好遵谕承办。"那长史官便冷笑道："也不必承办，只用大人一句话就完了。我们府里有一个做小旦的琪官，一向好好在府里，如今竟三五日不见回去，各处去找，又摸不着他的道路[6]，因此各处访察。这一城内，十停[7]人倒有八停人都说，他近日和衔玉的那位令郎相与甚厚。下官辈等听了，尊府不比别家，可以擅入索取，因此启明王爷。王爷亦云：'若是别的戏子呢，一百个也罢了，只是这琪官随机应答，谨慎老诚，甚合我老人家的心，竟断断少不得此人。'故此求老大人转谕令郎，请将琪官放回，一则可慰王爷谆谆奉恳，二则下官辈也可免操劳求觅之苦。"说毕，忙打一躬。

贾政听了这话，又惊又气，即命唤宝玉来。宝玉也不知是何原故，忙赶来时，贾政便问："该死的奴才！你在家不读书也罢了，怎么又做出这些无法无天的事来！那琪官现是忠顺王爷驾前承奉的人，你是何等草芥，无故引逗他出来，如今祸及于我。"宝玉听了唬了一跳，忙回道："实在不知此事。究竟连'琪官'两个字不知为何物，岂更又加'引逗'二字！"说着便哭了。贾政未及开言，只见那长史官冷笑道："公子也不必掩饰。或隐藏在家，或知其下落，早说了出来，我们也少受些辛苦，岂不念公子之德？"宝玉连说不知，"恐是讹传，也未见得"。那长史官冷笑道："现有据证，何必还赖？必定当着老大人说了出来，公子岂不吃亏？既云不知此人，那红汗巾子[8]怎么到了公子腰里？"宝玉听了这话，不觉轰去魂魄，目瞪口呆，心下自思："这话他如何得知！他既连这样机密事都知道了，大约别的瞒他不过，不如打发他去了 免的再说出别的事来。"因说道："大人既知他的底细，如何连他置买房舍这样大事倒不晓得了？听得说他如今在东郊离城二十里有个什么紫檀堡，他在那里置了几亩田地几间房舍。想是在那里也未可知。"那长史官听了，笑道："这样说，一定是在那里。我且去找一回，若有了便罢，若没有，还要来请教。"说着，便忙忙的走了。

贾政此时气的目瞪口歪，一面送那长史官，一面回头命宝玉"不许动！回来有话问你！"一直送那官员去了。才回身，忽见贾环带着几个小厮一阵乱跑。贾政喝令小厮"快打，快打！"贾环见了他父亲，唬的骨软筋酥，忙低头站住。贾政便问："你跑什么？带着你的那些人都不管你，不知往那里逛去，由你野马一般！"喝令叫跟上学的人来。贾环见他父亲盛怒，便乘机说道："方才原不曾跑，只因从那井边一过，那井里淹死了一个丫头，我看见人头这样大，身子这样粗，泡的实在可怕，所以才赶着跑了过来。"贾政听了惊疑，问道："好端端的，谁去跳井？我家从无这样事情，自祖宗以来，皆是宽柔以待下人。——大约我近年于家务疏懒，自然执事人[9]操克夺之权[10]，致使生出这暴殄轻生[11]的祸患。若外人知道，祖宗颜面何在！"喝令快叫贾琏、赖大、来兴。小厮们答应了一声，方欲叫去，贾环忙上前拉住贾政的袍襟，贴膝跪下道："父亲不用生气。此事除太太房里的人，别人一点也不知道。我听见我母亲说……"说到这里，便回头四顾一看。贾政知意，将眼一看众小厮，小厮们明白，都往两边后面退去。贾环便悄悄说道："我母亲告诉我说，宝玉哥哥前日在太太屋里，拉着太太的丫头金钏儿强奸不遂，打了一顿。那金钏儿便赌气投井死了。"

话未说完，把个贾政气的面如金纸，大喝"快拿宝玉来！"一面说，一面便往里边书房里去，喝令"今日再有人劝我，我把这冠带家私[12]一应[13]交与他与宝玉过去！我免不得做个罪人，把这几根烦恼鬓毛剃去，寻个干净去处[14]自了，也免得上辱先人下生逆子之罪"。众门客仆从见贾政这个形景，便知又是为宝玉了，一个个都是咂指咬舌，连忙退出。那贾政喘吁吁直挺挺坐在椅子上，满面泪痕，一叠声"拿宝玉！拿大棍！拿索子捆上！把各门都关上！有人传信往里头去，立刻打死！"众小厮们只得齐声答应，有几个来找宝玉。

那宝玉听见贾政吩咐他"不许动"，早知多凶少吉，那里承望贾环又添了许多话。正在厅上干转，怎得个人来往里头去捎信，偏生没个人，连焙茗也不知在那里。正盼望时，只见一个老姆姆出来。宝玉如得了珍宝，便赶上来拉他，说道："快进去告诉：老爷要打我呢！快去，快去！要紧，要紧！"宝玉一则急了，说话不明白；二则老婆子偏生又聋，竟不曾听见是什么话，把"要紧"二字只听作"跳井"二字，便笑道："跳井让他跳去，二爷怕什么？"宝玉见是个聋子，便着急道："你出去叫我的小厮来罢。"那婆子道："有什么不了的事？老早的完了。太太又赏了衣服，又赏了银子，怎么不了事的！"

宝玉急的跺脚，正没抓寻处，只见贾政的小厮走来，逼着他出去了。贾政一见，眼都红紫了，也不暇问他在外流荡优伶，表赠私物，在家荒疏学业，淫辱母婢等语，只喝令"堵起嘴来，着实打死！"小厮们不敢违拗，只得将宝玉按在凳上，举起大板打了十来下。贾政犹嫌打轻了，一脚踢开掌板的，自己夺过来，咬着牙狠命盖了三四十下。众门客见打的不祥了，忙上前夺劝。贾政那里肯听，说道："你们问问他干的勾当可饶不可饶！素日皆是你们这些人把他酿[15]坏了，到这步田地还来解劝。明日酿到他弑君杀父，你们才不劝不成！"

众人听这话不好听，知道气急了，忙又退出，只得觅人进去给信。王夫人不敢先回贾母，只得忙穿衣出来，也不顾有人没人，忙忙赶往书房中来，慌的众门客小厮等避之不及。王夫人一进房来，贾政更如火上浇油一般，那板子越发下去的又狠又快。按宝玉的两个小厮忙松了手走开，宝玉早已动弹不得了。贾政还欲打时，早被王夫人抱住板子。贾政道："罢了，罢了！今日必定要气死我才罢！"王夫人哭道："宝玉虽然该打，老爷也要自重。况且炎天暑日的，老太太身上也不大好，打死宝玉事小，倘或老太太一时不自在了，岂不事大！"贾政冷笑道："倒休提这话。我养了这不肖的孽障，已不孝；教训他一番，又有众人护持；不如趁今日一发勒死了，以绝将来之患！"说着，便要绳索来勒死。

王夫人连忙抱住哭道："老爷虽然应当管教儿子，也要看夫妻分上。我如今已将五十岁的人，只有这个孽障，必定苦苦的以他为法，我也不敢深劝。今日越发要他死，岂不是有意绝我。既要勒死他，快拿绳子来先勒死我，再勒死他。我们娘儿们不敢含怨，到底在阴司里得个依靠。"说毕，爬在宝玉身上大哭起来。贾政听了此话，不觉长叹一声，向椅上坐了，泪如雨下。王夫人抱着宝玉，只见他面白气弱，底下穿着一条绿纱小衣皆是血渍，禁不住解下汗巾看，由臀至胫，或青或紫，或整或破，竟无一点好处，不觉失声大哭起来，"苦命的儿吓！"因哭出"苦命儿"来，忽又想起贾珠来，便叫着贾珠哭道："若有你活着，便死一百个我也不管了。"此时里面的人闻得王夫人出来，那李宫裁王熙凤与迎春姊妹早已出来了。王夫人哭着贾珠的名字，别人还可，惟有宫裁禁不住也放声哭了。贾政听了，那泪珠更似滚瓜一般滚了下来。

正没开交处，忽听丫鬟来说："老太太来了。"一句话未了，只听窗外颤巍巍的声气说道："先打死我，再打死他，岂不干净了！"贾政见他母亲来了，又急又痛，连忙迎接出来，只见贾母扶着丫头，喘吁吁的走来。

贾政上前躬身陪笑道："大暑热天，母亲有何生气亲自走来？有话只该叫了儿子进去吩咐。"贾母听说，便止住步喘息一回，厉声说道："你原来是和我说话！我倒有话吩咐，只是可怜我一生没养个好儿子，却教我和谁说去！"贾政听这话不像，忙跪下含泪说道："为儿的教训儿子，也为的是光宗耀祖。母亲这话，我做儿的如何禁得起？"贾母听说，便啐了一口，说道："我说一句话，你就禁不起，你那样下死手的板子，难道宝玉就禁得起了？你说教训儿子是光宗耀祖，当初你父亲怎么教训你来！"说着，不觉就滚下泪来。

贾政又陪笑道："母亲也不必伤感，皆是作儿的一时性起，从此以后再不打他了。"贾母便冷笑道："你也不必和我使性子赌气的。你的儿子，我也不该管你打不打。我猜着你也厌烦我们娘儿们。不如我们赶早儿离了你，大家干净！"说着便令人去看[16]轿马，"我和你太太宝玉立刻回南京去！"家下人只得干答应着。贾母又叫王夫人道："你也不必哭了。如今宝玉年纪小，你疼他，他将来长大成人，为官作宰的，也未必想着你是他母亲了。你如今倒不要疼他，只怕将来还少生一口气呢。"贾政听说，忙叩头哭道："母亲如此说，贾政无立足之地。"贾母冷笑道："你分明使我无立足之地，你反说起你来！只是我们回去了，你心里干净，看有谁来许你打。"一面说，一面只令快打点行李车轿回去。贾政苦苦叩求认罪。

贾母一面说话，一面又记挂宝玉，忙进来看时，只见今日这顿打不比往日，又是心疼，又是生气，也抱着哭个不了。王夫人与凤姐等解劝了一会，方渐渐的止住。早有丫鬟媳妇等上来，要搀宝玉，凤姐便骂道："糊涂东西，也不睁开眼瞧瞧！打的这么个样儿，还要搀着走！还不快进去把那藤屉子春凳[17]抬出来呢。"众人听说连忙进去，果然抬出春凳来，将宝玉抬放凳上，随着贾母王夫人等进去，送至贾母房中。

彼时贾政见贾母气未全消，不敢自便，也跟了进去。看看宝玉，果然打重了。再看看王夫人，"儿"一声，"肉"一声，"你替珠儿早死了，留着珠儿，免你父亲生气，我也不白操这半世的心了。这会子你倘或有个好歹，丢下我，叫我靠那一个！"数落一场，又哭"不争气的儿"。贾政听了，也就灰心，自悔不该下毒手打到如此地步。先劝贾母，贾母含泪说道："你不出去，还在这里做什么！难道于心不足，还要眼看着他死了才去不成！"贾政听说，方退了出来。

此时薛姨妈同宝钗、香菱、袭人、史湘云也都在这里。袭人满心委屈，只不好十分使出来，见众人围着，灌水的灌水，打扇的打扇，自己插不下手去，便越性走出来到二门前，令小厮们找了焙茗来细问："方才好端端的，为什么打起来？你也不早来透个信儿！"焙茗急的说："偏生我没在跟前，打到半中间我才听见了。忙打听原故，却是为琪官金钏姐姐的事。"袭人道："老爷怎么得知道的？"焙茗道："那琪官的事，多半是薛大爷素日吃醋，没法儿出气，不知在外头唆挑了谁来，在老爷跟前下的火[18]。那金钏儿的事是三爷说的，我也是听见老爷的人说的。"袭人听了这两件事都对景[19]，心中也就信了八九分。然后回来,只见众人都替宝玉疗治。调停完备,贾母令"好生抬到他房内去"。众人答应,七手八脚,忙把宝玉送入怡红院内自己床上卧好。又乱了半日,众人渐渐散去,袭人方进前来经心服侍,问他端的。且听下回分解。

话说袭人见贾母王夫人等去后,便走来宝玉身边坐下,含泪问他:"怎么就打到这步田地?"宝玉叹气说道:"不过为那些事,问他做什么!只是下半截疼的很,你瞧瞧打坏了那里。"袭人听说,便轻轻的伸手进去,将中衣褪下。宝玉略动一动,便咬着牙叫"嗳哟",袭人连忙停住手,如此三四次才褪了下来。袭人看时,只见腿上半段青紫,都有四指宽的僵痕高了起来。袭人咬着牙说道:"我的娘,怎么下这般的狠手!你但凡听我一句话,也不得到这步地位。幸而没动筋骨,倘或打出个残疾来,可叫人怎么样呢!"

正说着,只听丫鬟们说:"宝姑娘来了。"袭人听见,知道穿不及中衣,便拿了一床袷纱被[20]替宝玉盖了。只见宝钗手里托着一丸药走进来,向袭人说道:"晚上把这药用酒研开,替他敷上,把那淤血的热毒散开,可以就好了。"说毕,递与袭人,又问道:"这会子可好些?"宝玉一面道谢说:"好了。"又让坐。宝钗见他睁开眼说话,不像先时,心中也宽慰了好些,便点头叹道:"早听人一句话,也不至今日。别说老太太、太太心疼,就是我们看着,心里也疼。"刚说了半句又忙咽住,自悔说的话急了,不觉的就红了脸,低下头来。宝玉听得这话如此亲切稠密,大有深意,忽见他又咽住不往下说,红了脸,低下头只管弄衣带,那一种娇羞怯怯,非可形容得出者,不觉心中大畅,将疼痛早丢在九霄云外,心中自思:"我不过挨了几下打,他们一个个就有这些怜惜悲感之态露出,令人可玩可观,可怜可敬。假若我一时竟遭殃横死,他们还不知是何等悲感呢!既是他们这样,我便一时死了,得他们如此,一生事业纵然尽付东流,亦无足叹惜,冥冥之中若不怡然自得,亦可谓糊涂鬼祟矣。"想着,只听宝钗问袭人道:"怎么好好的动了气,就打起来了?"袭人便把焙茗的话说了出来。

宝玉原来还不知道贾环的话,见袭人说出方才知道。因又拉上薛蟠,惟恐宝钗沉心[21],忙又止住袭人道:"薛大哥哥从来不这样的,你们不可混猜度。"宝钗听说,便知道是怕他多心,用话相拦袭人,因心中暗暗想道:"打的这个形象,疼还顾不过来,还是这样细心,怕得罪了人,可见在我们身上也算是用心了。你既这样用心,何不在外头大事上做工夫,老爷也欢喜了,也不能吃这样亏。但你固然怕我沉心,所以拦袭人的话,难道我就不知我的哥哥素日恣心纵欲,毫无防范的那种心性。当日为一个秦钟,还闹的天翻地覆,自然如今比先又更利害了。"想毕,因笑道:"你们也不必怨这个,怨那个。据我想,到底宝兄弟素日不正,肯和那些人来往,老爷才生气。就是我哥哥说话不防头[22],一时说出宝兄弟来,也不是有心调唆:一则也是本来的实话,二则他原不理论[23]这些防嫌小事。袭姑娘从小儿只见宝兄弟这么样细心的人,你何尝见过天不怕地不怕、心里有什么口里就说什么的人。"袭人因说出薛蟠来,见宝玉拦他的话,早已明白自己说造次了,恐宝钗没意思,听宝钗如此说,更觉羞愧无言。宝玉又听宝钗这番话,一半是堂皇正大,一半是去已疑心,更觉比先畅快了。方欲说话时,只见宝钗起身说道:"明儿再来看你,你好生养着罢。方才我拿了药来交给袭人,晚上敷上管就好了。"说着便走出门去。袭人赶着送出院外,说:"姑娘倒费心了。改日宝二爷好了,亲自来谢。"宝钗回头笑道:"有什么谢处。你只劝他好生静养,别胡思乱想的就好了。不必惊动老太太、太太众人,倘或吹到老爷耳朵里，虽然彼时不怎么样，将来对景，终是要吃亏的。"说着，一面去了。

袭人抽身回来，心内着实感激宝钗。进来见宝玉沉思默默似睡非睡的模样，因而退出房外，自去栉沐[24]。宝玉默默的躺在床上，无奈臀上作痛，如针挑刀挖一般，更又热如火炙，略展转时，禁不住"嗳哟"之声。那时天色将晚，因见袭人去了，却有两三个丫鬟伺候，此时并无呼唤之事，因说道："你们且去梳洗，等我叫时再来。"众人听了，也都退出。

这里宝玉昏昏默默，只见蒋玉菡走了进来，诉说忠顺府拿他之事，又见金钏儿进来哭说为他投井之情。宝玉半梦半醒，都不在意。忽又觉有人推他，恍恍忽忽听得有人悲戚之声。宝玉从梦中惊醒，睁眼一看，不是别人，却是林黛玉。宝玉犹恐是梦，忙又将身子欠起来，向脸上细细一认，只见两个眼睛肿的桃儿一般，满面泪光，不是黛玉，却是那个？宝玉还欲看时，怎奈下半截疼痛难忍，支持不住，便"嗳哟"一声，仍就倒下，叹了一声，说道："你又做什么跑来！虽说太阳落下去，那地上的余热未散，走两趟又要受了暑。我虽然挨了打，并不觉疼痛。我这个样儿，只装出来哄他们，好在外头布散与老爷听，其实是假的。你不可认真。"此时林黛玉虽不是嚎啕大哭，然越是这等无声之泣，气噎喉堵，更觉得利害。听了宝玉这番话，心中虽然有万句言词，只是不能说得，半日，方抽抽噎噎的说道："你从此可都改了罢！"宝玉听说，便长叹一声，道："你放心，别说这样话。就便为这些人死了，也是情愿的！"

一句话未了，只见院外人说："二奶奶来了。"林黛玉便知是凤姐来了，连忙立起身说道："我从后院子去罢，回来再来。"宝玉一把拉住道："这可奇了，好好的怎么怕起他来。"林黛玉急的跺脚，悄悄的说道："你瞧瞧我的眼睛，又该他取笑开心呢。"宝玉听说赶忙的放手。黛玉三步两步转过床后，出后院而去。

（选自曹雪芹、高鹗著《红楼梦》（上），人民文学出版社，1982年版）

[注释]

[1] 节选自曹雪芹著《红楼梦》第三十三回"手足耽耽小动唇舌，不肖种种大承笞挞"，篇名为编者所加。

[2] 曹雪芹（约1715—1763，一作1764），清代小说家，名霑，字梦阮，号雪芹、琴圃、芹溪，能诗，又善画石，但作品流传绝少。为满洲正白旗"包衣"人，自曾祖起三代任江宁织造，其祖曹寅尤为康熙帝所信用。雍正初年，在统治阶级内部政治斗争牵连下，曹家受到重大打击，其父免职，产业被抄，遂随家迁居北京。晚年居北京西郊，贫病而卒，年未及五十岁。

[3] 惶悚（sǒng）：惶恐。悚，害怕，恐惧。

[4] 长史官：总管王府内事务的官吏。从南朝起始设，以后各代王府都沿设。

[5] 潭府：深宅大院。常用作对他人住宅的尊称。潭，深邃的样子。

[6] 道路：行踪，去向。

[7] 停：总数分成几份，其中一份叫一停。

[8] 汗巾子：系内裤用的腰巾，因近身受汗，故名。

[9] 执事人：具体操办某件事务的人。

[10] 克夺之权：生杀予夺之权。
[11] 暴殄（tiǎn）轻生：暴殄，恣意糟踏。殄，灭绝。轻生，不爱惜生命。
[12] 冠带家私：冠带，帽子和束带，是官服的代称，这里代指官爵。家私，财产，代指家业。
[13] 一应：所有的一切。
[14] 烦恼鬓毛……干净去处：鬓毛，即头发，佛家称为"烦恼丝"。干净，佛家以为人世污浊不净，唯有佛门才能通向清净世界，即所谓净土。剃去烦恼鬓毛与寻个干净去处，都是出家当和尚的意思。
[15] 酿：纵容。
[16] 看：料理，备办。
[17] 藤屉子春凳：藤屉子，凳面用藤皮编成。春凳，一种面较宽的可坐可卧的长凳。
[18] 下的火：使坏进谗的意思。
[19] 对景：对得上号，情况符合。
[20] 袷（jiá）纱被：表里两层的纱被。袷，同"夹"。
[21] 沉心：多指言者无意而听者有心，陡生不快，也叫"吃心"或"嗔心"。
[22] 不防头：不留神，不经意。
[23] 不理论：不注意，不在意。
[24] 栉（zhì）沐：梳洗。

[鉴赏训练]

1. 宝玉挨打后，宝钗、黛玉先后来探望，分析她们的言谈举止有什么不同，表现了怎样的个性。
2. 这篇作品的艺术表现最成功的地方在哪里？试作分析。

[拓展阅读]

在长篇小说《红楼梦》中，除小说的主体文字外，还包含有诗词、曲赋、诔赞等多种文学样式，可以说它是中体兼备。《葬花吟》是林黛玉感叹身世遭遇的代表作，也是作者曹雪芹借以塑造这一艺术形象，表现其性格特征的重要作品。这首风格上仿效初唐体的歌行，抒情淋漓尽致，在艺术上是很成功的。

葬花吟

花谢花飞花满天，红消香断有谁怜？柔丝软系飘春榭，落絮轻沾扑绣帘。
闺中女儿惜春暮，愁绪满怀无处诉。手把花锄出绣帘，忍踏落花来复去。
柳丝榆荚自芳菲，不管桃飘与李飞。桃李明年能再发，明岁闺中知有谁？
三月香巢初垒成，梁间燕子太无情！明朝花发虽可啄，却不道人去梁空巢也倾。
一年三百六十日，风刀霜剑严相逼。明媚鲜妍能几时？一朝飘泊难寻觅。
花开易见落难寻，阶前闷杀葬花人。独把花锄偷落泪，洒上空枝见血痕。
杜鹃无语正黄昏，荷锄归去掩重门。青灯照壁人初睡，冷雨敲门被未温。
怪侬底事倍伤神，半为怜春半恼春。怜春忽至恼忽去，至又无言去不闻。

昨宵庭外悲歌奏，知是花魂与鸟魂？花魂鸟魂总难留，鸟自无言花自羞。
愿奴此日生双翼，随花飞到天尽头。天尽头，何处有香丘？
未若锦囊收艳骨，一抔净土掩风流。质本洁来还洁去，强于污淖陷渠沟。
尔今死去侬收葬，未卜侬身何日丧？侬今葬花人笑痴，他年葬侬知是谁？
试看春残花渐落，便是红颜老死时。一朝春尽红颜老，花落人亡两不知！

（二）

春 之 声

王 蒙[1]

[导读]

　　无论对王蒙本人还是对新时期小说创作，《春之声》都是一篇值得重视的作品。这部篇幅不大的短篇小说热忱地表现和歌颂了党的十一届三中全会以后中国大地出现的新的希望和转机，揭示出一个富有重大历史意义的主题。作者曾以直面现实的勇气揭露出我们生活进程中出现的曲折和矛盾，但他并非只是一味地描绘社会生活的阴暗侧面，相反，他总是注意从纷纭复杂的社会现象中准确把握时代本质，给读者以思想上的启迪和精神上的鼓舞。《春之声》通过主人公岳之峰在闷罐子车里由见闻引起的丰富联想，让人们聆听到一个新的时代正大步迈来的铿锵脚步声。从困难中露出希望，冷峻中透出暖色，使人对未来充满信心和希望。

　　在艺术表现上，《春之声》或许更值得我们重视。它是新时期文学中率先运用"意识流"手法写成的小说。它突破了传统的人物、情节、环境的描写方式，而把反映现实生活的焦点集聚在人物心理内象的直接袒露上，以有限的篇幅充分展示主人公在特定的环境中涌现出的复杂、丰富的内心活动，意识的自然流动，通过对人物内心图景的细致描绘，勾勒出主人公的生活经历、命运遭际和思想性格，同时也表示出社会生活丰富而又纷杂的面影。小说采用"放射性结构"，有力地突破了时空的限制，纵笔所向，今昔中外、乡风城貌了无拘牵，以极精练的笔墨表现出十分丰富的思想内涵。此外，意味深远的象征，寓情于景、情景交融的描述，也是其艺术上的显著特色。

[选文]

　　咣地一声，黑夜就到来了。一个昏黄的、方方的大月亮出现在对面墙上。岳之峰的心紧缩了一下，又舒张开了。车身在轻轻地颤抖。人们在轻轻地摇摆。多么甜蜜的童年的摇篮啊！夏天的时候，把衣服放在大柳树下，脱光了屁股的小伙伴们一跃跳进故乡的清凉的小河里，一个猛子扎出十几米，谁知道谁在哪里露出头来呢？谁知道被他慌乱中吞下的一口水里，包含着多少条蛤蟆蝌蚪呢？闭上眼睛，熟睡在闪耀着阳光和树影的涟漪之上，不也是这样轻轻地、轻轻地摇晃着的吗？失去了的和没有失去的童年和故乡，责备我么？欢迎我么？母亲的坟墓和正在走向坟墓的父亲！

　　方方的月亮在移动，消失，又重新诞生。唯一的小方窗里透进了光束，是落日的余辉还是站台的灯？为什么连另外三个方窗也遮严了呢？黑咕隆冬，好象紧接着下午便是深夜。门咣地一关，就和外界隔开了。那愈来愈响的声音是下起了冰雹吗？是铁锤砸在铁砧上？在黄土高原的乡下，到处还靠人打铁，我们祖国的胳膊有多么发达的肌肉！呵，当然，那只是车轮撞击铁轨的噪音，来自这一节铁轨与那一节铁轨之间的缝隙。目前不是正在流行一支轻柔的歌曲吗，叫作什么来着——《泉水叮咚响》。如果火车也叮咚叮咚地响起来呢？广州人可真会生活，不象这西北高原上，人的脸上和房屋的窗玻璃上到处都蒙着一层厚厚的黄土。广州人的凉棚下面，垂挂着许许多多三角形的瓷板，它们伴随着清风，发出叮叮咚咚的清音，愉悦着心灵。美国的抽象派音乐却叫人发狂。真不知道基辛格听我们的杨子荣咏叹调时有什么样的感受。就剧锣鼓里有噪音，所有的噪音都是令人不快的吗？反正火车开动以后的铁轮声给人以鼓舞和希望。下一站，或者下一站的下一站，或者许多许多的下一站以后的下一站，你所寻找的生活就在那里，母亲或者孩子，友人或者妻子，温热的澡盆或者丰盛的饮食正在那里等待着你。都是回家过年的。过春节，我们的古老的民族的最美好的节日，谢天谢地，现在全国人民都可以快快乐乐地过年了。再不会用"革命化"的名义取消春节了。

  还真有趣。在出国考察三个月回来之后，在北京的高级宾馆里住了一阵——总结啦，汇报啦，接见啦，报告啦……之后，岳之峰接到了八十多岁的刚刚摘掉地主帽子的父亲的信。他决定回一趟阔别二十多年的家乡。这是不是个错误呢？他怎么也没想到要坐两个小时零四十七分钟的闷罐子车呀。三个小时以前，他还坐在从北京开往 X 城的三叉戟客机的宽敞、舒适的座位上。两个月以前，他还坐在驶向汉堡的易北河客轮上。现在呢，他和那些风尘仆仆的，在黑暗中看不清面容的旅客们挤在一起，就象沙丁鱼挤在罐头盒子里。甚至于他辨别不出火车到底是在向哪个方向行走。眼前只有那月亮似的光斑在飞速移动，火车的行驶究竟是和光斑方向相同抑或相反呢？他这个工程物理学家竟为这个连小学生都答得上来的、根本算不上是几何光学的问题伤了半天脑筋。

  他已经有二十多年没有回过家乡了。谁让他错投了胎？地主，地主！一九五六年他回过一次家，一次就够用了——回家呆了四天，却检讨了二十二年！而伟人的一句话，也够人们学习贯彻一百年。使他惶惑的是，难道人生一世就是为了作检讨？难道他生在中华，就是为了作一辈子的检讨的么？好在这一切都过去了。斯图加特的奔驰汽车工厂的装配线在不停地转动，车间洁净敞亮，没有多少噪音。西门子公司规模巨大，具有一百三十年的历史。我们才刚刚起步。赶上，赶上！不管有多么艰难。哞，哞，哞，快点开，快点开，快开，快开，快，快，快，车轮的声音从低沉的三拍一小节变成两拍一小节，最后变成高亢的呼号了。闷罐子车也罢，正在快开。何况天上还有三叉戟？

  尘土和纸烟的雾气中出现了旱烟叶发出的辣味，象是在给气管和肺作针灸。梅花针大概扎在肺叶上了。汗味就柔和得多了。方言的浓度在旱烟与汗味之间，既刺激，又亲切。还有南瓜的香味哩！谁在吃南瓜？X 城火车站前的广场上，没有见卖熟南瓜的呀。别的小吃和土特产倒是都有。花生、核桃、葵花籽、柿饼、醉枣、绿豆糕、山药、蕨麻……全有卖的。就象变戏法，举起一块红布，向左指上两指，这些东西就全没了，连火柴、电池、肥皂都跟着短缺。现在呢，一下子又都变了出来，也许伸手再抓两抓，还能抓出更多的财富。柿饼和枣朴质无华，却叫人甜到心里。岳之峰咬了一口上火车前买的柿饼，细细地咀嚼着儿时的甜香。辣味总是一下子就能尝到，甜味却埋得很深很深。要有耐心，要有善意，要有经验，要知觉灵敏。透过辛辣的烟草和热烘烘的汗味儿，岳之峰闻到了乡亲们携带的绿豆香。绿豆苗是可爱的，灰兔子也是可爱的，但是灰色的野兔常常要毁坏绿豆。为了追赶野兔，他和小柱子一口气跑了三里，跑得连树木带田垄都摇来摆去。在中秋的月夜，他亲眼见过一只银灰色的狐狸，走路悄无声息，象仙人，象梦。

　　车声小了，车声息了。人声大了，人声沸了。咣——咻，铁门打开了，女列车员——一个高个子，大骨架的姑娘正洒利地用家乡方言指挥下车和上车的乘客。"没有地方了，没有地方了。到别的车厢去吧，"已经在车上获得了自己的位置的人发出了这种无效的，也是自私的呼吁。上车的乘客正在拥上来，熙熙攘攘。到哪里都是熙熙攘攘。与我们的王府井相比，汉堡的街道上可以说是看不见人，而且市区的人口还在减少。岳之峰从飞机场来到 X 城火车站的时候吓了一跳——黑压压的人头，压迫得白雪不白，冬青也不绿了。难道是出了什么事情？一九四六年学生运动，人们集合在车站广场，准备拦车去南京请愿，也没有这么多人！岳之峰上大学的时候在北平，有一次他去逛故宫博物院，刚刚下午四点就看不见人影了，阴森的大殿使他的后脊背冒凉气。他小跑着离开了故宫，上了拥挤的有轨电车才放心了一点。如果跑慢了，说不定珍妃会从井里钻出来把他拉下去哩！

　　但是现在，故宫南门和北门前买入场券的人排着长队。而且不是星期天。X 城火车站前的人群令人晕眩。好象全中国有一半人要在春节前夕坐火车。到处都是团聚，相会，团圆饺子，团圆元宵，对于旧谊，对于别情，对于天伦之乐，对于故乡和童年的追寻。卖刚出屉的肉馅包子的，盖包子的白色棉褥子上尽是油污。卖烧饼、锅盔、油条、大饼的。卖整盒整盒的点心的。卖面包和饼干的。X 车站和 X 城饮食服务公司倾全力到车站前露天售货。为了买两个烧饼也要挤出一身汗。岳之峰出了多少汗啊！他混饱了（环境和物质条件的急骤改变已使他分辨不出饥和饱了）肚子，又买到了去家乡的短途客车的票。找给钱的时候使他一怔，写的是一块二，怎么只收了六角呢？莫非是自己没有报清站名？他想再问一问，但是排在他后面的人已经占据了售票窗口前的有利阵地，他挤不回去了。

　　他快快地看着手中的火车票。火车票上黑体铅字印的是 1.20 元，但是又用双虚线勾上了两个占满票面的大字：陆角。这使他百思不得其解，简直象是一种生物学上的密码。"这是怎么回事？为什么我买一块二角的票她却给了我六角钱的？"他自言自语。他问别人。没有人回答他。等待上车的人大多是一些忙碌得可以原谅的利己主义者。

　　各种信息在他的头脑里撞击。黑压压的人群。遮盖热气腾腾的肉包子的油污的棉被。候车室里张贴着的大字通告：关于春节期间增添新车次的情况，和临时增添的新车次的时刻表。男女厕所门前排着等待小便的人的长队。陆角的双钩虚线。大包袱和小包袱，大篮筐和小篮筐，大提兜和小提兜……他得出了这最后一段行程会是艰难的结论。他有了思想准备。终于他从旅客们的闲谈中听到了"闷罐子车"这个词儿，他恍然了。人脑毕竟比电脑聪明得多。

　　上到列车上的时候，他有点垂头丧气。在二十世纪八十年代的第一个春节即将来临之时，正在梦寐以求地渴望实现四个现代化的人们，却还要坐瓦特和史蒂文森时代的闷罐子车！事实如此。事实就象宇宙，就象地球，华山和黄河，水和土，氢和氧，钛和铀。既不象想象那样温柔，也不象想象那么冷酷。不是么，闷罐子车里坐满了人，而且还在一个两个，十个二十个地往人与人的缝隙，分子与分子，原子与原子的空隙之中嵌进。奇迹般地难以思议，已经坐满了人的车厢里又增加了那么多人。没有人叫苦。

有人叫苦了："这个箱子不能压。"一个包着头巾的抱着孩子的妇女试探着能不能坐到一只箱子上。"您到这边来，您到这边来。"岳之峰连忙站起身，把自己的靠边的位置让了出来。坐在靠边的地方，身子就能倚在车壁上，这就是最优越的"雅座"了。那女人有点不好意思。但终于抱着小孩子挪动了过来。她要费好大的力气才能不踩着别人。"谢谢您！"妇女用流利的北京话说。她抬起头。岳之峰好象看到一幅炭笔素描。题目应该叫《微笑》。

　　叮铃叮铃的铃声响了，铁门又咣地一声关上了，是更深沉的黑夜。车外的暮色也正在浓重起来嘛。大骨架的女列车员点起了一支白蜡，把蜡烛放到了一个方形的玻璃罩子里。为什么不点油灯呢？大概是怕煤油摇洒出来。偌大车厢，就靠这一盏蜡烛照亮。些微的亮光，照得乘客变成了一个又一个的影子。车身又摇晃了，对面车壁上的方形的光斑又在迅速移动了。离家乡又近一些了。摘了帽子，又见到了儿子，父亲该可以瞑目了吧？不论是他的罪恶或者忏悔，不论是他的眼泪还是感激，也不论是他的狰狞丑恶还是老实善良，这一切都快要随着他的消失而云消雾散了。老一辈人正在一个又一个地走向河的那边。咚咚咚，噔噔噔，嘭嘭嘭，是过桥了吗？联结着过去和未来，中国和外国，城市和乡村，此岸和彼岸的桥啊！

　　靠得很近的蜡灯把黑白分明的光辉和阴影印制在女列车员的脸上。女列车员象是一尊全身的神像。"旅客同志们，春节期间，客运拥挤，我们的票车（票车：铁路人员一般称客车为票车。）去支援长途……提高警惕……"她说得挺带劲，每吐出一个字就象拧紧了一个螺母。她有一种信心十足，指挥若定的气概，以小小的年纪，靠一支蜡烛的光亮，领导着一车的乌合之众。但是她的声音也淹没在轰轰轰，嗡嗡嗡，隆隆隆，不仅是七嘴八舌，而且是七十嘴八十舌的喧嚣里了。

　　自由市场。百货公司。香港电子石英表。豫剧片《卷席筒》。羊肉泡馍。醪糟蛋花。三接头皮鞋。三片瓦帽子。包产到组。收购大葱。中医治癌。差额选举。结婚筵席……在这些温暖的闲言碎语之中，岳之峰轮流把体重从左腿转移到右腿，再从右腿转移到左腿。幸好人有两条腿，要不然，无依无靠地站立在人和物的密集之中，可真不好受。立锥之地，岳之峰现在对于这句成语才有了形象的理解。莫非古代也有这种拥挤的、没有座位和灯光的旅行车辆吗？但他给一个女同志让了"座位"。不，没有座，只有位。想不到她讲一口北京话。这使岳之峰兴致似乎高了一些。"谢谢"，"对不起"，在国外到处是这种礼貌的用语。虽然有一个装着坚硬的铁器的麻袋正在挤压他右腿的小腿肚子。而另一个席地而坐的人的脊背干脆靠到了他的酸麻难忍的左腿上。

　　简直是神奇。不仅在慕尼黑的剧院里观看演出的时候；而且在北京，在研究所、部里和宾馆里，在二十三平方米的住房和一〇三和三三二路公共汽车上；他也想不到人们还要坐闷罐子车。这不是运货和运牲畜的车吗？倒霉！可又有什么倒霉的呢？咒骂是最容易不过的。咒骂闷罐子车比起制造新的美丽舒适的客运列车来，既省力又出风头。无所事事而又怨气冲天的人的口水，正在淹没着忍辱负重、埋头苦干的人的劳动。人们时而用高调，时而又用低调冲击着、替代着那些一件又一件，一天又一天，一年又一年地坚韧不拔的工作。

　　"给这种车坐，可真缺德！"

"你凑合着吧。过去,还没有铁路哩!"

"运兵都是用闷罐子车,要不,就暴露了。"

"要赶上拉肚子的就麻烦了,这种车上没有厕所。"

"并没有一个人拉到裤子里么。"

"有什么办法呢?每逢春节,有一亿多人要坐火车……"

黑暗中听到了这样一些交谈。岳之峰的心平静下来了。是的,这里曾经没有铁路,没有公路,连自行车走的路也没有。阔人骑毛驴,穷人靠两只脚。农民挑着一千五百个鸡蛋,从早晨天不亮出发,越过无数的丘陵和河谷,黄昏时候才能赶到X城。我亲爱的美丽而又贫瘠的土地!你也该富饶起来了吧?过往的记忆,已经象烟一样,雾一样地淡薄了,但总不会被彻底地忘却吧?历史,历史;现实,现实;理想,理想;哞——哞——咣气咣气……喀郎喀郎……沿着莱茵河的高速公路。山坡上的葡萄。暗绿色的河流。飞速旋转。

这不就是法兰克福的孩子们吗?男孩子和女孩子,黄眼睛和蓝眼睛,追逐着的,奔跑着的,跳跃着的,欢呼着的。喂食小鸟的,捧着鲜花的,吹响铜号的,扬起旗帜的。那欢乐的生命的声音。那友爱的动人的呐喊。那红的、粉的和白的玫瑰。那紫罗兰和蓝蓝的毋忘我。

不。那不是法兰克福。那是西北高原的故乡。一株巨大的白丁香把花开在了屋顶的灰色的瓦瓴上。如雪,如玉,如飞溅的浪花。摘下一条碧绿的柳叶,卷成一个小筒,仰望着蓝天白云,吹一声尖厉的哨子。惊得两个小小的黄鹂飞起。挎上小篮,跟着大姐姐,去采撷灰灰菜。去掷石块,去追逐野兔,去捡鹌鹑的斑烂的彩蛋。连每一条小狗,每一只小猫,每一头牛犊和驴驹都在嬉戏。连每一根小草都在跳舞。

不,那不是西北高原。那是解放前的北平。华北局城工部(它的部长是刘仁同志)所属的学委组织了平津学生大联欢。营火晚会。"太阳下山明朝依旧爬上来……我的青春小鸟一样不回来""山上的荒地是什么人来开?地上的鲜花是什么人来栽?"一支又一支的歌曲激荡着年轻人的心。最后,大家发出了使国民党特务胆寒的强音:"团结就是力量……让一切不民主的制度死亡!"信念和幸福永远不能分离。

不,那不是逝去了的,遥远的北平。那是解放了的,飘扬着五星红旗的首都。那是他青年时代的初恋,是第一次吹动他心扉的和煦的风。春节刚过,忽然,他觉察到了,风已经不那么冰冷,不那么严厉了。二月的风就带来了和暖的希望,带来了早春的消息。他跑到北海,冰还没有化哩。还没有什么游人哩。他摘下帽子,他解开上衣领下的第一个扣子。还是冬天吗?当然,还是冬天。然而是已经联结着春天的冬天,是冬与春的桥。有风为证,风已经不冷!风会愈来愈和煦,如醉,如酥……他欢迎着承受着别人仍然觉得凛冽,但是他已经为之雀跃的"春"风,小声叫着他悄悄地爱着的女孩子的名字。

那,那……那究竟是什么呢?是金鱼和田螺吗?是荸荠和草莓吗?是孵蛋的芦花鸡吗?是山泉,榆钱,返了青的麦苗和成双的燕子吗?他定了定神。那是春天,是生命,是青年时代。在我们的生活里,在我们每个人的心房里,在猎户星座和仙后星座里,在每一颗原子核,每一个质子、中子、介子里,不都包含着春天的力量,春天的声音吗?

他定了定神,揉了揉眼睛。分明是法兰克福的儿童在歌唱,当然,是德语。在欢快的童声合唱旁边,有一个顽强的、低哑的女声伴随着。

他再定了定神，再揉了揉眼睛，分明是在从 X 城到 N 地的闷罐子车上。在昏暗和喧嚣当中，他听到了德语的童声合唱，和低哑的，不熟练的，相当吃力的女声伴唱。

什么？一台录音机。在这个地方听起了录音。一支歌以后又是一支歌，然后是一个成人的歌。三支歌放完了。是叭啦叭啦的撳动键钮的声音，然后三支歌重新开始。顽强的，低哑的，不熟练的女声也重新开始。这声音盖过了一切喧嚣。

火车悠长的鸣笛。对面车壁上的移动着的方形光斑减慢了速度，加大了亮度。在昏暗中变成了一个个的影子的乘客们逐渐显出了立体化的形状和轮廓。车身一个大晃，又一个大晃，大概是通过了岔道。又到站了。咣——咻，铁门打开了，站台的聚光灯的强光照进了车厢。岳之峰看清楚了，录音机就放在那个抱小孩的妇女的膝头。开始下人和上人。录音机接受了女主人的指令，"叭"地一声，不唱了。

"这是……什么牌子的？"岳之峰问。

"三洋牌。这里人们开玩笑地叫它作'小山羊'"。妇女抬起头来，大大方方地回答。岳之峰仿佛看到了她的经历过风霜的，却仍然是年轻而又清秀的脸。

"从北京买的么？"岳之峰又问，不知为什么这么有兴趣。本来，他并不是一个饶舌的人。

"不，就从这里。"

这里？不知是指 X 城还是火车正在驶向的某一个更小的县镇。他盯着"三洋"商标。

"你在学外国歌吗？"岳之峰又问。

妇女不好意思地笑了，"不，我在学外国语。"她的笑容既谦逊，又高贵。

"德语吗？"

"噢，是的。我还没学好。"

"这都是些什么歌儿呀？"一个坐在岳之峰脚下的青年问。岳之峰的连续提问吸引了更多的人。

"它们是……《小鸟，你回来了》《五月的轮转舞》和《第一株烟草花》，"女同志说："欣梅尔——天空，福格尔——鸟儿，布鲁米——花朵……"她低声自语。

他们的话没有再继续下去。车厢里充满了的照旧是"别挤！""这个箱子不能坐！""别踩着孩子！""这边没有地方了！"……之类的喊叫。

"大家注意啦！"一个穿着民警服装的人上了车，手里拿着半导体扬声喇叭，一边喘着气一边宣布道："刚才，前一节车厢里上去了两个坏蛋，混水摸鱼，流氓扒窃。有少数坏痞，专门到闷罐子车上偷东西。那两个坏蛋我们已经抓住了。希望各位旅客提高警惕，密切配合，向刑事犯罪分子作坚决的斗争。大家听清楚了没有？"

"听清楚了！"车上的乘客象小学生一样地齐声回答。

乘务警察满意地，匆匆地跳了下去，手提扩音喇叭，大概又到别的车厢作宣传去了。

岳之峰不由得也摸了摸自己携带的两个旅行包，摸了摸上衣的四个和裤子的三个口袋。一切都健在无恙。

车开了。经过了短暂的混乱之后，人们又已经各得其所，各就其位。各人说着各人的闲话，各人打着各人的瞌睡，各人嗑着各的瓜子，各人抽着各人的烟。"小山羊"又响起来了，仍然是《小鸟，你回来了》《五月的轮转舞》和《第一株烟草花》。她仍然在学着德语，仍然低声地歌唱着欣梅尔——天空，福格尔——鸟儿，和布鲁米——花朵。

她是谁？她年轻吗？抱着的是她的孩子吗？她在哪里工作？她是搞科学技术的吗？是夜大学的新学员吗？是"老三届"的毕业生吗？她为什么学德语学得这样起劲？她在追赶那失去了的时间吗？她作到了一分钟也不耽搁了吗？她有机会见到德国朋友或者到德国去或者已经到德国去过了吗？她是北京人还是本地人呢？她常常坐火车吗？有许多个问题想问啊。

"您听音乐吧。"她说。好象是在对他说。是的，三支歌曲以后，她没有撤键钮。在《第一株烟草花》后面，是约翰·斯特劳斯的《春之声圆舞曲》，闷罐子车正随着这春天的旋律而轻轻地摇摆着，熏熏地陶醉着，袅袅地前行着。

车到了岳之峰的家乡。小站，停车一分钟。响过了到站的铃，又立刻响起了发车的铃。岳之峰提着两个旅行包下了车。小站没有站台，闷罐子车又没有阶梯。每节车厢放着一个普通木梯，临时支上。岳之峰从这个简陋的木梯上终于下得地来，他长出了一口气。他向那位女同志道了再见。那位女同志也回答了他的再见。他有点依依不舍。他刚下车，还没等着验票出站，列车就开动了。他看到闷罐子车的破烂寒伧的外表：有的地方已经掉了漆，灯光下显得白一块、花一块的。但是，下车以后他才注意到，火车头是蛮好的，火车头是崭新的、清洁的、轻便的内燃机车。内燃机车绿而显蓝，瓦特时代毕竟没有内燃机车。内燃机车拖着一长列闷罐子车向前奔驶。天上升起了月亮。车站四周是薄薄的一层白雪。天与雪都泛着连成一片的青光。可以看到远处墓地上的黑黑的、永远长不大的松树。有一点风。他走在了坑坑洼洼的故乡土地上。他转过头，想再多看一眼那一节装有小鸟、五月、烟草花和约翰·斯特劳斯的神妙的春之声的临时代用的闷罐子车。他好象从来还没有听过这么动人的歌。他觉得如今每个角落的生活都在出现转机，都是有趣的，有希望的和永远不应该忘怀的。春天的旋律，生活的密码，这是非常珍贵的。

（选自《人民文学》1980年5月号）

[注释]

[1] 王蒙，当代著名作家，十九岁即写出长篇小说《青春万岁》，曾任《人民文学》主编、中国作协副主席、文化部部长、国际笔会中心中国分会副会长等职，著有长篇小说《活动变人形》《暗杀—3322》《季节三部曲》，中篇小说《布礼》《蝴蝶》《杂色》《相见时难》《名医梁有志传奇》《在伊犁》系列小说和大量散文随笔，有10卷本《王蒙文集》行世。

[鉴赏训练]

1. "方方的月亮在移动，消失，又重新诞生。"月亮为什么是"方方的"？它为何"消失，又重新诞生"？

2. 小说特色在于"意识流"，简要叙述一下主人公岳之峰意识流动的轨迹。

3. 以第一、二段为例，理解作者"自由联想"的运用。

4. 简述《春之声》主题的含义。

[拓展阅读]

"意识流"是心理学家们使用的一个短语，认为人类的思维活动并不是由一个一个分离的、孤立的部分组成，而是一条连续不断的、包含各种复杂的感觉和思想流。"意识流"把思想比作一股流水的概念和"意识汇流"的观念，把人类心理活动中像流水一样活动着的意识的客观状态，比喻为一个生动的形象。

意识流小说的特点常常是以当时正在进行的事件为中心，通过触发物的引发，人的意识活动不断地向四面八方发射又收回，经过不断循环往复，形成一种枝蔓式的立体结构。在意识流小说中表现人物心理活动的最常用、最重要的技巧主要包括内心独白、自由联想、蒙太奇、时空跳跃、旁白等。

《春之声》的创作借鉴了西方的"意识流"手法，但又不是西方纯粹的"意识流"。它打破了小说创作的某些常规，既不讲究人物形象的鲜明、性格特征的典型，也不追求故事情节的完整、时空顺序的连贯，而是根据人物的特殊经历、文化意识，着重刻画人物在特定环境里的细腻心态和独特感受，以此反映出"这一个"的心理形象，同时也可折射一群人乃至全民族的某种精神状态。因此可以说，《春之声》以其特有的形式体现了深刻的现实主义文学的实质。

"意识流"的表现手法，特别是自由联想的生发，决定了小说必须以人物的意识流程为主线来结构全篇，因为表层的故事情节已经失去了其建构的功能，只作为心理结构的一条线索而存在。小说采用的"放射性"结构有一个端点，就是坐在闷罐车厢这一特殊环境中主人公的心灵世界。在这里，岳之峰的心灵就像一个蕴含着巨大能量的发射点，由此引发了无数条放射线。它们时而射向德国的莱茵河畔，时而折回中国的黄土高原；从法兰克福到北京故宫，从乡下人打铁联想到美国的抽象派音乐，由火车过桥联想到连接着过去和未来、中国和外国、城市和乡村的"桥"……这里，有一闪即逝的画面及画面的叠合，有时空交错大跨度的跳跃及跳跃的回荡，有如节奏突变的音响及音响的不和谐，也有如色彩斑驳的色块及色块的变形。这些看来是随想而至的"意识流"，毫无联系，各不相干，而实际上作者却是自觉地把它们组合在一起的，并使之具有深刻的内在联系和统一的内涵，从而显现出本篇的总主题；同时也集中地对闷罐子车里主人公的心灵作了多侧面、多层次的观照。这是一颗充满骚动的心灵，它有着敏锐的生活感受力、丰富的想象力和深邃的思辨力，广闻博识，对中国的历史和现实有着深刻的观察。

（三）

风　铃

刘国芳[1]

[导读]

作为小小说园地里最执着的耕耘者之一，他的创作被誉为"昭示了一种小小说的典型写法和小小说文体目前所能达到的艺术高度和艺术成就"。刘国芳小小说创作的艺术特色似可用三点来概括：富有诗意的语言，新颖独特的意象，单纯的情节和丰富的内涵。《风铃》中风铃这个道具用得特别好，在风铃的叮当声中兵和女孩含而不露、欲说还休的微妙心态渲染得恰到好处，使作品透出一种既忧郁又动人的气息。

[选文]

　　兵回家探亲时，小琪抱一个孩子来看他，兵屋里一屋子人，很热闹，小琪进来，把一屋子的热闹熄灭了。旋即，众人离去。
　　一屋子只剩下兵和小琪，还有那个抱在小琪手里的孩子。
　　相对无言。
　　良久，小琪开口说话了："我对不起你。"
　　兵无言。
　　小琪说："是我母亲逼我嫁给大狗的，他有钱，给了聘礼两万块，我不嫁，母亲跳了两次河。"
　　兵无言。
　　小琪说："我是爱你的，一直爱你，我也知道你喜欢我，你还同意的话，我跟大狗离婚，跟你结婚。"
　　兵无言。
　　小琪见兵不说话，出去了。俄顷，小琪走了回来，她手里除了抱着一个孩子外，还多了一只风铃。
　　小琪说："这风铃是你以前送给我的，这两年我一直把它挂在门口。"
　　兵看见风铃，开口了，"你现在来还我风铃，是吗？"
　　小琪摇头，"我刚才说了，你还同意的话，我跟大狗离，跟你结婚。这事，你不要急于回答我，你考虑考虑，同意的话，把风铃挂在你门口，我看见了风铃，会来找你。"
　　小琪说着放下风铃走了。
　　屋里剩下一个兵。
　　兵呆着，许久许久，后来兵拿起风铃，在手里晃动，于是有丁零丁零的声音在屋里响起，小琪住在隔壁，听得到风铃声，她跑出来，抬头往他门口看。
　　他门口没有风铃。
　　小琪待在自家门口，潸然泪下。
　　兵回部队时，也没把风铃挂在门口，兵把风铃带走了。回连队后，兵把风铃挂在营房门口。是大西北，风大，风铃整天在门口丁零丁零地响，兵没事时，呆呆地看着，还说："小琪，我把风铃挂在门口了，你看到了吗？"军营里挂一只风铃，起先让兵们觉得好玩，久了，兵们烦了，觉得丁零丁零的声音很吵人，于是让兵拿下，兵拿下来，把风铃放好。但没事时，兵会把风铃拿出来，找一个无人的地方，坐下来，然后把风铃在胸前晃动，让风铃丁零丁零地响，还说："小琪，我把风铃挂在我的心口了，你看到了吗？"
　　小琪看不到，兵把风铃挂在心口也罢，门口也罢，小琪都看不到，小琪只看得见他的家门口，那儿没有风铃。
　　两年后兵退伍了，这回，小琪没来看兵。兵问人家，小琪呢，怎么不见。人家说小琪不怎么出来了，整天缩在家里。兵说出了什么事，人家说小琪老公找一个更年轻的女人，把小琪离了。

兵沉默起来。

隔天，兵把风铃挂在门口。

小琪没来。

兵便看着风铃发呆，在心里说："小琪，我把风铃挂在门口了，你看到了吗？"

有风吹来，风铃丁零丁零地响，兵听了，又在心里说："小琪，风铃在响哩，你听到吗？"

小琪听到了，也看到了，但她一动不动抱着孩子坐在屋里，没出来。隔天，兵找上门去。

兵去之前，把风铃取了下来，然后放在胸前，同时用手晃动着，于是在风铃丁零的响声中，兵走进了小琪屋里。小琪见了兵，把头勾下，然后说："我现在被人遗弃了，你还来做什么？"

兵说："来告诉你，我不但把风铃挂在门口了，还挂在心上了。"

说着，兵又把手中的风铃晃动起来，抱在小琪手里的孩子，4岁了，会说话，听见风铃响，孩子把一只手伸出来，还说："妈妈我要。"

(选自《微型小说选刊》2012年第1期)

[注释]

[1] 刘国芳，江西省抚州市临川区人。1984年开始文学创作，已在《中国作家》《青年文学》《人民日报》等报刊上发表小说2300余篇，在《小说选刊》《小说月报》《读者》等杂志上选刊选报选载700多篇。著有《刘国芳小小说》《刘国芳哲理小说》等九部小小说专著。多篇作品被翻译成英、法、日、韩文介绍到国外。其中《规矩》入选韩国中学课本第九册，《你也说了假话》入选北京大学对外汉语教材，《风铃》入选香港初中语文读写教材。2003年获首届中国小小说"金麻雀"奖。《月亮船》获《中国作家》优秀小小说奖。《风铃》获"亚龙杯"全国小小说一等奖。1999年获江西省文艺创作成果奖。《黑蝴蝶》《风铃》《诱惑》《一生》等许多作品已成为中国小小说名篇。1997年加入中国作家协会，江西省第九届政协委员，江西省作家协会常务理事，抚州市作家协会主席。

[鉴赏训练]

1. 小说开头部分三次写到"兵无言"，请谈谈你对这三处"无言"的理解。

2. 写出小说中"风铃"在"兵"与"小琪"情感发展过程中的作用。

3. 有人说，小说中兵在真爱面前过于软弱，他的无言与沉默，险些丢了自己的真爱；还有人说，兵经历了一次情感与理智的痛苦冲突，演绎了一份可赞可叹的人间真爱……你的看法呢？结合全文，谈谈你的观点和理由。

[拓展阅读]

很年轻的时候，我街上住的一户人家把房门钥匙丢了，在没办法把门弄开后，邻居央求我把他的房门踢开，我那时候年轻气盛，一脚就把门踢开了。没想到的是，这以后不久，街上另一户人家被偷了，房门也是被踢开的。我于是成了怀疑对象，几乎所有的邻居都怀疑是我踢了门偷了东西。那时候我没有工作，没有收入，穷得可怜巴巴。在别人眼里，这样的人不偷不抢才怪呢。也因此，别人怎么看都觉得是我偷了东西，他们看我的眼睛都怪怪的。平白无故被人冤枉，我非常气愤，当时我喜欢看些文学作品，于是我觉得这也是小说素材，有好长一段时间，我都想把它写下来。1984年，小小说开始流行起来，于是我把这事写成了小小说。这是我写的第一篇小小说，很快就发表了。

那一脚，也让我踢开了文学之门。

一个人文学创作的动机不会这么单纯，因素是多种多样的，比如喜欢，比如有话想说，比如通过文学实现自己的人生价值。这些动机我相信我都有，但当时最明显的动机就是我想把那些可憎的人物写出来。

我的动机就这么简单。

（选自刘国芳博客：http://blog.zgfznews.com/？23）

[综合鉴赏训练]

1. 情节单纯却构思精巧是刘国芳小小说创作的一大特点，试以《风铃》为例，分析单纯的情节和精巧的构思对于小小说结构艺术的重要性。

2. 阅读下面的小小说，回答后面的问题。

包工头的儿子

岳 勇

二哥是个包工头，但手下无一兵一卒，既没一个工程队，也没有一名工人。他主要靠关系接些工程，再转手发包给其他小包工头，从中赚差价。凭着玩"空手道"的功夫，没几年时间，二哥富起来了，买别墅、买小车，连老婆也换了几茬。

可二哥始终有一块心病，那就是他儿子，也就是我侄子——小刚的学习成绩。小刚念小学，每次考试，没有一门功课及格，成绩差得一塌糊涂。二哥给他请了好几个家教，也没把他的成绩搞上去。为这事，二哥常打电话向我诉苦。

最近一段时间，小刚迷上了网络游戏，每天放学后，就往网吧跑，不玩到深夜不回家。发展到后来，小刚竟然偷偷逃课去打游戏。老师到家里来告状，二哥才知道这事，拧起小刚一顿狠揍。但小刚挨完打，第二天照样去网吧。

二哥没法子了，只好使出了狠招，就是扣发小刚每天的零用钱。手头没钱了，看这小子还怎么去网吧玩游戏。谁知没了零花钱，小刚照去不误。这小子宁愿饿肚子，也要把早餐钱和中午在学校用餐的伙食费省下来，拿去打游戏。

二哥给我打电话的时候，气得直咬牙。从此，二哥连给小刚的早餐中餐伙食费都停发了。早上让他在家里吃，中午接他回家吃午饭。小刚的经济来源完全被掐断，再也没钱去网吧打游戏了。

可没过多久，二哥发现小刚又开始逃课，且频繁进出网吧，玩得不亦乐乎。二哥恼火的同时，也纳闷：我完全掐断了他的经济来源，这小子哪来的钱？难道是去偷的？

二哥越想越觉得这事严重。这天晚上，他把小刚从网吧拧回来，拿起一根拖把棍子，喝令他跪在地上，老实交代上网的钱是从哪里搞来的。

小刚不肯说，二哥就越发觉得可疑，又是一顿揍。小刚架不住，哇哇大哭起来："别打了别打了，我说我说。"小刚抹着眼泪说："我上网的钱，不是偷来的。"

二哥问："那是抢来的？"

小刚摇头："也不是抢来的。"

二哥不耐烦了，问："那到底是怎么来的？"

小刚说："现在学校都时兴花钱请人代做作业，那钱是我帮同学做作业，赚来的。"

二哥差点气岔了气，挥起棍子又要打："臭小子，吹牛不上税，就你那水平，也能帮同学做作业？"小刚说："我成绩不好，不能帮同学做作业。我把同学们不会做的作业都承包下来，然后再发包给成绩好的同学做，我从中赚一部分差价……"

二哥听了，半天没说上话来。

（1）小说的故事情节很简单，主要有三个情节，请概括这三个情节分别是什么。

（2）儿子总是走着老子的路，这篇小说揭示的主题是什么？

（3）从这篇小说我们可以得到的警示是什么？

3.《春之声》呈现工程师岳之峰访德回乡探亲途中的意识流或者以描写岳之峰的意识流为主的语言片段，往往给人琐碎零散和上下不连贯的感觉。那么，事实是否如此呢？请仔细分析这样写在结构上有什么作用。

4.《红楼梦》作为中国小说的四大古典名著之一，有其独特的结构特点，请将它与《三国演义》《水浒传》和《西游记》进行比较，看看它们在结构上分别具有怎样的结构特点，这反映了中国古典小说怎样的发展趋势。

5. 有作家说："结构是对人物生活故事中一系列事件的选择，这种选择将事件组合成一个具有战略意义的系列以激发特定而具体的情感，并表达这一种特定而具体的人生观。"请以"礼物"为题讲一个小故事，要求有人物、有情节、有意味。

环境描写赏析

（一）

林教头风雪山神庙（节选）

施耐庵[1]

[导读]

成书于元末明初的长篇小说《水浒传》，是一部描写和歌颂中国封建社会农民起义的伟大史诗。它以发生在北宋末年的宋江起义为题材，生动地叙述了起义的发生、发展和结局，塑造了一系列农民起义英雄形象。作为一部小说，不仅给中国文学的发展带来深远影响，而且直接鼓舞了封建社会人民大众对统治阶级的反抗斗争。

本篇文章节选的是《水浒传》第十回片段，向我们展示了在封建统治者一逼、再逼、逼得无路可走的情况下，林冲由逆来顺受、委曲求全到拔刀怒杀仇敌，走向反抗道路的过程。主要情节是：林冲因与高俅矛盾尖锐被刺配分到看守草料场的工作。因大雪压塌住处，来到一个破旧的山神庙暂住一宿。凑巧听见门外陆谦、富安和差拨的谈话，得知自己差点被陷害致死。恼怒中，林冲终于爆发，提枪刺死三人，不得已只得投靠梁山。

[选文]

话说当日林冲正闲走间,忽然背后人叫。回头看时,却认得是酒生儿[2]李小二。当初在东京时,多得林冲看顾;后来不合[3]偷了店主人家钱财,被捉住了,要送官司问罪,又得林冲主张陪话[4],救了他免送官司,又与他赔了些钱财,方得脱免;京中安不得身,又亏林冲赍发[5]他盘缠,于路[6]投奔人。不想今日却在这里撞见。林冲道:"小二哥!你如何也在这里?"李小二便拜道:"自从得恩人救济,赍发小人,一地里投奔人不着,迤逦[7]不想来到沧州,投托一个酒店主人,姓王,留小人在店中做过卖[8]。因见小人勤谨,安排的好菜蔬,调和的好汁水[9],来吃的人都喝采,以此买卖顺当,主人家有个女儿,就招了小人做女婿。如今丈人丈母都死了,只剩得小人夫妻两个,权在营前[10]开了个茶酒店。因讨钱过来,遇见恩人。恩人不知为何事在这里?"林冲指着脸上道:"我因恶了高太尉[11],生事陷害,受了一场官司,刺配[12]到这里。如今叫我管[13]天王堂,未知久后如何。不想今日在此见你。"李小二就请林冲到家里坐定,叫妻子出来拜了恩人。两口儿欢喜道:"我夫妻二人正没个亲眷,今日得恩人到来,便是从天降下。"林冲道:"我是罪囚,恐怕玷辱你夫妻两个。"李小二道:"谁不知恩人大名?休恁地[14]说。但[15]有衣服,便拿来家里浆洗缝补。"当时管待[16]林冲酒食,至夜送回天王堂。次日又来相请。自此林冲得店小二家来住,不时间送汤送水来营里与林冲吃。林冲因见他两口儿恭敬孝顺,常把些银两与他做本钱。

且把闲话休题,只说正话。光阴迅速,却早冬来。林冲的棉衣裙袄都是李小二浑家整治缝补。忽一日,李小二正在门前安排菜蔬下饭,只见一个人闪将进来,酒店里坐下;随后又一人闪入来。看时,前面那个人是军官打扮,后面这个走卒模样,跟着也来坐下。李小二入来问道:"可要吃酒?"只见那个人将出[17]一两银子与李小二道:"且收放柜上,取三四瓶好酒来。客到时,果品酒馔[18]只顾将来,不必要问。"李小二道:"官人请甚客?"那人道:"烦你与我去营里请管营[19]、差拨[20]两个来说话。问时,你只说:'有个官人请说话,商议些事务,专等,专等。'"李小二应承了,来到牢城里,先请了差拨;同到管营家里,请了管营,都到酒店里。只见那个官人和管营、差拨两人讲了礼[21]。管营道:"素不相识,动问官人高姓大名?"那人道:"有书在此,少刻便知。且取酒来。"李小二连忙开了酒,一面铺下菜蔬果品酒馔。那人叫讨副劝盘[22]来,把了盏[23],相让坐了。小二独自一个穿梭也似伏侍不暇。那跟来的人讨了汤桶[24],自行烫酒。约计吃过十数杯,再讨了按酒[25]铺放桌上。只见那人说道:"我自有伴当[26]烫酒。不叫,你休来。我等自要说话。"

李小二应了,自来门首叫老婆道:"大姐!这两个人来得不尴尬[27]。"老婆道:"怎么的不尴尬?"小二道:"这两个人,语言声音是东京人,初时又不认得管营,向后我将按酒入去,只听得差拨口里呐[28]出一句'高太尉'三个字来。这人莫不与林教头身上有些干碍[29]?我自在门前理会,你且去阁子背后听说甚么。"老婆道:"你去营中寻林教头来,认他一认。"李小二道:"你不省得[30],林教头是个性急的人,摸不着[31]便要杀人放火。倘或叫得他来看了,正是前日说的甚么陆虞候,他肯便罢?做出事来,须连累了我和你。你只去听一听,再理会。"老婆道:"说得是。"便入去听了一个时辰,出来说道:"他那三四个交头接耳说话,正不听得说甚么。只见那一个军官模样的人去伴当怀里取出一帕子物事[32]递与管营和差拨。帕子里面的莫不是金银?只听差拨口里说道:'都在我身上,好歹[33]要结果[34]他性命。'……"正说之时,阁子里叫:"将汤来!"李小二急去里面换汤时,看见管营手里拿着一封书。小二换了汤、添些下饭[35]。又吃了半个时辰,算还了酒钱。管营、差拨先去了,次后那两个低着头也去了。

转背[36]不多时,只见林冲走将入店里来,说道:"小二哥!连日好买卖。"李小二慌道:"恩人请坐,小二却待正要寻恩人,有些要紧话说。"林冲问道:"甚么要紧的事?"李小二请林冲到里面坐下,说道:"却才[37]有个东京来的尴尬人,在我这里请管营、差拨吃了半日酒。差拨口里呐出'高太尉'三个字来,小人心下疑惑。又着浑家听了一个时辰,他却交头接耳,说话都不听得。临了,只见差拨口里应道:'都在我两个身上,好歹要结果了他。'那两个把一包金银与管营、差拨,又吃一回酒,各自散了。不知甚么样人。小人心疑,只怕在恩人身上有些妨碍。"林冲道:"那人生得甚么模样?"李小二道:"五短身材[38],白净面皮,没甚髭须,约有三十余岁。那跟的也不长大,紫棠色[39]面皮。"林冲听了,大惊道:"这三十岁的正是陆虞候。那泼贱贼[40]敢来这里害我!休要撞着我,只叫他骨肉为泥!"李小二道:"只要提防他便了;岂不闻古人言:吃饭防噎,走路防跌?"

林冲大怒,离了李小二家,先去街上买把解腕尖刀[41],带在身上,前街后巷一地里去寻。李小二夫妻两个捏着两把汗。当晚无事。林冲次日天明起来,洗漱罢,带了刀,又去沧州城里城外,小街夹巷,团团[42]寻了一日。牢城营里都没动静。又来对李小二道:"今日无事。"小二道:"恩人,只愿如此。只是自放仔细便了。"林冲自回天王堂,过了一夜,街上寻了三五日,不见消耗[43],林冲也自心下慢[43]了。

到第六日,只见管营叫唤林冲到点视厅[45]上,说道:"你来这里许多时,柴大官人面皮,不曾抬举得你[46]。此间东门外十五里有座大军草料场[47],每月但是纳草纳料的,有些常例钱[48]取觅,原是一个老军看管;如今我抬举你,去替那老军来守天王堂,你在那里寻几贯盘缠[49]。你可和差拨便去那里交割[50]。"林冲应道:"小人便去。"当时离了营中,径到李小二家,对他夫妻两个说道:"今日管营拨我去大军草料场管事,却如何?"李小二道:"这个差使又好似[51]天王堂,那里收草料时,有些常例钱钞。往常不使钱[52]时,不能够得这差使。"林冲道:"却不害我,倒与我好差使,正不知何意?"李小二道:"恩人,休要疑心。只要没事便好了。只是小人家离得远了,过几时,那工夫[53]来望恩人。"就在家里安排几杯酒,请林冲吃了。

话不絮烦,两个相别了。林冲自来天王堂,取了包裹,带了尖刀,拿了条花枪,与差拨一同辞了管营,两个取路投[54]草料场来。正是严冬天气,彤云[55]密布,朔风渐起,却早纷纷扬扬卷下一天大雪来。林冲和差拨两个在路上,又没买酒吃处,早来到草料场外。看时,一周遭有些黄土墙,两扇大门。推开看里面时,七八间草屋做着仓廒[56],四下里都是马草堆,中间两座草厅。到那厅里,只见那老军在里面向火[57]。差拨说道:"管营差这个林冲来,替你回天王堂看守,你可即便交割。"老军拿了钥匙,引着林冲,分付道:"仓廒内自有官司封记[58]。这几堆草,一堆堆都有数目。"老军都点见[59]了堆数,又引林冲到草厅上。老军收拾行李,临了说道:"火盆、锅子、碗、碟,都借与你。"冲道:"天王堂内,我也有在那里,你要便拿了去。"老军指壁上挂一个大葫芦,说道:"你若买酒吃时,只出草场投东大路去,三二里便有市井[60]。"老军自和差拨回营里来。

只说林冲就床上放了包裹被卧[61],就坐下生些焰火起来。屋后有一堆柴炭,拿几块来，生在地炉里。仰面看那草屋时，四下里崩坏了，又被朔风吹撼，摇振得动。林冲道："这屋如何过得一冬？待雪晴了，去城中唤个泥水匠来修理。"向了一回火，觉得身上寒冷，寻思却才老军所说，二里路外有那市井，何不去沽些酒来吃？便去包裹里取些碎银子，把花枪挑了酒葫芦，将火炭盖了，取毡笠子戴上，拿了钥匙，出来，把草厅门拽上；出到大门首，把两扇草场门反拽上锁了；带了钥匙，信步投东，雪地里踏着碎琼乱玉[62]，迤逦背着北风而行。那雪正下得紧。

行不上半里多路，看见一所古庙，林冲顶礼[63]道："神明庇佑[64]！改日来烧纸钱。"又行了一回，望见一簇人家。林冲住脚看时，见篱笆中挑着一个草帚儿[65]在露天里。林冲径到店里。主人道："客人那里来？"林冲道："你认得这个葫芦么？"主人看了道："这葫芦是草料场老军的。"林冲道："原来如此。"店主道："既是草料场看守大哥，且请少坐；天气寒冷，且酌三杯，权当接风[66]。"店家切一盘熟牛肉，烫一壶热酒，请林冲吃。又自买了些牛肉，又吃了数杯。就又买了一葫芦酒，包了那两块牛肉，留下些碎银子，把花枪挑着酒葫芦，怀内揣了牛肉，叫声"相扰"，便出篱笆门，仍旧迎着朔风回来。看那雪，到晚越下得紧了。

再说林冲踏着那瑞雪，迎着北风，飞也似奔到草场门口，开了锁，入内看时，只叫得苦。原来天理昭然，佑护善人义士，因这场大雪，救了林冲的性命：那两间草厅已被雪压倒了。林冲寻思："怎地好？"放下花枪、葫芦在雪里；恐怕火盆内有火炭延烧起来，搬开破壁子，探半身入去摸时，火盆内火种都被雪水浸灭了。林冲把手床上摸时，只拽得一条絮被。林冲钻将出来，见天色黑了，寻思："又没打火处，怎生安排？"想起离了这半里路上有个古庙，可以安身，"我且去那里宿一夜，等到天明，却作理会。"把被卷了，花枪挑着酒葫芦，依旧把门拽上，锁了，望那庙里来。入得庙门，再把门掩上。旁边止有一块大石头，掇将过来靠了门。入得里面看时，殿上塑着一尊金甲山神，两边一个判官，一个小鬼，侧边堆着一堆纸。团团看来，又没邻舍，又无庙主。林冲把枪和酒葫芦放在纸堆上，将那条絮被放开，先取下毡笠子，把身上雪都抖了，把上盖[67]白布衫脱将下来[68]，早有五分湿了，和毡笠放在供桌上。把被扯盖了半截下身，却把葫芦冷酒提来，慢慢地吃，就将怀中牛肉下酒。

正吃时，只听得外面必必剥剥地爆响。林冲跳起身来，就壁缝里看时，只见草料场里火起，刮刮杂杂地烧着。当时林冲便拿了花枪，却待开门来救火，只听得外面有人说将话来。林冲就伏门边听时，是三个人脚步响，直奔庙里来；用手推门，却被石头靠住了，再地推不开。三人在庙檐下立地[69]看火。数内一个道："这条计好么？"一个应道："端的[70]亏管营、差拨两位用心！回到京师，禀过太尉，都保你二位做大官。这番张教头没得推故了[71]！"一个道："林冲今番直吃我们对付了[72]！高衙内这病必然好了！"又一个道："张教头那厮，三回五次托人情去说'你的女婿没了'，张教头越不肯应承，因此衙内病患看看重了。太尉特使俺两个央浼[73]二位干这件事。不想而今完备了！"又一个道："小人直爬入墙里去，四下草堆上点了十来个火把，待走那里去！"那一道："这早晚烧个八分过了。"又听得一个道："便逃得性命时，烧了大军草料也得个死罪！"又一个道："我们回城里去罢。"一个道："再看一看，拾得他一两块骨头回京，府里见太尉和衙内时，也道我们也能会干事。"

林冲听那三个人时，一个是差拨，一个是陆虞候，一个是富安。自思道：天可怜见[74]林冲！若不是倒了草厅，我准定被这厮们烧死了！轻轻把石头掇开，挺着花枪，左手拽开庙门，大喝一声："泼贼那里去！"三个人都急要走时，惊得呆了，正走不动。林冲举手，肐察[75]的一枪，先搠[76]倒差拨。陆虞候叫声"饶命！"吓得慌了手脚，走不动。那富安走不到十来步，被林冲赶上，后心只一枪，又搠倒了。翻身回来，陆虞候却才行得三四步，林冲喝声道："奸贼！你待那里去！"劈胸只一提，丢翻在雪地上，把枪搠在地里，用脚踏住胸脯，身边取出那口刀来，便去陆谦脸上搁着，喝道："泼贼！我自来又和你无甚么冤仇，你如何这等害我！正是'杀人可恕，情理难容'！"陆虞候告道："不干小人事；太尉差遣，不敢不来。"林冲骂道："奸贼！我与你自幼相交，今日倒来害我！怎不干你事？且吃我一刀！"把陆谦上身衣服扯开，把尖刀向心窝里只一剜[77]，七窍迸出血来，将心肝提在手里。回头看时，差拨正爬将起来要走，林冲按住喝道："你这厮原来也恁的歹，且吃我一刀！"又早把头割下来，挑在枪上。回来把富安、陆谦头都割下来，把尖刀插了，将三个人头发结做一处，提入庙里来，都摆在山神面前供桌上。再穿了白布衫，系了搭膊[78]，把毡笠子带上，将葫芦里冷酒都吃尽了，被与葫芦都丢了不要，提了枪，便出庙门投东去。

（选自《水浒》（七十一回本第十回），人民文学出版社，1973年版）

[注释]

[1] 施耐庵（约1296—1370），生平事迹缺乏可靠记载，一般认为是元末明初人，名子安，一说名耳，江苏兴化人。曾中进士，在钱塘做过两年官，与当道不和，弃官回乡，从事著述。

[2] 酒生儿：酒店里的伙计。

[3] 不合：不该。

[4] 主张陪话：出头做主，为他说好话。

[5] 赍（jī）发：资助。

[6] 于路：沿路。

[7] 迤逦（yǐ lǐ）：缓慢前行，这里有颠沛流离的意思。

[8] 过卖：堂倌，酒食店里招待顾客的伙计。

[9] 汁水：羹汤之类。

[10] 营前：指牢城营前面。牢城，收管发配囚犯的地方。

[11] 恶（wù）了高太尉：触怒了高太尉。恶，冒犯、触怒。太尉，官名，宋徽宗时武官的高级官阶。高太尉，指高俅，他是殿帅府太尉。

[12] 刺配：脸上刺字，发往远地充军。刺，古时的肉刑，在罪犯额面或肌肤上刺字，用墨染上颜色。配，发往远地充军。

[13] 管：看守。

[14] 恁（nèn）地：这么，那么。

[15] 但：只要。

[16] 管待：款待，招待。

[17] 将出：拿出。将，拿。下文"将来""将汤"的"将"也是"拿"的意思。
[18] 馔（zhuàn）：饭食。
[19] 管营：看管牢城营的官吏。
[20] 差拨：管牢狱的公差。
[21] 讲了礼：见了礼。
[22] 劝盘：敬酒时放酒杯的托盘。
[23] 把了盏：敬了酒。
[24] 汤桶：热水桶。汤，热水。
[25] 按酒：下酒的菜。
[26] 伴当：随从的差役。
[27] 不尴尬：鬼鬼祟祟，不正派。也作"尴尬"或者"不尴不尬"。
[28] 呐：这里指小声说。
[29] 干碍：关涉，妨害。
[30] 不省（xǐng）得：不明白。
[31] 摸不着：料不定。
[32] 物事：东西。
[33] 好歹：不管怎样，无论如何。
[34] 结果：结束（生命），杀死。
[35] 下饭：指下饭的菜肴。
[36] 转背：离开，离去。这里指管营等离开。
[37] 却才：刚才。
[38] 五短身材：指身躯和四肢都短小。
[39] 紫棠色：黑里带红的颜色。
[40] 泼贱贼：歹毒无赖的奸贼。
[41] 解腕尖刀：日常应用的一种小佩刀。
[42] 团团：转来转去。
[43] 消耗：消息。
[44] 慢：这里是轻忽松懈的意思。
[45] 点视厅：点验犯人的大厅。
[46] 柴大官人面皮，不曾抬举得你：（虽然有）柴大官人的面子，（却至今）没有抬举你。柴大官人，柴进。林冲到沧州前，在柴进庄上住过几天；临行时，柴进给沧州大尹和牢城管营、差拨带去书信，让他们照顾林冲。
[47] 大军草料场：存放军用草料的场子。北宋时，沧州靠近宋王朝的边界，驻扎军队，所以有草料场。
[48] 常例钱：按惯例送的钱，是旧时官员、吏役向人勒索的名目之一。
[49] 盘缠：这里指零用钱。
[50] 交割：办交接手续。
[51] 好似：胜过。

[52] 使钱：行贿。
[53] 那工夫：抽空儿。那，这里同"挪"。
[54] 投：往，去。
[55] 彤云：浓云。
[56] 仓廒（áo）：存放粮食的仓库。
[57] 向火：烤火。
[58] 官司封记：官家的封条。官司，旧时对官吏和政府的泛称。
[59] 点见：点清。
[60] 市井：市镇。
[61] 被卧：被褥。
[62] 碎琼乱玉：比喻地上的雪。琼，美玉。
[63] 顶礼：敬礼，致敬。
[64] 庇佑：保佑。
[65] 草帚儿：当酒旗用的草把。
[66] 接风：设宴接待远方来的客人。
[67] 上盖：上身的外衣。
[68] 脱将下来：脱下来。
[69] 立地：站着。
[70] 端的：的确，确实。
[71] 这番张教头没得推故了：这一回，张教头没有理由推托了。张教头，林冲的岳父。推故，指林冲充军以后，高衙内（高俅的干儿子，"衙内"是宋元时代对官家子弟的称呼）几次威逼林冲的妻子嫁他，张教头总推托说女婿会回来同女儿团聚。
[72] 今番直吃我们对付了：这回可真被我们收拾了。吃，被。
[73] 央浼（měi）：恳求，请托。
[74] 可怜见：向人乞怜的词，就是"可怜"。
[75] 肐（gē）察：模拟枪扎下去的声音。
[76] 搠（shuò）：扎，刺。
[77] 剜（wān）：挖。
[78] 搭膊：一种布制的长带，中间有个袋，可以束在腰间。又称"搭包"。

[鉴赏训练]

1. 概括本文情节要点（如"路遇李小二""火烧草料场"），厘清情节发展的脉络。

2. 林冲是八十万禁军教头，所以他的思想观念、为人行事和一般的草莽英雄有很大的差异。试总结林冲的性格特点。

3. 风雪作为自然环境，对刻画人物起到一定的作用。看看文章对风雪有哪些描写，这些描写渲染了怎样的气氛，是如何推动情节发展的。

[拓展阅读]

林冲的故事

1. 误入白虎堂

高太尉暗中命人将自己的宝刀卖与林冲，几日后让下人以看刀为名将林冲带入太尉府白虎堂。当林冲惊觉时已晚，高俅突然出现，指控林冲携刀私入白虎堂，欲行刺自己，林冲百口莫辩，高俅本想置林冲于死地，但在开封府尹的周旋下，林冲被判携刀私入白虎堂，刺配沧州。

2. 刺配沧州府

太尉高俅之子高衙内为霸占林冲的妻子陷害林冲。林冲被刺配沧州，高衙内暗令解差在途中杀掉林冲。行至野猪林，二人正要动手，鲁智深从一旁跳出，将两位公人打了一顿。林冲劝鲁智深饶了他们性命。原来鲁智深早料到这二人不怀好意，一路跟踪至此。而后，鲁智深一直护送林冲到达沧州。

3. 棒打洪教头

林冲遭受高太尉的陷害，被开封府发配至柴进庄上，柴进厚礼款待林冲。洪教头随后前来，此人极端傲慢，对林冲步步紧逼，引发了柴进的不快，再加上柴进想看下两人的本事，便安排了两人的比武。林冲迫不得已和洪教头，结果轻松击败了他，洪教头羞愧地离开了。

4. 风雪山神庙

八十万禁军教头林冲刺配后，几经周折后被分到看守草料场的工作。因下大雪，他外出买酒御寒，回来发现住的草屋被风吹倒而被迫夜宿山神庙，正因此才凑巧听见门外陆谦、富安和差拨的谈话，得知他们火烧草料场，想害死自己。愤怒中，林冲终于爆发，提枪刺死三人，并将陆谦剖腹剜心。

5. 雪夜上梁山

林冲杀死三人后，在一庄上烤衣讨酒，打散庄客，醉倒雪地，被庄客抓住。所幸遇到了柴进，柴进敬重他是好汉，于是便把他放了，周济他去梁山。林冲与柴进分别后，转眼在路上走了十多天。雪一直下着，林冲找了家酒店。林冲向店小二打听上梁山的路程有多远，知道没那么容易到，感慨之余赋诗一首，抒发了对高俅的不满，表现了对未来的向往。与朱贵相识，朱贵很敬佩他，打算带他上水泊梁山。等他上了梁山，结果却处处受王伦的刁难。

6. 火并王伦

上山后，寨主王伦嫉贤妒能，多方刁难，先不肯收留，又要林冲献头名状，结果林冲与杨志打得难分高下，只得让林冲坐了第四把交椅。当晁盖等上山入伙时，又托词推拒，林冲在吴用的智激之下，火并王伦，把王伦杀死了。吴用要林冲坐第一把交椅，林冲辞之。林冲推晁盖为大头领，吴用、公孙为辅，自己坐了第三把交椅，开拓了梁山的局面。

（二）

受戒（节选）

汪曾祺[1]

[导读]

《受戒》是作家汪曾祺十七岁那年，抗战爆发时，避难到了一个小寺庙里住了几个月的亲身经历与感受，最早曾以《庙与僧》为题在上海《大公报》发表，1980 年才重新写成了《受戒》。

汪曾祺把《受戒》当成一个梦来写，因为这是一个永远已逝的梦，也是梦想。这是作家创作《受戒》的目的，表面上写小明子与小英子的初恋，实际上还有更丰富的内涵，那就是他们的初恋中所表现出来的清纯、和谐，小明子的聪明能干，小英子的活泼大方，他们对戒律的蔑视，他们旺盛的生命力，而所有这一切美好的东西，经过几十年新生活的改造，已不复存在。于是，表面上欢快的《受戒》，便包含了作家的隐痛，表面上的初恋题材，表现的却是作家对纯朴人性的歌颂与对理想生活的渴望。

《受戒》中所描写的场景仿佛是陶渊明笔下的桃花源，在这里我们看到了一个原始的乌托邦，一个宁静美妙的世外桃源，一片理想的乐土。在庵赵庄人们的心中：和尚和种地、织席、箍桶、画画等行当没什么不同，他们都是自由平等的职业人，与世道的艰辛、人生的苦涩都无关。小说不禁让我们走入了一个安静、和谐的苏北城镇——朴实纯真的村民、立于高地上的荸荠庵、河中间的小岛……一幅美丽而又淳朴的画卷映入我们的眼帘。汪曾祺所写的这篇民俗风情小说，正是让我们在喧闹的都市之外寻到了田园风光，感受到了劳动百姓健康活泼的风俗风情生活。

[选文]

明海出家已经四年了。

他是十三岁来的。

这个地方的地名有点怪，叫庵赵庄。赵，是因为庄上大都姓赵。叫做庄，可是人家住得很分散，这里两三家，那里两三家。一出门，远远可以看到，走起来得走一会，因为没有大路，都是弯弯曲曲的田埂。庵，是因为有一个庵。庵叫苦提庵，可是大家叫讹了，叫成荸荠庵。连庵里的和尚也这样叫。"宝刹何处？"——"荸荠庵。"庵本来是住尼姑的。"和尚庙""尼姑庵"嘛。可是荸荠庵住的是和尚。也许因为荸荠庵不大，大者为庙，小者为庵。

明海在家叫小明子。他是从小就确定要出家的。他的家乡不叫"出家"，叫"当和尚"。他的家乡出和尚。就像有的地方出劁猪的，有的地方出织席子的，有的地方出箍桶的，有的地方出弹棉花的，有的地方出画匠，有的地方出婊子，他的家乡出和尚。人家弟兄多，就派一个出去当和尚。当和尚也要通过关系，也有帮。这地方的和尚有的走得很远。有到杭州灵隐寺的、上海静安寺的、镇江金山寺的、扬州天宁寺的。一般的就在本县的寺庙。明海家田少，老大、老二、老三，就足够种的了。他是老四。他七岁那年，他当和尚的舅舅回家，他爹、他娘就和舅舅商议，决定叫他当和尚。他当时在旁边，觉得这实在是在情在理，没有理由反对。当和尚有很多好处。一是可以吃现成饭。哪个庙里都是管饭的。二是可以攒钱。只要学会了放瑜伽焰口，拜梁皇忏，可以按例分到辛苦钱。积攒起来，将来还俗娶亲也可以；不想还俗，买几亩田也可以。当和尚也不容易，一要面如朗月，二要声如钟磬，三要聪明记性好。他舅舅给他相了相面，叫他前走几步，后走几步，又叫他喊了一声赶牛打场的号子："格当××——"，说是"明子准能当个好和尚，我包了！"要当和尚，得下点本，——念几年书。哪有不认字的和尚呢！于是明子就开蒙入学，读了《三字经》《百家姓》《四言杂字》《幼学琼林》《上论、下论》《上孟、下孟》，每天还写一张仿。村里都夸他字写得好，很黑。

舅舅按照约定的日期又回了家，带了一件他自己穿的和尚领的短衫，叫明子娘改小一点，给明子穿上。明子穿了这件和尚短衫，下身还是在家穿的紫花裤子，赤脚穿了一双新布鞋，跟他爹、他娘磕了一个头，就随舅舅走了。

他上学时起了个学名，叫明海。舅舅说，不用改了。于是"明海"就从学名变成了法名。

过了一个湖。好大一个湖！穿过一个县城。县城真热闹：官盐店，税务局，肉铺里挂着成边的猪，一个驴子在磨芝麻，满街都是小磨香油的香味，布店，卖茉莉粉、梳头油的什么斋，卖绒花的，卖丝线的，打把式卖膏药的，吹糖人的，耍蛇的，……他什么都想看看。舅舅一劲地推他："快走！快走！"

到了一个河边，有一只船在等着他们。船上有一个五十来岁的瘦长瘦长的大伯，船头蹲着一个跟明子差不多大的女孩子，在剥一个莲蓬吃。明子和舅舅坐到舱里，船就开了。

明子听见有人跟他说话，是那个女孩子。

"是你要到荸荠庵当和尚吗？"

明子点点头。

"当和尚要烧戒疤呕！你不怕？"

明子不知道怎么回答，就含含糊糊地摇了摇头。

"你叫什么？"

"明海。"

"在家的时候？"

"叫明子。"

"明子！我叫小英子！我们是邻居。我家挨着荸荠庵。——给你！"

小英子把吃剩的半个莲蓬扔给明海，小明子就剥开莲蓬壳，一颗一颗吃起来。大伯一桨一桨地划着，只听见船桨拨水的声音：

"哗——许！哗——许！"

……

荸荠庵的地势很好，在一片高地上。这一带就数这片地势高，当初建庵的人很会选地方。门前是一条河。门外是一片很大的打谷场。三面都是高大的柳树。山门里是一个穿堂。迎门供着弥勒佛。不知是哪一位名士撰写了一副对联：

大肚能容容天下难容之事

开颜一笑笑世间可笑之人

弥勒佛背后，是韦驮。过穿堂，是一个不小的天井，种着两棵白果树。天井两边各有三间厢房。走过天井，便是大殿，供着三世佛。佛像连龛才四尺来高。大殿东边是方丈，西边是库房。大殿东侧，有一个小小的六角门，白门绿字，刻着一副对联：

一花一世界

三藐三菩提

进门有一个狭长的天井，几块假山石，几盆花，有三间小房。

小和尚的日子清闲得很。一早起来，开山门，扫地。庵里的地铺的都是箩底方砖，好扫得很，给弥勒佛、韦驮烧一炷香，正殿的三世佛面前也烧一炷香、磕三个头、念三声"南无阿弥陀佛"，敲三声磬。这庵里的和尚不兴做什么早课、晚课，明子这三声磬就全都代替了。然后，挑水，喂猪。然后，等当家和尚，即明子的舅舅起来，教他念经。

教念经也跟教书一样，师父面前一本经，徒弟面前一本经，师父唱一句，徒弟跟着唱一句。是唱哎。舅舅一边唱，一边还用手在桌上拍板。一板一眼，拍得很响，就跟教唱戏一样。是跟教唱戏一样，完全一样哎。连用的名词都一样。舅舅说，念经：一要板眼准，二要合工尺。说：当一个好和尚，得有条好嗓子。说：民国二十年闹大水，运河倒了堤，最后在清水潭合龙，因为大水淹死的人很多，放了一台大焰口，十三大师——十三个正座和尚，各大庙的方丈都来了，下面的和尚上百。谁当这个首座？推来推去，还是石桥——善因寺的方丈！他往上一坐，就跟地藏王菩萨一样，这就不用说了；那一声"开香赞"，围看的上千人立时鸦雀无声。说：嗓子要练，夏练三伏，冬练三九，要练丹田气！说：要吃得苦中苦，方为人上人！说：和尚里也有状元、榜眼、探花！要用心，不要贪玩！舅舅这一番大法要说得明海和尚实在是五体投地，于是就一板一眼地跟着舅舅唱起来：

"炉香乍爇——"

"炉香乍爇——"

"法界蒙熏——"

"法界蒙熏——"

"诸佛现金身……"

"诸佛现金身……"

……

等明海学完了早经，——他晚上临睡前还要学一段，叫做晚经，——荸荠庵的师父们就都陆续起床了。

这庵里人口简单，一共六个人。连明海在内，五个和尚。

有一个老和尚，六十几了，是舅舅的师叔，法名普照，但是知道的人很少，因为很少人叫他法名，都称之为老和尚或老师父，明海叫他师爷爷。这是个很枯寂的人，一天关在房里，就是那"一花一世界"里。也看不见他念佛，只是那么一声不响地坐着。他是吃斋的，过年时除外。

下面就是师兄弟三个，仁字排行：仁山、仁海、仁渡。庵里庵外，有的称他们为大师父、二师父；有的称之为山师父、海师父。只有仁渡，没有叫他"渡师父"的，因为听起来不像话，大都直呼之为仁渡。他也只配如此，因为他还年轻，才二十多岁。

仁山，即明子的舅舅，是当家的。不叫"方丈"，也不叫"住持"，却叫"当家的"，是很有道理的，因为他确确实实干的是当家的职务。他屋里摆的是一张帐桌，桌子上放的是帐簿和算盘。帐簿共有三本。一本是经帐，一本是租帐，一本是债帐。和尚要做法事，做法事要收钱，——要不，当和尚干什么？常做的法事是放焰口。正规的焰口是十个人。一个正座，一个敲鼓的，两边一边四个。人少了，八个，一边三个，也凑合了。荸荠庵只有四个和尚，要放整焰口就得和别的庙里合伙。这样的时候也有过，通常只是放半台焰口。一个正座，一个敲鼓，另外一边一个。一来找别的庙里合伙费事；二来这一带放得起整焰口的人家也不多。有的时候，谁家死了人，就只请两个，甚至一个和尚咕噜咕噜念一通经，敲打几声法器就算完事。很多人家的经钱不是当时就给，往往要等秋后才还。这就得记帐。另外，和尚放焰口的辛苦钱不是一样的。就像唱戏一样，有份子。正座第一份。因为他要领唱，而且还要独唱。当中有一大段"叹骷髅"，别的和尚都放下法器休息，只有首座一个人有板有眼地曼声吟唱。第二份是敲鼓的。你以为这容易呀？哼，单是一开头的"发擂"，手上没功夫就敲不出迟疾顿挫！其余的，就一样了。这也得记上：某月某日、谁家焰口半台，谁正座，谁敲鼓……省得到年底结帐时赌咒骂娘。……这庵里有几十亩庙产，租给人种，到时候要收租。庵里还放债。租、债一向倒很少亏欠，因为租佃借钱的人怕菩萨不高兴。这三本帐就够仁山忙的了。另外香烛、灯火、油盐"福食"，这也得随时记记帐呀。除了帐簿之外，山师父的方丈的墙上还挂着一块水牌，上漆四个红字："勤笔免思"。

仁山所说当一个好和尚的三个条件，他自己其实一条也不具备。他的相貌只要用两个字就说清楚了：黄，胖。声音也不像钟磬，倒像母猪。聪明么？难说，打牌老输。他在庵里从不穿袈裟，连海青直裰也免了。经常是披着件短僧衣，袒露着一个黄色的肚子。下面是光脚趿拉着一对僧鞋，——新鞋他也是趿拉着。他一天就是这样不衫不履地这里走走，那里走走，发出母猪一样的声音："呣——呣——"。

二师父仁海。他是有老婆的。他老婆每年夏秋之间来住几个月，因为庵里凉快。庵里有六个人，其中之一，就是这位和尚的家眷。仁山、仁渡叫她嫂子，明海叫她师娘。这两口子都很爱干净，整天的洗涮。傍晚的时候，坐在天井里乘凉。白天，闷在屋里不出来。

三师父是个很聪明精干的人。有时一笔帐大师兄扒了半天算盘也算不清，他眼珠子转两转，早算得一清二楚。他打牌赢的时候多，二三十张牌落地，上下家手里有些什么牌，他就差不多都知道了。他打牌时，总有人爱在他后面看歪头胡。谁家约他打牌，就说"想送两个钱给你。"他不但经忏俱通（小庙的和尚能够拜忏的不多），而且身怀绝技，会"飞铙"。七月间有些地方做盂兰会，在旷地上放大焰口，几十个和尚，穿绣花袈裟，飞铙。飞铙就是把十多斤重的大铙钹飞起来。到了一定的时候，全部法器皆停，只几十副大铙紧张急促地敲起来。忽然起手，大铙向半空中飞去，一面飞，一面旋转。然后，又落下来，接住。接住不是平平常常地接住，有各种架势，"犀牛望月""苏秦背剑"……这哪是念经，这是耍杂技。也许是地藏王菩萨爱看这个，但真正因此快乐起来的是人，尤其是妇女和孩子。这是年轻漂亮的和尚出风头的机会。一场大焰口过后，也像一个好戏班子过后一样，会有一个两个大姑娘、小媳妇失踪，——跟和尚跑了。他还会放"花焰口"。有的人家，亲戚中多风流子弟，在不是很哀伤的佛事——如做冥寿时，就会提出放花焰口。所谓

"花焰口"就是在正焰口之后,叫和尚唱小调,拉丝弦,吹管笛,敲鼓板,而且可以点唱。仁渡一个人可以唱一夜不重头。仁渡前几年一直在外面,近二年才常住在庵里。据说他有相好的,而且不止一个。他平常可是很规矩,看到姑娘媳妇总是老老实实的,连一句玩笑话都不说,一句小调山歌都不唱。有一回,在打谷场上乘凉的时候,一伙人把他围起来,非叫他唱两个不可。他却情不过,说:"好,唱一个。不唱家乡的。家乡的你们都熟,唱个安徽的。"

姐和小郎打大麦,
一转子讲得听不得。
听不得就听不得,
打完了大麦打小麦。

唱完了,大家还嫌不够,他就又唱了一个:
……
这个庵里无所谓清规,连这两个字也没人提起。
仁山吃水烟,连出门做法事也带着他的水烟袋。
他们经常打牌。这是个打牌的好地方。把大殿上吃饭的方桌往门口一搭,斜放着,就是牌桌。桌子一放好,仁山就从他的方丈里把筹码拿出来,哗啦一声倒在桌上。斗纸牌的时候多,搓麻将的时候少。牌客除了师兄弟三人,常来的是一个收鸭毛的,一个打兔子兼偷鸡的,都是正经人。收鸭毛的担一副竹筐,串乡串镇,拉长了沙哑的声音喊叫:
"鸭毛卖钱——!"
偷鸡的有一件家什——铜蜻蜓。看准了一只老母鸡,把铜蜻蜓一丢,鸡婆子上去就是一口。这一啄,铜蜻蜓的硬簧绷开,鸡嘴撑住了,叫不出来了。正在这鸡十分纳闷的时候,上去一把薅住。
明子曾经跟这位正经人要过铜蜻蜓看看。他拿到小英子家门前试了一试,果然!小英的娘知道了,骂明子:
"要死了!儿子!你怎么到我家来玩铜蜻蜓了!"
小英子跑过来:
"给我!给我!"
她也试了试,真灵,一个黑母鸡一下子就把嘴撑住,傻了眼了!
下雨阴天,这二位就光临荸荠庵,消磨一天。
有时没有外客,就把老师叔也拉出来,打牌的结局,大都是当家和尚气得鼓鼓的:"×妈妈的!又输了!下回不来了!"
他们吃肉不瞒人。年下也杀猪。杀猪就在大殿上。一切都和在家人一样,开水、木桶、尖刀。捆猪的时候,猪也是没命地叫。跟在家人不同的,是多一道仪式,要给即将升天的猪念一道"往生咒",并且总是老师叔念,神情很庄重:
"……一切胎生、卵生、息生,来从虚空来,还归虚空去往生再世,皆当欢喜。南无阿弥陀佛!"

三师父仁渡一刀子下去，鲜红的猪血就带着很多沫子喷出来。

……

(选自《北京文艺》1980年10期)

[注释]

［1］汪曾祺：（1920.3.5—1997.5.16），江苏省高邮市人，中国当代文学史上著名的作家、散文家、戏剧家，京派作家的代表人物。早年毕业于西南联大，历任中学教师、北京市文联干部、《北京文艺》编辑、北京京剧院编辑。在短篇小说创作上颇有成就，著有小说集《邂逅集》，小说《受戒》《大淖记事》，散文集《蒲桥集》。被誉为"抒情的人道主义者""中国最后一个纯粹的文人""中国最后一个士大夫"。其散文《端午的鸭蛋》被选入中学语文课本。

[鉴赏训练]

1. 汪曾祺曾说："风俗是一个民族集体创作的生活抒情诗。"结合这篇小说谈谈你对这句话的理解。
2. 试分析这篇小说的叙事模式与语言特色。

[拓展阅读]

《受戒》刚发表时，受到许多赞扬，也曾引起一些议论，因为它的写法与当时人们已经习惯了的小说写法很不一样。

首先，它不但没有一个集中的故事情节，而且很不像一篇真正的小说，更像一篇散文。小说的开头刚一提到出家的明海，马上就笔锋一转，大谈当地与和尚有关的风俗，后来，干脆讲起了小明海与小英子的爱情，至于作品标题所说的"受戒"，直到小说的最后才出现，而且还是通过小英子的视角来写的。

其次，作家对现实的态度也值得怀疑，总让人想起当时还处于文化边缘的沈从文的小说，或者说，完全受沈从文的《边城》的影响，不是在描写现实，而是在抒写理想。而这个理想，竟然是庵不像庵，寺不像寺，既无清规，也无戒律，当和尚的可以杀猪吃肉，可以娶妻找情人，可以唱粗俗的乡曲。然而，人们也发现，汪曾祺笔下的明海聪明善良，小英子美丽多情，两个天真纯朴的少年并没有受到世俗的污染，他们的童心充满诗意，充满梦幻色彩，成了作家"桃花源"式的理想生活的象征。进而人们又发现，这种以"超功利的率性自然的思想"，追求"生活境界的美的极致"，正是民间艺术中弥漫着的自然神韵，正是传统文人苦苦追求的美学理想。而这一理想自"京派文学"没落后，已经不见踪迹。

于是，在汪曾祺之后，随着"寻根文学"和"先锋文学"的兴起，在传统的民族文化中寻找和反思，对小说文体进行大胆的革新，以及突出小说本身的文学特质等，都成为一股潮流。也正是在这个意义上，人们说汪曾祺的小说连接了被中断的以废名、沈从文为代表的"抒情小说"传统，是"京派文学"的最后一个大家，也是20世纪中国文学史上继鲁迅、沈从文、张爱玲之后的一个成就卓著的作家，给后来的写作者以深远的影响。

（三）

透明的红萝卜（节选）

莫 言[1]

[导读]

　　莫言作品中的大部分主人公都是不说话的，《透明的红萝卜》里的黑孩儿也不例外，这也许是"莫言"的名字的由来，也可以说是莫言作品的特色。

　　《透明的红萝卜》主要讲述的是"文革"时期，主人公黑孩儿跟着同村的小石匠去帮公社加宽村后的滞洪闸，到了滞洪闸工地，瘦小的黑孩儿吃力地砸着石头，受到邻村的菊子姑娘的怜悯，黑孩儿却不领情，多次拒绝她的帮助。黑孩儿被菊子建议到桥洞的铁匠那去拉风箱，然而在那的工作对他来说也并不轻松，小铁匠不仅让黑孩儿高强度的干活，还时常指使黑孩儿去偷工地附近的农场的地瓜和萝卜。小石匠和小铁匠独眼龙都对菊子姑娘心怀不轨，两人争风吃醋，最后在他们的决斗中，一块石片崩飞恰好刺到菊子的左眼上，在他们心底都形成了一个莫大的悔恨，也使文章一度陷入了沉默。

　　小石匠和小铁匠的对菊子姑娘的追求是小说的一条比较明显的线索，但似乎是局外人的主人公黑孩儿和那只透明的红萝卜却更加隐讳地表达着作者对一个时代的批判和对新生的企盼。在那个是非颠倒的时代，普通人也必须承受巨大的压力，所以干脆就寂寞不语了，而即使讲话也不得不隐讳再隐讳。

[选文]

　　一连十几天，姑娘和小石匠好象把黑孩忘记了，再也不结伴到桥洞里来看望他。每当中午和晚上，黑孩就听到黄麻地里响起百灵鸟婉转的歌唱声，他的脸上浮起冰冷的微笑，好象他知道这只鸟在叫着什么。小铁匠是比黑孩晚好几天才注意到百灵鸟的叫声的。他躲在桥洞里仔细观察着，终于发现了奥秘：只要百灵鸟叫起来，工地上就看不见小石匠的影子，菊子姑娘就坐立不安，眼睛四下打量，很快就会扔下锤子溜走。姑娘溜走后一会儿，百灵鸟就歇了歌喉。这时，小铁匠的脸色就变得更加难看，脾气变得更加暴躁。他开始喝起酒来。黑孩每天都要走过石桥到村里小卖部给他装一瓶地瓜烧酒。

　　这天晚上，月光皎皎如水，百灵鸟又叫起来了。黄麻地里的熏风象温柔的爱情扑向工地。小铁匠攥着酒瓶子，把半瓶烧酒一气灌下去，那只眼睛被烧得泪汪汪的。刘太阳副主任这些天回家娶儿媳妇去了，工地上人心涣散，加夜班的石匠们多半躺在桥洞里吸烟，没有钻子要修理，炉火半死不活地跳动着。

　　"黑孩……去，给老子拔几个萝卜来……"酒精烧着小铁匠的胃，他感到口中要喷火。

　　黑孩象木棍一样立在风箱边上，看着小铁匠。

　　"你，等着老子揍你吗？去……"

　　黑孩走进月光地，绕着月光下无限神秘的黄麻地，穿过花花绿绿的地瓜地，到了晃动着沙漠蜃影的萝卜地。等他提着一个萝卜走回桥洞时，小铁匠已经歪在草铺上呼呼地睡了。黑孩把萝卜放在铁砧子上，手颤抖着拨亮炉火，可再也弄不出那一蓝一黄升腾到空中的火苗，他变换着角度，瞅那个放在铁砧子上的萝卜，萝卜象蒙着一层暗红色的破布，难看极了，孩子沮丧地垂下头。

这天夜里，黑孩没有睡好。他躺在一个桥洞里，翻来覆去地打着滚。刘副主任不在，民工们全都跑回家去睡觉。桥洞里只剩下一层薄薄的麦秸草。月光斜斜地照进桥洞，桥洞里一片清冷光辉，河水声、黄麻声，小铁匠在最西边桥洞里发出的鼾声，以及其他一些莫名其妙的声音，一齐钻进了他的耳朵。石头上的麦草闪闪烁烁，直扎着他的眼睛。他把所有的麦秸草都收拢起来，堆成一个小草岭，然后钻进去，风还是能从草缝里钻进来，他使劲蜷缩着，不敢动了。他想让自己睡觉，可总是睡不着。他总是想着那个萝卜，那是个什么样的萝卜呀。金色的，透明。他一会儿好象站在河水中，一会儿又站在萝卜地里，他到处找呀，到处找……

第二天早晨，太阳还没出来，月亮还没完全失去光彩，成群的黑老鸹惊惶失措地叫着从工地上空掠过，滞洪闸上留下了它们脱落的肮脏羽毛。东边的地平线上，立着十几条大树一样的灰云，枝杈上挂满了破烂的布条。黑孩从桥洞里一钻出来就感到浑身发冷，象他前些日子打摆子时寒颤上来一样滋味。刘副主任昨天回来了，检查了工地上的情况，他非常生气，大骂了所有的民工。所以今天人们来得都很早，干活也卖力，工地上的锤声象池塘里的蛙鸣连成一片。今天要修的钢钻很多，小铁匠的工作态度也非常认真，活儿干得又麻利又漂亮。来换钢钻的石匠们不断地夸奖他，说他的淬火功夫甚至超过了老铁匠，淬出的钢钻又快又韧，下下都咬石头。

太阳两竿子高的时候，小石匠送来两支钢钻待修。这是两支新钻，每支要值四五块钱。小铁匠瞥瞥神采焕发的小石匠，独眼里射出一道冷光。小石匠没觉察到小铁匠的表情，幸福的眼睛里看到的全是幸福。黑孩儿感到心里害怕：他看出小铁匠要作弄小石匠了。小铁匠把那两支钢钻烧得象银子一样白，草草地在砧子上打出尖儿，然后一下子浸到水里去……

小石匠提着钢钻走了，小铁匠嘴上滑过一个得意的笑容，他对着黑孩眯眯眼，说，"孙子，他妈的也配使老子淬出的钻子？儿子，你说他配吗？"黑孩缩在角落里，使劲打着哆嗦。一会儿，小石匠回到铁匠炉边，他把两支钻子扔到小铁匠跟前，骂道："独眼龙，你这是淬得什么火？"

"孙子，叫唤什么？"小铁匠说。

"睁开你那只独眼看看！"

"这是你的钻子不好。"

"放屁，你这是成心作弄老子。"

"作弄你又怎么着？爷们看着你就长气！"

"你、你，"小石匠气得脸色煞白，说，"有种你出来！"

"老子怕你不成！"小铁匠撕下腰间扎着的油布，光着背，象只棕熊一样踱过去。

小石匠站在闸前的沙地上，把夹克衫和红运动衣脱下来，只穿一件小背心。他身材高大，面孔象个书生，身体壮得象棵树。小铁匠脚上还扎着那两块防烫的油布，脚掌踩得地上尖利的石片欶欶地响，他的臂长腿短，上身的肌肉非常发达。

"文打还是武打？"小铁匠不屑一顾地说。

"随你的便。"小石匠也不屑一顾地说。

"你最好回家让你爹立个字据,打死了别让我赔儿子。"

"你最好回家先钉口棺材。"

骂着阵,两个人靠在了一起。黑孩远远地蹲着,一直没停地打着哆嗦。他看到,小铁匠和小石匠最初的交锋很象开玩笑。小石匠卷着舌头啐着小铁匠一脸唾沫,小铁匠扬起长臂,把拳头捅过去,小石匠一退,这一拳打空了。又啐。又一拳。又退。闪空。但小石匠的第三口唾沫没迸出唇,肩头上就被小铁匠猛捅了一拳,他的身体不由自主地转了一圈。

人们惊叫着围拢上来,高喊着:"别打了,别打了。"但没有人上前拉架。后来,连喊声也没有了,大家都睁大眼,屏住气,看着这两个身段截然不同的小伙子比试力气。菊子姑娘脸色灰白,使劲地抓住她身边一个姑娘的肩头。当他的情人吃了小铁匠的铁拳时,她就低声呻唤着,眼睛象一朵盛开的墨菊。

决斗还难分高低,你打我一拳,我也打你一拳,小石匠个头高,拳头打得漂亮潇洒,但显然有点飘,有点花哨,力量不很足,小铁匠动作稍慢一点,但出拳凶狠扎实,被他懵上一拳,小石匠就要转一个圈。后来,小铁匠头上挨了一拳,有点晕头转向,小石匠趁机上前,雨点般的拳头打得小铁匠的身体嘭嘭地响。小铁匠一猫腰,钻进了小石匠腋下,两只长臂象两条鳗鱼一样缠住了小石匠的腰,小石匠急忙夹住小铁匠的头,两个人前进,后退,后退,又前进,小石匠支持不住,仰面朝天摔在沙地上。

人群里爆发了一阵欢呼。

小铁匠站起来,吐吐口中的血沫子,歪着头,象只斗胜的公鸡。

小石匠爬起来,向着小铁匠扑过去。一白一黑两个身体又扭在一起。这次小石匠把身体伏得很低,保护着自己的下三路不让小铁匠得手,四只胳膊紧紧地纠缠着,有时候,小石匠把小铁匠撩起来,转着圈抡动,但并不能把小铁匠摔出去。小石匠气喘吁吁,满身都是汗水,小铁匠却连一个汗珠都没掉。小石匠体力不支,步伐错乱,眼前出现重影,稍一懈息,手臂便被拨开,小铁匠抱住他的腰,箍得他出气不匀,他再次仰天倒地。

第三个回合小石匠败得更惨,小铁匠一个癞狗钻裆把他扛起来,摔出去足有两米远。

菊子姑娘哭着扑上去,扶起了小石匠。在菊子姑娘的哭声中,小铁匠脸上的喜色顿时消逝,换上了满面凄凉。他呆呆地站着。小石匠爬起来,拨开菊子的手,抓起一把沙土,对准小铁匠的脸打上去。沙土迷住了小铁匠的独眼,他象野兽一样嗥叫着,使劲搓着眼睛。小石匠趁机扑上去,卡着小铁匠的脖子把他按倒,拳头象擂鼓一样对着小铁匠的脑袋乱打……

这时候,从人们的腿缝里,钻出了一个黑色的影子。这是黑孩。他象只大鸟一样飞到小石匠背后,用他那两只鸡爪一样的黑手抓住小石匠的腮帮子使劲往后扳,小石匠龇着牙,咧着嘴,"噢噢"地叫着,又一次沉重地倒在沙地上。

小铁匠挣扎着坐起来,两只大手摸起地上的碎石片儿,向着四周抛撒。"畜牲!狗!"骂声和着石头片儿,象冰雹一样横扫着周围的人群,人们慌乱地躲闪着。菊子姑娘突然惨叫了一声。小铁匠的手象死了一样停住了。他的独眼里的沙土已被泪水冲积到眼角上,露出了瞳孔。他朦胧地看到菊子姑娘的右眼里插着一块白色的石片,好象眼里长出一朵银耳。他怪叫一声,捂着眼睛,躺在地上痛苦地扭动着。

　　黑孩听到姑娘的惨叫,便松开了自己的手。他的手指把小石匠的腮帮子抓出两排染着煤灰的血印。趁着人们慌乱的时候,他悄悄地跑回桥洞,蹲在最黑暗的角落上,牙齿"的的"地打着战,偷眼望着工地上乱纷纷的人群。

　　第二天,滞洪闸工地上消失了小石匠和菊子姑娘的影子,整个工地笼罩着沉闷压抑的气氛。太阳象抽疯般颤抖着,一股股萧杀的秋风把黄麻吹得象大海一样波浪起伏,一群群麻雀惊恐不安地在黄麻梢头噪叫声。风穿过桥洞,扬起尘土,把半边天都染黄了。一直到九点多钟,风才停住,太阳也慢慢恢复正常。

　　刚娶完儿媳妇回来的刘太阳副主任碰上了这些事,心里窝着一腔火,他站在铁匠炉前,把小铁匠骂得狗血淋头,并扬言要抠出他那只独眼给菊子姑娘补眼。小铁匠一声不吭,黑脸上的刺疙瘩一粒粒憋得通红,他大口喘着气,大口喝着酒。石匠们不知被什么力量催动着,玩儿命地干活,钢钻子磨秃了一大批,堆在红炉旁等着修理。小铁匠象大虾一样蜷曲在草铺上,咕咕地灌着酒,桥洞里酒气扑鼻。

　　刘副主任发火了,用脚踹着小铁匠骂:"你害怕了?装孙子了?躺着装死就没事了?滚起来修钻子,这样也许能将功补过。"

　　小铁匠把手中的酒瓶向上抛起来,酒瓶在桥面上砰然撞碎,碎玻璃掺着烧酒落了刘副主任一头。小铁匠跳起来,一路歪斜跑出去,喊着:"老子怕什么,老子天都不怕,死都不怕,还怕什么?"他爬上滞洪闸,继续高叫着:"我谁都不怕!"他的腿碰到了石栏杆,身子歪歪扭扭,桥下有人喊:"小铁匠,当心掉下桥。""掉下桥?"他哈哈大笑起来,笑着攀上石栏杆,一松手,抖抖擞擞地站在石栏杆上。桥下的人都中了魔,入了定,呼吸也不敢用力。

　　小铁匠双臂夯煞开,一上一下起伏着,象两只羽毛丰满的翅膀。他在窄窄的石栏杆上走起来,身体晃来晃去。他慢走变成快走,快走变成小跑,桥下的人捂住眼睛,又松手露出眼睛。

　　小铁匠一起一伏晃晃悠悠地在石栏杆上跑着,栏杆下乌蓝的水里映出他变了形的身影。他从西头跑到东头,又从东头跑回来,一边跑一边唱起来:"南京到北京,没见过裤裆里拉电灯,格里咙格里格咙,里格垅,里格垅,南京到北京,没见过裤裆里打弹弓……"

　　几个大胆的石匠跑上闸去,把小铁匠拖了下来。他拼命挣扎着,骂着:"别他妈的管我,老子是杂技英豪,那些大妞在电影上走绳子,老子在闸上走栏杆,你们说,谁他妈的厉害……"几个人累得气喘吁吁,总算把他弄回桥洞里。他象块泥巴一样瘫在铺上,嘴里吐着白沫,手撕着喉咙,哭叫着:"亲娘哟,难受死了,黑孩,好徒弟,救救师傅吧,去拔个萝卜来……"

　　人们突然发现,黑孩穿上了一件包住屁股的大褂子,褂子是用崭新的、又厚又重的小帆布缝的。这种布非常结实,五年也穿不破。那条大裤头子在褂子下边露出很短的一截,好象褂子的一个花边。黑孩的脚上穿着一双崭新的回力球鞋,由于鞋子太大,只好紧紧地系住鞋带,球鞋变得象两条丑陋的胖头鲇鱼。

　　"黑孩,听到了吗?你师傅让你去干什么?"一个老石匠用烟袋杆子戳着黑孩的背说。

黑孩走出桥洞，爬上河堤，钻进黄麻地。黄麻地里已经有了一条依稀可辨的小径，麻秆儿都向两边分开。走着走着，他停住脚。这儿一片黄麻倒地，象有人打过滚。他用手背揉揉眼睛，抽泣了一声，继续向前走。走了一会，他趴下，爬进萝卜地。那个瘦老头不在，他直起腰，走到萝卜地中央，蹲下去，看到萝卜垄里点种的麦子已经钻出紫红的锥芽，他双膝跪地，拔出了一个萝卜，萝卜的细根与土壤分别时发出水泡破裂一样的声响。黑孩认真地听着这声响，一直追着它飞到天上去。天上纤云也无，明媚秀丽的秋阳一无遮拦地把光线投下来。黑孩把手中那个萝卜举起来，对着阳光察看。他希望还能看到那天晚上从铁砧上看到的奇异景象，他希望这个萝卜在阳光照耀下能象那个隐藏在河水中的萝卜一样晶莹剔透，泛出一圈金色的光芒。但是这个萝卜使他失望了。它不剔透也不玲珑，既没有金色光圈，更看不到金色光圈里苞孕着的活泼的银色液体。他又拔出一个萝卜，又举出阳光下端详，他又失望了。以后的事情就变得很简单了。他膝行一步。拔两个萝卜。举起来看看。扔掉。又膝行一步，拔，举，看，扔……

看菜园的老头子眼睛象两滴混浊的水，他蹲在白菜地里捉拿钻心虫儿。捉一个用手指捏死，再捉一个还捏死。天近中午了，他站起来，想去叫醒正在看院屋子里睡觉的队长。队长夜里误了觉，白天村里不安宁，难以补觉，看院屋子里只能听到秋虫浅吟，正好睡觉。老头儿一直起腰，就听到脊椎骨"叽哽叽哽"响。他恍然看到阳光下的萝卜地一片通红，好象遍地是火苗子。老头打起眼罩，急步向前走，一直走到萝卜地里，他才看得那遍地通红的竟是拔出来的还没有完全长成的萝卜。

"作孽啊！"老头子大叫一声。他看到一个孩子正跪在那儿，举着一个大萝卜望太阳。孩子的眼睛是那么大，那么亮，看着就让人难受。但老头子还是不客气地抓住他，扯起来，拖到看园屋子里，叫醒了队长。

"队长，坏了，萝卜，让这个小熊给拔了一半。"队长睡眼惺忪地跑到萝卜地里看了看，走回来时他满脸杀气。对着黑孩的屁股他狠踢了一脚，黑孩半天才爬起来。队长没等他清醒过来，又给了他一耳巴子。

"小兔崽子，你是哪个村的？"

黑孩迷惘的眼睛里满是泪水。

"谁让你来搞破坏？"

黑孩的眼睛清澈如水。

"你叫什么名字？"

黑孩的眼睛里水光潋滟。

"你爹叫什么名字？"

两行泪水从黑孩眼里流下来。

"他娘的，是个小哑巴。"

黑孩的嘴唇轻轻嚅动着。

"队长，行行好，放了他吧。"瘦老头说。

"放了他？"队长笑着说，"是要放了他。"

队长把黑孩的新褂子、新鞋子、大裤头子全剥下来，团成一堆，扔到墙角上，说："回家告诉你爹，让他来给你拿衣裳。滚吧！"

黑孩转身走了,起初他还好象害羞似地用手捂住小鸡儿,走了几步就松开了手。老头子看着这个一丝不挂的男孩,抽抽答答地哭起来。

黑孩钻进了黄麻地,象一条鱼儿游进了大海。扑簌簌黄麻叶儿抖,明晃晃秋天阳光照。

黑孩——黑孩——。

(选自《中国作家》,1985 年第 2 期)

[注释]

[1] 莫言:生于 1955 年 2 月 17 日,原名管谟业,祖籍山东省高密市,北京师范大学文艺学硕士,北京师范大学教授。他自 20 世纪 80 年代中以一系列乡土作品崛起,充满着"怀乡"以及"怨乡"的复杂情感,被归类为"寻根文学"作家,2011 年荣获茅盾文学奖。其作品深受魔幻现实主义影响,写的是一出出发生在山东高密东北乡的"传奇"。《生死疲劳》和《蛙》这两部作品所具有的罕见的宗教情怀,使它们超越了中国作家同行,而进入了世界文学的行列。2012 年莫言荣获诺贝尔文学奖。

[鉴赏训练]

1. 在作品中,黑孩和透明的红萝卜分别具有怎样的象征意义?
2. 《透明的红萝卜》描写的世界是一个感官的世界,试从黑孩的角度体味作者描写的那个时代。

[拓展阅读]

我是我母亲最小的孩子

我记忆中最早的一件事,是提着家里唯一的一把热水瓶去公共食堂打开水。因为饥饿无力,失手将热水瓶打碎,我吓得要命,钻进草垛,一天没敢出来。傍晚的时候,我听到母亲呼唤我的乳名,我从草垛里钻出来,以为会受到打骂,但母亲没有打我也没有骂我,只是抚摸着我的头,口中发出长长的叹息。

我记忆中最痛苦的一件事,就是跟随着母亲去集体的地里捡麦穗,看守麦田的人来了,捡麦穗的人纷纷逃跑,我母亲是小脚,跑不快,被捉住,那个身材高大的看守人扇了她一个耳光,她摇晃着身体跌倒在地,看守人没收了我们捡到的麦穗,吹着口哨扬长而去。我母亲嘴角流血,坐在地上,脸上那种绝望的神情让我终生难忘。多年之后,当那个看守麦田的人成为一个白发苍苍的老人,在集市上与我相逢,我冲上去想找他报仇,母亲拉住了我,平静地对我说:"儿子,那个打我的人,与这个老人,并不是一个人。"

我记得最深刻的一件事,是一个中秋节的中午,我们家难得地包了一顿饺子,每人只有一碗。正当我们吃饺子时,一个乞讨的老人,来到了我们家门口。我端起半碗红薯干打发他,他却愤愤不平地说:"我是一个老人,你们吃饺子,却让我吃红薯干,你们的心是怎么长的?"我气急败坏地说:"我们一年也吃不了几次饺子,一人一小碗,连半饱都吃不了!给你红薯干就不错了,你要就要,不要就滚!"母亲训斥了我,然后端起她那半碗饺子,倒进老人碗里。

我最后悔的一件事,就是跟着母亲去卖白菜,有意无意地多算了一位买白菜的老人一毛钱。算完钱我就去了学校。当我放学回家时，看到很少流泪的母亲泪流满面。母亲并没有骂我，只是轻轻地说："儿子，你让娘丢了脸。"

（摘自莫言在瑞典学院发表的文学演讲，主题为"讲故事的人"）

[综合鉴赏训练]

1. 汪曾祺是风俗画作家，其诗化风俗小说复活了以沈从文为代表的中国现代抒情小说的传统，这种诗化的散文笔法，以写意为主，不以情节见长，而以细节取胜。请仔细体会《受戒》中的环境描写，思考作家是如何在残酷的抗战背景下发现和欣赏生活的诗意的，这对我们有什么启发？

2. 《受戒》和《透明的红萝卜》都是具有一定乡土特点的小说，而且作品中的环境描写均占有一定比重，对情节的推进具有十分重要的意义。请问这两篇作品的环境描写分别反映出怎样的自然环境和社会环境？在作品中有什么作用？

3. "逼上梁山"，指的是被压迫的人们不得不奋起反抗的事情。补充阅读《水浒》相关章回，探讨林冲在恶势力的逼迫下，由安分守己到上山聚义的心理变化过程。

[参考资料] 明代李开先《宝剑记》中林冲夜奔梁山的唱词：

　　　　登高欲穷千里目，愁云低锁衡阳路。
　　　　鱼书不至雁无凭，几番空作悲愁赋。
　　　　回首西山月又斜，天涯孤客真难渡。
　　　　丈夫有泪不轻弹，只因未到伤心处。

4. 阅读下面的文字，完成下列题目。

乌　米

[俄] 阿·马·高尔基

……每当早晨醒来，我便打开房间的窗户，倾听着从山上透过果园中茂密的绿阴向我传来的心事重重的歌声。无论我醒得多早，这歌声都已经回荡在充满着盛开的桃花和无花果的香甜气息的晨空里了。

清风从阿伊—佩特里山巍峨的峰顶簌簌吹来，微微地拂动着我窗前浓密的树叶，树叶的簌簌声给歌声增添了许多令人心旷神怡的美感。歌曲本身并不优美，而且有些单调，整个曲调很不和谐。在看来本应该停顿的地方，听到的却是悲伤而激动的呼号，随后这一惊心动魄的喊叫又同样出人意外地变作了柔肠百转的怨诉。这歌是一个苍老而颤抖的嗓音唱出来的，日复一日，从早到晚，什么时候都能听到这支像山溪一般流下来的唱不尽的歌子。

村民们对我说，这心事重重的歌声他们已经听了七个年头。我问他们："这是谁在唱？"他们告诉我，这是一个叫乌米的疯老婆子唱的。六年前她的丈夫和两个孩子出海捕鱼，至今没有回来。

从那时起，乌米便每天坐在自家土屋的门槛上，望着大海歌唱，等待着自己的亲人。一次，我去看她。我沿着蜿蜒的小道，经过几个伫立在山坡上的土屋，穿过一个个果园和葡萄园，爬上了高山。在山石背后翠绿树丛中，我看到了乌米老太婆的那所半坍塌的土屋。在从亚伊拉山顶滚下的巨石中间，长着几株法国梧桐、无花果树和桃树。溪水潺潺地流着，在它流过的地方形成许多小小的瀑布，土屋顶上长着青草，墙上爬着曲曲弯弯的藤蔓，屋门正对着大海。

乌米坐在门旁的石头上，她的身材匀称颀长，白发苍苍。她那布满细小皱纹的脸，已被太阳晒成了棕褐色。层层叠叠的石堆，年久失修的半塌的土屋，在炎热的蓝天衬托下的阿伊——佩特里山的灰色峰顶，以及在太阳照耀下寒光熠熠的大海，所有这一切在老人周围形成了一种肃穆静谧的气氛。在乌米脚下的山坡上，有一些零零落落的村舍。透过果园的绿树丛看去，它们那五颜六色的屋顶，酷似一个被打翻了的颜料箱。从山下不时传来马具的叮当声，还有潮水拍击海岸的沙沙声。偶尔还可以听到聚集在集市上咖啡馆附近的人们的喧嚷声。在这儿的山顶上是一片宁静，只有淙淙的溪水，伴随着还在六年前已经开始了的乌米的幽思漫漫的歌声。

乌米一面唱，一面用笑脸迎着我。她的脸在微笑时皱得越发厉害了。她的眼睛年轻而明亮，眼里燃烧着专心致志的期待之火。她温存地打量了我一眼，重又凝视着一片荒漠似的大海。

我走近前去，在她身旁坐下，听着她歌唱。歌子是那样奇特：满怀信心的曲调不时为忧思所代替，其中含有焦灼不安和疲倦的调子，它时而中断，寂然无声；时而又响起来，充满了喜悦和希望……

但是不论这歌曲表现什么样的情绪，乌米老太太的脸上却只有一种表情，那是一种坚信不疑的期待，一种满怀信心的、安详而喜悦的期待。

我问她："你的丈夫叫什么名字？"她粲然一笑，回答说："阿布德拉伊姆……大儿子叫阿赫乔姆，还有一个叫尤努斯……他们很快就会回来的。他们正在路上，我马上就会看到船了。你也会看见的。"

她说"你也会看见的"这句话时，似乎深信，见到他们父子对我说来也将是莫大的幸福，似乎当她丈夫的渔船出现在海天之际，出现在她那被南方的烈日晒干了的、木乃伊般的棕色手指所指的那一道深蓝色的细线上时，我会感到莫大的快乐。

随后她又唱起了那支期待和希望之歌。我看着她，一面听，一面想："就这样怀着希望该有多好啊！心里充满了对未来巨大欢乐的期待，这样活着该有多好啊！"

乌米一直在唱着，她微笑地摇晃着身躯，目不转睛地凝视着在日光下闪烁着耀眼光辉的茫茫大海。

她完全沉湎在一种思念里，不理会任何别的东西了，坐在她身旁的我对她说来已不复存在。我对她这种全神贯注的神态满怀敬意，我觉得，她这种只怀着一种希望的生活很值得羡慕，我沉默着，情愿让她把我忘却。这一天海上风平浪静，它像一面明镜，映射出明亮的天色，但并未使我产生什么希望。随后我便满怀惆怅悄然离去。身后传来了歌声和溪水响亮的淙淙声，海鸥在海上翱翔，一大群海豚在离岸不远的地方尽情嬉戏，远方是苍茫的大海。

年迈的乌米永远等不到什么了，但她将怀着希望活着和死去……

（1）本文着意勾勒了乌米的形象，请从两个方面概括乌米的主要性格特征。（各不超过两个词）

（2）指出第五自然段中景物描写所采用的手法，并简析该段景物描写的作用。

(3) 请用一句话概括乌米歌声的情感内涵。(不超过10个字)
(4) 文中反复写她的歌声有何目的?
(5) 请赏析《乌米》中"我"的形象与作用。

5. 请选择你熟悉的校园一角进行环境描写,要求写出它四季的变化,并通过描写体现出你心情的变化。

模块二　写作训练

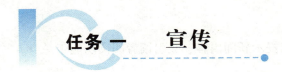

任务一　宣传

消息

▶ 一、实训目的

通过本次练习，使学生掌握常用消息的写作格式和技巧。

▶ 二、实训材料

汽油今起调价

发改委发布通知，成品油价格从 25 日凌晨上调。这是今年以来我国首次调整成品油价格。

国家发改委称，此次国内成品油价格调整幅度，是按现行国内成品油价格形成机制，根据国际市场油价变化情况确定的。去年 11 月 16 日国内成品油价格调整以来，至今历时三个多月，受市场预期欧美经济复苏前景向好及中东局势持续动荡等因素影响，国际市场原油价格先抑后扬，2 月上旬相关原油期货价格再次回升至每桶 95 美元和 115 美元以上。

▶ 三、实训要求

（1）对照消息写作知识和写作要求，诊断习作中的毛病。
（2）修改写得不符合要求的地方。

▶ 四、实训提示

消息，是以简洁的文字迅速传播新近变动的事实，包括新近发生的事实、某些将要变动的事实。

消息的主要结构是：标题＋消息头＋署名＋导语＋主体＋结尾。

正文有三种基本类型：

第一种是"倒金字塔"式，即把最重要、最新鲜的事实放在最前面，其他内容按照事实重要与新鲜程度的大小依次排列。

第二种是"并列式"，即平行排列事实的各个方面。

第三种是"金字塔"式，即开始设置"悬念"，将最重要的事实放在后面"揭晓"。

（一）标题

1. 单行标题

只有一行标题，集提示新闻内容、吸引读者阅读功能于一身。

2. 多行标题

消息还可以采用多行标题，除了正题，还可以配以引题和副题。

（1）引题又称为"眉题"或"肩题"，位于正题之上，起引出、说明主题，烘托渲染气氛的作用。

（2）正题又称为"主题"，它负责概括和提要消息里最主要的事实和含义。正题在整个标题中字号最大、最醒目，一条消息可以没有引题和副题，但一定要有正题。

（3）副题位于正题之下，发挥对正题的补充、注释作用。

消息标题结构的选用除考虑新闻需要外，还要与新闻的重要性、新闻稿的长度相匹配。

（二）消息头

消息头是正规消息的标志，一般由发布新闻通讯社、发布新闻地点、发布新闻时间和发布新闻形式组成。

消息主要有"讯""电"两种发布形式。讯主要指通过邮寄、书面递交形式向报社传递新闻报道。电，主要指通过电报、电传、电子邮件、传真、电话等形式向报社传递新闻报道。

消息头写作有几种不同情况：

1. 消息来源媒体自身

（1）本报讯（记者×××报道）；

（2）本报北京（记者×××报道）9月15日专讯；

（3）本报济南（记者×××报道）9月20日专电。

2. 消息来源通讯社（中国内地仅有的两家通讯社：新华社、中新社）

（1）新华社纽约10月16日电；

（2）中新社北京10月17日供本报专电。

3. 消息来源转载其他媒体

（1）据美联社华盛顿10月19日电；

（2）据《青岛日报》10月20日报道。

（三）署名

（1）大多位于消息头之后、导语之前，常以"（记者×××）"表示；

（2）将署名置于正文之后。

（四）导语

导语是一篇消息的第一段或第一句话，其作用是以最简洁的语言把最重要、最新鲜的新闻事实表述出来，以紧紧地抓住受众并引导受众进一步阅读。最常用的是以下类型：

（1）叙述性导语。以直接陈述的方式，平实自然的语言，将最主要、最新鲜的新闻事实概括出来。多数重大事件性新闻的导语，都是采用叙述式。

（2）描写性导语。通过对新闻的一个场景、一个情节、一个景物、一个画面进行描述，甚至是讲一个故事，来揭示报道主旨，营造气氛，将读者带入现场。

（3）引用式导语。导语中引用新闻人物有代表性的语言或总结评论型的话，或引用成语、典故、诗词、谚语、名人名言等，借以点明新闻主题或衬托新闻事实。

（4）对比式。指进行今昔、正反、彼此等对比的导语，对比的两个方面应该具有可比性。

（5）设问式导语。指从事实中引出使人注目的问题的导语。

（6）评论式导语。对导语中简要事实明确表态，表明鲜明的倾向。

（五）主体

导语后面是消息的主体。消息的主体承担的任务主要有两点：一是补充导语中的事实，使新闻内容能完整明确；二是运用背景等材料补充导语，使消息的根据更加确凿、内容更丰满。要注意，在主体中不要重复导语。

主体大致有两种结构：

（1）以时间为顺序来安排材料；

（2）依据事物的联系，也就是根据主次、因果等逻辑关系安排结构层次。

（六）结尾

（1）自然结尾（或称秃尾），随材料的结束而完结；

（2）专门设立段、句，对新闻事实做总结的结尾。

▶ 五、参考例文

例文一 限制未成年人网游时间，网络保护迈出坚实步伐

近日，国家新闻出版署下发《关于进一步严格管理 切实防止未成年人沉迷网络游戏的通知》。通知要求，严格限制向未成年人提供网络游戏服务的时间，所有网络游戏企业仅可在周五、周六、周日和法定节假日每日20时至21时向未成年人提供1小时服务，其他时间均不得以任何形式向未成年人提供网络游戏服务。

统计数据显示，2020年前5个月，网游的负面舆情占比最高，占比达到53.49%。另据统计，2020年第一季度，江苏全省消保委系统受理未成年人网游类投诉425件，与去年

同期相比增加了 460%。虽然相关部门敦促各家游戏公司、视频网站、直播平台对"青少年防沉迷系统"进行多次升级，但依旧形同虚设，孩子们有一套破解之法。家长对于现有"青少年防沉迷系统"并不满意，如何维护未成年人网络安全，成为社会、厂商、家长、学校多方的关注焦点。基于此，国家新闻出版署发文要求，严格限制向未成年人提供网络游戏服务的时间。

根据中国互联网络信息中心发布的第 43 次《中国互联网络发展状况统计报告》，截至 2018 年 12 月，中国网络游戏用户规模达 4.84 亿。其中，12 岁到 16 岁的青少年是网络成瘾的高危人群。研究表明，游戏成瘾的患病率约为 27.5%。这个数据，令人触目惊心。2019 年 12 月，千名家长联名写信，强烈要求国家加强对网络游戏的监管，引起了国家层面的高度重视。我国在未成年人保护法中设置"网络保护"专章，专治网络保护不到位等问题。

特别是，2019 年 11 月，国务院出台《健康中国行动（2019—2030 年）》，在中小学健康促进行动方面，网络游戏相关内容被专门提及。文件中明确，要实施网络游戏总量调控，控制新增网络游戏上网运营数量等。这就要求，有关部门应严格执行，发挥监管作用，净化网络游戏空间，认真落实"网络保护"专章，对未成年人的线上线下全方位保护。尤其是在新冠肺炎疫情防控的非常时期，应针对国内游戏产业在线网络游戏严格管理，内容包括引入预防性技术措施限制在线时间、强化登录身份认证、开发有效游戏指导和管理系统等，进一步治理未成年人网游沉迷问题。

限制未成年人网游时间，迈出了网络保护的第一步。解决未成年人网游沉迷问题，需要家庭、学校、政府等全社会的共同参与，形成治理合力。家庭是预防未成年人网游沉迷的"第一道防线"，家长要以身作则，不要沉迷于网络游戏；要注重与孩子加强沟通交流，培养孩子理性的时间管理能力。

再者，学校应通过多种方式，让学生认识到网游沉迷对生活、学习的危害，引导学生正确、适度上网休闲娱乐。更重要的是，游戏企业应开发有益于青少年身心健康的游戏，并通过技术手段设置游戏规则，限制青少年游戏类型、时长等，积极履行社会责任。

（引自北京青年报 2021 年 8 月 31 日）

例文二　秋季开学之际，教育部发布这些重磅消息！

今天（8 月 30 日），教育部召开新闻发布会，介绍秋季学期中小学教育教学工作情况。目前，除个别地方暂缓开学外，全国绝大部分地区中小学、幼儿园将于 9 月 1 日正常开学。

小学一、二年级不进行纸笔考试

教育部印发了《关于加强义务教育学校考试管理的通知》，明确小学一、二年级不进行纸笔考试，其他年级由学校每学期组织一次期末考试；初中年级从不同学科实际出发，可适当安排一次期中考试。严禁超课标超教学进度命题。学校期中期末考试实行等级评价。

不得按成绩分班、排座位、"贴标签"

新学期开学后，义务教育学校要严格执行均衡编班的法律规定，不得以任何名义设置重点班，切实做到均衡配置师资。

严禁给家长布置或变相布置作业，严禁要求家长检查、批改作业，杜绝重复性、惩罚性作业,不得要求学生自批自改作业。

考试结果不排名、不公布并以适当方式告知家长和学生,不得按考试结果给学生调整分班、排座位、"贴标签"。

可统筹安排教师实行"弹性上下班"

教育部要求,新学期要实现课后服务校校全覆盖、保障时间"5+2"(即学校每周5天都要开展课后服务,每天至少开展2课时)。可统筹安排教师实行"弹性上下班",对参加课后服务的教师给予相应补助。

课后服务可以聘任退休教师、具备资质的社会专业人员或志愿者参与,并充分利用好少年宫、青少年活动中心等社会资源。

国务院教督委已收到8000多条双减问题举报

教育部有关负责人介绍,"双减"督导已被列为2021年教育督导工作"一号工程"。自9月起,每两周对各省"双减"工作落实进度进行通报。目前,"双减"问题举报平台已收到8000多条举报,下一步,将要求相关省份核查处理。

67%的中小学生睡眠时间不达标

经过国务院教育督导委员会办公室实地督查及问卷调查,38%的中小学生就寝时间晚于规定要求,67%的中小学生睡眠时间不达标。22%的小学一、二年级学生反映有书面家庭作业,17%的中小学生书面作业总量超标。38%的学校未落实"每学期视力筛查不少于2次"要求,22%的中小学生反映体育与健康课程开设时数不达标。体育课时被挤占问题突出,初三、高三年级尤为严重。

(引自央视新闻2021年8月30日)

例文三 为救儿子,妈妈从10米高桥跳下,结果……

"有人落水了!快来救人啊!"8月25日,正在陪孩子游玩的周鑫强突然听到河边传来呼救声。他边脱衣服边冲上桥,看到一个小孩在水里挣扎,来不及多想,周鑫强纵身跳入河中,快速游到孩子身边,一手托举起孩子,一手划水,用尽全力将其拖上岸。

把孩子救上岸后,周鑫强累到虚脱,这时水中还漂着一个人。"我当时太累了,浑身没劲儿,跟前没有救生圈,如果冒险再下水,怕自己也游不动。"就在他犹豫时,岸边的好心人抛来两个救生圈,周鑫强套上后准备二次入水。这时,另一位市民李小鹏"扑通"一声也跳入水中。

两人拼命游到落水者身旁,将其带到岸边,岸上的人也赶来帮忙。一位市民将鱼竿递给周鑫强,把三人拉上岸。随后,母子二人被送到救护车上。目前,落水男孩已无大碍,落水女子已从ICU搬到了普通病房。

落水女子的丈夫寇先生称,"幸好有两名好心人跳河救人,等妻子出院了我们一家人一定登门致谢。"寇先生说,当天孩子被救上岸后,还有好心人拿来干净衣服给孩子换上,并帮忙照顾救人者。

周鑫强说:"我也是孩子的父亲,紧急情况下,我直接冲了过去。事后想起还是有些后怕,但看到被救者没事了,还是很欣慰。"

救人者李小鹏表示,当天,儿子在岸边目睹了自己救人后特别激动:"我上岸后,他一个劲儿夸我，'爸爸，你真棒！我为你骄傲！'以后再遇到这种事我还会挺身而出。"

目前，落水者家人正在为周鑫强、李小鹏申请"见义勇为"称号。

（摘自央视新闻2021年8月25日）

六、实训演练

（1）学院为丰富校园文化、锻炼学生体魄，每个学期都会开展各类文体活动，请你以院报记者的身份，报道一则校园活动。

（2）下面文章是一篇通讯报道，请把它改写成500~600字的一则消息。

"00后"的养老，至少要提前30年准备

2021年5月，第七次全国人口普查结果发布，人口老龄化成为备受关注的议题。普查数据显示，中国60岁及以上人口为2.6亿人，占18.7%；65岁及以上人口为1.9亿人，占13.5%。而相关学者预测，到2050年，中国老年人口将达到4.8亿人。数字的背后是焦虑的声音。对此，上海交通大学国际与公共事务学院副教授杨帆曾提出，虽然老龄化成为热议话题，但许多人在讨论老龄化时，存在过度问题化、特殊化的倾向。老龄化带来的种种社会问题，比如养老金和养老护理人员的不足等，都是全球性问题，中国老龄化的速度在全球范围内算不算快、在多大程度上属于可接受的范围，有待测算研究。

经济学家梁捷也认为，人口数据是一个极慢的变量。实际上，数据与普通人的生活并没有直接的联系，甚至经常是滞后或倒转过来的。因此，人们不必因为一个数字而焦虑，在难以改变的趋势面前，普通人更应该考虑的，是自身周围的情况。一方面是出生率的下降，另一方面是人类寿命的变长，一个"全球老龄化"的时代正在到来。当个体成为大趋势中的一部分，在未来，我们还可以拥有哪些选择？更多样的居住形式、养老服务将成为可能的选项，同时，Z世代对于科技的接受度更高，一些依托于智能技术的养老产品，或许也将全面走进人们的生活。而更重要的是，老年——这个身体、精力全面衰退，却终将占据我们人生后半段的漫长阶段，也需要被我们重新理解与审视。

居家社区养老，服务资源谁承担？

基于传统中国人的观念，与进行集中照护的养老机构相比，社区居家养老无疑更符合大部分人的期待。从政策层面来看，居家养老的确是未来养老方式里重要的一部分。2019年国务院办公厅发布的《关于推进养老服务发展的意见》中，提出"持续完善居家为基础、社区为依托、机构为补充、医养相结合的养老服务体系，建立健全高龄、失能老年人长期照护服务体系"。一种名为"9037"的模式描述了这种未来居家养老的组合：90%的老人接受居家养老，7%的老人接受社区养老服务，3%的老人在机构之中养老。社区养老意味着，老人依旧待在家中，但会接受社区提供的一系列辅助性服务。因此，建立良好的社区服务体系将成为未来重要的发展方向，社区不仅能提供身体上的照顾服务，也可以提供心理慰藉。

青岛、上海等地早已进行社区居家养老服务的尝试。上海2004年起就把社区居家养老列为政府实事工程，其中一大部分服务人员就是本地四五十岁的下岗工人，在应对老龄化的同时，也在一定程度上缓解了就业问题。同时，上海还推出过"老伙伴计划"，让低龄老人成为高龄老人的朋友，可以经常上门聊聊天、一起活动。对于当前的居家社区养老现状，全国养老服务业专家委员会委员、中国社会工作联合会常务理事乌丹星认为，居家社区养老的核心问题是，服务资源该由谁来承担。居家一对一式的照护服务，在成本上高于集中照顾，对人力、物力、财力来说都是极大的挑战。因此，乌丹星建议，活力长者阶段的老人更适合在家与社区养老，而中重度失能的老人还是应该选择集中照护，使用集约化医护资源和照顾资源。

"时间银行""共享居住"——未来可以这样养老

此外，一些更新型的养老方式也将在未来发挥作用。"时间银行"是有利于与社区养老结合，并提供服务的一种方式，有人将其通俗地概括为"用时间换时间，用服务换服务"。它鼓励志愿者为老年人提供养老服务，并按一定标准记录、储存服务时间，当志愿者年纪增长时，可提取积累的服务时间，用来兑换自己所需要的养老服务。类似的概念，最早由美国学者埃德加·卡恩提出。他的设想是：在经济危机时期，失业者无法通过劳动换取金钱，但可以通过劳动换取服务。美国在上世纪90年代建立了第一家时间银行，中国目前也开始探索时间银行模式，上海、南京等地都有类似尝试。"共享居住"也成为许多国家和地区试行的养老方式，它指的是老年人结伴养老，或者老年人与年轻人一起居住。其出发点是：针对越来越多的中老年人单身、无子女或与成年子女异地居住的现实情况，共享居住的模式，可以很大程度上降低他们的孤独感。

在台湾，一些养老公寓尝试与幼儿园或学校合作，这可以使老年人的活动场所"植入"更多年轻人，以增加活力。而欧洲国家实行的"跨世代共居"，让老年人与学生共享住房，年轻人以低廉的价格或免费租用老年人家中的房间，作为交换，他们需要在生活上帮助、陪伴老年人。不同阶段的老人需要的养老方式是不同的，对于经济条件尚可的初老者来说，旅居养老、乡村养老都是可以尝试的选择。随着人口寿命的延长，老人应当尽可能长时间地保持参与社会活动的热情。比如，除了日常保健活动和娱乐生活，绝大多数日本老人经常参加社区活动，与社会群体保持联系。在一家名为"上代学校"的饭馆，所有"打工者"都是老人。他们手工制作荞麦面食，原料是当地产的荞麦，饭馆也因此在当地小有名气。

机器不再冷冰冰，而让养老变得更智能

无论是居家社区养老还是其他新型养老形式，在未来，科技都将在养老服务中发挥巨大作用。杨帆认为，将科技手段应用到养老服务当中，是养老必须走的方向。目前的智慧养老，大致分为两个环节，一个是运营端，另一个是使用端。在一线工作的经历让乌丹星发现，目前智慧养老的优势在运营端体现得十分明显，一个信息化的系统，可以让运营方、老人、老人的子女等各方都实现快速、便捷的信息共享。对于目前十分复杂的缴费流

程来说，智能化的整合性系统，可以解决老年人在使用上的不便。而使用端的智慧产品，大多是针对老年人身体的辅助性服务，如失智老人的防走失预警器、智能监护床垫、居住环境检测器等。对于身体不再灵活的老人来说，智能可穿戴设备可以保障他们的安全，如供老人穿戴在腰部的防跌倒设备，一旦探测到老人的身体和地面的角度发生变化时，腰带会瞬间膨胀，像安全气囊一样提供缓冲。

科技手段也有利于解决当前护理人员缺乏的问题，借助于智能设备，护理人员的效率将大大提高。未来，也可能出现更加智能化的全方位护理机器人，帮助失能老人完成床上翻身、喝水等简单活动。乌丹星提到，今天智慧养老还处于概念阶段，老人们或许还不能接受冷冰冰的机器，而更愿意让真实的人来服务自己。但她依然看好智慧养老的趋势，正在成长的年轻一代，对于智能化设备的接受度很高，"90后""00后"早就离不开手机这样的智能工具，因此，多样化的智慧养老产品也将在他们未来的养老生活中发挥作用。乌丹星认为，智能技术的另一个优势是，它可以在一定程度上解决人类越来越明显的孤独问题。朋友、家人可以远程指导居家老人的生活，护理人员也可以进行远程照顾，为老人提供更好的陪伴。

养老，不只是老年人的事

在未来，养老绝不仅仅是老人自己的事，也是全社会需要关注的议题。毕竟人人都会老，人们如何看待今天的老人，也将影响自己未来的处境。在乌丹星看来，当代年轻人至少要提前30年为自己的养老生活做准备。首先，要具备收入规划的认知；其次，通过观察父母一辈的养老或参加志愿活动，真实地了解变老是怎么回事。而最重要的是，每个人都不应该把希望完全寄托于任何一种社会资源——无论是否结婚、有没有孩子、有没有传统意义上的家庭。人们应该作为一个独立的人，对自己的健康、自己的生活规划负责。《如何老去》一书作者、医学博士常青写道："今天，医学必须面对这一新事实：大多数人将活得很长，他们在很高的年龄才会死去。"

常青认为，我们更应该做的是从整体的角度看人类群体的发展趋势，理性地看待人类的生命长度，以及由长寿带来的生命阶段内涵的改变。要做到这一点，不在于依靠别人或者社会、国家，而在于老年人能够学会"自处"。即使科技让生命延长，但长寿并不是目的，人类追求的，依然是如何在有限的时间内获得幸福的晚年生活。老年生活需要成为一场事先张扬的准备赛，与老年生活相关的很多问题，都不只是养老问题。当一个老人感到无助、受到欺骗，更加完善的信用体系、人与人之间互助的社会氛围将帮助他们抵御这一切。整个社会如何看待死亡、疾病、孤独，将决定着老人如何接受老去、接受不完美的自己。

▶ 七、实训考核

实训结束，教师对学生的实训情况进行考核，考核时主要按照以下几个消息写作要点来进行：

（1）简要、概括地反映新闻事实；

（2）用事实说话；

（3）语言简洁。

最后，教师综合各考核因素对学生实训成绩进行评定并赋分，成绩评定为优秀、良好、中等、及格和不及格。对于实训成绩评定为不及格的学生必须进行补训，补训合格才能获得该实训项目的分数。

一、实训目的

通过本次练习，学生掌握导游词的特点、功能、结构、写作要求，写好导游词。

二、实训材料

长城导游词

长城是古代中国在不同时期为抵御塞北游牧部落联盟侵袭而修筑的规模浩大的军事工程的统称。长城东西绵延上万华里，因此又称作万里长城。长城建筑于两千多年前的春秋战国时代，现存的长城遗迹主要为建于十四世纪的明长城。据 2012 年国家文物局发布数据，历代长城总长为 21196.18 千米；而国家文物局曾于 2009 年公布明长城调查数据，中国明长城总长为 8851.8 千米。长城是我国古代劳动人民创造的伟大的奇迹，是中国悠久历史的见证。它与罗马斗兽场、比萨斜塔等列为中古世界七大奇迹之一。1987 年 12 月，长城被列为世界文化遗产。

三、实训要求

（1）对照导游词写作知识和写作要求，诊断习作中的毛病。

（2）修改写得不符合要求的地方。

四、实训提示

导游词是导游人员引导游客观光游览时的讲解词，是导游员同游客交流思想，向游客传播文化知识的工具，也是应用写作研究的文体之一。

通常一篇完整的导游词写作结构是：标题＋前言＋总述＋分述＋结尾。

（一）标题

导游地点＋文种。

（二）前言

前言部分一般是导游在陪同游客在参观游览前，向大家表示问候、欢迎和自我介绍的话。例如：各位朋友，你们好！欢迎大家来到江西省省会南昌。我姓方，大家叫我方导就可以了。非常高兴今天能够陪同各位一起游览英雄城南昌。

（三）总述

总述是对将要参观游览的景点用精练的词句作整体介绍，让游客对景点有个初步了解。例如：南昌，是江西省的省会，全国35个特大城市之一，自古以来就有"物华天宝、人杰地灵"的美誉。它有着2200多年的历史和深厚的文化底蕴，是国务院命名的"历史文化名城"。南昌不仅是生态环境优美的"江南水乡"，还是"军旗升起的地方"，是一座举世闻名的英雄城。全市设东湖、西湖、青云谱、湾里、昌北、红谷滩、高新技术开发区几个区域，辖南昌、进贤、新建、安义四县，总面积7402.36平方公里，总人口550多万。

总述的形式很多，主要有以下几种：

（1）直入式。开门见山，第一句话就讲一下本景区的游览内容。

（2）背景式。将游客思想引向过去，引向深入，通过背景的交谈来加深对景观的了解。

（3）概要式。指对旅游吸引物作简要的介绍，包括由来、现状、特色等，给游客一个总的概貌。

（4）评价式。即以对一景区的景观价值，或对一城市的历史地位、经济地位评价为开始曲，在颂扬本景区或城镇的同时，提醒游客对这次游览机会的珍惜。

（5）名言式。引用一些名句作为讲解景点的开场白，会引起游客的共鸣，产生较大的吸引力。

（四）分述

这是导游词的重点。它是按照游览景点的先后顺序，对景观逐一进行生动具体的称述，使游客尽情饱览一个个景点的风韵和魅力。每一个大景点会由很多小景点组成，我们要把重点放在介绍景区中最具有代表性的景点和景物上，即对主要游览内容进行详细讲解，但不需要面面俱到，一一介绍。

常用以下诸种方法：联想法、问答法、幽默法、比喻法、类比法。

（五）结尾

写导游词一定要有结尾，也就是导游词的结束语，包括总结、回顾、感谢和美好祝愿。例如：美好的时光总是短暂的，希望南昌之旅让大家觉得愉快开心！英雄城南昌恭候大家再次光临！谢谢大家！

一篇优秀的导游词除了要求结构严谨、层次清晰、文字流畅，还强调知识性、趣味性、口语性、针对性。

▶ 五、参考例文

例文一　南昌滕王阁导游词

女士们，先生们，各位对江南三大名楼一定是耳熟能详，可能大家都记得"落霞与孤鹜齐飞，秋水共长天一色""晴川历历汉阳树，芳草萋萋鹦鹉洲""先天下之忧而忧，后天下之乐而乐"，这些分别是王勃的《滕王阁序》、崔颢的《黄鹤楼》、范仲淹的《岳阳楼记》中的名句，可谓是千古流传，脍炙人口。今天我们就去游览江南三大名楼之首的南昌滕王阁，亲身体验一下王勃笔下的境界。

各位游客，我们现在来到的地方是南昌市的榕门路口。一座仿古式的大牌楼巍然屹立，它东面的匾额上书"滕阁秋风"。为什么要在这里建一座牌楼？它对滕王阁景区有什么作用呢？

"滕阁秋风"牌楼是通向滕王阁景区的第一道门，也是景区中轴线上的第一道景观。它耸立在景区东面，是座高大的二柱、彩绘、仿宋式大牌楼，高 12 米、跨度 15 米，正中是青石贴金横匾二方，正面朝东"滕阁秋风"横匾为宋苏东坡墨迹，背面为文衡明手书的"胜友如云"。牌楼往西大约 50 米处是南北向展开的仿古街，牌楼的竖向构图与仿古街水平舒展的横向构图形成对比，同时又跟远处高耸入云的主阁遥相呼应。当我们步入景区，主阁的天际轮廓线映入眼帘，这时牌楼起到了很好的框景作用，再加上仿古街对游客观阁视线有屏蔽效果，避免了景区主要景观一览无余，营造出了一种"红杏出墙来"的意味。

各位请看，这就是景区的东门，它是一幢五间歇山顶的建筑，墨绿色琉璃瓦盖顶，当中一间是进入口，设内外两道门扇。外门正对东面大牌楼，门首正中悬挂"雄州雾列"匾额；内门面向园区，门首正中为"地接衡庐"横匾。园门是游客进入园区的主要入口，作为景区中轴线上的第二道门，它既起分隔景区内外空间的作用，又是内外空间的过渡区域。

请各位随我由此进入园区，大家是否有眼前突然一亮的感觉呢？我们终于看到了主阁的雄姿。阁前广场的设计也独具匠心，它的宽阔衬托出了主阁的高耸，上出重霄的气势得到充分展现。广场与主阁之间有一条南北贯通的干道，连接着南端的南门入口和北端的俯畅园。

滕王阁、黄鹤楼、岳阳楼并称为江南三大名楼，但唯独滕王阁称为"阁"，这是为什么呢？

在我国的传统建筑中，楼是重屋，即二层以上的房屋。阁是传统楼房的一种，原是架空的楼，由干栏建筑，即树干为栏的木阁楼，演变而来。其实楼与阁在建筑形制上难以明确区分。人们常将"楼阁"二字连用。一般阁都带有平座，四周设隔扇或栏杆回廊。恐怕最明显的区别是它们使用功能的不同，楼的用途是广泛的，而阁仅限用于游憩远眺、藏书、供佛等方面。如北京颐和园的佛香阁是佛阁，宁波的天一阁是藏书阁。滕王阁背城临江，雄踞高冈，建筑风格具有较明显的阁的特点。而且当初建造它，就是出于娱乐目的，为一歌舞场所，因此它的功能是游憩远眺，属阁的范畴，故称其为"阁"是名副其实的。黄鹤楼、岳阳楼都是出于军事的需要而建造的，所以它们都称为"楼"。

我们眼前这座阁是第 29 次重建的新阁。各位可能会问，滕王阁的重建次数居然有 29 次之多？这在建筑史上恐怕也不多见，这个问题又该如何理解呢？

滕王阁的扬名，的确与王勃的杰作《滕王阁序》大有关系，正所谓"文以阁名，阁以文传"。但一处景观之所以名垂千古，其原因绝不仅仅于此。全国与著名的诗歌和文章相联系的建筑还有很多，有的已杳无踪影，而滕王阁却屡毁屡建，前后达 29 次之多，仅清代顺治以后的10代帝王就重建了13次，平均20多年就重建1次。之所以如此，其重要原因是继王勃之后，历代的宿儒学者、名工巨卿在滕王阁留下了丰富的文化遗产，使这座吴头楚尾的西江名楼成为江南的重要人文中心之一。历代名士在滕王阁留下了大量的诗文、绘画、书法、篆刻等艺术珍品，如韩愈、白居易、杜牧、欧阳修、王安石、苏轼、朱熹、文天祥、辛弃疾等，或以文章纪事，或以诗词抒怀，诗词佳篇卷帙浩繁，仅《四库全书》所收就达三部四十余卷；虽然五代水墨画家李升的《滕王阁宴会图》已湮没失传，但北宋郭忠恕的《王勃对客挥毫图》和明代唐寅的《落霞孤鹜图》已成为保留至今的稀世珍品。历代名家的诗词楹联、书画碑拓，经过一代代文人的收集整理出版，形成了瑰丽多姿的滕王阁文化体系。滕王阁还是历代歌舞戏剧的重要演出场所，建成后几乎所有的洪州都督、知府，每逢接官、送别、聚会、庆典，都要在此举行规模不等的歌舞音乐演出会。明代大戏剧家汤显祖也曾在这里组织演出其不朽作品《牡丹亭》，开了滕王阁上演大型剧目的先河。

滕王阁也不愧是华夏文化的一个缩影，它兼收并蓄，雅俗共赏，这样的景点在国人的心目中已深深扎根，所以它历千载沧桑，而盛誉不衰。

现在我们看到的新阁是1989年10月8日重阳节落成并对外开放的。它坐落在城区之西的沿江大道中段，叠山路口，赣江与抚河故道会合之处。唐代阁址就在其东面约100米的地方，清代阁址则位于其南端约300米处。高阁面城临江，西南水天相接处，南昌大桥依稀可见，西北与八一大桥遥遥相望，所以新阁的位置既与故地一脉相承，又考虑现代取景的需要，尽可能地体现了《滕王阁序》中的意境。

这是一座仿宋建筑，宋代建筑是对唐代建筑的继承和发展，时间相对较近，且宋代的楼阁建筑可称为古代建筑造型之最。宋大观二年（1108），滕王阁因年久失修而塌毁，侍郎范坦重建，比唐阁的规模更大，在主阁的南北面增建了"压江""挹翠"二亭，形成了以阁为主体的建筑群，形貌华丽，气势宏伟。1942年，古建筑大师梁思成先生偕同其弟子莫宗江根据"天籁阁"旧藏宋画绘制了八幅《重建滕王阁计划草图》，这就是第29次重建设计的主要依据。另外，还参照了宋代李诫的《营造法式》，此书相当于现在的建筑规范。

此阁主体建筑净高57.5米，建筑面积13000平方米。其下部为象征古城墙的二级台座，台座以上的主阁取"明三暗七"的形式，即从外面看是三层带回廊的建筑，而在内部计算共有七层，包括三个明层、三个暗层和顶部的设备层。如果加上二级台座，滕王阁整体共九层，寓意"九重天"。"明三暗七"是新阁结构的明显特点。

新阁的瓦件全部是碧色琉璃瓦，因唐宋多用此色。正脊鸱吻高达3.5米，为仿宋特制；勾头、滴水均为特制瓦当，勾头构成"滕阁秋风"四个篆字，而滴水形成"落霞"与"孤鹜"图案。

从南北石阶可登临一级高台，在此可见南北两翼的碧瓦长廊。长廊南北两端分别为四角重檐的压江亭和挹翠亭。从正面观看，南北两亭和主阁组成的建筑群，正形成"山"字；如从空中俯瞰，建筑群犹如一只平展两翅、意欲凌波西飞的巨型鲲鹏。这种立面和平面布局，是新建滕王阁的一大特色。

二级台座高为12米，共89级，寓意新阁于1989年落成。高台与须弥石座垫托的主阁浑然一体。台座之下，有南北相通的两个瓢形人工湖，北湖之上建有九曲风雨桥，楼阁云影，倒映水中，给人以无尽的遐思。

我们现在正位于园区内主阁东面的宽阔广场上。西面是花岗石铺成的临江广场；南面平缓的小山坡上遍植花卉树木，其中有一片四季常青的竹林和一个八月飘香的桂园；北面是占地面积6600平方米的俯畅园，"俯畅"出自《滕王阁序》中的"遥吟俯畅"句。整个景区体现了皇家园林与自然山水式园林相结合的特点。之所以说它是皇家园林，是因为历史上的滕王阁为登临抒怀之处，接诏拜官之所，属官建、官管、官用的歌舞宴集之地。

关于滕王阁的历史背景和总体情况就简单讲这些，下面请各位登石阶进阁内参观。抬头仰望，可见一层檐下的一块九龙匾，上书"瑰伟绝特"四字。这四个字出自唐代著名文学家韩愈的《新修滕王阁记》，他对滕王阁的赞美可谓到了极致。现在我们来到高阁的正门处，这部分建筑称为"抱厦"，亦称"龟头屋"，由两个歇山顶作"丁"字形相交的形式，其突出部分称为"抱厦"。抱厦原本不是门，但在中国古建筑当中，常会在抱厦处设入口，因此亦可作为一种门的形式，这个抱厦与进入主阁的大门融为一体。抱厦东端正中檐下横挂"瑰伟绝特"匾额，左右立柱上悬挂不锈钢巨联："落霞与孤鹜齐飞，秋水共长天一色。"这是毛泽东1964年为儿媳邵华亲笔所书。在此，门连同主阁一起，成为景区中轴线的端点、视线的落点、视觉的焦点，这道门是通往文化艺术殿堂的大门。

各位游客，这便是主阁一层的前厅，正面是一幅汉白玉浮雕《时来风送滕王阁》。这件作品是根据明代文学家冯梦龙所著《醒世恒言》中的《马当神风送滕王阁》的故事创作的。请看，画面描绘狂浪掀天，小船破浪向前的情景，年少桀骜的王勃昂首立于船头，他那自信、自负的神态跃然于浮雕之上。王勃（650—676），字子安，绛州龙门（今山西省稷山县西南）人，是唐初著名诗人之一，与杨炯、卢照邻、骆宾王并称初唐四杰。他自幼聪明过人，因恃才傲物而仕途不顺，且不幸的是英年早逝。

各位游客，接下来让我们依次参观二层、三层、四层、五层、六层。

二层，是一个暗层，采光和通风均靠人工解决。此层的陈设以"人杰"为主题。请看这正厅的墙壁上，有一幅大型丙烯壁画，称为《人杰图》，上面画出了自先秦至明末，江西各领风骚的名人，有的大家可能都颇为熟悉，如徐稚、王安石、汤显祖、朱耷等。这幅壁画的独特之处是，这些人物时代、地位、年龄、性格、服饰等都不一样，却统一在同一画面之中，而且如此协调、生动，仿佛是群星大家族，给人以深刻的印象和很强的感染力。

三层，与一层类似，为一个明层，有圆廊四绕，可凭栏远眺。这一层着力表现了当年重阳盛会的场景。请看西大厅，称为"古宴厅"，西边梁枋上悬挂着"高朋满座"的金匾，东墙上有青铜浮雕《唐伎乐图》。让我们一起欣赏一下这幅乐图。画面主角是三位唐代舞伎，她们在表演《霓裳羽衣舞》。舞伎周围配有马术、摔跤、斗牛、横吹等民间游艺景象，上方有星象图，左右侧塑有操持各种乐器奏乐的艺人。画面古朴，体现了唐代盛世升平的景象。厅内还摆放着古雅的红木家具、春秋时期的青铜器复制品以及两个磨漆大花瓶。

请各位参观这一层的中厅，这里也有一幅大型丙烯壁画，名为《临川梦》。它取材于汤显祖《牡丹亭》中的故事。汤显祖在明万历二十六年（1598）完成这个剧本的创作，然后他在滕王阁首次排演了这出戏，开创了滕王阁上演戏剧的先河。

四层，也是一个暗层，这里的主题是"地灵"。正厅的墙壁上是一幅大型壁画《地灵图》，与二层的《人杰图》相对应。请看，画中把江西名山大川的精华作了简练、形象的描绘，是一幅大好河山的壮美画卷。

五层，是全阁最高的一个明层。我们先参观大厅，然后再到回廊上远眺。这是中厅，请看正中屏壁上，镶嵌着《滕王阁序》碑，全文系苏东坡手写的小行书，通过复印放大，由工匠在黄铜板上精心镌刻而成。"豫章故郡，洪都新府。星分翼轸，地接衡庐……"阅读此文，我认为要消除两个误解，正确把握文章的主旨。一是那次滕王阁聚会虽在九月，却并非重阳，文中明确"十旬休假"，故当在九月十日、二十日、三十日旬休之日，且全文无一处涉及节事。二是这篇文章为"饯别序"，而非重阳"宴聚序"。现存王勃文集中的此篇题目是《秋日登洪府滕王阁饯别序》，这已非常清楚了。既然是饯别序，那么被饯者是谁呢？这在文中有迹可循。宴会的主人当然是洪州都督阎公，陪客的是孟学士和王将军，一文一武；被饯别的是那位路经洪州，前往新州（今广东省新兴县）赴刺史任的宇文大人；从身份和文中描写来看，作者本人也可算作一位次要的客人。明确了这次宴会的主、客情况，特别是重视主要客人宇文大人的存在，才能对全文脉理和主旨有正确的理解。

"兴尽悲来，识盈虚之有数"是全文意思转折的关节点，而两位被饯送者则是体现本篇主题的中心人物。作为饯别，文章不可避免地带着应酬色彩。首先是对主人阎公及其文武陪客孟学士、王将军等人，作者备致颂美仰望之忱。其次是对洪州地势和高阁景观以及胜饯的赞扬夸说，也是对主人的另一形式的称颂。上述就是前半幅所写的"兴"。从"望长安日下"以下的后半幅，则主要写"失路之人""他乡之客"宇文大人和作者之"悲"。以"勃三尺微命"为转折，此前的悲和自勉兼指二人，且以宇文大人为主，文中有"老当益壮""桑榆非晚"之语，似更切合宇文大人，而下面才单指作者自身了。仕途多舛的共同遭遇，客中送客的特殊感受，使王勃在寄情抒怀时显得更为投入，尽情地发泄了怀才不遇的人生悲慨，表达了济世的渴望和志节自守的坚贞。失落、追求、怨恨、勉励，各种矛盾复杂的感情交织在一起，使这篇美妙的骈文超越了应景酬世的目的，而成为表现主体情性、寓意极深的文学作品。

下面我们再到这层的西厅看看。请看这幅《百蝶百花图》磨漆画，给人以富贵高雅、清新悦目之感。为什么在这里悬挂一幅蝶画呢？这其中含有纪念滕王阁首创人李元婴的意思。这位王爷颇具才华，他爱蝶、爱画蝶，而且自成一派，画界称其为"滕派蝶画"。他的蝶画非常珍贵，有"滕王蛱蝶江都马，一纸千金不当价"的说法。这幅蝶画制作考究，工艺精湛。它以三合板为底，贴金箔为底色，用细铜丝勾勒蝴蝶的线条，将贝壳碾成粉末，敷成翅膀，花瓣儿用蛋壳拼成。

五层是在滕王阁上观赏南昌城全景的最佳楼层，现在我们就去回廊。

各位感觉如何呢？在这里漫步，眺望四周，但见江水苍茫，西山叠翠，高楼如林，大桥如虹，公路如织，人车如流，自然的美和现代城市的繁荣景象交织在一起，与当年王勃的感受自然不可同日而语。如果要想找到"落霞与孤鹜齐飞，秋水共长天一色"的感觉，恐怕只能把思绪推向一千多年前。假如没有这么多高大建筑，假如这里基本上是蛮荒之地，只有这座高阁鹤立鸡群，假如……在这一系列的"假如"之后，各位的思想可能就会与那位才华横溢的年轻人产生共鸣。

六层，是处于重檐大屋顶间的暗层。这一层作为游览层，是最高的了，所以大厅题匾"九重天"。它的东面和西面的重檐之间，各悬一块"滕王阁"金匾，字是苏东坡手书，匾宽 2 米、长 5 米。虽是一个暗层,但中厅南北角重檐间不是墙体,而是做成花格窗,因而采光很好。这一层的西厅布置了一座小型戏台,为"仿古展演厅";厅的南、北、东三面墙上,嵌有大型唐三彩壁画《大唐舞乐》;厅的中央有汉白玉围栏通井,下可俯视第五层,上方正对圆拱形藻井。此藻井在全国古建筑中不多见,其结构颇有一番讲究。它蕴含天圆地方之意,24 组斗拱由大到小,由下至上共 12 层,螺旋排列,取意 1 年 12 个月、24 个节气。斗拱采用明、清民间木作处理手法,彩绘彩装,沥粉贴金,金碧辉煌。最顶端的彩绘参照了西安钟楼的彩绘式样。由于斗拱呈螺旋形盘绕而上,所以藻井给人以动感,凝神仰望,仿佛在不断旋转、不断变化,使人有种时空无限的感觉。

  各位游客,滕王阁的文化积淀真是太深厚了,今天的参观和讲解,大家可能意犹未尽,希望有机会再为大家导游,对这座名楼作进一步的探讨和了解。

例文二　八一起义纪念馆导游词

  各位朋友你们好,我首先代表我们旅行社以及我个人对你们的到来表示欢迎。我们现在要参观的是八一起义纪念馆,大家现在看到的这栋大楼是八一起义总指挥部旧址,原来是江西大旅社,建于 1923 年,是一栋标准的徽式建筑,并且是当时南昌最高的建筑之一。

  进入大厅后我们就可以看到在建军七十周年之际,江泽民总书记在这里游览参观留下的题词"军旗升起的地方"。大家现在看到的房间是起义部队卫生员的房间,对面是警卫员的房间,中间是天井,天井不仅能起到通风采光的作用,还蕴含了天圆地方的意思。地上的鹅卵石象征了一个个金元宝,而这些空白的线条则形似一个巨大的锁,有锁财的含义在里面。在天井四周的四个水缸是大旅社的消防设备,在起义的时候用来给起义军喝水用的。当时旅社的大部分建筑都是木质结构的,一直在中华人民共和国成立以后才逐渐改变成为砖木结构。

  接下来我们要去看的是江西大旅社的喜庆礼堂,这里原来是给有钱人做寿办喜事的地方,起义军的领导同志曾多次在这里召开重要会议,部署起义的有关问题。这边陈列的四把太师椅,两个茶几和那面穿衣镜都是原物,其他的家具都是复制的。这座钟所指的时间是南昌起义打响的时刻,1927 年 8 月 1 日凌晨 2 点。大礼堂右边是九号房间,这里是起义时军事参谋团的开会处,当时这里的房价是三块大洋一天,而一个大洋折合人民币大概是 100 元,可想而知,当时大旅社的消费之高了。在左边是十号房间,在起义的时候,起义军的领导同志们曾在这里工作过和休息过。

  请大家跟随我来二楼吧,这是二十五号房间,周恩来同志曾经在这里办公,这里也是旅社最好的房间,不仅有落地玻璃,还有电灯和电话。

  进入二楼大厅后,大家看到的五尊雕塑是南昌起义的主要领导人:周恩来、叶挺、贺龙、朱德、刘伯承。两边的浮雕是从北京的人民英雄纪念碑上拓印下来的。继续往前走可以看到一个现代化的屏幕投影机,演示了朱德如何以设酒席、打麻将、吃饭的名义,牵制住了敌军的两名团长和团副,让起义顺利进行的情景。

  南昌起义是在 1927 年国共两党合作破裂,大革命失败的形势下爆发的。1924 年年初国共两党建立了统一战线,5 月,孙中山先生创建了黄埔军校。1926 年 7 月,北伐战争开始,北伐战争的巨大胜利和工农运动的蓬勃发展,触动了蒋介石反动派的利益。1927 年 4

月12日，蒋介石在上海华东发动反革命政变，7月15日，汪精卫集团又在武汉宣布"分共"，导致第一次国共合作全面破裂，无数革命者倒在血泊中，大革命惨遭失败。

革命的失败使中共中央认识到武装斗争的极端重要性，在7月上旬，中共中央否决了陈独秀右倾投降主义错误路线，7月13日，发表了"中共中央对政局宣言"，确定了武装斗争和土地革命总方针。后来在7月中旬，中共根据九江同志的建议，决定在南昌举行武装暴动，并派周恩来同志代表党中央领导这次起义。在中国共产党积极准备南昌起义的同时，国民党武汉政府也加紧了在军队中的"清共"活动。1927年7月24日，张发奎通知叶挺、贺龙上庐山召开军事会议，当时，得知会议内幕的叶剑英由庐山赶至九江，在九江甘棠湖的一条小船上与叶挺、贺龙商定，不去庐山开会，转道去南昌。

7月27日，前委成立后，根据准备的情况决定，起义由原定28日晚改为30日晚。7月28日，周恩来来到贺龙指挥部，将起义计划告诉贺龙，并征求他的意见，贺龙表示坚决拥护党的决定，周恩来当即以前委的名义任命贺龙为起义部队的总指挥。起义的时间定于1927年8月1日凌晨4点，后来由于军中出现了叛徒，起义提前2个小时，凌晨2点举行。

这是1927年南昌城的沙盘模型。当年南昌城四周都有城墙，共有七座城门，市中心那座白色高大的建筑就是江西大旅社。这四周是当年起义部队的驻地，参加起义的部队有贺龙率领的国民革命军第二十军，叶挺率领的国民革命军第十一军，朱德创办的第三军军官教育团等。

起义部队2万余人，在周恩来、贺龙、叶挺、朱德、刘伯承的指挥下，向敌人驻地发起了猛烈的进攻，战斗进行了4个多小时，起义军完全控制了南昌城。歼灭南昌守敌3000多人，缴获机枪800多挺，步枪4000多支，子弹70多万发。

战斗打得最激烈的是进攻敌军总指挥部的时候。敌军的精锐部队大部分驻扎在这里，并且早已得到叛徒告密，事先做好了准备。战斗打响后，起义军奋不顾身，贺龙、刘伯承、周逸群等同志也在第一线指挥战斗，起义军很快就占领了敌人的军政首脑机关，那个可耻的叛徒也受到了应得的惩罚。

南昌起义的火种，迅速燃遍了全国，点燃了各地革命武装斗争的星星之火。八一南昌起义在中国革命历史上具有极其重要的意义，它在革命的危急关头向国民党反动派打响了第一枪，它是中国共产党独立领导武装革命斗争的开始。为了纪念这个难忘的日子，1933年6月30日，中共中央决定"八月一日"为中国工农红军的纪念日，这就是中国人民解放军"八一"建军节的由来。

今天我的讲解就到此结束了，下面是大家自由参观的时间，我们大概在30分钟后在门口集合，希望这次参观能给大家留下一个深刻的印象，谢谢。

▶ 六、实训演练

（1）小张同学的好友明天会到学校拜访，小张在电话里信誓旦旦地保证一定会做一个好导游，请你帮小张写一份介绍学校的导游词吧。

（2）五一/十一假期同班同学想到你的家乡去旅游，请你为此准备一份导游词。

▶ 七、实训考核

实训结束，教师对学生的实训情况进行考核，考核时主要按照以下导游词写作要点来进行：

（1）知识性；
（2）趣味性；
（3）口语性；
（4）针对性。

最后，教师综合各考核因素对学生实训成绩进行评定并赋分，成绩评定为优秀、良好、中等、及格和不及格。对于实训成绩评定为不及格的学生必须进行补训，补训合格才能获得该实训项目的分数。

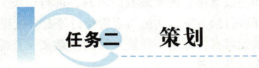

任务二　策划

活动策划书

▶ 一、实训目的

通过本次练习，学生掌握活动策划的基本内容，掌握活动策划书的写作格式和技巧。

▶ 二、实训材料

为贯彻学校提出的"弘扬雷锋精神，开展志愿服务"的号召，×××学院拟组织2020年学雷锋系列活动。活动主题为：爱国爱校，好学敬业。希望通过学雷锋系列活动，健全院内志愿者的服务体系，培养团员青年"我为人人，人人为我"的道德风尚，为创建文明学校作出积极贡献。活动时间贯穿3月学习雷锋活动月。

系列活动共有8项，具体如下：

1. 学雷锋板报评比；
2. 传唱雷锋歌曲、弘扬时代精神；
3. "学雷锋"演讲比赛；
4. 校园卫生千人大清扫；
5. 奉献社会、提高市民的交通安全知识；
6. 勤学大比拼；
7. 爱心一帮一；
8. 献血光荣、爱心无价。

在3月学习雷锋活动月结束后，学院将对涌现出来的先进个人、先进集体予以隆重表彰。

三、实训要求

（1）请根据实训材料交代的背景，草拟×××学院2020年学习雷锋系列活动策划书。
（2）请小组成员互换活动策划书，并修改对方策划书中存在的不足。
（3）综合小组成员活动策划优点，撰写小组最终活动策划书。

四、实训提示

活动策划，是指为完成某项活动，借助一定的科学方法和艺术手段，事先对活动进行充分分析论证、构思设计的过程。活动策划书是记录活动策划内容的文本，是策划者的思想和宣传模式的展示。

活动策划一般有提出问题或策略、搜集现有的资料、进行市场上调查、分析并统计资料、讨论并激发创意、选择可行的方案、实施与事后检讨等七个过程。

活动策划书的主要构成元素有：标题＋背景＋目的及意义＋资源需要＋组织开展＋经费预算＋注意事项＋负责人与参与者。

（一）标题

具体交代清楚活动名称，如"××（单位）××活动策划书"，置于页面中央。

（二）背景

对活动相关情况进行总体描述，重点分析活动的社会环境。

（三）目的及意义

简单明了地交代清楚活动的核心构成或策划的独到之处及由此产生的意义（经济效益、社会利益、媒体效应等）。活动目标要具体化。

（四）资源需要

列出活动所需人力资源、物力资源，包括场地、人员等，可分为已有资源和需要资源两部分。

（五）组织开展

对人员的组织配置、活动对象、相应权责、时间地点及执行的应变程序等策划的各工作项目，按照时间的先后顺序排列，绘制实施时间表有助于方案核查。如会场布置、接待室、嘉宾座次、赞助方式、合同协议、媒体支持、校园宣传、广告制作、主持、领导讲话、司仪、会场服务、电子背景、灯光、音响、摄像、信息联络、技术支持、秩序维持、衣着、指挥中心、现场气氛调节、接送车辆、活动后清理人员、合影、餐饮招待、后续联络等。请根据实情自行调节。

（六）经费预算

根据实际情况，对活动各项费用具体、周密计算后，清晰明了地列出。

（七）注意事项

策划活动中需要特别交代或强调的事项，可在此项予以注明。

（八）负责人与参与者

注明组织者、参与者姓名、嘉宾、单位（如果是小组策划应注明小组名称、负责人及成员）。

五、参考例文

例文一　×××学院2020年学雷锋活动方案

2020年是学雷锋活动58周年，为贯彻落实学校提出的"弘扬雷锋精神，开展志愿服务"的号召，结合我院实际情况，特制定如下活动方案：

一、指导思想

开展学习雷锋活动，对全面深入学习贯彻科学发展观，切实加强青年学生的思想道德建设，帮助青年学生树立正确的人生观、世界观和价值观，具有十分重要的意义。根据上级有关文件精神和学院的具体情况，经研究决定，在全院范围内，组织广大师生集中开展学雷锋活动，以实际行动来弘扬雷锋精神，促进学生良好行为习惯的养成，进一步推动学院的精神文明建设，营造文明和谐的校园环境。

二、主题与目的

主题：爱国爱校，好学敬业。

目的：通过系列活动，健全院内志愿者的服务体系，培养团员青年"我为人人，人人为我"的道德风尚，为创建文明学校作出积极贡献。

三、活动内容

（一）积极开展各种关于雷锋精神的宣传教育活动

充分利用院内一切宣传阵地广泛动员、提高认识，积极开展形式多样、丰富多彩的雷锋精神宣传教育活动。院广播站每天三次播放"学雷锋"歌曲和广播稿，院内公共区域宣传橱窗和宿舍板报均安排以"新学期、新面貌"为主题的板报内容。

活动一：学雷锋板报评比

1. 活动主题：以"学雷锋、树新风"为主题，宣传雷锋事迹及雷锋精神

2. 活动组织：院团委

3. 活动对象：全院各班级

4. 活动时间：3月14日

5. 活动安排：本次比赛以班为单位，由各班团支部组织班级黑板报，在3月14日下午进行评比，各班负责人做好准备。

6. 活动要求：内容紧扣主题，健康、积极向上、敢于创新；构思新颖，贴近现实。

7. 评比标准：

内容要求：以雷锋精神为主旨，自觉践行雷锋精神，做文明学生，大力宣传雷锋精神

的丰富内涵。

版面布局：设计合理，编排得当；版面整洁，生动活泼。

8. 评比方法及奖项：由学生会宣传部进行评比，评出一等奖、二等奖、三等奖各一名，并对获奖班级颁发奖状。

活动二：传唱雷锋歌曲，弘扬时代精神

参与团省委和江西人民广播电台共同主办的大型户外活动"传唱雷锋歌曲，弘扬时代精神"。

1. 活动主题：传唱雷锋歌曲，弘扬时代精神
2. 活动组织：院团委、会计金融分院
3. 活动时间：3月5日上午
4. 活动人数：100人左右
5. 活动地点：八一广场
6. 活动要求：提前准备好4～5首雷锋歌曲，组织学生认真学习，并由校广播站定期播出。

活动三："学雷锋"演讲比赛

1. 活动主题：奉献，服务
2. 活动组织：院社团联合会
3. 活动时间：3月12日
4. 活动要求：每位参赛者准备好3～5分钟的演讲稿，内容紧扣学习雷锋精神，突出奉献和服务，演讲时须声情并茂。

（二）切实开展各种公益活动，带领团员青年践行雷锋精神

纸上得来终觉浅，绝知此事要躬行。雷锋精神不应仅停留在思想层面，更要认真践行。要根据团员青年实际情况，组织团员青年开展形式多样、有意义的公益活动。

活动四："爱我旅商"校园卫生千人大清扫

1. 活动主题：爱我旅商，清洁校园
2. 活动组织：院团委
3. 活动时间：3月7日
4. 活动对象：全院学生
5. 活动要求：将校园主要场所划分为各个小片，由各班级分包负责，清扫卫生死角。

活动五：奉献社会，提高市民的交通安全知识

1. 活动主题：奉献社会，宣传交通法规意识
2. 活动组织：院团委、学院青年志愿者协会
3. 活动地点：南昌市孺子路路口处
4. 开展时间：3月5—3月12日

活动六：勤学大比拼

1. 活动主题：好学敬业，勤学苦练
2. 活动口号：每天勤学一小时，你追我赶练本领
3. 活动组织：院团委、各班级

4. 活动时间：3月9日开始
5. 活动对象：全院学生
6. 活动要求：由各班级进行班内专业学习比赛，学习雷锋同志"刻苦学习和钻研理论"的钉子精神，引导学生努力学习，营造良好学习氛围。

活动七：爱心一帮一
1. 活动主题：爱心传帮带，做好育苗人
2. 活动组织：院团委教工支部、各分院
3. 活动时间：3月8日开始
4. 活动对象：全院青年教工
5. 活动要求：由院团委教工支部发动青年教工，对学生进行一帮一活动，可以在生活上、学习上、人生成长的各方面进行帮助，争取以一帮一的定向帮扶，使受帮助的学生健康成长；并要求教工记录好帮扶日志。

活动八：献血光荣，爱心无价
1. 活动主题：献血光荣，爱心无价
2. 活动组织：院青年志愿者协会
3. 活动时间：3月21日
4. 活动对象：全院学生
5. 活动要点：积极宣传，让学生认识到献血的重要性和必要性。联系好江西省血液中心血站，确保学生献血安全。

（三）表彰先进
活动九：学雷锋先进表彰大会
在3月份结束各项系列活动时，对涌现出来的先进个人、先进集体予以隆重表彰，用榜样的力量带动更多的人投入志愿服务当中，用榜样的力量鼓舞一代又一代团员青年，使我们的校园更加美丽，使我们的社会更加美好。

例文二　××学校××班献血活动策划书

一、活动主题：捐献一份热血，奉献一份爱心。
二、活动目的：宣传献血常识，鼓励义务献血，倡导关爱社会，展现大学生时代风貌。
三、活动地点：××市天行广场。
四、活动时间：2020年12月6日下午。
五、活动参与人员：××班自愿献血同学。
六、活动流程：
（一）前期准备阶段
在班级进行献血宣传及注意事项。可考虑联系校报记者进行报道。
（二）献血报名阶段
进行自愿献血报名，有自愿献血的同学可到班长处登记。

（三）组织前往阶段

12月6日下午2点，参加献血活动的同学到学校北大门集合，然后统一坐车前往天行广场，等所有同学献完血再统一返校。

（四）后期总结阶段

做好此次的活动总结工作，从中发现不足，让以后的工作更好地开展。

七、活动注意事项：

1. 注意交通安全，做到统一去统一返校。
2. 献血前保证充足睡眠，防止献完血后头晕现象。
3. 献血前保证近期没有服过药物。
4. 一定要提前联系献血站。

六、实训演练

1. ××学校××班为增强同学的自信心、责任感、适应性、创新能力、群体合作精神，激发、调整、强化、升化同学的心理、身体、品德素质，拟于2020年3月16日、17日，举行一次以"团结、友谊、合作、拼搏"为主题的素质拓展训练活动。活动由班委具体负责组织落实。费用由全班同学均摊，估计每人50元。地点暂定在摩天轮素质拓展中心，拓展项目主要有团队打造、穿越魔鬼岛、急速60秒、感恩的心、越狱、高台作业等六项。请根据以上背景，拟定班级活动策划书。

2. 2020年4月，福州麦当劳公司与福州环保局合作发起了保护环境活动，规定自4月22日—5月31日，顾客可在该市任何一家麦当劳餐厅用10节废旧电池兑换一杯可乐；用20节废旧电池则可另加一个圆筒冰淇淋。该公司主管还在电视报道中表示，保护环境事关子孙后代，是全社会的大事，麦当劳愿为马前卒。请问上述活动创意方面有什么值得学习的地方？这次活动的主题有什么特点？你能预测一下这次活动会产生什么效果吗？

七、实训考核

实训结束，教师可任意举一活动，让学生短时间内构思活动策划书大体框架，以此对学生的实训情况进行考核。综合学生构思内容，评定并赋分，成绩评定为优秀、良好、中等、及格和不及格。对于实训成绩评定为不及格的学生必须进行补训，补训合格才能获得该实训项目的分数。

一、实训目的

通过本次练习，学生掌握广告文案的写作流程与技巧；能够灵活运用广告文案的写作技巧，创造性地写作广告文案。

二、实训材料

上面两张图片都是节约用水，保护水资源的公益广告图片。

三、实训要求

（1）请仔细观看上面两张图片，谈谈你的理解与感想。
（2）从广告设计的角度，试着分析这两张图片的创意与优点。

四、实训提示

广告文案是广告内容的文字化表现，有广义和狭义之分。广义是指通过广告语言、形象和其他因素，对既定的广告主题、广告创意所进行的具体表现；狭义则指表现广告信息的言语与文字构成。广义的广告文案包括标题、正文、口号的撰写和对广告形象的选择搭配；狭义的广告文案包括标题、正文、口号的撰写（此实训项目主要讲授狭义广告文案的写作）。广告文案的主要结构是：标题＋正文＋口号。

（一）标题

标题是广告文案的主题，往往也是广告内容的诉求重点，作用在于吸引人们对广告的注目，留下印象，引起人们对广告的兴趣。广告标题撰写时要语言简明扼要，易懂易记，传递清楚，新颖个性，句子中的文字数量一般掌握在 12 个以内为宜。

（二）正文

正文是对商品或服务的介绍，应以客观的事实、具体的说明，来增加消费者的了解与认识，以理服人。内容要实事求是，通俗易懂；不论采用何种题材式样，都要抓住主要的信息来叙述，言简意明。

（三）口号

口号是战略性的语言，目的是经过反复和相同的表现，以便明白它与其他企业精神的不同，使消费者掌握商品或服务的个性，这已成为推广商品不可或缺的要素。广告口号常有的形式：联想式、比喻式、许诺式、推理式、赞扬式、命令式。广告口号的撰写要注意简洁明了、语言明确、独创有趣、便于记忆、易读上口。

如：雀巢咖啡"味道好极了"，麦氏咖啡"滴滴香浓"，德芙巧克力"牛奶香浓，丝般感受"，耐克"Just do it"（要做就做），匹克"I can play"（我能打），海尔"海尔，中国造"。

五、参考例文

例文一　红牛饮料平面广告文案

广告语：轻松能量、来自红牛。

标题：还在用这种方法提神。

正文：都新世纪了，还在用这一杯苦咖啡来提神？你知道吗？还有更好的方式来帮助你唤起精神。全新上市的强化型红牛功能饮料富含氨基酸、维生素等多种营养成分，更添加了8倍牛磺酸，能有效激活脑细胞，缓解视觉疲劳，不仅可以提神醒脑，更能加倍呵护你的身体，令你随时拥有敏锐的判断力，提高工作效率。

醒题：迅速抗疲劳、激活脑细胞。

例文二　江苏盐业平面广告文案

标题1：养盐驻容天天健康靓丽

正文：（现在我可轻松多了，不用化妆不用美容，一样有靓丽的笑容去迎接每一天。试过了你就会知道，奥秘其实就是它。）

小梅，26岁，公司文员。

标题2：盐年益寿，当然笑口常开。

正文：（可别小看这盐，天天就吃那么一点儿，用处可大着呢！它不仅有益健康，还能预防高血压和骨质疏松等疾病，现在我和老伴可离不开了呢。）

玉兰，72岁，退休职工。

标题3：金玉良盐，岂有不用之理？

正文：（太太说了，盐要少吃、但要吃好，尤其是孩子的生长发育，老人的身体健康，都缺不了这盐。"少吃盐、吃好盐"肯定没错！）

Paul，29岁，自由职业者。

例文三　格力的三句经典广告词

"好空调，格力造"，让你在买空调时，就会理所当然地考虑格力，在成为空调老大的路上，这句广告词功不可没。"格力，掌握核心科技"，告诉你，格力是有真正的核心技术的。在今天中国制造逐渐走向全世界，国家推出智能制造2025战略时，格力率先喊出"让世界爱上中国造"，并成为理所当然的中国造代表，并且通过各种渠道反复喊，简单，实用，牢牢占据消费者心理。

六、实训演练

请根据广东省征集"讲文明　树新风"公益广告宣传语相关要求，进行广告语写作。

"讲文明树新风"公益广告语有奖征集

为加强精神文明建设，我省将开展"讲文明树新风"公益广告宣传，弘扬良好社会风尚。广东省精神文明建设委员会办公室平面媒体公益广告制作中心面向全社会开展公益广告宣传广告语征集活动。

一、征集时间：即日起至2020年4月30日。

二、征集主题：围绕培养社会主义核心价值观、规范道德行为、建设生态文明，以及与人民群众生活关系密切的交通、食品安全等四个方面。

三、征集要求：

1. 作品能充分体现主题的深刻内涵，具有较强的贴近性、思想性和艺术性。

2. 能够集中代表广东人的人文精神，彰显广东地域特色，体现岭南优秀传统文化精髓。

3. 要易懂易记、朗朗上口，易被广大人民群众所接受。

4. 作品必须是原创，以及未在国内、外公开发表过，否则所引起的版权纠纷由作者本人负责。

四、投稿须知：

1. 投稿邮箱：gdgygg@126.com 或私信@公益宣传征集（新浪微博）。

2. 邮寄地址：广州市广州大道中289号生活综合楼首层平面媒体公益广告制作中心。邮编：510601（来稿信封请注明："讲文明树新风"公益广告广告语征集）。

3. 参赛作品一经参赛，即被视为一次性、排他性地将参赛作品、资料及相关一切衍生权利，全部无偿转让给大赛组委会。主办方有权将其作品推荐给媒体进行非营利性发布和创作，并不再支付稿酬。作品作者不具署名权。

4. 投稿者须注明姓名、地址（含邮编）、电话号码等相关信息。

五、奖励：主办单位将针对四大主题从来稿中分别评选金、银、铜奖作品若干名予以奖励。金奖：2000元；银奖：1000元；铜奖：500元。（本次征集活动主办方拥有最终解释权）

广东省精神文明建设委员会办公室平面媒体公益广告制作中心

七、实训考核

实训结束，教师对学生的实训情况进行考核，考核主要针对学生对广告文案的理解与掌握，在此基础上，可适当给予有创意、有点子的同学一定加分。成绩评定为优秀、良好、中等、及格和不及格。

任务三　礼仪

一、实训目的

通过本次练习，学生掌握欢迎词的写作格式和写作方法。

二、实训材料

锦峰大酒店位于江西省南昌市市中心，于1998年1月开业，1999年被国家旅游局评为四星级酒店，由享誉中外的锦江国际酒店管理公司全权管理。酒店楼高23层，酒店餐饮、娱乐、健身等服务设施齐全，拥有风格迥异、豪华舒适的各类客房260间，傍依著名旅游景点绳金塔，距四大名楼之一的滕王阁仅5分钟路程，周边紧邻各大繁华商业区，地理位置优越，交通十分便捷。

经过协商，××职业技术学院酒店管理专业的2020届60名学生计划于2019年12月1日开始到锦峰大酒店进行为期3个月的顶岗实习，请你替锦峰大酒店负责经理拟写一份欢迎词。

三、实训要求

（1）欢迎词的格式要规范。
（2）欢迎词内容全面，措辞礼貌严谨。

四、实训提示

欢迎词，是指在公共场合欢迎友好团体、个人来访或对即将加入团体的新成员表示欢迎的致辞。

欢迎词的结构是：标题＋称呼＋正文＋结尾＋落款。

（一）标题

标题有下列两种形式：
（1）文种式，如"欢迎词"。
（2）活动内容＋文种，如"在校庆50周年纪念会上的欢迎词"。

（二）称呼

要写明来宾的姓名称谓，并加上亲切的尊称，如"尊敬的×××主席和夫人""亲爱的2020届毕业生"。

（三）正文

（1）交代举行仪式的性质，介绍来宾访问的背景情况，对客人的来访表示欢迎、问候或致意。

（2）说明欢迎的情由，阐明来访的意义、双方的友谊与合作。对初次来访者，可多介绍本单位或团体的情况。如果是外宾，则以介绍我国的政策为主。

（3）热情地表示良好的祝愿或希望。

（四）结尾

一般是再一次向来宾表示欢迎，对对方的来访活动、美好前景、双方的友谊发展等表示衷心祝愿。

（五）落款

署名（一般无须署名，如要公开刊载可于文末署名）+ 成文日期。

五、参考例文

例文一　××学院开学典礼上的欢迎词

尊敬的各位领导、老师，亲爱的同学：

你们好！

踏着九月的金色阳光，你们迈进了××职业技术学院的大门，成了一名职院的大一新生，请允许我代表学院全体教职员工向迈入知识新殿堂的你们表示热烈的祝贺和欢迎！

同学们，你们是通过自己的智慧才开启这扇门的，这是你们的荣耀。你们的到来，给学校又增添了一抹青春的色彩。从今以后，你们又可以乘风远航，我们将引领你们去开启另一扇通向成功的大门！

今天，我站在这里看着你们，就像看见了冉冉升起的太阳，就像看见了祖国的栋梁，就像看见了祖国腾飞的胜景。接下来的三年时光，我们将共同度过。三年的时间说起来漫长却又是那么的短暂。同学们，知识在于积累，天才在于勤奋。学习是取得成功的基础，实践是取得成功的源泉，奋斗是取得成功的关键，只要你们不断奋斗，努力进取，就有成功的希望。"宝剑锋从磨砺出，梅花香自苦寒来。"只要付出了，就会有收获。相信你们在学校领导的关心下，在老师的辛勤培养下，经过不懈的努力，三年后，一定会成长为"有理想，有道德，有文化，有纪律"的合格大学生，给社会、给学校、给家里一份满意的答卷。

同学们，在这宝贵的三年时间里，愿你们学业有成，愿你们在学习成绩上"芝麻开花节节高"，愿你们在德、智、体三方面全面发展，也愿我们师生间相处融洽。

最后，我衷心地祝愿同学们在新的学习环境里，能够用青春和汗水、聪明和才智，扬帆起航，开启更广阔的学海之路！

谢谢大家！

×××

2020 年 4 月 13 日

例文二　习近平在 APEC 欢迎宴会上的致辞

尊敬的各位同事，尊敬的各位来宾！女士们、先生们，朋友们，大家晚上好！在亚太经合组织第二十二次领导人非正式会议召开之际，大家不远万里来到北京，用中国人的话来说，就是大家有缘分，有缘千里来相会。

首先我代表中国政府和人民，代表我的夫人，也以我个人的名义对各位贵宾的到来表示热烈的欢迎！

刚才我在门口迎接大家，看到各位都穿上中国式服装，既充满了中国传统元素，又体现了现代气息，让我们更感亲近。中国老百姓看了以后，也会感到亲切，会感到各位就像到邻居家串门，来朋友家叙旧一样。特别是各位女士的服饰格外鲜丽，群芳荟萃、姹紫嫣红，为今天的晚宴增加了一道亮丽的风景线。我们现在所在的地方叫水立方，对面是鸟巢，这两个建筑一方一圆，这蕴含着天圆地方中国的哲学理念，形成了阴阳平衡的统一。中国举办 2008 年北京奥运会的时候，水上的项目比赛就在这里举行的，那一次共产生了 44 枚金牌，创造了 25 项世界纪录，很多来自在座的各成员的选手，在这里创造了超越自我的奇迹。今天在座的领导人，有的当年就参加了北京奥运会的开幕式。

这几天我每天早晨起来以后的第一件事，就是看看北京空气质量如何，希望雾霾小一些，以便让各位远方的客人到北京时感觉舒适一点。好在是人努力天帮忙啊，这几天北京空气质量总体好多了，不过我也担心我这个话说早了，但愿明天的天气也还好。这几天北京空气质量好，是我们有关地方和部门共同努力的结果，来之不易。我要感谢各位，也感谢这次会议，让我们下了更大的决心，来保护生态环境，有利于我们今后把生态环境保护工作做得更好。也有人说，现在北京的蓝天是 APEC 蓝，美好而短暂，过了这一阵就没了，我希望并相信通过不懈的努力，APEC 蓝能够保持下去。

我们正在全力进行污染治理，力度之大，前所未有，我希望北京乃至全中国都能够蓝天常在，青山常在，绿水常在，让孩子们都生活在良好的生态环境之中，这也是中国梦中很重要的内容。

各位同事，女士们、先生们、朋友们，我们之所以选择水立方来举行这个晚宴，是因为水在中国文化中具有重要的象征意义。2000 多年前，老子说："上善若水，水利万物而不争"，意思就是说最高境界的善行就像水一样涓涓细流，泽被万物。亚太经合组织以太平洋之水结缘，我们有责任使太平洋成为太平之洋，友谊之洋，合作之洋，见证亚太地区和平、发展、繁荣、进步。

这是一个富有意义的夜晚，我们为亚太长远发展的共同使命而来，应该以此为契机，一起勾画亚太长远发展愿景，确定亚太未来合作方向。明天我们将相会在燕山脚下雁栖湖畔，正式拉开领导人会议的序幕。孔子说："智者乐水，仁者乐山"，那儿有山有水，大家可以智者见智，仁者见仁，共商亚太发展大计，共谋亚太合作愿景。

现在我提议，大家共同举杯，为亚太地区繁荣进步，为亚太经合组织蓬勃发展，为这次领导人非正式会议圆满成功，为各位嘉宾和家人的健康干杯！干杯！

2014 年 11 月

六、实训演练

（1）龙永志是××职业技术学院学生书法协会会长，请你为他写一份欢迎词，欢迎新学期加入书法协会的书法爱好者。

（2）10月23日是汪星爷爷70寿诞，有很多亲朋好友前来祝贺，爷爷交给汪星一个任务，为他写一份寿宴欢迎词。假如你是汪星，这份欢迎词该如何写？

七、实训考核

实训结束，教师对学生的实训情况进行考核，考核时主要按照以下几个欢迎词写作要点来进行：

（1）称呼妥帖；
（2）感情真挚；
（3）措辞慎重；
（4）篇幅短小。

最后，教师综合各考核因素对学生实训成绩进行评定并赋分。成绩评定为优秀、良好、中等、及格和不及格。对于实训成绩评定为不及格的学生必须进行补训，补训合格才能获得该实训项目的分数。

讲话稿

一、实训目的

通过本次练习，学生掌握讲话稿的写作格式和技巧。

二、实训材料

加强政党合作　共谋人民幸福
——在中国共产党与世界政党领导人峰会上的主旨讲话

（2021年7月6日，北京）
中共中央总书记、中华人民共和国主席　习近平

尊敬的各位政党领导人，女士们，先生们，朋友们：

很高兴在中国共产党成立100周年之际，同来自160多个国家的500多个政党和政治组织等领导人、逾万名政党和各界代表共聚"云端"，探讨"为人民谋幸福与政党的责任"这个重大命题。这段时间，170多个国家的600多个政党和政治组织等就中国共产党成立100周年发来1500多封贺电贺信，表达对中国共产党的友好情谊和美好祝愿，我谨代表中

国共产党，向大家表示衷心的感谢！

　　几天前，我们举行大会，庆祝中国共产党成立100周年。100年来，中国共产党团结带领中国人民接续奋斗，推动中华民族迎来了从站起来、富起来到强起来的伟大飞跃。100年来，中国共产党坚持中国人民和世界各国人民命运与共，在世界大局和时代潮流中把握中国发展的前进方向、促进各国共同发展繁荣。

　　中国共产党和中国人民取得的历史性成就，离不开世界各国人民的大力支持。在这里，我代表中国共产党和中国人民，向关心、支持、帮助中国共产党和中国革命、建设、改革事业的各国政党、人民和朋友，表示诚挚的谢意！

　　女士们、先生们、朋友们！

　　当今世界正经历百年未有之大变局，世界多极化、经济全球化处于深刻变化之中，各国相互联系、相互依存、相互影响更加密切。为了应对新冠肺炎疫情挑战、促进经济复苏、维护世界稳定，国际社会作出了艰苦努力，各国政党作出了积极探索，展现了责任担当。同时，一些地方战乱和冲突仍在持续，饥荒和疾病仍在流行，隔阂和对立仍在加深，各国人民追求幸福生活的呼声更加强烈。

　　今天，人类社会再次面临何去何从的历史当口，是敌视对立还是相互尊重？是封闭脱钩还是开放合作？是零和博弈还是互利共赢？选择就在我们手中，责任就在我们肩上。

　　人类是一个整体，地球是一个家园。面对共同挑战，任何人任何国家都无法独善其身，人类只有和衷共济、和合共生这一条出路。政党作为推动人类进步的重要力量，要锚定正确的前进方向，担起为人民谋幸福、为人类谋进步的历史责任。我认为，政党应该努力做到以下几点。

　　第一，我们要担负起引领方向的责任，把握和塑造人类共同未来。人民渴望富足安康，渴望公平正义。大时代需要大格局，大格局呼唤大胸怀。从"本国优先"的角度看，世界是狭小拥挤的，时时都是"激烈竞争"。从命运与共的角度看，世界是宽广博大的，处处都有合作机遇。我们要倾听人民心声，顺应时代潮流，推动各国加强协调和合作，把本国人民利益同世界各国人民利益统一起来，朝着构建人类命运共同体的方向前行。

　　第二，我们要担负起凝聚共识的责任，坚守和弘扬全人类共同价值。各国历史、文化、制度、发展水平不尽相同，但各国人民都追求和平、发展、公平、正义、民主、自由的全人类共同价值。我们要本着对人类前途命运高度负责的态度，做全人类共同价值的倡导者，以宽广胸怀理解不同文明对价值内涵的认识，尊重不同国家人民对价值实现路径的探索，把全人类共同价值具体地、现实地体现到实现本国人民利益的实践中去。

　　第三，我们要担负起促进发展的责任，让发展成果更多更公平地惠及各国人民。发展是实现人民幸福的关键。在人类追求幸福的道路上，一个国家、一个民族都不能少。世界上所有国家、所有民族都应该享有平等的发展机会和权利。我们要直面贫富差距、发展鸿沟等重大现实问题，关注欠发达国家和地区，关爱贫困民众，让每一片土地都孕育希望。中国古人说："适己而忘人者，人之所弃；克己而立人者，众之所戴。"发展是世界各国的权利，而不是少数国家的专利。我们要推动各国加强发展合作、各国人民共享发展成果，提升全球发展的公平性、有效性、协同性，共同反对任何人搞技术封锁、科技鸿沟、发展脱钩。我相信，任何以阻挠他国发展、损害他国人民生活为要挟的政治操弄都是不得人心的，也终将是徒劳的！

第四，我们要担负起加强合作的责任，携手应对全球性风险和挑战。面对仍在肆虐的新冠肺炎疫情，我们要坚持科学施策，倡导团结合作，弥合"免疫鸿沟"，反对将疫情政治化、病毒标签化，共同推动构建人类卫生健康共同体。面对恐怖主义等人类公敌，我们要以合作谋安全、谋稳定，共同扎好安全的"篱笆"。面对脆弱的生态环境，我们要坚持尊重自然、顺应自然、保护自然，共建绿色家园。面对气候变化给人类生存和发展带来的严峻挑战，我们要勇于担当、同心协力，共谋人与自然和谐共生之道。

第五，我们要担负起完善治理的责任，不断增强为人民谋幸福的能力。通向幸福的道路不尽相同，各国人民有权选择自己的发展道路和制度模式，这本身就是人民幸福的应有之义。民主同样是各国人民的权利，而不是少数国家的专利。实现民主有多种方式，不可能千篇一律。一个国家民主不民主，要由这个国家的人民来评判，而不能由少数人说了算！我们要加强交流互鉴，完善沟通机制、把握社情民意、健全组织体系、提高治理能力，推进适合本国国情的民主政治建设，不断提高为人民谋幸福的能力和成效。

女士们、先生们、朋友们！

为人民谋幸福，是中国共产党始终坚守的初心。今天，中国已经实现了全面建成小康社会的奋斗目标，开启了全面建设社会主义现代化国家新征程，中国人民的获得感、幸福感、安全感不断提升。办好中国的事，让14亿多中国人民过上更加美好的生活，促进人类和平与发展的崇高事业，这是中国共产党矢志不渝的奋斗目标。中国共产党将坚持以人民为中心的发展思想，在宏阔的时空维度中思考民族复兴和人类进步的深刻命题，团结带领中国人民上下求索、锐意进取，创造更加美好的未来。

历史告诉我们，拥抱世界，才能拥抱明天；携手共进，才能行稳致远。中国共产党愿同各国政党一起努力，让梦想照进现实，让行动成就未来，始终不渝做世界和平的建设者、全球发展的贡献者、国际秩序的维护者。

——中国共产党将团结带领中国人民深入推进中国式现代化，为人类对现代化道路的探索作出新贡献。中国共产党坚持一切从实际出发，带领中国人民探索出中国特色社会主义道路。历史和实践已经并将进一步证明，这条道路，不仅走得对、走得通，而且也一定能够走得稳、走得好。我们将坚定不移沿着这条光明大道走下去，既发展自身又造福世界。现代化道路并没有固定模式，适合自己的才是最好的，不能削足适履。每个国家自主探索符合本国国情的现代化道路的努力都应该受到尊重。中国共产党愿同各国政党交流互鉴现代化建设经验，共同丰富走向现代化的路径，更好为本国人民和世界各国人民谋幸福。

——中国共产党将团结带领中国人民全面深化改革和扩大开放，为世界各国共同发展繁荣作出新贡献。当前，经济全球化虽然面临不少阻力，但存在更多动力，总体看，动力胜过阻力，各国走向开放、走向合作的大势没有改变、也不会改变。中国共产党愿同各国政党加强沟通，共同引导经济全球化朝着更加开放、包容、普惠、平衡、共赢的方向发展。我们愿同国际社会加强高质量共建"一带一路"合作，共同为促进全球互联互通做增量，让更多国家、更多民众共享发展成果。

——中国共产党将履行大国大党责任，为增进人类福祉作出新贡献。消除贫困是各国人民的共同愿望，是各国政党努力实现的重要目标。中共十八大以来，中国现行标准下9899万农村贫困人口全部脱贫，提前10年实现《联合国2030年可持续发展议程》减贫目标。中国共产党愿为人类减贫进程贡献更多中国方案和中国力量。中国将全力支持国际抗疫合作，增强发展中国家疫苗可及性和可负担性。中国将为履行碳达峰、碳中和目标承诺付出极其艰巨的努力，为全球应对气候变化作出更大贡献。中国将承办《生物多样性公约》第十五次缔约方大会，同各方共商全球生物多样性治理新战略，共同开启全球生物多样性治理新进程。

——中国共产党将积极推动完善全球治理，为人类社会携手应对共同挑战作出新贡献。现行国际体系和国际秩序的核心理念是多边主义。多边主义践行得好一点，人类面临的共同问题就会解决得好一点。国际规则应该是世界各国共同认可的规则，而不应由少数人来制定。国家间的合作应该以服务全人类为宗旨，而不应以小集团政治谋求世界霸权。我们要共同反对以多边主义之名行单边主义之实的各种行为，共同反对霸权主义和强权政治。中国将坚决维护联合国宪章宗旨和原则，倡导国际上的事大家商量着办，推动国际秩序和国际体系朝着更加公正合理的方向发展。我愿再次重申，中国永远是发展中国家大家庭的一员，将坚定不移致力于提高发展中国家在国际治理体系中的代表性和发言权。中国永远不称霸、不搞扩张、不谋求势力范围。中国共产党将同各国政党一道，通过政党间协商合作促进国家间协调合作，在全球治理中更好发挥政党应有的作用。

女士们、先生们、朋友们！

道阻且长，行则将至；行而不辍，未来可期。前方的路会有曲折，但也充满希望。中国共产党愿继续同各国政党和政治组织一道，站在历史正确的一边，站在人类进步的一边，为推动构建人类命运共同体、建设更加美好的世界作出新的更大贡献！

谢谢大家。

▶ 三、实训要求

（1）请根据习近平主席的讲话稿归纳出讲话稿的一般格式。

（2）对照上则讲话稿内容，请拟写一份简要提纲。

▶ 四、实训提示

讲话稿，亦称发言稿，是在各种会议、集会或一定范围内进行宣讲、鼓动或表态时所用的文稿。

讲话稿的结构是：标题 + 日期 + 署名 + 称谓 + 正文。

（一）标题

（1）在……会议上 + 讲话（致辞），如"在××研讨会上的讲话"。

（2）何人 + 何时（何地） + 讲话（致辞），如"×××省长在2012年全省教育工作会议上的讲话"。

（3）文章式标题：主题 + 副题，如"进一步学习和发扬鲁迅精神——在鲁迅诞生110

周年纪念大会上的讲话"。

（二）日期

日期指讲话发表时的日期，标于标题之下，居中标示，加括号。

（三）署名

署名多在日期之下，居中标示。

（四）称谓

称谓即对听众的称呼。

（五）正文

正文的结构是：引语＋主体＋结语。

1. 引语

引语亦称开场白，是讲话稿开头部分。开场白不宜过长，但需精心设计。

（1）概述式：简要说明会议或活动的内容、意义、作用等。

（2）表态式：对会议或活动的参加者表示欢迎。

2. 主体

主体是讲话稿的中心部分，这一部分要紧紧围绕中心议题展开论述。

（1）纵式结构：从一个点切入，以层层深入的方式加以阐述。

（2）横式结构：从不同的角度切入主题，分别加以阐释或介绍、说明。

3. 结语

结语再一次点名主旨，收束全文。

五、参考例文

例文一　扬自强之精神　做中流之砥柱
——在清华大学2019年本科生毕业典礼上的讲话

清华大学校长　邱勇

亲爱的同学们，老师们，亲友们，来宾们：

今天是一个难忘的日子。3000多名同学完成本科学业，即将踏上人生的新征程。作为校长，我和大家一样激动，在此，向你们和你们的亲友表示最热烈的祝贺！向悉心指导你们的老师表示最衷心的感谢！

同学们，你们是我担任校长之后迎来的第一批本科生。我很高兴能见证你们四年的成长，很欣喜看到你们顺利毕业。从2015年8月20日的开学典礼，到今天2019年7月7日的毕业典礼，你们在这个园子里走过了1418天。你们入学的那一年，西操换上了漂亮的蓝色跑道，紫荆园举办了"川湘美食节"。今年，你们又见证了清华田径队实现首都高校田径运动会"十连冠"、校园里诞生第一家24小时书店。四年前在东操，你们身着迷彩服，口号嘹亮、英姿飒爽，完成了大学第一课——军训。四年后的今天，还是在东操，你们身着学位服，心怀壮志、意气风发，参加大学里最后一次全校集体活动——毕业典礼。"春风化雨乐未央，行健不息须自强。"自强不息、厚德载物的校训涵养了你们的君子气质，行胜于言的校风塑造了你们的笃实品格。你们用热情奔放的青春活力，在清华108年的历史画卷中写下了绚丽的一笔。在过去的四年中，我们一同见证了奋进的清华不断呈现新气象，变革的清华持续展现新作为，开放的清华主动拓展新视野。在扎根中国大地建设世界一流大学的道路上，自信的清华担当起时代的责任，不断开拓进取、昂首向前。

青年是时代的先锋。一代又一代清华人爱国奉献、追求卓越，成为推动国家富强、民族复兴的中坚力量。在山河破碎的年代，清华学子在"一二·九"运动中发出了"华北之大，已经安放不得一张平静的书桌"的救亡呼声。在改革开放之初，清华人提出了"从我做起，从现在做起"的行动口号。在日新月异的新世纪，"立大志、入主流、上大舞台、干大事业"成为清华人的坚定选择。习近平总书记指出："一代人有一代人的长征，一代人有一代人的担当。"同学们，你们正处在砥砺奋进的新时代，生逢其时、重任在肩。清华为你们打下了自强的人生底色，你们要做走在时代前列的自强者，以青春之我、赤子之心，接续奋斗、凯歌前行！

自强者，强在自胜。《道德经》有云："知人者智，自知者明，胜人者有力，自胜者强。"真正的强者，不以战胜别人为目标，而以超越自我为追求。1914年11月5日，梁启超先生在清华发表题为《君子》的演讲，勉励清华学子"摈私欲尚果毅"，"见义勇为，不避艰险"，进而"挽既倒之狂澜，作中流之砥柱"。自强者要主动克服自身的弱点和不足，努力完善自我、提升自我，不断成就更好的自我。

自强者永远以国家至上，以人民为先。俄国作家果戈理曾说："为了国家的利益，使自己的一生变成有用的一生，纵然只能效绵薄之力，我也会热血沸腾。"今年90岁高龄的"两弹一星"元勋周光召学长，1946年至1952年在清华大学求学。上世纪60年代初，正在国外工作的周光召毅然放弃已取得重大突破的理论物理研究，回国参与原子弹研制。他参加领导了爆炸物理、辐射流力学、高温高压物理等研究工作，为我国国防事业和科学事业作出了杰出贡献。同学们，希望你们永远把祖国和人民放在心中最崇高的位置，在服务祖国、人民的奋斗中绽放自我。

自强者永远不惧风雨，在逆境中始终保持奋进的姿态。奋斗的道路从来都不会一帆风顺，真正的强者总是在挫折中不断奋起、永不气馁。你们之中的本科生特等奖学金获得者江国琛同学，承受着父母身患重病、家庭经济困难的巨大压力，始终坚定自立自强的信心。他学习刻苦、进步显著，曾在学校的资助下赴斯坦福大学进行暑期研修并取得优异成绩。他饮水思源、热心公益，成为一名清华大学五星级志愿者。你们之中的宫克威同学，曾为清华夺得11个冠军，去年代表国家参加雅加达亚运会并获得男子十项全能第四名。其实，他在入学之初的运动成绩并不理想，但他每天坚持训练，风雨无阻。今天，他没能来参加毕业典礼，因为他正在意大利那不勒斯世界大学生夏季运动会的赛场上全力拼搏。同学们，让我们为江国琛和宫克威点赞！也为你们每一个人过去四年的成长成熟和你们呈现出的自强精神点赞、喝彩！

自强者永远以创新为矢志不渝的追求，总是满怀"虽九死其犹未悔"的壮志豪情。当今世界正处于百年未有之大变局，新一轮科技革命和产业变革方兴未艾。在这个蕴含无限可能、充满无限挑战的大时代，创新精神是自强精神的最好体现。要自强，必创新；唯创新，才自强。在前进的路上，自强创新是我们直面风险与挑战、战胜困难与挫折的坚定姿态。同学们，希望你们将自强不息的精神融入对创新的不懈追求之中，努力破解时代难题，服务国家发展，促进人类福祉，为建设更加美好的世界贡献出全部的热情、智慧和力量。

"未逢黄石书谁授，不坠青云志自强。"刚健自强是清华人永远的精神气质。新时代的清华人要自觉听从历史的召唤，不断超越自我，厚植家国情怀，无畏艰难困苦，敢于引领创新，扬自强之精神，做中流之砥柱！

亲爱的同学们，今天是一个让人眷恋的日子。我希望你们记住，清华永远是你们温暖的家。欢迎你们随时回家！

例文二　在公司二十周年庆典晚会上的致辞

尊敬的孙董事长和夫人，尊敬的各位领导、各位来宾，全体员工同志们、朋友们：

今天是一个特别的日子，是值得所有华瑞员工庆贺的日子。就在二十年前，我们的孙董事长凭借敏锐的眼光，高瞻远瞩，以卓越的智慧，过人的胆识，用了几千元钱创办了华瑞电器公司。公司成立二十年来，在地方各级职能部门和各级领导的大力支持下，在公司全体员工的共同努力下，华瑞由小到大，从弱到强，从一个默默无闻的小企业发展成为今天换向器行业的前三名大型规模企业。这是我们大家共同努力的结果，也是对全体华瑞员工辛勤付出的最好回报！今晚，我们在这里欢聚一堂，隆重庆祝公司成立二十周年和新办公大楼的落成，在此，我谨代表公司董事会向各位领导、各位来宾，全体员工同志们表示热烈的祝贺和衷心的感谢！

今晚，秋高气爽，皓月当空。在这金秋收获的时节，我们迎来了华瑞电器公司二十周年诞辰。二十年的诚挚牵手，二十年的亲密合作，二十年的用心点播，二十年的风雨同舟，华瑞电器从一个蹒跚学步的孩子，成长为血气方刚的青年。没有员工"激情、创新"的辛勤耕耘，没有各级领导的关心鼓励和同仁的大力支持，没有新老客户的垂青与厚爱，就没有我们华瑞的今天。此时此刻，请允许我以公司总裁的身份，用一颗感恩的心，向二十年来给予我们关心、支持、呵护、培育的领导、同事、朋友们再一次表示深深的感谢！谢谢你们！同时，也向曾经和正在为华瑞劳作、为华瑞奉献的新老员工表示深切的慰问和衷心的感谢！

回首二十年历程，我们华瑞人凭着顽强的毅力和坚定的信念，脚踏实地，开拓进取，一步一个脚印地走了过来。经过二十年的发展，我们取得了辉煌的成绩。公司从创立之初的十几号人到现在的3000多名员工，公司规模从当初的家庭小作坊到现在拥有的5家大公司，总资产增长了近百倍，年经营规模从几十万到现在的5个多亿，形成了专门专业研发、制造、销售换向器的大型企业。公司的产销量连年位居全国同行业前三名，公司的实力在不断地扩充，市场竞争能力得到了不断的提高。可以说，公司成立以来的二十年是公司从国内市场迈向国际市场起步的二十年，是为争创换向器行业世界第一打基础的二十年。但是，在肯定成绩的同时，也要看到我们的不足之处，我们的工作还有许多不尽如人意的地方，对这一点，大家应有一个清醒的认识。有的同志本位主义思想严重。事不关己，高高挂起，表现在工作上推诿、扯皮，部门之间缺乏协调配合，工作做得不到位。有的同志工作不够积极主动，领导安排什么干什么，不安排就不工作，没有创造性地开展工作。有的同志脑子里有论资排辈思想，总以为自己工作时间长，没有功劳也有苦劳，抱着吃老本的思想，不思进取，工作能力、水平没有得到提高。还有个别同志有情绪、有怨气，说些于公司发展不利的言论，而一些同志对这些人的言论不能及时加以制止和纠正，凡此种种，不一而足。

今天，公司现代化新办公大楼的落成并启用不仅是我公司继往开来、走可持续性发展道路的重要标志，也是我公司发展过程中的一个重要里程碑。从现在开始，我们应该怎么做？这就要求各级管理人员和全体员工在思想观念上，经营管理水平上都要有一个大的突变，我们要紧紧抓住求发展这个关键，保持和发扬华瑞人"诚信敬业、吃苦耐劳、团结进取、务实创新"的工作作风，精诚团结，齐心协力，把公司的各项工作做得更加出色，把华瑞公司做得更大、做得更强，用最短的时间把我们华瑞电器公司建设成为换向器行业世界第一。

过去是历史，希望在未来！前二十年，华瑞人为它画上了一个圆满的句号，今天，我们接过接力棒，以此为起跑线，开始我们新的征程。同志们，目前公司的发展进入了一个关键阶段，既充满了机遇，又面临着挑战，但总的来讲，机遇大于挑战。困难毕竟是前进道路上的困难，我们要克服种种困难，迎难而上，齐心协力、开拓进取、再接再厉，共创辉煌，使企业的发展迈出更大的步伐。

最后，我代表公司董事会再一次向大家表示衷心的感谢！祝大家身体健康、工作顺利、万事如意！

预祝今晚的庆典晚会取得圆满成功，祝大家度过一个愉快的美妙夜晚。

谢谢大家！

▶六、实训演练

（1）在××职业技术学院第九届校运会开幕式上，刘畅同学作为学生运动员代表讲话，请你代其拟写一份讲话稿。

（2）薛丽是一位刚参加工作的大学毕业生，在单位迎新会上，部门领导安排薛丽作为新员工代表发言，请试着为她写一份发言稿。

▶七、实训考核

实训结束，教师对学生的实训情况进行考核，考核时主要按照以下几个讲话稿的写作要点来进行：

（1）主题鲜明；

（2）条理清晰；

（3）针对性强。

最后，教师综合各考核因素对学生实训成绩进行评定并赋分，成绩评定为优秀、良好、中等、及格和不及格。对于实训成绩评定为不及格的学生必须进行补训，补训合格才能获得该实训项目的分数。

模块三　口语交际训练

任务一　口语表演训练

▶ 一、情景导入

为参加学院举办的"红五月文化节"诗歌朗诵比赛，张鹏精心准备了一首普希金的《致大海》作为参赛作品。这是他十分喜爱的作品，他早已倒背如流，并为朗诵设计了一些手势和动作，可谓胸有成竹，信心百倍，一定要拿到名次。

比赛时，张鹏朗诵《致大海》时，嗓音洪亮，朗诵流利，一气呵成，两分半钟就完成了整个作品的朗诵。可是，张鹏没有进入名次，成绩并不理想，他感到很纳闷。等他看到了评委手中的评分标准时，他才知道，朗诵，原来有那么多的要求啊……

▶ 二、问题引出

（1）张鹏认为朗诵就是声音洪亮，读得流利，内容倒背如流，这种看法对吗？
（2）朗诵有哪些技巧需要掌握？
（3）朗诵中应如何展示个人魅力？

▶ 三、问题分析

赛场上，朗诵者们的个人魅力，时刻打动着在场的每一个听众。精彩的朗诵舞台上，作品是个人魅力的最佳载体。可是要展示出个人魅力，需要朗诵者们对诗歌作品有充分的认识和理解。因为朗诵是一个"音声化"的过程，这个过程并不是把文字按照读音念出来，读给别人听到就完成任务了，它最重要的是要把篇章里文字蕴含的情感、精神等方面的内涵通过声音表现出来，这时候的声音就不是物理的声音符号了，而是有生命的、有"朗诵者"个性的声音印象了，它已变为朗诵者的一种创作了。这种有声的、有生命的朗诵才是听众感兴趣的。

张鹏以为拥有洪亮的声音就是最好的朗诵，于是比赛时亮开嗓子，背诵一通，朗诵出来的文学作品既无层次，也无变化；既无感情，也无趣味。有没有语言的感受力，能不能表现出作品的真实情感，才是评委们评分的标准。

张鹏认为朗诵流利非常重要，这是不错的，但这只是朗诵的一个基本标准。如果词句就像"连珠炮"一样冲出口来，读一大段也不换气，流利倒是做到了，但听得人直憋气，这不是朗诵。

此外，朗诵除运用声音外，还要借助眼神、手势等体态语帮助表达作品感情，与听众进行交流，引起听众共鸣；但朗诵毕竟不同于演戏，朗诵者主要是通过声音把感情传达给听众，与听众产生共鸣，朗诵中的手势、姿态等只不过是帮助表达感情的辅助性工具，不宜过多、过火。

张鹏的案例究其原因是：只动口，没动脑、没动心，准备稿件的时候没有动脑筋理解作品的内容、主题和意图，没用心去体会作者的心情、作品的细节和作品的意境。文学作品中的每一句话都是用心良苦的，每段话之间都是亲缘关系，每个层次都体现了作者具体的意图。如普希金的《致大海》是一首反抗暴政、反对独裁、追求光明、讴歌自由的政治抒情诗，诗人以大海为知音，以自由为旨归，以倾诉为形式，多角度多侧面描绘自己追求自由的心路历程，感情凝重深沉而富于变化，格调雄浑奔放而激动人心。大致说来，《致大海》的诗情变化展现了海之恋、海之思、海之念"三步曲"，诗歌第一至第七节为第一层，主要描绘诗人热爱大海，追求自由的心声和因自身的不自由而感到的悲伤痛苦。诗人引大海为知心朋友，以面对面、心交心的方式向大海倾诉心曲。诗歌第八至第十三节为第二层，诗人深情缅怀英雄拿破仑和伟大诗人拜伦，抒发自己崇尚自由而壮志难酬，敬慕英雄而前途渺茫的困惑。这部分融理性思考于主观情感之中，体现了普希金作为一个极富政治思想的抒情诗人的犀利和严谨、理性和睿智。第十四和第十五节为第三层，收束全诗，照应开篇，抒发了诗人告别大海、怀念大海、铭记大海、传播自由的心声。这首诗以大海作为自由精神的象征，借大海自由奔放的壮美情怀，有激情，有苦闷，使全诗具有哀歌式的忧郁美。因此，《致大海》的朗诵，要掌握好节奏，注意轻重缓急、抑扬顿挫。朗诵者的精力要完全进入作品所营造的世界中去，头脑和心灵要随着作品内容的推进而思索、感受，并把自己的感悟和体会及时地用声音传达给听众。这样，才能与作品融合，把作品的美和自己的个人魅力在听众面前展示出来。

▶ 四、相关知识

（一）什么是朗诵

朗诵是一种口语交际的重要形式和传情艺术，是朗诵者把文学作品转化为有声语言的再创作、再表达的艺术活动。诗歌，是文学体裁的一种，形式较为多样化，可以吟咏、朗诵。诗歌朗诵就是朗诵者用清晰的语言，响亮的声音，优美的体态，恰到好处的动作把原诗歌、作品有感情地向听众表达出来，以传达作品的思想内容，引起听众的共鸣。

朗诵是口语交际的一种重要形式。朗诵不仅可以提高阅读能力，增强艺术鉴赏，更为重要的是，通过朗诵，大者可以陶冶性情、开阔胸怀、文明言行、增强理解，小者可以有效地培养对语言词汇细致入微的体味能力，以及确立口语表述最佳形式的自我鉴别能力。因此，要想成为口语表述与交际的高手，就不能漠视朗诵。

（二）朗诵前的准备

朗诵是朗诵者的一种再创作活动。这种再创作，不是脱离朗诵的材料去另行一套，也不是照字读音的简单活动，而是要求朗诵者通过原作的字句，用有声语言传达出原作的主要精神和艺术美感，不仅要让听众领会朗诵的内容，而且要使其在感情上受到感染。为了达到这个目的，朗诵者在朗诵前就必须做好一系列的准备工作。

1. 选择朗诵材料

朗诵是一种传情的艺术。朗诵者要很好地传情，引起听众共鸣，首先要注意材料的选择。选择材料时，首先要注意选择那些语言具有形象性而且适于上口的作品。因为形象感受是朗诵中一个很重要的环节，干瘪枯燥的书面语言对于具有很强感受能力的朗诵者也构不成丰富的形象感受。其次，要根据朗诵的场合和听众的需要，以及朗诵者自己的爱好和实际水平，在众多作品中，选出合适的作品。

2. 把握作品的内容

准确地把握作品内容，透彻地理解其内在含义，是作品朗诵重要的前提和基础。固然，朗诵中各种艺术手段的运用十分重要，但是，如果离开了准确透彻地把握内容这个前提，那么，艺术技巧成了无源之水、无本之木，成了一种纯粹的形式主义，也就无法做到传情，无法让听众动情了。朗诵还要把握好作品的基调。基调，就是作品本身具有的基本情调、立场态度。要准确透彻地把握上述两点，应注意以下几点：

（1）正确、深入的理解。朗诵者要把作品的思想感情准确地表现出来，需要透过字里行间，理解作品的内在含义，那么首先就要清除障碍，搞清楚文中生字、生词、成语典故、语句等的含义，不要囫囵吞枣，望文生义。其次，要把握作品创作的背景、作品的主题和情感的基调，这样才能准确地理解作品，才不会把作品念得支离破碎，甚至歪曲原作的思想内容。

（2）深刻、细致的感受。有的朗诵，听起来也有着抑扬顿挫的语调，可就是打动不了听众。如果不是作品本身有缺陷，那就是朗诵者对作品的感受还太浅薄，没有真正走进作品，而是在那里"挤"情、"造"性。听众是敏锐的，他们不会被虚情所动，朗诵者要唤起听众的感情，使听众与自己同喜同悲同呼吸，必须仔细体味作品，进入角色，进入情境。

（3）丰富、逼真的想象。在理解感受作品的同时，往往伴随着丰富的想象。这样才能使作品的内容在自己的心中、眼前活动起来，就好像亲眼看到、亲身经历一样。

3. 用普通话语音朗诵

要使自己的朗诵优美动听，必须使用标准的普通话进行朗诵，因为朗诵作品一般都是运用现代汉民族共同语（即普通话）写成的，所以，只有用普通话语音朗诵，才能更好地更准确地表达作品的思想内容；同时，普通话是汉民族共同语，用普通话朗诵，便于不同方言区的人理解、接受。

（1）普通话语音要准确。语音是基础，要符合普通话声母、韵母、声调、音变等语音规范。

(2) 字的读音要准确。汉字有读音、语音（口语音）、异读词、多音多义字的区别，比较复杂。例如：

$$
参\begin{cases}参加 & cān \\ 人参 & shēn \\ 参差 & cēn\end{cases}\qquad 强\begin{cases}强大 & qiáng \\ 勉强 & qiǎng \\ 倔强 & jiàng\end{cases}
$$

4. 朗诵内容要准确

文字作品是朗诵的依据，要忠实于原作，读得准确，吐字清晰，语意清晰，让人听得清楚明白，不能错读或随意加字减字。

5. 心态平稳，充满自信

朗诵时容易出现的障碍有气息不畅、声音变调打颤，或错读频繁、语音不清、脖根发硬等，这都是精神紧张造成的。这些现象反映出朗诵者怕自己读不了、不如别人、让人耻笑等一种自卑、胆怯、缺乏自信心的心理状态。这种障碍，首先应该予以克服。

缺乏自信心是"心中无数"的表现。朗诵也和做其他任何事一样，不能打无准备之仗。朗诵前应该熟悉作品内容，明确主题思想、时代背景、朗诵对象和目的等一系列准备工作，结合自己实际生活的经验体会，深入广泛地联想，具体地感受，努力使自己获得作品所讲就是"我"的事，或"我"周围的某个人、某些事这种感觉。这时你的精神面貌、心理、声音都会得到改变。再经过反复练读，做到心中有数，就会信心充足。我们获得了这种轻松、自如、真实的感觉，那种自卑、缺乏自信心的心理障碍就得到了克服。

6. 注意朗诵与朗读及表演的区别

朗诵不同于朗读，朗读是用清晰、响亮的声音把文章读出来，以传达文章的思想内容。朗诵则是用清晰、响亮的声音把文章背出来，以传达文章的思想内容。可见，朗诵的要求比朗读要高，它要求不看作品，面对听众，除运用声音外，还要借助眼神、手势等体态语帮助表达作品感情，引起听众共鸣。演戏时，演员不直接和观众交流，他扮演剧中人物，模仿剧中人物的语言、动作，他只和同台的演员进行交流；而朗诵者直接交流的对象是听众，他主要是通过声音把感情传达给听众，引起听众共鸣，手势、姿态等只不过是帮助表达感情的辅助性工具，不宜过多、过火。

（三）朗诵技巧

朗诵时，一方面，要深刻透彻地把握作品的内容，另一方面，要合理地运用各种艺术手段，准确地表达作品的内在含义。常用的朗诵技巧有：停顿、重音、语速、语调、节奏。

1. 朗诵技巧之一——停顿

停顿是指句子内部、句子之间、段落之间声音的间歇，是朗诵必须掌握的技巧。停顿首先有助于生理上的换气，其次有助于体现文字的结构层次，最重要的是它还有助于朗诵的情感表达。

（1）顺应语法的停顿。这类停顿可以依据标点来处理。书面语中的标点符号有着不可忽视的作用，朗诵的停顿必须服从标点符号，多数情况下，书面语中有点号的地方同朗诵时的需要有停顿的地方是一致的。停顿的时间长短一般是：

句号、问号、叹号＞分号、冒号＞逗号＞顿号

例如：

山是墨一般的黑，//陡立着，//倾向江心，//仿佛就要扑跌下来，///而月光，//从山顶上，//顺着深深的、直立的谷壑，//把它那清冽的光辉，///一直泻到江面。////……
（斜竖线的多少表示停连时间的长短）

标点符号虽是停顿的重要标志，但也不能生搬硬套，要根据语意的表达和语气的需要灵活处理。

有些句子中没有标点，但是根据表情达意的需要，必须在适当的地方安排停顿。例如：
他的英名和事业/将//永垂不朽！

（《在马克思墓前的讲话》）

此句需要在两处地方停顿，"事业"后一顿，"将"字后一顿。前一个停顿表达了恩格斯对马克思逝世的沉痛悼念，语气也因此显得更加庄重；后一个停顿则告诉听者，虽然马克思的很多理论在当时受到质疑和诟病，但在不久的将来一定会被大多数人认同，表达了恩格斯对马克思主义先进性的预见性，二人深厚的革命友谊也就不言而喻了。从这个例子中可见停顿在朗读中所起到的重要作用。

还有一些长句，如果一口气念下去，中间不作停顿，则必然混沌一片，模糊不清，因此必须要有停顿。例如：
我的当事人爱德华先生/是一个拥有40亿美元资产的银行家。

（沙叶新《尊严》）

朗诵这句话时，必须在"先生"后作一停顿，才能将语意比较明晰地传达给听众。

（2）强调停顿。为了强调某一事物，突出某个语意或某种感情，而在书面上没有标点、在生理上也可不作停顿的地方作了停顿，或者在书面上有标点的地方作了较大的停顿，这样的停顿我们称为强调停顿。

首先，强调停顿主要是靠仔细揣摩作品，深刻体会其内在含义来安排的。例如：
遵义会议//纠正了/在第五次反"围剿"斗争中所犯的"左"倾机会主义性质的严重的原则错误，团结了/党和红军，使得/党中央和红军主力胜利地完成了长征，转到了/抗日的前沿阵地，执行了/抗日民族统一战线的新政策。

"遵义会议"之后没有标点符号，但是为了突出"遵义会议"的地位，强调"遵义会议"在我党历史上的伟大意义，就应有一个停顿，而且比下面的其他强调停顿时间要长一些。"纠正了""团结了""使得""转到了""执行了"这些词语后面也没有标点，但为清楚显示"遵义会议"的伟大历史意义，应用停顿。

首先，如果不仔细揣度作品而任意作强调停顿，容易产生错误的理解。例如贺敬之《雷锋之歌》中的一句："来呵！让我们紧紧挽住雷锋的这三条刀伤的手臂吧！"有人在"三条"之后略作停顿，就会给听众造成"三条手臂"的错觉，影响理解的正确性。

其次，强调停顿表现语句中的呼应关系。例如：
在这叫喊声里，乌云听出了/愤怒的力量，热情的火焰和胜利的信心。

（高尔基《海燕》）

这里,"乌云听出了"是呼,后面三个短语"愤怒的力量""热情的火焰""胜利的信心"是应。在"听出了"后面要停顿,后面三个短语之间要紧凑。如果机械地按标点符号停顿,便成为:

在这叫喊声里,乌云听出了愤怒的力量,/热情的火焰和胜利的信心。

这样朗读就破坏了句子内部的对应关系,造成语意不清。

再次,强调停顿表现语句中的并列关系。例如:

用它/搭过篷帐,用它/打过梭镖,用它/当缶盛过水,当碗蒸过饭,用它/做过扁担与吹火筒。

这一句话有四个并列短句,可以在"用它"之后略一停顿,显示出它的并列感。特别是第三个短句:用它/当缶盛过水,当碗蒸过饭,中间要连起来,不能按标点停顿,否则就形成了五个短句,使语意散乱。

最后,强调停顿表现句中的转换关系。例如:

我便对他说:"没有什么的。走你的罢!"//车夫毫不理会,——或者并没有听到,——却放下车子,扶那老女人慢慢起来,搀着臂膊立定……

(鲁迅《一件小事》)

在作品中,语句并不都是平铺直叙的,随着内容、情节的发展,在语句之间往往会形成语意的变化、感情的反差,上面两句之间的转换性停顿,就把"我"的无所谓和"车夫"的关注形成一种强烈的对比。

(3) 表达音节的停顿。诗歌自产生以来就与音乐密不可分,韵律的和谐、节奏的鲜明是诗歌音乐美的基础。诗歌的节奏主要表现在节拍上,不同形式的诗歌,节拍数不一样。朗诵诗歌时,必须用停顿来表达音节,以加强节奏感。

格律诗中的五言诗一般是每个诗行两个节拍,即 2 + 3 式,其中 3 字还可分为一二式或二一式。例如:

人闲/桂花落,夜静/春山空。月出/惊山鸟,时鸣/春涧中。

(二三式)(王维《鸟鸣涧》)

七言诗一般是每个诗行三个节拍,即 2 + 2 + 3 式。例如:

水光/潋滟/晴方好,山色/空濛/雨亦奇。欲把/西湖/比西子,淡妆/浓抹/总相宜。

(二二三式)(苏轼《饮湖上初晴后雨》)

词和曲的节奏、韵律是由词谱、曲谱的格式安排的,读时要根据具体的内容和句意。例如:

纤云/弄巧,飞星/传恨,银汉/迢迢/暗渡。金风/玉露/一相逢,便/胜却/人间/无数。

(秦观《鹊桥仙》)

(4) 区别语意的停顿。书面语中的某些歧义短语和句子,可以用朗诵的停顿来揭示其不同的语法结构,从而表达不同的意义。例如:

亲爱的爸爸妈妈:/欢迎您!

亲爱的爸爸:/妈妈欢迎您!

亲爱的:/爸爸妈妈欢迎您!

2. 朗诵技巧之二——重音

重音是指朗读时为了突出主题、表达思想、抒发情感而对于句中的某些词语加以突出强调的音，它是体现语句内容的重要手段。在朗读中，重音位置不同，语意也会随之发生变化。例如：

我知道你爱看小说。（别以为我不知道）

我知道你爱看小说。（爱不爱看诗歌我不知道）

（1）重音的分类。重音可分为语法重音、强调重音、感情重音三类。

①语法重音。语法重音是由语句的结构自然表现出来的重音，有规律可循，位置也比较固定，如一般在语句中，谓语、中心语的修饰成分，疑问代词和指示代词都是语法重音。例如：

小燕子在海面上斜掠着，浮憩着。（谓语）

我心里，有着说不出的兴奋和愉快。（定语）

这就是我——一个共产党员的自白。（指示代词）

②强调重音。强调重音是为了突出表达某种思想感情而把语句中的某些词语加以强调的音，又叫逻辑重音。强调重音没有固定的位置，它是根据表意的内容和需要来确定的。

一是突出话语重点，能表明语意内容的词句。

二是表示对比、并列、照应和递进等关系的词句。例如：

这十多个少年，委实没有一个不会凫水的，而且两三个还是弄潮的好手。

三是表达某种强烈感情的词句。例如：

别了，我爱的中国，我全心爱着的中国。

四是比喻性的词句。例如：

会场里响起了雷鸣般的掌声。

③感情重音。因感情色彩需要出现的重音就是感情重音。感情重音和语法重音、逻辑重音不同，不只体现在一两个或几个字词上，而常常表现在一句话，甚至几句话上。感情重音都出现在情绪激动、心理情感复杂的时候，或兴奋快乐，或愤怒激昂，或忧伤、犹豫等。其重音的位置、表现方法、不同音色的改变都以感情色彩为基础。这种重音的表达不应该用一种固定的格式去套。例如下列几段不同感情色彩的段落，请进行分析、理解、对比，找出它们共同的特点和区别。

今天，这里有没有特务？你站出来！是好汉的你站出来！你出来讲！凭什么要杀死李先生？杀死了人，又不敢承认，还要诬蔑人，说什么"桃色事件"，说什么共产党杀共产党，无耻啊！无耻啊！这是某集团的无耻，恰是李先生的光荣！也是昆明人的光荣！

（闻一多《最后一次的演讲》）

总理的灵车徐徐开来。灵车四周挂着黑黄两色的挽幛，上面佩着大白花，庄重肃穆。人们怀着沉痛的心情，尾随着灵车移动。灵车所到之处，像是一个无声的指挥，老人、孩子、青年都不约而同地站直了身体，摘下了帽子，向灵车致敬，哭泣着，顾不上擦去腮边的泪水，舍不得眨一眨眼睛。

（何其芳《十里长街送总理》）

以上二例中，例一是闻一多先生1946年在李公朴先生追悼大会上的一段演讲。这段演讲词充满了闻一多对反动派的愤怒和痛恨。在他的演讲中，思想感情强烈鲜明，博得听众多次热烈的掌声。例二是对人们十里长街送总理灵车的描写。人们悲痛、哭泣，目送灵车徐徐开过。这种连擦泪、眨眼的一点时间都舍不得放过，唯恐少看总理一眼的感情，正是我们要表达的重点。

（2）强调重音与语法重音的区别：

①从音量上看，语法重音给人的感觉只是一般的轻重有所区别，而强调重音则给人鲜明突出的印象，强调重音的音量大于语法重音的音量。

②从出现的位置看，强调重音可能与语法重音重叠，这时语法重音服从于强调重音，只要把音量再加强一些就行了。有时，两种重音出现在不同的位置上，此时，强调重音的音量要盖过语法重音的音量。

③从确定重音的难易上看，语法重音较容易找到，在一句话的范围内，根据语法结构的特点就可以确定，而强调重音的确定却与朗诵者对作品的钻研程度、理解程度紧密相连。

（3）重音的表现方法。重音的表现方法有很多种，常见的有以下4种情况：

①加强音量。即有意识地把某些词语读得重一些、响一些，使音量增强。例如：

这时候，他用力把我往上一顶，一下子，把我甩在一边，大声说："快离开我，咱们两个不能都牺牲！……要……要记住革命！"

②拖长音节。即有意将音节拖长一些，用延长音节的办法使重音突出。例如：

太阳像负着什么重担似的，慢慢儿，一纵一纵地，使劲儿向上升。

③重音轻读。表现重音，不一定非要增加音量，有时用减轻音量的方法，将重音低沉地轻轻吐出，效果反而会更好。一般在表达极为复杂而细腻的感情时，多用这种方法。例如：

风一吹，芦花般的苇絮就飘飘悠悠地飞了起来。

我忍着笑，轻轻走过来。

④停顿强调。在要强调的词后面做一短暂的停顿。例如：

再见了，亲人！我的心永远／和你们在一起。

3. 朗诵技巧之三——语速

语速是指说话或朗诵时每个音节的长短及音节之间连接的紧松。说话的速度是由说话人的感情决定的，朗诵的速度则与文章的思想内容相联系。一般说来，热烈、欢快、兴奋、紧张的内容速度快一些，平静、庄重、悲伤、沉重、追忆的内容速度慢一些，而一般的叙述、说明、议论则用中速。以《雷雨》中周朴园和鲁侍萍的对话为例，朗诵时应根据人物心情的变化调整语速，而不应一律以一种速度读下来。

周：梅家的一个年轻小姐，很贤惠，也很规矩。有一天夜里，忽然地投水死了。后来，后来——你知道吗？（慢速。周朴园故作与鲁侍萍闲谈状，以便探听一些情况）

鲁：这个梅姑娘倒是有一天晚上跳的河，可是不是一个，她手里抱着一个刚生下三天的男孩，听人说她生前是不规矩的。（慢速，侍萍回忆悲痛的往事，又想极力克制怨愤，以免周朴园认出）

鲁：我前几天还见着她！（中速）

周:什么?她就在这儿?此地?(快速。表现周朴园的吃惊与紧张)

鲁:老爷,您想见一见她么?(慢速。鲁故意试探)

周:不,不,不用。(快速。表现周朴园的慌乱与心虚)

周:我看过去的事不必再提了吧。(中速)

鲁:我要提,我要提,我闷了三十年了!(快速,表现鲁侍萍极度的悲愤以至几乎喊叫)

朗诵任何一篇文章,都不能自始至终采用一成不变的速度。朗诵者要根据作者感情的起伏和事物的发展变化随时调整自己的朗诵速度。

快速朗读注意事项:应特别注意吐字的清晰,不能含混不清,甚至"吃字";慢速朗诵时,要特别注意声音的明朗实在,不能因为读得慢而显得疲疲沓沓、松松垮垮。总之,在掌握朗诵的速度时要做到"快而不乱""慢而不拖"。

4. 朗诵技巧之四——语调

语调,指的是朗读(或者说话)时声音的高低变化,又称作句调。在朗诵中如能注意语调的升降变化,语音就有了动听的腔调,听起来便具有音乐美,也就能够更细致地表达不同的思想感情。借助语调,有声语言才有极强的表现力。声音的高低升降是由音高决定的。语调由平升高,高亢激昂,称为"扬",语调先平后降,低沉持重,成为"抑";语调缺少变化,平缓舒展,称为"平";语调升降频繁,起伏不定,称为"曲"。高低升降虽然是就整个句子说的,但一句话的高低升降常常表现在最后一个音节上,末句如果是语气助词或轻声字,就表现在倒数第二个音节上。语调有4种基本类型:

(1)平直调(→)。句子语势平直舒缓,没有显著的高低升降变化。陈述、说明的句子可以用平直调,表示庄严、悲痛、冷淡、沉重等感情。例如:

有的人活着,他已经死了;有的人死了,他还活着。→

(臧克家《有的人》)

(2)扬升调(↗)。句子语势先低后高,句末音调明显上扬。疑问句、感叹句可以用扬升调,表示疑问、反诘、号召、惊讶等感情。例如:

当你在积雪初融的高原上走过,看见平坦的大地上傲然挺立这么一株或一排白杨树,难道你就只觉得它只是树?↗

(茅盾《白杨礼赞》)

(3)降抑调(↘)。句子语势先高后低,句末音节说得低而短促。陈述句可以用降抑调,表示坚决、赞扬、祝愿、恳求等感情。例如:

为什么我的眼里常含泪水,因为我对这土地爱得深沉。↘

(艾青《我爱过土地》)

(4)曲折调(↗↘)。句子语势有低—高—低的曲折变化,或者句末一两个音节音调曲折并且拖长。疑问句、陈述句可以用曲折调,表示惊讶、怀疑、讽刺、幽默等感情。例如:

"——这些海鸭呀,(↘)享受不了战斗生活的欢乐,(↗)轰隆隆的雷声就把它们吓坏了。"(↘)

(高尔基《海燕》)

除了以上这些基本表达手段,要使朗诵有声有色,还得借助一些特殊的表达手段,例如笑语、颤音、泣诉、重音轻读等。

5. 朗诵技巧之五——节奏

受作品的基调和思想内容的制约，朗读时应注意抑扬顿挫、轻重缓急的不同节奏。恰当地把握朗读的节奏，既能显示有声语言的音乐美感，又能形象地表达作品的意境。

根据节奏的基本特点和表现形式，可分为六种类型：轻快型、凝重型、低沉型、高亢型、舒缓型、紧张型。

（1）轻快型。语调轻松快捷，声音形式多扬少抑，多轻少重，语节少，词的密度大，多用来表示欢快、欣喜、愉悦、诙谐的情感。例如：

从未见过开得这样盛的藤萝，只见一片辉煌的淡紫色，像一条瀑布，从空中垂下，不见其发端，也不见其终极，只是深深浅浅的紫，仿佛在流动，在欢笑，在不停地生长。紫色的大条幅上，泛着点点银光，就像迸溅的水花。仔细看时，才知那是每一朵紫花中的最浅淡的部分，在和阳光互相挑逗。

（宗璞《紫藤萝瀑布》）

（2）凝重型。话语凝重，声音较低，音强而着力，多抑少扬，音节多，多用来表示严肃、庄重、沉思的意味。例如：

然而，大多数中国文人的人格结构中，对一个充满象征性和抽象度的西湖，总有很大的向心力。社会理性使命悄悄抽绎，秀丽山水间散落着才子、隐士，埋藏在身前的孤傲和身后空名。天大的才华和郁愤，最后都化作供后人游玩的景点。景点，景点，总是景点。

再也读不到传世的檄文，只剩下廊柱上龙飞凤舞的楹联。

再也找不到慷慨的遗恨，只剩下几座既可凭吊也可休息的亭台。

再也不去期待历史的震颤，只有凛然安坐着的万古湖山。

（余秋雨《西湖梦》）

（3）低沉型。语势下行，句尾落点多显沉重，音节拉长，声音偏暗，多用来表示悲痛、伤感、哀悼的感情。例如：

敬爱的周总理，我不能到医院去瞻仰你，只好攥一张冰冷的报纸，静静地伫立在长安街的暮色里。

任一月的风，任傍晚的天光，照着冰冷的泪滴。

（李瑛《一月的哀思》）

（4）高亢型。语速较快，步步上扬，声音多重少轻，多连少停，语调高昂，用来表现热烈、豪放、激昂、雄浑的气势。例如：

暴风雨！暴风雨就要来啦！

这是勇敢的海燕，在怒吼的大海上，在闪电中间，高傲地飞翔；这是胜利的预言家在叫喊：让暴风雨来得更猛烈些吧！

（高尔基《海燕》）

（5）舒缓型。语调舒展自如，语节多连少顿，声音较高但不着力，用来描绘幽静、淡雅的场景，表达平静、舒展的心情。例如：

江南的山水是令人难忘的，缭绕于江南山水间的丝竹之音也是令人难忘的：在那烟雨滚滚的小巷深处，在那杨柳依依的春江渡口，在那黄叶萧萧的乡村野店，在那白雪飘飘的茶馆酒楼……谁知道,那每一根颤动的丝弦上,曾经留下多少生离死别的故事。

(严阵《江南丝竹》)

(6) 紧张型。语速快,多扬少抑,多重少轻,声音较短,气息急促,表达紧急、气愤、激动的情绪。例如:

今天,这里有没有特务?你站出来!是好汉的站出来:你出来讲,凭什么要杀死李先生?杀死了人,又不敢承认,还要污蔑人,说什么"桃色事件",说什么共产党杀共产党,无耻啊!无耻啊!

(闻一多《最后一次演讲》)

以上节奏类型,只是大体的分类,而在实际的朗诵过程中,一篇作品的节奏往往不会是单一的,而是随着内容情节的变化,节奏也会相应发生改变。因此在朗诵过程中,节奏必须因文而异,切忌死板单一、一读到底。

▶ 五、实践训练

1. 语调训练

(1) 运用不同的语调朗诵下列句子,仔细体会语意的变化。

①我想起来了。

"起来"轻声读而"想"重读时,表示想起某件被遗忘的事;"起来"重读时意思是想起床了。

②这土豆不大好吃。

主要是利用停顿来消除歧义。停顿在"豆"后,是指土豆不好吃,停在"大"后则是好吃。

③你了解我不了解。

这句更复杂,可能有以下若干种情况:

你↗了解我不了解?(问是否了解自己)

你了解↘我不了解)(承认自己不了解)

你了解↗我不了解?(不承认自己不了解)

你了解我↗不了解?(想证实别人不了解)

你了解我↗不了解。↘(认为别人不了解)

你了解我不↗了解?↗(不相信别人了解)

你了解我不↗了解。↘(明白别人了解)

(2) 朗诵《大堰河——我的保姆》第十节,注意语调的处理。

大堰河,含泪的去了!

同着四十几年的人世生活的凌侮,

同着数不尽的奴隶的凄苦,

同着四块钱的棺材和几束稻草,

同着几尺长方的埋棺材的土地,

同着一手把的纸钱的灰,

大堰河，她含泪的去了。

可采用"低—高—低"的语调进行朗读。第一句语调应舒缓低沉，因是写大堰河之死，而"死"在作者笔下是不忍心的，用"去了"，可知其悲，此句不低难以传情。第二、三句读时则需扬起，因是对大堰河凄苦一生的概括，强烈地表现了诗人对不公道世界的诅咒和愤怒。第四、五、六句则需用满含悲凉的低沉语调，因为这三句是对大堰河贫穷悲惨的死况的细节描绘，诅咒和愤怒已不重要了，更多的是极度的悲怜与同情。

2. 重音训练

（1）读出下面句子中的重音。

①别逗啦，这是你能干好的事儿？

②明，你能不能快点？

③这就是我——一个共产党员的自白。

（2）"你能干好吗"要求读出以下意思：

①随便问问；

②关切地问；

③厉声反问；

④不屑一顾。

（3）读出下面语句中的强调重音。

"我向来是不惮以最坏的恶意来推测中国人的，然而我还不料，也不信竟会凶残到这地步。"

（《纪念刘和珍君》）

此句中有三个关键处需要重读："向来""不料""不信"。这三处重读用来表示情感的三层递进：

①"我"向来都是用"最坏的恶意来推测中国人的"，这已足见其坏。

②即便如此，"我"也没想到对于这次学生运动，当局会镇压得如此残暴。

③再进一步，即便料想到了，这结果也让人难以置信。

这三处重读，一层比一层更深入地揭露了中外杀人者的凶残，表达了作者对刽子手的痛斥和内心压抑不住的义愤之情。

3. 停顿训练

朗诵杜运燮《雷》这首诗的最后两段，注意语法停顿和强调停顿。

越过/一张又一张/被撕掉的树叶标语，他们/来了！

越过/一个又一个/监狱的铁窗，他们/来了！

越过/一条又一条/报纸上的捏造消息，他们/来了！

越过/一滴又一滴/难忘的血泪，他们/来了！

为着/撕人心肺的/被窒息的/呻吟声，他们/来了！

为着/惨绝人寰的/最底层的/挣扎声，他们/来了！

为着/回响在/无数街道和炕头的/怒吼声，他们/来了！

那就是／冲破冰冻严寒的／春雷欢呼声：他们／来了！

4. 语速训练

曹禺写的《雷雨》剧本中的鲁侍萍回忆往事、揭露周朴园罪恶的两段话，一段是相认前、一段是相认后，相认前后，鲁侍萍的怨愤之情由克制到逐渐显露，说话的语气和态度也起了变化，试用不同的语速加以表达。

——相认以前：她是个下等人，不很守本分的。听说她跟那时周公馆的少爷有点不清白，生了两个儿子。生了第二个，才过三天，忽然周少爷不要她了。大孩子就放在周公馆，刚生的孩子她抱在怀里，在年三十夜里投河死的。（语速慢）

——相认以后：哼，我的眼泪早哭干了，我没有委屈，我有的是恨，是悔，是三十年一天一天我自己受的苦。你大概已经忘了你做的事了！三十年前，过年三十的晚上我生下你的第二个儿子才三天，你为了要赶紧娶那位有钱有门第的小姐，你们逼着我冒着大雪出去。要我离开你们周家的门。（语速快）

5. 情感朗诵训练

（1）运用丰富的情感朗诵莫泊桑的《项链》中的两段。

（2）朗诵时注意路瓦栽夫人在不同阶段情绪的变化，仔细体会。

……有一天傍晚，她丈夫得意洋洋地回家来，手里拿着一个大信封。

"看啦，"他说，"这里有点东西给你。"

她高高兴兴地拆开信封，抽出一张请柬，上面印着这些字：

"教育部部长乔治·郎伯黎及夫人，恭请路瓦栽先生及夫人于1月18日（星期一）光临教育部礼堂，参加晚会。"

她不像她丈夫预料得那么高兴，她懊恼地把请柬丢在桌上，咕哝着……

（朗诵提示：朗诵文章的前半部分内容，必须是带着一种兴奋愉快的情绪将玛蒂尔德的丈夫"得意洋洋"以及她"高高兴兴"的精神面貌体现出来。但当她把请柬看完，态度突然变了。这个情绪的转变与情节有着极大的关系，没有这个情绪的转变，情节就不会很自然地推向路瓦栽夫人千方百计借项链这一情节。因此，这一与情节有关的情绪转换，必须处理好。我们可在朗诵完请柬的内容之后，迅速感受到玛蒂尔德此时懊恼的心情，调整一下自己在描绘下面这段内容时所需要的情绪，然后一改刚才较明亮的音色和轻快的节奏，以较暗的音色、较缓的节奏、懒散的情绪诵出"她不像她丈夫预料得那样高兴"。之后，再带着懊恼的情绪，加快节奏，诵出"她懊恼地把请柬丢在桌上，咕哝着……"）

她脱下披在肩膀上的衣服，站在镜子前边，为的是趁这荣耀的打扮还在身上，再端详一下自己。但是，她猛然喊了一声。脖子上的钻石项链没有了。

（朗诵提示：朗诵这段时，开始要将玛蒂尔德那种洋洋自得的精神状态描绘出来。当朗诵到"再端详一下自己"一句之后，不要急于说出"但是"后面的一段话，而要感受到她突然发现项链丢失的惊恐状态，将情绪转过来之后再诵出"但是，她猛然喊了一声"。随着朗诵情绪的变化，甚至会很自然地发出一声大抽气声，给玛蒂尔德大惊失色的心理状态浓浓地抹上一笔。如果不重视这些情节的变化，就不可能达到理想的朗诵效果。）

6. 古诗词朗诵训练

泊 船 瓜 洲

京口瓜洲//↓一水↓间，
钟山/只隔//↑数重↑山。
春风/又绿//↓江南↑岸，
明月/何时//↑照我↓还？

  古诗中的绝句和律诗一般情况下奇数句不押韵，偶数句押韵，一押到底，不变韵。朗读时韵脚要恰当重读，非韵脚音读得轻一点儿，使上下句音节和谐对应，这样才能产生沁心感怀的韵味效果。当然，对韵脚重读不是一成不变的。如《泊船瓜洲》一诗的韵脚有四个："间、山、岸、还"，如果把这四个韵脚都重读了的话，就会使人感到重复乏味。这时应根据诗意的表现需要，对"间、岸"给予恰当重读，而"山、还"的朗读力度应稍弱一点儿。此外，诗歌朗读是介于读和唱之间的形式——吟诵，为了更好地表现出诗的韵味，朗读时不能太短促，有的字音要适当拖长些，从整体上表现出古诗回环起伏、委婉动听的音韵美。另处，处理好诗歌的升降调。读升语调时音量逐次加大，力度渐次加强，语尾音节上扬且拖长；读降语调时力度从强次减弱，语速平缓。而且就整首诗而言，上句与下句，前两句与后两句语调配置也要交错对应，以取得起伏跌宕、相应谐趣的效果。

满 江 红

岳　飞

  怒发冲冠，凭阑处、潇潇雨歇。抬望眼，仰天长啸，壮怀激烈。三十功名尘与土，八千里路云和月。莫等闲、白了少年头，空悲切。靖康耻，犹未雪。臣子恨，何时灭！驾长车，踏破贺兰山缺。壮志饥餐胡虏肉，笑谈渴饮匈奴血。待从头、收拾旧山河，朝天阙。

  朗诵训练要求：这是一首向来以忠愤著称，洋溢着爱国主义激情的词篇。通篇言词壮烈，感情豪迈，热血满腔，气贯长虹，表现了要求报仇雪恨、收复河山的雄心壮志。因此吟诵这首词无疑要声调高昂激越，声音厚实饱满，气息充实酣畅，语速中等偏快，才能表达出词人的愤怒和壮志壮怀。

7. 现代诗朗诵训练

既　然

徐敬亚

既然
　前，不见岸
　后，也远离了岸
既然
　脚下踏着波澜
　又注定终身恋着波澜

既然
能托起安眠的礁石
已深入海底
既然
与彼岸尚远
隔一海苍天
那么，便把一生交给海吧
交给前方没有标出的航线

朗诵训练要求：现代诗歌朗诵，不同于一般的课文朗诵，它具有很浓的表演性。它需要读者掌握一定的技巧，将情感投入其中，反复吟咏，方能渐入佳境，最终达到"诗、人合一"的最高境界。这首诗开篇便暗示了人生的坎坷与艰险，那么，人生因此而迷茫了吗？作者的回答是：终身"踏着波澜"向那个诱惑人们的彼岸前进！前进，或许能达到胜利的彼岸，否则，只能葬身海底。十四行诗，不仅体现了诗人自己的人生体验，而且也体现了诗人对生活本身宏观的、哲理的思考。

诗歌由四个"既然"组成排比句式，音节自然和谐，意象鲜明。朗诵时，情感层层加深。第一至三个"既然"应读得语调凝重，声音较低；第四个"既然"转向高亢；最后两句确立了积极的生活态度：把自己的一生交给生活，交给未来的希望，努力拼搏，实现自己人生的价值。朗诵时应充满信心、勇气和希望。

▶ 一、情景导入

1775年，美国政治活动家、演说家帕特里克·亨利发表了为独立而战的《在弗吉尼亚州议会上的演说》。据历史记载，他的这个演说给人的印象是如此之强烈：当他讲完后，整个会议厅寂静得鸦雀无声，直到几分钟后，议会的一部分成员才从座位上跳起来，兴奋地喊出："拿起武器！"接着，大厅像刮起旋风一般，"拿起武器"的吼声此起彼伏，人们眼里闪烁着爱国热情的火花。他的演讲很快传遍全美各英殖民地，成为美国人民反击英殖民地主义的战斗动员令和争取独立自由的宣言书，使千百万人觉醒起来，掀起了一场为独立与自由而战的伟大战争。

▶ 二、问题引出

（1）演讲有什么作用？
（2）作为一名演讲者，怎样才能成就一次精彩的演讲？
（3）掌握演讲的基本技巧。

三、问题分析

演讲最重要的作用之一，就是鼓动性。演讲者的演讲态度鲜明，或褒或贬、或赞扬或批判，泾渭分明，毫不含糊。他所讲的切合了听众的需要，启迪了听众的思维，所以引起了共鸣。演讲者在演讲时饱含炽热的情感，激发听众对现实的关注和思考，同时，由于是与听众面对面进行交流，因而使得演讲富有巨大的鼓动性和艺术感染力。

演讲是现代人的经常性活动，演讲能力是现代人才必备的基本能力之一。因此，演讲这种独立的语言表达形式，正在广泛地引起人们的重视。演讲是与一门科学与艺术。拥有高超的演讲技能不仅是一个人综合素质的良好体现，更是成功人士必备的技能之一。

作为一名演讲者，想要成就一次精彩的演讲，一方面要注重平日里的锻炼和学习，另一方面也要掌握演讲的技巧，如专题演讲的技巧、即兴演讲的技巧和演讲的表达艺术等。

四、相关知识

（一）演讲的含义

演讲，又称演说、讲演。"演"，包含着"推演"和"表演"两种意义。"推演"即《现代汉语词典》中所说的"发挥"的意思，演讲是就某个问题对听众说明事理，发表见解。"表演"即孙起孟先生在《怎样演讲》一书中所说的演剧的"演"，演讲者正同演剧者一样，要运用面部表情、手势、身姿乃至一切可以理解的动作，使他的讲话"戏剧化"起来。"讲"即陈述，就是将演讲者的思想感情用口语表达出来。"演讲"是既要"讲"又要"演"，即"讲其所想，演其所说"，是"讲"和"演"密切结合的口语表达的最高形式。二者之间，以"讲"为主，以"演"为辅，"演"服从于"讲"，体态动作或推演阐释，目的都是说明事理与说服听众。

综上所述，演讲是一种带有艺术性而且针对性很强的社会实践活动，它是演讲者为达到一定的目的，在特定的时空环境中，以有声语言为主、态势语言为辅的艺术方法，公开向听众传递信息、表述见解、阐明事理、抒发感情，从而达到感召听众并促其行动的一种现实的信息交流活动。构成这种活动，必须具备三个要素：一是演讲者，二是听众，三是特定的时空环境。

（二）演讲的种类

演讲是在特定的时间、空间中面对听众进行的口头语言表达活动。一般说来，它不需也不应该采取照本宣科背讲稿的办法；而应讲究临场发挥，也就是按照反馈原理，根据演讲现场的情况和听众对演讲的反应，从增强表情达意效果的目的出发，在原来准备的基础上，审时度势地对演讲的内容、结构、语言等做适当的变更，以求有效地提高演讲的感召力。

演讲的类型，可以从不同的角度进行划分：

（1）以演讲内容作标准，演讲可分为政治演讲、经济演讲、军事演讲、学术演讲、法律演讲、道德演讲、礼仪演讲等。内容决定形式，按内容所作的分类是最基本的分类。

（2）以演讲形式为标准，演讲可分为报告型演讲和论辩型演讲。

（3）以演讲场合为标准，演讲可分为集会演讲、街头演讲、战地演讲、课堂演讲、议会演讲等。

（4）以演讲的准备作标准，演讲可分为即兴演讲、列提纲演讲和有稿演讲。

（三）演讲前的准备

"凡事预则立，不预则废"。演讲前的准备，是演讲必不可少的工序。出口成章、语惊四座的演讲，必然来自有充分准备的演讲者。即使是成功的即兴演讲，其演讲者也是有准备的，这就是其平时积累的深厚渊博的知识、敏捷的才思、快速组篇的能力，以及丰富的临场演讲经验和各种演讲技巧。所以，演讲家成功的秘诀之一，便是有充分的准备。对于初学演讲者来说，做好演讲前的准备，就可以免得你"在站起来之前，不知道要说些什么；演讲的时候，不知道自己在讲些什么；当讲完坐下之后，不记得曾说了些什么"。

1. 如何选题

著名演讲家艾德姆斯曾说："演讲本是艺术，但这种艺术的作用，是满意地发表使命。只重艺术而忽略使命，那么艺术亦必失其作用了。"而演讲的内容，首先遇到的就是选题。

选题，就是选择和确定演讲的论题。一篇演讲稿的成功与否、价值大小，关键在于选题。在社会生活中，可供演讲的内容是极其丰富、无不可至的。但是，演讲内容的广泛性并不意味着演讲选题的随意性。具体到某一次特定时境中的演讲，由于演讲的主客体受多方面的制约，选题便不能不考虑这些因素，其中有四条基本原则是所有演讲都必须遵循的。

（1）选题要适合演讲者。首先，演讲者必须选择自己熟悉并为之触动的有特长的论题讲。因为熟悉才有话可说，才能展开深入分析；而真正触动演讲者的论题必然能使演讲者产生激情，使之写稿时融情入理；选择演讲者有特长的论题，往往能显示演讲者的真知灼见，从而增强演讲的价值。在美国曾流传过这样一件趣闻：一位初学演讲者为了介绍华盛顿的风貌，买了一本游览指南的小册子，他把上面的材料略加整理就去演讲。因为他对华盛顿并不熟悉，又不曾很好地消化这些材料，所以他显不出丝毫热情，也不知是否值得一讲，结果失败而归。两周之后，他的汽车不慎被盗，但报案后警察表示这类案件多如牛毛，爱莫能助。他在懊恼中想起一周前，自己的汽车在路上多停了十五分钟而被警察毫不留情地罚了款。对比之下，警察对善良民众凶神恶煞，而对犯罪者却是那样无能为力，这激发了他强烈的愤怒。第二次有关这个论题的演讲，他再也不似前次那样挤牙膏般的艰难了，而是滔滔不绝，口若悬河，满腔愤激，从而获得了演讲的成功。在演讲实践中，大多演讲失败的原因，都是因为演讲者缺乏真挚的感情。演讲者只有挑选一个真正触动自己的论题，才有可能同样去触动听众。像上述的演讲差不多人人会，而且是不大会失败的，这是因为演讲者有亲身的经历加上深思熟虑的缘故。

其次，演讲者必须选择适合自己年龄、身份和气质的论题讲。如果演讲者是个中学生，要谈"爱情美学"，必然感到力不从心，也与身份不合；若是谈"'题海'战术不利于中学生成才"，肯定会颇有感触、思如泉涌。一个闻名于世的将军谈军队作战，人们会公认他的资格很高；若是他谈管弦乐的演奏，人们便会认为他的资格很低。一个不修边幅的人，是不宜去作关于个人整洁重要性的演讲的，因为即使他言之有理，他说出的话也是没有说服力的。

（2）选题要适合听众。选题适合听众，一是指论题必须能引起听众的兴趣。演讲稿与一般文章不同，一般文章只考虑客观必要性，读者感兴趣便读；而演讲稿却一定要考虑"客观需求性"，必须使听众感兴趣而听下去。凡是采用听众不感兴趣的论题，演讲都必然失败。而人们最感兴趣的事，大多是与他们密切相关的事。你不妨留心看看你的朋友，当你给他一张几个朋友的合影时，他会情不自禁地在自己被摄的位置上多留恋一会儿。前几年我国文坛上时常有一些作品产生"轰动效应"，其根本原因就在于这类作品所选择的话题是当时广大人民群众所关心的热门话题。此外，人们对于新事物也常常加以特殊的注意，但演讲只能选择那些与人们切身经验相接近的新论题，并能用人们熟知的事物来解释给他们听，才能引起他们的注意与好奇心。如果论题过于高深难懂，即使很新颖，也难以引起听众兴趣。

选题适合听众，二是指论题必须有意义。演讲的神圣权力也就是负有言之有理的责任，因此演讲者绝不要用毫无益处的论题去浪费自己与别人的时间。论题适合听众，并不意味着一意地迎合听众，否则便会使演讲变得庸俗而丧失真正的价值。马克思和恩格斯认为：一篇演讲，究竟能在多大程度上帮助听众弄清楚现实中的复杂现象，并在多大程度上有助于迫在眉睫的社会问题的解决，这是演讲艺术的本质特征。演讲者只有选择那些重要的、为听众所注意所迫切盼望解决的论题，才有探讨、研究的价值，才能真正为听众所悦。

（3）选题要适合特定的场合。演讲是演讲者在特定的环境中面对公众发表讲话的活动，因此演讲实质上是演讲者的主观因素与演讲环境的客观因素相结合的产物。任何优秀的演讲都只能是演讲者能动地适应演讲环境的结果。黑格尔在《美学》中说："既然要产生一种活的实践效果，演说家首先要充分考虑到演讲的场合以及听众的理解力和一般性格，否则他的语调就会由于时间、地点和听众都不适应而不能达到所向往的实践效果。"所以任何演讲，论题都要适合演讲的场合，即适合演讲的现场布置，演讲的时间、背景、组织、听众等，使论题与会场的气氛相互协调一致。

（4）选题要适合规定的时间。演讲者所选择的论题，必须能在限定的时间内充分加以阐述。从心理学的角度讲，人的大脑在短时间内不可能同时接收许多新问题，因而演讲者也就不能在短时间内提出许多问题，去做"跑马"式的演讲。例如，有一个初学演讲者，他的演讲时间限定为三分钟，可是他开头就对听众说他要讲六个要点。他论题的每一个方面只能占半分钟，而要在半分钟内讲清一个要点这是令人难以置信的，也是任何一个有理智的人不会去尝试的。结果，他一个方面都没讲明白，演讲失败了。这就如同一个导游，带领游客用一天时间就游览了整个北京，但这种"跑马"式的参观，既印象模糊，又毫无乐趣可言。倒不如一天只游览一两个景点，使游客留下深刻难忘的印象。适合规定的时间，并不意味着时间长只能讲大论题，时间短只能讲小论题，而是要根据时间长短来做出恰当的安排。例如，时间短，可选择大论题中精彩的小论题来谈，让听众"窥一斑而见全豹"；时间长，演讲者可将几个珍珠般有价值的小论题缀成一串项链献给听众。

2. 克服怯场情绪

怯场情绪是演讲表达的一种心理障碍，它往往导致演讲者紧张过度、手足无措，以致失去自控能力。这会严重地影响演讲的顺利进行，同时还会给听众留下不成熟的印象。演讲家斯德尼·史密斯说过："在缺乏勇气的情况下，许多伟大的才能都消失了。"

演讲者登台演讲出现的怯场情绪，并不是无缘无故的。从心理学的角度分析，大多数人面对他人时，都有一种羞怯心理，特别在陌生环境中尤为突出。具体地说，演讲怯场主要是因为缺乏自信、怕忘讲稿、害怕强者、准备不足、感到孤独、听众干扰、环境影响等。但怯场原因最根本的一条，就是怕出丑。而怕出丑又是人类的通病，它使初学演讲者在听众面前感到非常不自在，甚至觉得痛苦。所以，初次当众讲话怯场，是一种很正常的现象。美国曾进行过一次有趣的测验，题目是"你最怕什么"，对象是三千美国居民。测验统计的结果，让人惊叹不已，人们最怕的竟然是"当众说话"，至于死亡问题，只名列第六位。

要切实有效地克服怯场情绪，演讲者在演讲前必须做到以下几点：

（1）要有强烈的成功欲。拿破仑有句名言："因为我决心要成功，所以凡是我做的事都得到了成功。"经验证明：有无成功欲望往往影响着一个人事业的成败；成功欲望的强弱大小，同一个人未来的成就总是成正比的。演讲中，具有强烈的成功欲，才能使演讲者对演讲效果高度关切，进而引起对演讲内容的构成、演讲方法与技巧的运用、听众的有关情况、演讲进程中的反应等一系列问题的关注，从而不断改进和提高演讲的质量。"伟大的毅力只为伟大的目标而产生。"即使遇到较大困难，成功欲望强的演讲者也绝不气馁，始终锲而不舍地攻克难关，直到充满自信地准备完善。这时走上台去演讲，就绝不会怯场了。演讲者如果对成功缺乏强烈的欲望和追求，内驱力必然不足，在行动上就会表现为消极冷漠。而各方面的准备不充分必然导致自信心不足，所以登台便感到胆怯紧张。

（2）要有充分的自信心。充分自信，是演讲成功的另一秘诀。强烈的成功欲可以触发心理动机。然而希望成功并非自信成功，自信是对自我素质和能力的信任。演讲者充分的自信表现为对实现演讲目标持肯定性推断，坚信演讲成功。成功欲和自信心都是形成良好的心理定式的重要因素，是演讲者重要的心理支柱。自信可以发挥意志的调节作用，增强自制力；可以促使智力呈开放状态，更有效地发挥演讲者的创造性，以至较好地进行临场发挥。所以美国作家爱默生说"自信是成功的第一秘诀"。

演讲者在演讲前就要树立必胜的信心和勇气，这样才能去除演讲时的心理负担，才能在良好的心理定式作用下，以满腔的热情去应付演讲现场可能出现的各种复杂情况，并保持清醒的头脑，思维活跃，能随机应变。但这种自信应当是科学的自信，而不是盲目的自信。科学的自信，至少应具备3个因素：

①熟悉演讲规律、原则和具体方法，并有演讲的实际体验和感受（也可以是练习中所得到的）。

②对当代演讲的实际状况，以及此时此地演讲者们和听众的水平有基本的了解。

③对自己演讲的基本内容和所涉及的基本知识确有把握并确信能使听众受益。

而盲目的自信，则对演讲成功有害无益，是不可取的。

要建立和培养充分的自信心，有3条经验可以供初学演讲者借鉴：

①选择自己热切关心、能显示自己特长的内容讲。这样的内容，讲起来有深切的感受，能焕发出激情；而且驾轻就熟，得心应手，不怕忘词，即使忘了稿子，也会自然有话

接下去；特别是能显示自己过人的长处，演讲者必然充满自信。

②假定听众一无所知，无论听众水平高低，登台演讲时都假定他们一无所知，这有利于增强演讲者的勇气和信心，也有利于演讲者较好地调动和发挥多方面的演讲艺术才能。

③多作积极性的自我暗示。心理学研究证明，人的情绪具有两重性：积极性和消极性。积极性的情绪能促进思维，有利创造；消极性的情绪会削弱人的能力，有损演讲效果。积极性的自我暗示有助于想到成功，稳定情绪，增强勇气。

（3）要有坚强的自制力。演讲活动情况复杂，很多因素都能引起演讲者情绪的波动。如果没有自制力，兴奋时就会忘乎所以，失去常态；受挫折时就泄气灰心，意志崩溃。演讲者要有坚强的自制力，就是能根据需要，对自我情绪进行调节和控制。其根本作用是抑制和克服消极性心理的影响，调动和发挥积极性心理的功能，以保障演讲者主动适应各种演讲环境，充分地发挥自己的才能，在任何情况下都能获得良好的演讲效果。

（4）内容要充分完善。常言道"有备无患"。演讲者只有对演讲内容做好充分完善的准备，才能产生自信，才能临场冷静自制。演讲内容未准备好就仓促登台，面对那么多的听众，必然感到十分不自然。这犹如上战场，枪膛里未装子弹或枪支故障百出，怎能克服惧怕心情？成功的演讲者，一般在演讲前都是做好演讲内容的完善准备的。当你心中已有"雄兵百万"时，自然也会具有登台演讲成功的信心与勇气了。

演讲内容的准备，其程序大体为3个方面：

①拟定论题，撰写演讲稿。

②厘清思路，熟记讲稿。

③自我理解体味，透彻把握主题。

其中最重要的是第3方面，即彻底了解自己所要讲的话。美国总统罗斯福刚从政时，讲话感到很困难，他的同乡送给他的一句忠告是："沉默吧！除非你感到确实有话要说，而且还抓住了你所要发表的意见。你讲完了，就坐下来。"如果演讲者发表的观点是自己深思熟虑后而得出的结论，而这个结论，是经过再三推敲确信无疑的，当他到了对这个问题不讲出来就吃不下饭、睡不着觉的程度，这时讲出来，听众一般来说是会感兴趣的。而演讲者因为坚信自己的观点是有道理的，是正确的，而且又急于要说，这样注意力便全部集中到要讲的论题上，因此就不会怯场了。

3. 演讲稿的撰写

（1）演讲稿的特点。演讲稿既有与其他文章写法相同的一般规律，又有自身的独特之处。演讲稿属于应用文体，但它不是一般的应用文，而是一种高级而特殊的应用文：它既具有一般议论性质的应用文的特性，如中心突出、逻辑严密、说理性强等特性，同时又具有文艺作品的采用多种艺术手法、感情色彩浓厚等特点。它不同于一般的书面文章，而是一种成文性的口语；又不同于一般的口头语言，而是一种口语化的文章。

演讲稿的基本特点有以下3点：

①具有鲜明的对象感和现场感。任何文章，都有一定的读者。但一般文章的读者对象并不严格和明确，凡有兴趣者都可读，无兴趣则不读。而演讲稿则是在特定场合中面对特定听众发表演说的文稿，它不仅必须使听众产生兴趣，而且要引起听众心灵共鸣，鼓舞听众为之行动。所以演讲稿在写作时对象感和现场感就十分具体、鲜明。

演讲者要打动听众，必须根据特定的听众及演讲场合，来选择自己的演讲内容和形式。从内容上说，演讲者说的必须是听众想听的，所阐述的道理必须是听众迫切需要明白的；从形式上说，演讲者必须根据听众的文化程度、思想状况、职业特点、年龄心理、愿望要求和接收习惯，来选择听众喜闻乐见的形式，使演讲易于为听众接受。

②具有突出的可说性和可听性。在演讲中，"听是讲的一半"，如果听众不听，讲就毫无意义了。演讲稿既要考虑满足听众"入耳"后由听觉而引起思维的心理需要，又要满足演讲者说起来"上口"的声韵美的需要。因此，一般演讲稿都是可听性与可说性的和谐结合，非常讲究结构简明，语言明确、通俗、口语化，以适应"听得明白"的需要。优秀的演讲稿还呈现出一种声韵美，使演讲者说起来朗朗上口，"说到重要处，掷地作金石声"，令听众感到声韵动听而且感人。

③具有灵活的临场性。一般文章经最后定稿，发表时便原封不动了；而演讲稿无论准备得多么充分，在演讲前都不能最后定稿，口头发表时也常常不能一成不变。因为演讲是在一定场合面对听众发表的讲话，在临场时听众往往会做出一些使演讲者事先没有预料到的反应。因此在演讲时就要根据临场的实际情况对演讲稿做出相应的变动，以使演讲者始终掌握控扬的主动权。

所以有经验的演讲者写稿时，都尽量事先估计临场的多种反应，并尽可能地多做几手准备，以便临场应变。

（2）如何选材。演讲稿虽然是说理性的文章，但其理性体现并非抽象的说理，而是借事说理，寓理于事。一个演讲论题，如果只有理论的说教而无事实的印证，就会空洞并缺乏说服力；但只罗列众多的事实而不作中肯的分析、透彻的说理，也会显得意浅平庸。只有既出示充分的事实依据，又能合乎逻辑地指出其因果关系，才能形成感人力量。

具体说，演讲稿要根据以下3点原则来选择材料：
①选材要紧紧围绕主题。
②选材要有针对性。
③材料的内容要真实、准确。

（3）演讲稿的语言：

①准确简洁。准确是指遣词造句能够确切地表情达意，如实地反映客观事物的实际面貌；简洁则是表达的内容简短明了，集中概括。例如，佩特瑞克·亨利《诉诸武力》演讲开场白：

没有人比我更钦佩刚刚在会议上发言的先生们的爱国精神与见识才能。但是，人们常常从不同的角度来观察同一事物。因此，尽管我的观点与他们截然不同，我还是要毫无顾忌、毫无保留地讲出自己的观点，并希望不要因此而被认为是对先生们的不敬。此时不是讲客气话的时候，摆在各位代表面前的是国家存亡的大问题，我认为，这是关系到享受自由还是蒙受奴役的大问题。鉴于这事关重大，我们的辩解应该允许各抒己见。只有这样，我们才有可能搞清事物的真相，才有可能不辱于上帝和祖国赋予我们的伟大使命。

这段演讲使用的语言是非常准确贴切的。第一句话是亨利对前几位发言的妥协主义者欲擒故纵的赞美，但用语很有分寸，只是赞美他们的"爱国精神与见识才能"。接着话锋一转，很有策略地表明了由于"从不同角度观察同一事物"，所以"观点与他们截然不同"。这"截然不同",充分强调了分歧的严重性。尽管有严重分歧,但自己的态度是鲜明的,那就是"毫无顾忌、毫无保留地讲出自己的观点"。这"毫无顾忌"旨在强调主观上没有任何顾虑和忌讳的坚定性,"毫无保留"则强调知无不言、言无不尽的坦率彻底性,两个词都用得十分精当,表达了十分鲜明的态度。"国家存亡"四个字,简明有力,点出了问题的分量;一个选择句"这是关系到享受自由还是蒙受奴役的大问题"中的两个对比鲜明的词组"享受自由"和"蒙受奴役"点出了利害关系。这样,"事关重大""辩解应该允许各抒己见"。"各抒己见"一语态度谦逊平和,更有利于争取听众。而"各抒己见"的结果是什么?就眼前来说,是"搞清事物的真相";就国家和长远来说,是"不辱于上帝和祖国赋予我们的伟大使命"。由近而远,由实而虚,准确而全面地说明了辨明是非的必要性。

②通俗平易。通俗平易是要求演讲语言不隐晦,不艰涩,不转弯抹角,直抒其意,直言其理,清楚明快,思想内容流于言词,使听众一听就可以领会、理解。例如,林肯的演讲有这么一段话:

一幢裂开的房子是站立不住的。我相信这个政府不能永远保持半奴隶半自由的状态。我不希望联邦解散,我不期望房子崩塌,但我的确希望它停止分裂。

演讲中以"裂开来的房子"作比,把联邦分裂的危害具体化、形象化了,既通俗易懂,同时又充分表达了林肯对当时政治形势和前景的深刻理解和英明预见,发人深思。

③形象生动。形象生动是指演讲语言的运用更新鲜、活泼。要善用语言的修辞手段,如比喻、排比、设问和反问、反语、引用、感叹等。

例如,美国黑人民权运动著名的领袖马丁·路德在华盛顿示威游行集会上的一段演讲:

我们来到这个圣地还是为了提醒美国,现在已到了非常紧急的时候;现在既不是贪图安静,也不是服渐进主义止痛药的时候;现在是把民主的诺言变成现实的时候;现在是从种族隔离的黑暗荒凉的山谷爬上阳光普照的种族平等道路的时候;现在是把我们的民族从种族不平等的沙流中解救到兄弟般关系的坚硬岩石上的时候;现在是为了所有上帝的孩子把公平变成现实的时候。

这里连用了六个"现在是"为标志的分句排比,排比中又包含比喻,这就大大增强了演讲的情感、气势和艺术魅力,使这个反对种族主义的演讲具有很强的鼓动力和号召力。

运用排比应注意:排比的突出作用在于能表达强烈奔放的感情,周密地说明复杂的事理,增强语言的气势,突出演讲的重点。所以运用排比必须从思想内容的需要出发,不能生硬地拼凑排比的形式,以免失之于滥。此外,要善于使用多变的句式,如长句与短句、整句和散句等配合使用。

(4)撰写演讲稿:

①好的开场白。英国有句谚语"良好的开端是成功的一半",中国也有句谚语"万事开头难";前者说的是开头的重要性,后者说的是开头难度大。开场白的作用主要有两点:一是要介绍主题,建立演讲者和听众之间感情上的联系;二是打开场面,引入正题。开场白的方法固然很多,然而万变不离其宗,即:吸引听众,即刻抓住其注意力,打动他们听下去。常见的开场白有以下几种:

a. 开门见山式开场白:就是直截了当地揭示演讲主题。它运用得较为普遍,特别是一些比较庄重、严肃的演讲，常采用这种开场白。这种开场白的优点是干脆利索，中心突出，使听众一听就明白演讲的主旨是什么。例如，钱继辉的《下一个》演讲的开场白：

当球王贝利踢进第一千个球时，有一个记者问他"哪一个最精彩"，贝利回答："下一个！"努力追求"下一个"是优秀运动贝利和各行各业先进人物的共同品格。

显然，这段话非常明朗地表达了演讲的中心。值得注意的是，运用这种直入式开场白，一定要言简意赅，单刀直入，尤其是在规定的短时间的演讲中，更应如此。而且这种开场白，要求内容有一定的深度与新意，才能不显得平淡、冷漠。

b. 提问式开场白：以问题引路，引起听众的注意力，引导听众积极地思考问题，参与到演讲的议题中去，而不是消极被动地听演讲。同时，也让听众关注演讲者对此问题的回答。

例如，弗雷德里克·道格拉斯1854年7月4日在美国纽约州罗彻斯特市举行的国庆大会上发表的《谴责奴隶制的演说》：

公民们，请恕我问一问，今天为什么邀我在这儿发言？我，或者我所代表的奴隶们，同你们的国庆节有什么相干？《独立宣言》中阐明的政治自由和生来平等的原则难道也普降到我们的头上？因而要我来向国家的祭坛奉献上我们卑微的供品，承认我们得到并为你们的独立带给我们的恩典而表达虔诚的谢意吗？

这里一开讲就引发听众的积极思考，把人们带到一个愤怒而深沉的情境中去。

c. 道具式开场白：演讲者开讲之前，先展示某件实物，给听众以新鲜、形象的感觉，从而引起听众的注意，能够一下子抓住听众的注意力，收到意想不到的效果。

卡耐基在一次演讲中别出心裁，他拿出几根头发展示给听众，问听众这是什么。听众不知其意，皆答"头发"。卡耐基话题一转，问听众："你们都知道头发是长在头上的，这几根头发为什么掉下来了呢？"一句问话引起了听众的注意力，开始专心致志地等待卡耐基演讲，卡耐基接着说："这就是烦恼的副作用。……"

再如2007年湖北省司法行政系统"树理念 明荣辱 铸警魂"演讲比赛中黄石市司法局选手执蜡烛上台。

上述演讲使用实物展示，真实生动，增强了说服力。

d. 新闻式开场白。演讲者一上讲台就发布一条引人注目的新闻，以引起全场听众的高度注意。例如，《人生的航线》的开场白：

4月22日上午，一架飞机越过了台湾海峡，那是他，李大维驾机起义，飞向祖国大陆。可是，时间仅间隔三天，却有歹徒劫持中国民航飞机，强迫使其改变航向。蓝色的天空，划出两道不同的航线，我突然觉得，这航线不正是人生的航线吗？

这两件事，在当时的国际和国内都是引人注目的重大新闻，听众自然急切地想知道演讲者的观点。

e. 引用式开场白：哲理名言是实践经验的结晶，它永远具有引人注意的力量，尤其是富有文采的哲理名言，对青年人总有一种吸引人的魅力。直接引用哲理名言来开场，可以使演讲纲举目张。

例如，王理的《人贵有志》的演讲开场白：

一个人要有志气。法国生物学家巴斯德在十八岁的时候写过一段名言，他说："工作随着志向走，成功随着工作来，这是一定的规律。立志、工作、成功是人类活动的三大要素。立志是事业的大门，工作是登堂入屋的旅程，在这旅程的尽头，就有个成功在等着你，来庆祝你的努力结果。"

这个开场白概括了立志、工作、成功三者之间的关系，并说明立志是首位的。人不立志，就不能坚韧不拔、持之以恒地工作，成功也就没有希望。演讲者就是用这一深刻的哲理名言来统摄全篇演讲的。这种名言式的开场白，所引名言要让听众有回味的余地，哲理要强，但不能太深奥难懂，要注意演讲语言的通俗性。那些司空见惯、为人熟知用滥的哲理名言不宜引用，否则会给人以俗套之感，效果会适得其反。

f. 悬念式开场白：演讲者提出一个问题，制造一个悬念，以激发听众的好奇心，促使听众尽快进入演讲者的主题。

例如，80年代，"红土地之歌"演讲大赛的第一名是老山前线归来的一名主攻团团长。他走上台时双手抱着一个红布包，上面覆盖着一面党旗。他先给大家敬了一个军礼，然后说：

"同志们，今天站在这个讲台上的不是我，而是他们。"说完，他把红布包一层一层打开，全场观众都以诧异的神情注视着这个红布包。打开一看，不是骨灰盒，而是两本书。他接着说："这本书叫《风浪集》，记述老一辈革命者的丰功伟绩；这一本，我把它叫《无名集》，上面记满了这几年倒在我身边的战友的名字，他们是——'我心中的太阳'，这就是我演讲的题目"。

除上述之外的开场白，还有"套近乎""引申式""故事式"等。总之，演讲的开场白，没有一个固定的模式，都是根据演讲实际随机应变的，不能一味地效仿，否则很难进步。但不管采用什么样的开场白，需注意：力求形式新颖、别致、巧趣，一下子就紧紧抓住听众；内容上要出其不意，出奇制胜；故事要有意境，要有内涵；要有声势，起调要高；忌讳稀松平常。

②主体。这是演讲稿的重点。既要紧承开场白，又要内容充实、主旨鲜明地展开论述，而且还要设置好演讲高潮，以使听众产生心灵共鸣。

a. 主题鲜明突出。古语云："山不在高，有仙则名；水不在深，有龙则灵。"主题恰如山中之"仙"、水中之"龙"，离开它演讲稿就黯然失色，有了它演讲稿才能神采流动。但有了主题还不够，还得将主题表现得突出鲜明才行。为使主题鲜明突出，可以采用以下几种方法：

一是只讲一个中心。一般说来，在一篇演讲稿中只能安排一个中心，不能搞多中心，因为多中心就是无中心。演讲也如同打仗，"伤其十指，不如断其一指"。演讲者如果一会儿谈花卉栽培技术，一会儿谈商业管理，就会变得杂乱无章，使人难以理解。演讲中只有目标始终如一，方寸一丝不乱，以一个中心贯穿始终，才能使主题鲜明突出，给听众留下深刻印象。

威廉·詹姆斯教授曾在对教师的谈话中说："在长达一小时的演讲中，也只可以提出一个要点来解说。"然而一些初学演讲者，往往在几分钟的演讲内安排了两三个甚至更多的要点，以至于一个问题也没阐述明白。这种演讲已不是正常演讲，而是在用说话来跑马了，这样的演讲是没有不失败的。演讲中，观点不在于多，而在于把一个观点阐述得充分明白，让听众彻底了解，并深感兴趣，欣然接受，这才是最重要的。

二是采用"片言居要"的方法来突出主旨。清朝刘熙载说："凡作一篇文，其用意俱可以一言蔽之。扩之则为千万言，约之则为一言，所谓主脑者是也……主脑既得，则治动以静，治烦以简，一线到底，万变不离其宗，如兵非将不御，射非鹄不志也。"（《艺概·经义概》）这段话是对"片言居要"的一个很好的说明。他认为文章的主脑"俱可以一言蔽之"，而这表现主脑的"一言"或"片言"一旦确立，就成了文章的统帅，它在文章中要"一线到底"，如同兵卒要接受大将的统率（御），射箭要射到靶子（鹄）上一样，使全篇文章"万变不离其宗"。例如，世界著名的演说家佩特瑞克·亨利《诉诸武力》的演讲，便是用"不自由，毋宁死"的"片言"来揭示全篇主题的。这种"片言居要"方法的运用，起到了"画龙点睛"的作用，既使听众易于把握演讲主题，又使主题表现得格外明晰。所以揭示主题，话不宜多。

三是反复申说解释要点。演讲有一个中心，演讲者也很清楚，这易办到，但要使听众也同样清楚，就并非易事。所以，为了让听众彻底了解演讲的主旨，演讲者就必须反复加以申说解释。拿破仑说过："重述是修辞上唯一的原则。"但是反复不是重复，在反复申说解释要点时切不可使用完全相同的语句，以免听众感到啰唆而厌烦。演讲者可以用几种不同的措辞，换几种不同的说法，听众就不会觉得重复了。例如，美国的政治家柏寿安曾说："如果你自己还没有明了那个问题，你绝对无法使别人明了那个问题。反之，你对这个问题越是认识得清楚，你把这个问题传达到别人的心里也越是容易。"这段话中，第二句意思与第一句相同，但由于第二句采用了不同的措辞和说法，听众便没有工夫来细细辨别一下它是不是重复，反而觉得这样一解释，意思显得格外清楚了。古今中外许多著名的演说家，都曾用这种方法来突出演讲主旨。实践证明，这确是一个行之有效的方法。

四是加强综合性的阐述。要想透彻地说明一个观点，单从一个角度去论证显然是不够的。例如，要证明改革开放的必要性，只讲这是党中央制定的方针政策是不够的，还应从内外、正反、纵横等方面去论述。就内外方面说，内指内容，外指形式；从正反方面看，正是利，反是弊；而纵横方面，纵指历史角度，横指空间地理位置角度。如果演讲者能在各方面的对比中，有力地阐明改革开放的优越性，那就不仅主题鲜明突出，而且令听众心悦诚服。有些演讲不能使听众信服，原因就在于只讲一面而忽略了另一面。说好，就好得无以复加；说坏，就一无是处。既无比较又无鉴别，殊不知，这反倒易让人看出它的破绽来。

b. 内容充实有说服力。演讲中，演讲者只能引导听众接受观点，而不能强迫听众接受观点，所以必须依靠演讲内容的丰富、精彩，来吸引打动听众，获得演讲成功。例如，闻一多的《最后一次演讲》，其内容丰富、真实、有力，因而使人感奋不已。这篇演讲，既有对国民党反动派的声讨，又有对革命烈士的深切缅怀；既有对蒋介石政府发动内战政策的猛烈抨击，又有对共产党领导的民主运动的热情赞颂；既有对历史的回顾，又有对未来的憧憬。而且文中有入木三分的剖析，有严谨的逻辑推理，有激情的呼唤，有理智的展望。整篇演讲，如呼啸的排炮，使人热血沸腾。李燕杰说过："不论是现实生活，还是艺术实践，只有充实的才是美的；空洞的、干瘪的、枯燥的生活及艺术品，任何时候都不会是美的，都不会具有审美价值。"在演讲中，空谈大道理是无说服力的，"事实胜于雄辩"，永远是一条颠扑不破的真理。

③回顾与总结全文。结尾部分要重复主题，再次强调观点。常见的结尾有：意尽笔止，自然收篇；总结全篇，点化主旨；提出希望，鼓舞斗志；哲理名言，深化主题；诗歌抒情，意境深远；幽默含蓄，发人深省。

例如，1993年国际大专辩论会冠军队复旦大学队，在辩论"温饱是谈道德的必要条件"这一题目时，四辩手蒋昌建的总结陈词便是借用名言进行结尾：

谈到这里，我不由得想起一百多年前生活在哥尼斯堡的一位叫康德的老人说过的一句话："这个世界唯有两样东西能让我们的心灵感到深深的震撼，一是我们头顶上灿烂的星空，一是我们内心崇高的道德法则！"

4. 调配好声音

演讲时的声音处理至为重要。有些演讲比赛获奖者的文字稿很一般，结果却获得高等次奖项，就是因为演讲者良好的声音技巧骗过了评委。事实上，作为听众，主要是从声音的抑扬顿挫来感知演讲内容的，这一点，与阅读心理学有很大不同。富有磁性、饱含感情的声音，才能吸引听众注意；声声入耳，才会娓娓动听，感染听众。

发声的方法和技巧，包括音准和音变、呼吸和换气、停连和重音、语速和节奏等。发音正确、清晰、连贯、优美，是吸引听众的最有力的法宝。演讲的发音要字正腔圆，悦耳动听。所谓字正，是指咬字准确，吐字清晰，读音响亮，送音有力，使听众明白易懂；所谓腔圆，是指声音清亮圆滑，婉转甜美，流利自然，富有音乐美。除了每个起句要说对、说好，每句话、每段话还要力争说好，演讲者要使听众在音节连续的语流中，听得清，听得美。

在语调上，要起伏有致，灵活多变。一般来说，升调传达着激昂的情绪，如兴奋、愤怒、谴责、疑问，降调则表达灰暗的情绪，如悔恨、伤心、失望和郁闷等。演讲中音高音低、抑扬顿挫的调子，是与句子的意思及说话人的感情有着直接联系的，具有增强演讲效果的积极作用。试想如果总是用一种平板的语调，不仅演讲者本身显得无精打采，听众也会很快产生疲倦厌烦的心理。

5. 用好态势语言

态势语言是通过人体器官的动作，或者某一个部分形态的变化来进行思想和情感交流的一种方式，凡是通过手势、身姿、眼色和面部表情来进行信息传递、思想沟通、感情交流的活动方式，统统称为态势语言，又叫体态语言、身体语言。人的面部表情、手足动作、坐立姿势等，虽然没有声音，却不仅会传递信息，而且会影响到交流的各方。

态势语言的功能是不可忽视的，从个人来说，它反映人的性格和心理，可以弥补有声语言的不足。在日常交际中，它能更形象地传递信息，表达思想，传达情绪和情感，联络各种关系，促进交际效果。所以，一般说来，演讲时，演讲者的态势语言应该做到：表情要自然，面带微笑，不要紧张得面部肌肉都僵硬；眼睛要直视听众，与他们作眼神的交流；在演讲时要适当地加入一些姿势，以强调你的讲话内容，但不要过分夸张。具体来说：

（1）姿势。站立时两脚间的距离相当于平时走路的"一步"大小，身体略向前倾，并将重心落于双腿间，上身挺直，但不僵硬。

（2）手势。手臂放在身侧，并要轻松自如。强调想法时，手的动作要尽量放大，手势动作的范围要在腰部以上；不做手势时，手臂自然垂直身侧。要经常换换手势，避免重复做同一手势或一个手势时间过长，同时要避免想做一个手势中途犹豫，欲做欲不做，或者是手势过多或太夸张。利用手势表达情感，但不能太多，否则显得太做作。

（3）位置移动。移动会使听众有参与感，能舒缓演讲者的紧张情绪，还可强调某些要表达的观点。移动的距离至少可以是"三大步"。演讲中，可以用积极的移动方法，即看着某人，并走过去对着他说话。当强调观点或要靠近听众时进行合适的位置移动。

（4）目光交流。眼光接触使你更可信、真诚。要针对一个一个的听众进行目光交流，目光交流的范围应覆盖全场。每次和一个听众从容地目光交流，目光在每个人身上应持续五秒钟或者持续到一个意图表达完整之后。在完成一个之后，转向下一个人看着他，直到第二个也陈述完毕。你应该把你要表达的内容传递给听众，并要和他们进行目光交流，而听众也会因此认为你控制着对话。

（5）仪容。仪容应整齐、清洁、利落、自信。女士着装以套装为宜，淡妆；头发整齐利落，不可遮住脸部；袜子与肤色相同，不可有花纹；鞋子为有跟的包鞋。男士着西装（以深蓝、深灰较佳）；素色衬衫；领带颜色应配合西装色系；头发整齐、利落、不可遮住脸部；袜子为深色，不可着白袜；深色皮鞋，保持干净。

（6）面部表情。面部表情应真诚，与演讲内容吻合，不要单一化。不要因为紧张而使其走样，应避免习惯性地在演讲商业话题时过分严肃。

▶ 五、实践训练

1. 英国首相丘吉尔在一次演讲中说："我们现在的生活水平比历史上任何时期都高，我们现在吃得很多。"讲到这里，他故意停了下来，看着听众好一会儿，然后，他盯着自己的大肚皮说："这是最有力的实证。"
（1）丘吉尔的这段演讲用了什么演讲技巧？试做评析。
（2）请模仿上述情景进行演讲练习。
2. 举办主题演讲会。
（1）确定演讲的主题。就大家感兴趣的话题，展开讨论，确定演讲的主题。
（2）收集材料，撰写演讲稿。
（3）举行演讲会。

▶ 一、情景导入

一对夫妇在教育子女的问题上产生了分歧，母亲认为父亲应承担主要责任，理由是："养不教，父之过，被传诵了几千年，由此可见父亲在教育子女的问题上要承担主要的责任。"

父亲应该怎样反驳母亲呢？想了想，父亲开始了针锋相对的反驳："你的说法未必对。法国著名教育思想家卢梭在他著名的教育著作《爱弥儿》中说"母不母，则子不子，从这里我们可以看出，母亲对教育子女负有重要责任。"这下，这位母亲语塞了。父亲接着说："我们都可以证明父亲和母亲对教育子女有重要的作用和责任，但是只强调一方面而否定另一方面，或者把责任推给另一方都是片面的。鲁迅曾说过，'父母对于子女，应该健全地产生，尽力地教育，完全地解放。'"

▶ 二、问题引出

（1）日常生活中如果出现矛盾分歧，该如何处理？
（2）在辩论过程中，父亲是如何说服母亲的？
（3）掌握辩论的基本技巧。

▶ 三、问题分析

案例中的这对夫妇在教育子女的问题上有了分歧，双方没有简单地意气用事，发生争执，而是心平气和有理有据地说理辩论，终于使分歧统一了，矛盾解决了。在辩论中，母亲的看法很明显是片面的，偏颇的，她引经据典，用《三字经》中的"养不教，父之过"的名言，单方面强调父亲的责任，而忽略了自己的责任。父亲则运用同样的方法，旁征博引，在教育子女这个问题上精彩地反驳与论证，终于让夫人接受了自己的观点。高超的辩论能帮助我们处理生活中的许多难题。

辩论是我们每个人在生活中都可能遇到的事情，原因在于人与人对客观事物的认识和理解必然存在着差异。为了求得观点、认识上的统一，为了辨别是非曲直都会有辩论发生，从国家元首到平民百姓，人人都会在自己的生活、工作中与别人发生辩论。对于大多数人来说，他们缺乏的不是知识和智慧，而是辩论的方法和技巧。

▶ 四、相关知识

（一）辩论的基本知识

1. 辩论的含义

辩论，又称为论辩。从文字学的角度考察，"辩论"含有通过议论来评定，辨明是非之意。按通常的理解，辩论，就是人们针对一个具体的话题，以公开、对立的立场对对方的观点进行驳斥和否定，同时确立、强化我方观点的一种交流和交锋形式。简单地说，辩论就是不同思想观点之间的语言交锋。在交锋中，辩论者总是想论证自己的观点是正确的，希望说服对方赞同自己的观点，因而辩论具有激烈的对抗性。

2. 辩论的原则

辩论的原则是指参与辩论的各方在整个辩论过程中都必须共同遵守的一些规范和准

则，它可以起到规范、约束辩论的作用，使辩论正常顺利地展开。辩论的原则主要有同一原则、充足理由原则，实事求是原则等。

（1）同一原则。要求辩论中辩论者的思想必须具有确定性和首尾一贯性；要求辩论中双方或多方必须针对同一事物或同一问题，即存在着同一论题；要求在同一思维过程中，概念、判断必须保持自身的统一，以防犯"偷换或混淆概念""偷换或转移论题"的逻辑错误；要求辩论中的辩题必须始终保持统一，以免犯信口开河、漫无边际、离题万里的错误。

（2）充足理由原则。首先要求辩论中所使用的理由必须完全真实、可靠，不能"想当然"地随意编造所谓的事实；其次要求辩论中论据与论点之间要存在必然的逻辑联系，有论据能必然地推断论点。

（3）实事求是原则。要求人们在辩论中必须承认人类已经取得的真理性认识，当对方引用真理性的认识来论证自己的观点时，我们必须承认；在自己的观点被证明为谬误时，就应该自觉放弃。

（4）平等的原则。在辩论中，无论辩论者社会地位高低，都应当是平等的。重要的是真理，真理面前人人平等。辩论双方在人格上是平等的，都拥有辩护和反驳的权利，大家都是在发现真理、追求真理、掌握真理、捍卫真理。

3. 辩论的分类

（1）对话式辩论。人们在日常生活中随时随地就某一事物、某一论题所进行的辩论。著名的"濠梁之辩"即为日常辩论。

庄子与惠子游于濠梁之上。庄子曰："鲦鱼出游从容，是鱼之乐也。"惠子曰："子非鱼，安知鱼之乐？"庄子曰："子非我，安知我不知鱼之乐？"惠子曰："我非子，固不知子矣；子固非鱼也，子之不知鱼之乐，全矣！"庄子曰："请循其本。子曰'汝安知鱼乐'云者，既已知吾知之而问我。我知之濠上也。"

（2）专业性辩论。即有特定社会意义，又有明显利害冲突的辩论，如毕业答辩、应聘答辩、法庭辩论、竞选辩论等。

（3）赛场辩论。这种比赛就某一特定的辩题，有组织有计划地围绕辩题，按规定的程序双方展开激烈的辩论，并当场决定胜负，如"国际（中文）大专辩论会"。

（二）辩论的技巧

辩论需要辩论者具有深广的基础知识、敏锐的思维能力、娴熟的辩论技巧、良好的语言修养以及稳健的心理素质等。能否成功运用各种辩论技巧是辩论成功与否的十分重要的因素。由于辩论是证明与反驳的说理过程，因此证明与反驳的规则与方法是辩论者应首先掌握的最为基本的内容。

1. 事实论证法

丘吉尔曾经说过："最有利的雄辩不是冗长的论证，而是举出必要多的实例。"人们也经常说："事实胜于雄辩。"因此在辩论过程中，辩论者不仅要进行抽象的理论论证，而且要以具体的事例作印证。只有这样，才能使辩论生动有趣，成功地驾驭听众的注意与激情。例如，首届国际（中文）大专辩论会关于"人性本善"这一辩题，反方复旦大学队列举事实来论证"人性本恶"：

人性本恶是日常生活一再向我们显示的道理。从李尔王的不孝女儿们到《联合早报》上拳击妻子脸部的丈夫们，从倒卖血浆的联合国维和部队到杀人不眨眼的拉美毒枭，恶人恶事真可谓横贯古今，不胜枚举。对方辩友，难道你还要对着《天龙八部》中恶贯满盈、无恶不作、凶神恶煞、穷凶极恶这四大恶人的人性谈什么人性本善吗？

大量触目惊心的事实使人们不能不信：人性本恶。中国人历来相信事实胜过相信理论。一些真实的细节材料很有分量，可能成为"重型炮弹"在辩论中派上用场。

2. 引用说理法

辩论中"引经据典"有以一当十的功效。名言、名句、典故，均为传统文化的精粹，蕴含着丰富的思想内涵，具有一定的权威性，较之一般的说理更有说服力。但所引用的句子和事例最好是众所周知的。真理之所以能够长存，就是因为它已经被无数人认同。俗话说得好："让事实和时间来证明一切吧！"这样的话是任何人也无法反驳的。

例如，99国际（中文）大专辩论会决赛中关于"美是客观存在还是主观感受"的辩论中，反方复旦大学的一段总结陈词（片段）：

下面我总结我方观点。

第一，客观存在的事物只有融合了人的主观想象与情感才会显得美。从山川河流到花鸟鱼虫，从春夏秋冬到风云雨雪，我们看到客观事物是不以人的主观意志为转移的，正所谓"天行有常，不为尧存，不为桀亡"，而有了人的主观想象，才有了山舞银蛇、原驰蜡象，欲与天公试比高。

第二，我们认为，审美的标准和结果，因为人们的客观生活经历和他的文化背景而不同。我们都知道很多人喜欢维纳斯的雕像，维纳斯的雕像风靡西方世界，可我们中国的老婆婆却一定要给她缝上坎肩才能心安理得。楚王好细腰，唐皇爱丰满，那么在情人眼中，对方无论如何都如西施一般沉鱼落雁。美其实是源于人们的主观想象和内心情感，是人们借助客观事物来表达人情冷暖。

………

在这篇总结陈词中，反方引用了黑格尔的话和毛泽东的诗词，还引用了"楚王好细腰""唐皇爱丰满"和"沉鱼落雁"的典故，证明本方"美是主观感受"的命题。

3. 引申归谬法

引申归谬法即是寻找对方的荒谬点，放大其错误，使结果更加荒谬的反驳法。这种方法具有很大的杀伤力。实施时，先假设对方的论点正确，然后从中推出非常明显的荒谬结果把对方驳倒了。

《樗斋雅谑》载：近，一友母丧。偶食红米饭，一腐儒以为非居丧者所宜。诘其故，谓："红，喜色也。"友曰："然则食白米饭者，皆有丧耶？"

母丧不宜吃红米，因为红色是喜色；那么引申开来，白是丧色，吃白米的皆有丧事了。所引申出的结果用原论点一解释，显然荒谬至极，至此，原论点自然也就站不住脚了。

4. 揭露矛盾法

揭露矛盾法是指通过分析对方的辩论，找出其中的破绽，抓住对方推理过程中自相矛盾的地方加以揭露，这即是我们经常所说的"以子之矛，攻子之盾"。例如，有人为了强调我国的万里长城是世界上独一无二的，就说"我国有世界上没有的万里长城"，显然，这句话是自相矛盾的。另外，在辩论中，还可以运用智慧和谋略，用心设计问话，为对方设陷阱，使其不能自拔。

美国大律师赫梅尔，曾在一件赔偿案中代表某保险公司出庭辩护。原告声称，他的肩膀被摔下来的升降机轴打伤，至今，右臂仍抬不起来。

"请给陪审员们看看，你的右臂现在能举多高。"赫梅尔说道。原告慢慢地将手臂举到齐耳的高度，并表现出非常吃力的样子，以示自己不能再举得更高了。

"那你受伤前能举多高呢？"赫梅尔话音刚落，原告不由自主地一下子将手臂举过了头顶，引得全庭哄堂大笑。笑声宣告了原告的失败及辩护的成功。

在这一回合的法庭辩论中，原告事实上承认了"我的手臂现在不能举过头顶"和"我的手臂现在能举过头顶"这两个相互矛盾的判断同时都是真的，违反了矛盾律的要求，犯了自相矛盾的逻辑错误。

5. 类比相推法

类比相推法就是在考察两类事物某些相同或相似属性的基础上，推断它们另外的属性也相同或相似的辩论方法。这种辩论方法灵活机动，能很好地表现一个人的辩论才能。

有位女作家擅长写言情小说，深受中学生及女性上班族的喜爱。不过，仍有人抨击她说："她不是一个老处女吗？怎么能把男女之间的爱恋情节写得那么逼真呢？难道她的生活中是如此放荡不羁吗？"听到这种流言蜚语后，这位女作家马上在报上发表文章反驳："如果这种逻辑能成立，我想请问，是不是只有登上过火星的作家，才能写出关于火星人的作品？是不是一定要有坐过牢的作家，才能够写出有关囚犯的小说？一个在内陆长大的人为什么敢断定餐桌上的海鲜营养丰富呢？难道写灵异或科幻小说的人，一定要先死一次到了地狱做了鬼，才能写出来吗？"

从此以后，再也没有人对这位女作家的作品质疑。女作家列举出相类似的情况进行推理，有力地批驳了散播谣言者无事生非的诽谤，具有不可辩驳的逻辑力量。

6. 以虚制虚法

辩论中的"虚"是指与客观世界中不存在的相应事物对应的虚概念，它的产生是由人们凭空虚构的。当对方有一些虚幻的、无法验证的论题企图难倒我们时，不妨"以其人之道还治其人之身"，因对方也无法验证其真伪与否，我们自然就可以有效地应付对方的挑战了。

阿江和阿明喜欢抬杠，有一天碰巧两人在一起。阿江问："你家新盖的房子花了多少钱？""花了一厘钱。"阿明说："如果你想买，拿一厘钱我就卖给你，不过我只能收你一厘钱，多了我可不要。""是吗？"阿江笑了笑，说："那么我给你一分钱，你给我找九厘钱好了，买东西给钱理所当然，可不给找钱也是违法的，请找钱吧！"

人民币没有一厘票面，"票面为一厘钱"是个虚概念。阿明本想要对方拿一厘的钱使阿江陷入困境，但是，阿江却反过来要阿明找九厘钱，以虚制虚反而变被动为主动。

7. 顺水推舟法

所谓顺水推舟是指按照对方的思维模式因势利导，或者以对方的核心论点为前提进行演绎推理，得出一个明显错误或荒谬的结论，然后发起猛攻，制服论敌。顺水推舟巧在对对方攻势的利用，化敌之力为我之力，可收到"四两拨千斤"的奇效。

有一次，毛拉和几个人在野外行走，突然传来"哞——哞——"的牛叫声。这几个人不怀好意地对毛拉说："牛在叫你呢，快去听听，看它要对你说些什么？"毛拉去了一会儿，回来告诉他们："牛问我：'为什么要和几头野驴出来溜达？'"

毛拉面对哪些人的攻击不是直接与之对抗，而是顺水推舟，借牛之口将对方说成是野驴。

8. 避开锋芒法

在辩论中处于不利处境，正面迎战无稳操胜券的把握时，或者一时间弄不清楚对方的虚实时，不妨避敌锋芒，虚晃一枪，巧妙地转移阵地，以积蓄力量组织反攻，这就是辩论的经典技法金蝉脱壳术。它是一种绝妙的困境解脱术。

据说有一起谋杀案，被告是一名屠夫，他残忍地杀害了一位已有7个月身孕的妇女。在审判的法庭上，原告与被告因为一句不完全正确的话发生了争执。

当时原告律师说："被告杀死怀孕7个月的妇女，实际上是造成了两条生命的死亡。"被告人律师立即抓住这个把柄，在法庭上问原告律师："根据法律规定，在母体内的胎儿，还没有取得合法公民的身份，还不算是一位自然人，无法享受法律保护的权利，怎么可以说成是两条人命呢？"

本来此案证据确凿，原告已完全占上风，却因为原告律师一时的出言不慎，陷入窘境，所幸原告律师思索片刻后冷静下来回答："我同意辩方律师刚才的说法，但我想说的是，被告人残忍杀害孕妇，比杀死一般的妇女在性质上要恶劣得多。"

原告律师没有和被告律师当场争执，因为他不清楚被告律师的说法到底是否正确，所以他选择巧妙地避开其攻击，从道德和感情上表达了自己的意见。就这样他不直接承认自己的错误，又婉转了说明自己本来的意思，扭转了不利局面，又反将对方一军。

9. 诡辩

所谓诡辩，就是违反客观事实，违反社会公理和科学原则，似是而非地反驳正确观点，维护错误观点的论证方式。例如，鸡明明是两只爪子，但中国古代的诡辩家却论证"鸡三足"，所以人们说诡辩者往往求胜不求真。

诡辩作为论证方式往往是似是而非的，表面上看合乎逻辑，实际上是违反逻辑的。

有一个人喝醉后呕吐在一家住宅的大门上，这家主人不高兴训斥他，他却说："谁叫你家大门朝着我的嘴巴！"主人说："我家大门造了很多年了，难道是今天才对着你的嘴巴造的吗？"酒徒指着自己的嘴巴说："告诉你，老子这张嘴巴也很有一些年头了！"

诡辩一般都具有"三违反"性质，即违反客观事实、违反社会公理、违反科学原理。

一个军人在战场上当了逃兵，受处罚时，他为自己辩护：当逃兵没有错，因为人人都应爱惜自己的生命，人来世上只有一次。

这种诡辩主张与军人特有的军纪要求相违背。

识辨诡辩不易，有效地反驳诡辩更难。反驳诡辩除了要有一定的社会阅历、科学知识，还要有较好的口才和思维能力，此外还应巧妙机敏地进行临场应变发挥。我们要掌握唯物辩证法，灵活运用各种反驳技巧，寻找诡辩的矛盾所在，从论题、论据、论证方式这三个方面去驳斥诡辩。

10. 巧问制敌法

发问是辩论中不容忽视的战胜对手的辩论技巧。问，本身就可以是对对方观点的反驳。问得好，问得妙，可以暗设圈套，牵着对方的鼻子走，取得辩论的主动权。因而每个辩论者都应该事先准备一些问题作为辩论场上的"独门暗器"。

有一个聪明的人在皇宫里做官。一天上朝时，他对众大臣说："各位大人，我可以知道大家心里在想什么，不信的话，我可以和大家打赌。"众大臣虽然知道他足智多谋，但也都不相信他能完全猜对大家的内心活动，于是纷纷出钱和他打赌，一方面是想赢他的钱，另一个方面也是想让他在皇上面前出丑。大家把此事禀奏皇上，皇上也挺感兴趣，想试试他的智慧，于是传旨，命打赌的双方都上殿一试。那聪明人对众大臣说："在座的诸位大人心里怎么想的，我都知道，我说出来你们看对不对。你们大家现在心里正在想着：'我这辈子始终都要效忠皇上，永远也不会背叛朝廷。'各位大人是不是这样想的？如果有哪位能指出我猜得不对，请立刻站起来。"众大臣听了，面面相觑，张口结舌，没有人敢站出来说他猜得不对，大家一致认为他确实猜透了人们的心思，大家都认输了。

这聪明人问得很巧，大家只能按他规定的意思来回答，否认岂不是承认自己不忠于皇上了？那可是要掉脑袋的呀！

现实生活中处处有辩论，辩论者的奇谋妙计层出不穷。以上只是简单介绍了几种较为常见的辩论技巧与方法，旨在为梦想拥有出色辩论才能的有志之士打开一扇窗。有一点必须强调：在辩论过程中，闪光的不仅仅是辩论者的辩论技巧，真正夺目的是辩论者蕴含的知识底蕴、理论素养及品德修养的人格魅力，后者是一种蕴含于辩论之中又超越辩论的最难能可贵的东西。

▶ 五、实践训练

1. 在一场"在校大学生应不应该谈恋爱"为题的辩论赛中，反方正处上风。正方王明突然看见反方李江的女朋友正在现场关注地看，于是马上发问：

"对方大谈特谈在校大学生不该谈恋爱，请问反方李江同学，你不是正在热恋吗？如果真的不该在校谈恋爱，你岂不是'只准州官放火，不许百姓点灯吗？'"

（1）请问王明这样反驳好不好？为什么？

（2）如果你是李江，你又会怎么回答呢？

2. 20世纪30年代中期，香港茂隆皮箱行由于货真价实，买卖公平，生意十分兴隆，于是引起英国商人威尔斯的嫉妒。这位狡猾的英国商人蓄意敲诈，就到茂隆皮箱行订购了3000只皮箱，价值港币20万元，合同写明1个月交货，过期不按质按量交货，由卖方赔偿损失费的50%。到了交货日期，茂隆皮箱行的经理冯灿如数交货。但是，威尔斯却说："皮箱里有木料，就不是皮箱，合同上写明的是皮箱。"因此，向法庭提出控诉，要求按合同赔偿损失。

就在威尔斯在法庭上心信口雌黄、气焰嚣张时，冯灿的辩护律师罗文锦从律师席上站起来，从口袋里拿出金怀表，高声问法官："请问，这是什么表？"法官答道："这是英国伦敦出口的金怀表。可是，这与本案有何关系？"罗文锦高举金怀表，对法庭上所有的人说："有关系，这是金怀表，但是请问，这块金怀表除表面是镀金的以外，内部的机器都是金质的吗？""当然不是。"旁听者同声回答。罗文锦便道："那么，人们为何叫它金表呢？由此可见，茂隆皮箱行的案件，不过是原告无理取闹、存心敲诈罢了！"

由于罗文锦的出色辩护，原告在众目睽睽之下，理屈词穷。法庭最后只好判威尔斯诬告罪，罚款 5000 元结案。

（1）请简要分析罗文锦律师在法庭辩论中取胜所使用的论证法。

（2）就此案例，请谈谈你对辩论的认识及感想。

3. 赵楠上课接二连三地迟到，班长批评他，他不仅不接受，还辩驳说："你为什么老是批评我？你没有看到我是在进步吗？我第一天迟到 15 分钟，第二天迟到就只有 10 分钟，今天才迟到 5 分钟。这说明我在逐渐改正错误，不仅不应该批评，还应该表扬。"

（1）根据上述情景，请一人饰演班长仿拟赵楠的说辩形式，采用反问的口气设难反驳赵楠。

（2）试分析赵楠为自己迟到所作的辩解中存在的谬误。

4. 有一个乘客在公交车上损坏了公物，乘务员找到他，说："你损坏了人民的财产，请你照价赔偿。"乘客说："人民的财产？我是人民的一员，人民的财产也有我的一份，我不赔，我的那一份我不要了。"

请用有说服力的语言反驳乘客的错误说法。

任务二　沟通交流训练

口述

▶ 一、情景导入

这就是我

我就是王景愚，表演《吃鸡》的那个王景愚。人称我是多愁善感的喜剧家，实在是不敢当，只不过是个"走火入魔的哑剧迷"罢了。你看我这 40 公斤的瘦小身躯，却经常负荷许多忧虑与烦恼，而这些忧虑与烦恼，又多半是自找的。我不善于向自己敬爱的人表达敬与爱，却善于向自己憎恶的人表达憎与恶，然而胆子并不大。我虽然很执拗，却又常常否定自己。否定自己既痛苦又快乐，我就生活在痛苦与欢乐的交织网里，总也冲不出去。在事业上人家说我是敢于拼搏的强者，而在复杂的人际关系面前，我又是一个心无灵犀、半点不通的弱者，因此在生活中，我总是交替扮演强者和弱者的角色。

▶ 二、问题引出

（1）上述案例有什么特点？自我介绍应怎样引起别人的重视？
（2）口述主要有哪些类型？
（3）口述与思维有什么关系？应该怎样训练？

▶ 三、问题分析

自我介绍也是口头表达的一种。口头表达是受复杂的生理和心理活动制约的。想与说，思维与表达，是无声语言变为有声语言的过程。由于口头表达的随想随说的特点不同于书面语言，因此特别要求思维的敏捷和灵活，这就需要我们加强思维和口头表达的同步训练，以便于准确的表情达意。

王景愚，作为一个喜剧艺术家，给人们的印象总是那么滑稽、幽默、风趣。然而，生活中的王景愚究竟是怎么样一个人呢？也许大家都想知道。王景愚在这别具一格的自我介绍中，以寥寥数语作了妙趣横生的回答。舞台上的王景愚，可以说观众都很熟悉，这则介绍是王景愚要让我们大众了解现实生活中的自己。为此，他解说了自己的烦恼和爱憎，自己的性格特点和处事能力，自己对事业的执着和追求。所用语言风趣而生动，耐人寻味，富有喜剧艺术的风格。

▶ 四、相关知识

（一）口述的类型

口述即口头表达，也就是口头上表述有关事物的一种说话方式。

1. 按不同的特点分类

（1）复述。即把说过的话重复叙述一遍，或将听到的讲述转述给他人。复述成功的要领在于脉络清晰和信息完整。所谓脉络清晰是指复述时要保留原来讲述的基本结构和线索；所谓信息完整就是指尽可能地保持原状。但人不可能像录音机那样完全不走样地复述，因此，只要求大致保持或尽可能保持原来的信息，如有更改，应该不违背原来的意思。复述得当，不但要说话能力强，听话能力也要好。

采用复述的方法，一方面可以进行记忆能力的训练，强化知识；另一方面，可以训练有序、有节、有理的表达能力。针对一些叙事性较强的文章，我们可以采取不同的复述方法，或简要复述，或详细复述，或创造性复述。不论哪种形式的复述，都要注意把握以下几点：

第一，把书面语转换为口头语；
第二，突出重点，准确地体现原材料的中心和重点；
第三，条理清楚，反映各部分内容的内在联系，如果叙述一件事情，复述时一定要交代清楚时间、地点、人物、事情的起因、经过、结果等；

第四，语言力求准确；

第五，必要时可以加入个人想象。

（2）概述。对事物的概况进行口头叙述称为概述。概述的特点是提纲挈领，抓住主干、删去枝叶，反映总体和本质。

（3）综述。即口头叙述两个或两个以上的事物。综述的要求是将事物进行综合归纳，然后进行口头叙述。虽然口述者并不对所口述的事物作正面的评论，但是听众往往可以从综述中听出其中的倾向。

2. 按不同的表达方式分类

（1）叙述式口述。即向他人口头叙述（描绘）事物的过程，也称讲述。其要领是中心突出，线索清楚，信息丰富。为了某种需要，人们在叙述时会特别详细，不但交代人物、时间、地点，事件的发生、发展及结构，而且描绘具体细节。讲述有时还要求绘声绘色，生动具体，突出重点。

（2）议论式口述。即向他人口头议论事物的过程，也称评述。这种口述往往是一边叙述，一边评论。要交代清楚，态度明朗，观点鲜明，论据充分，说服力强。

（3）介绍式口述。即向他人口头介绍事物的过程。一般来说，对人物、事物、事情、事理的介绍都应以其基本情况和特点为主，让人有个全面的了解。比如，介绍人物，应包括姓名、职业、职务（职称）、特长、业绩及主要经历、性格特点、兴趣爱好等，为建立关系打下基础；介绍产品，要介绍它的特点、构造、性能、规格、价格；介绍景物，应当说明它的处所、状貌、特征及有关人文知识（史迹、传说、影响）等；介绍事理，应当把握住它的基本点，来龙去脉，逻辑联系等。介绍式口述要求准确、简洁、生动。

自我介绍一般要包括以下几方面：

①姓名。要有意识清楚地报出自己的姓名，其中难写易混的字要解释。为了让别人记住自己的名字，在介绍过程中或结束时，不妨再说一遍自己的名字。这种希望对方记住的积极态度，会给人留下深刻印象。

②工作单位、职业与职务。这是为了让大家了解你的交际环境和工作环境。

③籍贯或出生地。中国人的同乡认同感可以使在场的同乡与近邻产生亲切感，也可据此找到话题，活跃介绍时的气氛。

④毕业学校。这能使对方了解自己的文化层次，或许还能意外地发现校友，这对进入社交领域的人大有好处。

⑤特长与兴趣、爱好。让人了解自己的个性、嗜好、特长，以利于今后的交往。

⑥可能时要介绍经历、年龄。介绍经历可以让人更了解自己；至于年龄，要视交际环境，最好能以幽默的语言带出，中国人长常以自己所属的生肖来委婉表达。

自我介绍的步骤一般是"认识—了解—欣赏"，但通常情况下，绝大部分的自我介绍只能达到前两个层次，要想达到第三个层次，就一定要求有介绍艺术。如一位大学历史老师第一次上课的自我介绍就很有意思：

本人肖飞，生于20世纪资本主义第三次世界经济危机爆发那年，于克林顿上台，华尔街出现有史以来牛市最猛那年毕业于外贸大学，成家于欧元正式启动那年，现在请问，老师多大？参加工作多少年？谁答对了，请吃饭。

（二）口述的内容要求

1. 得体

口述的内容要看场合，是隆重严肃的场合，还是随意轻松的场合；要看对象，是师长客人，还是同学朋友；要看时间，是从容宽裕，还是仓促紧迫。根据不同的情况，采用相应的称谓、相应的词语、相应的表达方式，或直接、或含蓄、或委婉、或机智。

2. 充实

口述的内容受时间和环境的限制，需要在有限的时间和特定的环境中向听者提供尽可能多的有价值的信息。

3. 生动

口述表达的信号转瞬即逝，必须在得体、充实的基础上做到生动，才会给人留下深刻印象。要尽量选用恰当的口语词汇、句式，采用多种修辞手法，运用自然、亲切、幽默的语言，并注意发挥个性。

（三）口述的声音要求

1. 清晰准确

发音要正确、清晰、字正腔圆、说普通话。

2. 音量适当

音量太大，会使人焦躁；音量太小，听着费力。要做到音量适中，而又抑扬顿挫。

3. 语调生动

语调要同语义相吻合，恰当地选用平直、昂扬、降抑、弯曲等语调，以形成语势波浪形延伸。一般来讲，表达坚定、果敢、豪迈、愤怒的思想感情，语气急骤，声音较重；表达幸福、温暖、体贴、欣慰的思想感情，语气舒缓，声音较轻；表示优雅、庄重、满足，语调前后弱中间强。只有这样，才能绘声绘色，传情达意。

4. 重音突出

需要强调或突出的词语，要用重音表达出来。

5. 节奏鲜明

语速适当，注意声音高低、停顿、转换等变化，注意声音力度和速度的承接、分合和对比。

▶ 五、实践训练

1. 《智退小偷》口述练习。

下面是个关于巴尔扎克智退小偷的小故事。人们向来憎恨小偷，因为遇上小偷，不仅钱财两空，有时还会性命难保。也有不怕小偷的，且以奇论智退小偷，譬如巴尔扎克。

巴尔扎克的《人间喜剧》不知倾倒过多少读者，然而他自己"演出"的却常常是人间悲剧。他当过出版商，破产后才专爬"格子"，可稿费又常常不够还债。有一次，穷困潦倒的巴尔扎克醒着躺在床铺上，看见有人偷偷走向房间，在撬他写字台的锁，这是一个小偷。巴尔扎克忍不住笑了起来。这个小偷吓得惊慌失措，原来他以为巴尔扎克睡着了。"你笑什么？"小偷放胆地问。"我的好伙计，我笑的是，在这张写字台的合法之人白天都从来找不到钱的抽屉里，你居然费尽心机，冒大风险奢望在夜间找到钱，可能吗？"巴尔扎克风趣地说。小偷一听此话，暗喊倒霉，一溜烟地走了。

向别人口述这个小故事可注意以下几方面：

（1）宜将书面语词语和书面句式改换为口语词语和口语句式。

（2）这个故事总的基调为诙谐风趣，因此口述的语速可略缓，语调可略扬。

（3）可运用重音、停顿来显示语脉。

2. 听几段不同内容的讲述录音资料，听后立即概述。要求信息完整，语流顺畅。

3. 就自己最熟悉的一件事、一个人或一本书，稍做准备后面向大家滔滔不绝，口如悬河地介绍三分钟，要求语速快、主旨清、条理清、口齿清。

4. 根据自己特点进行自我介绍，要求体现自我价值，同时能针对听众的心态，适合交际的环境。

5. 把天空、病毒、文章、菜四个词语串起来口述一个故事。

6. 阅读经典诗歌《世界上最远的距离》，自选角度进行口头评述。

世界上最远的距离
不是生与死的距离
而是我站在你面前
你不知道我爱你

世界上最远的距离
不是我站在你面前
你不知道我爱你
而是爱到痴迷
却不能说我爱你

世界上最远的距离
不是我不能说我爱你
而是想你痛彻心脾
却只能深埋心底

世界上最远的距离
不是我不能说我想你
而是彼此相爱
却不能够在一起
而是明知道真爱无敌
却装作毫不在意

世界上最远的距离
不是树与树的距离
而是同根生长的树枝
却无法在风中相依

世界上最远的距离
不是树枝无法相依
而是相互了望的星星
却没有交汇的轨迹

世界上最远的距离
不是星星之间的轨迹
而是纵然轨迹交汇
却在转瞬间无处寻觅

▶ 一、情景导入

小宁刚刚毕业进入××公司工作，被分配在营销部门，但是很快他发现自己很不适应现在的这份工作。他诉说了自己与客户交谈时的痛苦："我尝试着和他们说话，我问他们问题，却没有得到什么回答。于是我再问，接着又问，一段时间后，我觉得自己就像侦探在审问疑犯一样，而不能像我的那些同事能够很愉快地与客户聊天，从而把握他们的兴趣，并适时推销公司的产品。别人觉得工作是一件很愉快的事情，也很有成效，而我却觉得工作很麻烦，是件痛苦的事情……"

▶ 二、问题引出

（1）小宁为什么会觉得与客户谈话是一件很痛苦的事情？他的问题出在哪里？试用你所学的知识，分析小宁的困境。

（2）请你为小宁写一份交谈训练建议。

▶ 三、问题分析

小宁缺乏与人交谈沟通的能力，不能合理地提问，不会寒暄与寻找合适的话题，在人际沟通方面存在很多障碍，因此觉得营销是一份很麻烦、很痛苦的工作。

交谈应注意很多问题，如：要合理地运用提问和答问的技巧，要注意交谈的艺术；针对不同的场合、不同的对象运用不同的说话表达方式；准确简练地表情达意，顺利实现口语交际目的。

▶ 四、相关知识

（一）沟通的三大要素

人与人面对面沟通时的三大要素是文字、声音及肢体语言。经过行为科学家60年来的研究，面对面沟通时，三大要素影响力的比率是：文字7%，声音38%，肢体语言55%。

一般人常强调说话的内容，却忽略了声音和肢体语言的重要性。

其实，沟通便是要达到一致性以及进入别人频道，亦即你的声音和肢体语言要让对方感觉到你所讲和所想十分一致，否则，对方将无法接收到正确讯息。

因此，在沟通时应不断练习内容、声音、肢体动作的一致性。

（二）沟通交谈的艺术

交谈是一门艺术，它和所有的技巧手段一样，也可以通过反复实践和不断总结经验而得到提高。在人际交往中，交谈是必不可少的，而且是十分重要的，往往有着特定的目的。恭敬有礼的话语温暖人心；恶语伤人，它会使人与人之间的关系冷淡，缺少关心。因此，在日常生活中，我们应注意语言的学习与积累，针对不同的场合和对象，选用最得体、最恰当的语言来表情达意，力争获得最佳的表达效果。

1. 委婉得体，谈吐文明

委婉就是不便直说，而又不得不说时，采用婉曲暗示、含蓄传递的语言方式表达。在交往中，要让自己的见解被别人接受，靠单刀直入不一定能够奏效；而迂曲避开正面的冲突，以富于启迪性、劝诱性的言辞，循序渐进，步步深入，往往能使别人在不知不觉中接受你的见解，摒弃固有的意见。如反驳人家的意见，用"这不错，不过我更喜欢……""我的看法可能不对，不过……"等说法就委婉得体，听者容易接受。说话要自然大方，温文尔雅；不说粗俗的话；不打听别人的隐私、秘密；不揭别人的短处和生理缺陷……这就要努力提高自己的思想文化素养。

2. 适当地寒暄

寒暄是谈话之前的开场白，是谈话进入正题的必要过渡，寒暄可以打破陌生人之间的界限，可以缩短双方的情感距离，甚至导出交谈话题。因此一个恰当的寒暄过程，往往预示着正式谈话的顺利。可以说，寒暄不仅是一种必不可少的客套，也是交谈情绪情感的铺垫和导入；尤其是在某些正式谈话很艰难的情况下，寒暄还可以对将要到来的紧张气氛做一些缓冲，使原本尖锐或沉重的对立气氛得以淡化。

寒暄的内容常常是天气冷暖、当时环境、夸耀对方、工作忙闲、学习好坏、最近活动、朋友亲属等。具体寒暄什么，也要根据不同的时期、不同的对象有所选择。

跟初次见面的人寒暄，标准的说法是："您好！""很高兴能认识您""见到您非常荣幸"。比较文雅一些的话，可以说："久仰""幸会"。要想自然随便一些，可以说："早听说过您的大名""某某经常跟我谈起您""我听过您作的报告"等。

跟熟人寒暄，用语应该亲切一些，具体一些。如"好久不见""又见面了""您的气色真不错""您的发型真好看""今天天气真好""上班去吗？"

3. 寻找契机，引发话题

在交谈开始怎样抓住发言的机会，这是一个技巧性很强的课题。如何去寻找契机，引发话题呢？常用的方法有：从兴趣爱好谈起、从周围环境谈起、从家庭情况谈起、从询问健康谈起、从新闻趣事谈起、从共同利益谈起。只有引发话题，才能因势利导地转入话题。

与人交谈时，首先涉及的就是"说什么"的问题。话题对交谈的进程有重要影响，选择不当，交谈可能中断，甚至陷入困境。因此，选择话题应当注意以下几方面的问题：

（1）不涉及国家或行业秘密。保密意识是每一个人应当遵循的原则和职业道德。国家或行业需保密的事项便禁止在公务场合随意谈及，它关系到一个人的职业素养和操守。

（2）不得背后议论领导、同事及同行。不要在外人面前非议自己的领导、同事或同行；否则，你可能畅所欲言了，但听者心中可能会想：你这样非议自己的领导或同事，那么你又会怎样来非议我呢？是非之人不可深交。

（3）不得涉及格调不高的事。在人际交往中，很多人喜欢谈论家长里短、小道消息、男女关系、黄色段子等格调不高的事，并以此为乐，乐此不疲，让人感觉素质不高，有失教养。

（4）不得涉及个人隐私。要使双方的沟通顺利进行的话，有一些禁忌是不可触犯的，有一些话是不适宜在公务场合和社交场合提及、谈论的，这就是个人隐私的问题。尤其在涉外交往中以下几点要注意：

①年龄。大家都知道不应该询问女性的年龄，其实有不少男性也不愿意谈及这个话题，尤其是三四十岁事业没有取得什么成就的人、五十岁左右快要退休的人，都属于年龄敏感阶段的人，不愿意与别人相比。所以，不论男女都不要问年龄。

②婚姻状况。俗语道："家家有本难念的经。"现实生活中有很多单身贵族，也有很多人婚姻不如意，如果在职场中你谈论"你为什么不结婚啊""最近哪个同事又离婚啦"等这些婚姻家庭问题，也属于关心过度。结果适得其反，让别人心里不舒服。

③收入支出。现在人们收入来源广泛，高低差异很大，即使同一单位的员工，年终奖金也不同。有些单位规定员工之间不允许相互打听工资、奖金，所以收入就成了禁忌。支出情况也不要打听，比如"这件漂亮的衣服花了多少钱买的？""你的钻戒多少钱？"这些都属于不该问的个人隐私。有不少人不忌讳谈论这个问题，不等别人问，自己就主动说了，但这并不表明别人也愿意谈论这些问题。

④健康状况。当今职场竞争日益激烈，身体健康与否往往关系到自己的事业发展，这是一个相当敏感的问题，而且总是谈及自己的病痛也有失个人尊严。人们见面时，常会询问"身体好吗"来致以问候，这只是一种寒暄罢了，并不是真的关心你的身体状况，不必认真谈及自己的病痛。

⑤家庭住址、私人电话。在公务名片上没有家庭住址和私人电话，就不要轻易询问别人。这是为了保证个人空间和时间不被打扰，也为了保证安全。对新交往的朋友，尤其是外国朋友，他没有主动告诉你家庭住址和电话，就不要向他讨要。

⑥个人经历。在公务活动中，我们总是尽量收集合作对象或谈判对手的背景资料，但

是如果你不是在招聘员工，最好不要当面打听对方的经历。如果他是一位成功人士，那么，"英雄不问出处"；如果他是一位普通人士，过去的经历也属于个人私事，更不必问。

⑦政治和宗教信仰。政治和宗教信仰是非常敏感的话题，在公务交往和涉外交往中不要谈论。如果有人涉及这些，应该用别的话题引开。在涉外活动中，这不仅是礼仪问题，更是政治问题，必须慎重对待。

4. 善于倾听

有人说："一个忠实的听者是深受欢迎而且难能可贵的，就像撒哈拉沙漠中的甘泉一样。"可见，认真倾听别人的谈话，是与他人沟通和互相理解的基础。

（1）认真倾听。谈话需要当面用语言来沟通。如果不认真倾听，就会忽略许多有价值的信息，失去沟通的最佳机会，很多机会就可能稍纵即逝。因此，应该把自己的知觉、情感、态度全部调动起来投入地听，用心去体验对方谈话所及的情景。

虽然倾听者的大部分时间是看着讲话者的，但可以积极地用目光、表情、动作等体态语言与讲话者进行交流，表示出或赞成、或反对、或思虑等反应，让他知道你正在认真倾听或思考。这不仅仅是礼节上的要求，也确实能促进交流和理解。

认真倾听的做法是：身体稍向对方倾斜，眼睛要注视对方，并不时伴以皱眉、点头、摇头或拍手等动作来呼应对方的话语，使对方感到你的专注和诚意；不要东张西望或做一些分散注意力的下意识的小动作。

（2）清楚地听出说话人的谈话重点，并记下重点。能清楚地听出对方的谈话重点，也是一种能力。因为并不是所有人都能清楚地表达自己的想法，特别是在不满、受情绪影响的时候，经常会有类似于"语无伦次"的情况出现。而且，除了排除外界的干扰，专心致志地倾听，还要排除对方的说话方式所造成的干扰，不要只把注意力放在说话人的咬舌、口吃、地方口音、语法错误或"嗯""啊"等习惯用语上面。

（3）善于"听"懂对方的行为语言。在人们用于沟通的语言中，肢体语言占了55%，其中又以眼神居首位，其次是微笑、点头，再次是手势、语气、姿态等体态语言。我们在倾听过程中要注意观察讲话者的这些非语言符号的变化，正确领悟对方的"言外之意"或"弦外之音"，才能真正把握对方话语中的真实含义。

（4）适时插话。倾听的过程，不能完全消极被动，否则让别人垄断了谈话时间，该表明的想法得不到机会表达。插话要把握时机，不得随意打断他人的谈话，尤其是别人正说在兴头上时。要让别人把话说完，哪怕你认为他的话都是谬论、毫无意义，也要在对方的话说完或暂告一段落的时候再插话。插话时，应先征得对方的同意，"对不起，我可以插一句吗？""请允许我打断以下好吗？"然后再说，这样既尊重了对方的说话权利，又表明了自己的态度。

5. 善于赞美

美国管理学家玛丽·凯说："赞美是一种有效而且不可思议的力量。"的确如此，绝大多数人都期望别人欣赏、赞美自己，希望自己的价值得到肯定。赞美是社交语言上一种常见的言语交际形式，赞同我们的人与不赞同我们的人相比，我们更喜欢前者，这符合人际交往的酬赏理论。

（1）热情真诚的赞美。能引起好感的赞美，首先必须是发自内心、热情洋溢的，否则是恭维。赞美与恭维到底有多大的区别呢？很简单，一个是真诚的，另一个是不真诚的；一个是发自内心的，另一个是发自牙缝的；一个为天下人所欣赏，另一个为天下人所不齿（卡耐基语）。

（2）令人愉悦的赞美。赞美的语言应该是对方喜欢听的语言，能达到令人愉悦的目的，我们称之为愉悦性原则。在交谈中遵守愉悦性原则就是要多说对方喜欢听的话，不说对方讨厌的言辞。

（3）具体明确的赞美。空泛、含混的赞美因没有明确的评价原因，常使人觉得不可接受，并怀疑你的动机、意图，所以具体明确的赞美才能引起人们的好感。我们在交谈中常听到的赞美总是"你今天好漂亮哦""你看起来气色很好"等话语，这些赞美太过含糊笼统，听起来假假的，会使你的赞美大打折扣。

（4）转述而来的赞美是激赏。转述的赞美虽是间接式的，却是双倍的赞美，比当面直接的赞美效果更大。因为当面赞美，很可能是客套话，而背后的赞美常是心里话。真正懂得赞美的人，深知转述赞美的威力，所以较少当面赞美别人，较多背后赞美别人。

（5）从否定到肯定的赞美。很多人在赞美别人的时候只是平铺直叙，效果有限；如果我们尝试采取从否定到肯定的赞美方法，也许效果会好得多。看看以下三句评价客户的话，你就会明白赞美的技巧是多么的重要。一般的评价，"我像佩服别人一样佩服你"；从否定到肯定的评价，"我很少佩服别人，你是例外""我到现在只佩服过两个人，一个是×××，另外一个就是你。"

（6）锦上添花的赞美。每个人跟你谈到他认为得意的事情的时候，往往希望能得到听众的肯定和欣赏，希望得到热烈的回应。如果不能得到期望中的听众的共鸣，其失望之情是可想而知的。因此，当别人谈到自己得意的事情的时候，我们不妨给予适当的赞美。例如，当你的上级谈到最近做成了一笔大生意的时候，你最好表现出一副惊讶而又敬佩的神情，"啊哟，乖乖，不得了，我还从来没看到过这么大的订单呢！"

（7）出人意料的赞美。若赞美的内容出乎对方意料，则易引起好感。卡耐基讲过他曾经经历的一件事：一天他去邮局寄挂号信，从事着年复一年的单调工作的邮局办事员显得很不耐烦，服务质量很差。当他给卡耐基的信件称重时，卡耐基对他称赞道："真希望我有你这样的头发。"办事员惊讶地看着他，接着脸上泛出微笑，热情周到地为卡耐基服务。显然，这是因为他接受了出乎意料的赞美的缘故。

赞美是人的一种心理需要，是对他人尊重的表现，它给人以舒适感，使我们拥有更多的朋友。但赞美引起好感并不是绝对的、无条件的，要讲究赞美的技巧的。

6. 善于幽默

浮躁难以幽默，装腔作势难以幽默，钻牛角尖难以幽默，捉襟见肘难以幽默，迟钝笨拙难以幽默；只有从容、平等待人、超脱、游刃有余、聪明透彻，才能幽默。

7. 巧妙批评

批评是要掌握一些"秘诀"，讲究批评的方式，要理解人、关心人、同情人、体谅人、帮助人，但最珍贵的是尊重人，不能"小看"人。

（1）批评要选择场合并调节批评的气氛、心态。批评最好选择"无人来往"的私下，人是要面子的，面子往往比事理要紧。调节气氛不一定非要"笑"，但一定要放松，如弦绷得太紧，人是很难保持理智的。要调整对方心态，一般而言，一开始对方心里总担心批评者有成见，只看一点错误、不看全面，所以，应让对方了解你不会以偏概全，使之有个正常接受批评的心态。

（2）批评要有根有据、合情合理。批评别人前应多渠道收集情况，尽可能使批评的根据全面、准确、充分，这样才能让对方真正的心服口服。

（3）批评不要居高临下，要注重效果。尊重对方的人格，这是非常重要的一点。批评最好不要停留在表面上，如果能以实际行动帮助对方从根本上解决难题，这就使得对方打心底里佩服你，接受你。

（4）批评要有艺术。从商讨入手、从赞美入手、从抑己入手，用"你认为这样是否好一些""你可以考虑一下"的口吻提出批评，或先从称赞对方的优点，而不用单刀直入的方式批评，或在批评别人之前先谦虚地提及自己曾经有过类似的错误等，这样的批评更容易让别人接受。

（三）电话交谈

电话交谈和一般的交谈不一样，主要是因为交谈双方看不到对方的表情、身体姿势等，所以在电话交谈中语言表达的技巧就尤为重要了。一个不准确的表达，往往会导致误会。因此，掌握电话交谈的艺术十分重要。

1. 重要的第一声

当我们打电话给某单位，若一接通，就能听到对方亲切、优美的招呼声心里一定会很愉快，对该单位会产生较好的印象，双方对话也就能顺利展开。在电话中，表达同一意思的一句话，因表达方式不同就会给对方留下完全不同的印象。如同样是接听电话，说"您好，这里是××公司"和"喂，你找谁"，前者则容易给对方留下好的印象。因此要记住，在单位接电话时，应有"我代表单位形象"的意识。

2. 清晰明朗的声音

声音要温雅有礼，以恳切之话语表达。口与话筒间，应保持适当距离，适度控制音量，以免声音太小，对方听不清楚而产生误会，或声音过大，让人误解为盛气凌人。

3. 准确的电话用语

（1）称呼对方，不忘加头衔。如在电话交流时，称呼对方"您好，李四"就不如"您好，李经理"礼貌。

（2）熟练掌握温和用语。电话交流中会常用到"十分抱歉""给你添麻烦了""失礼了""打搅了""不敢当"等用语。

（3）用肯定的语气表示否定的意思。在电话交流时，与其回答"办不到"，不如回答"难以做到"更合适，这样回答更委婉，也不会令对方太尴尬。

（4）命令形式转为请求形式，可以使得说话人语气更委婉、更礼貌。向对方说"您稍等"，不如说"请您稍等一会，可以吗"；"您下午到公司来"，改为"劳驾您，下午请到公司来一趟好吗"，会使对方感觉受到尊重。

下表中是接听电话时两种不同态度的比较。

接听电话时两种不同态度的比较

你找谁（显得生硬、粗暴）	请问您找哪一位（显得谦逊、温和、懂礼）
有什么事（同上）	请问您有什么事（同上）
你是谁（同上）	请问怎么称呼您（同上）
不知道（同上）	抱歉，这事我不太了解（同上）
没这个人（同上）	对不起，我再查一下，您还有其他信息可以提示我吗（同上）
等一下，我要接一个别的电话（同上）	抱歉，请稍等（同上）

4. 迅速准确的接听

电话铃声响完第二下，就应该立即拿起听筒接听电话，若因故离开座位，应向邻座说明，请他代为接听，若铃声响多次后才去接电话，首先就应该说："对不起，让您久等了。"

5. 时间"选择"和时间"控制"

打电话之前，先要考虑什么时间去电话对方更方便，除非是紧要事情，一般在以下时间是不宜打电话的，否则是一种不礼貌的行为：三餐吃饭时间、早晨7点之前、晚上10点半以后、对方一天中最忙的时间、对方刚出差回来的头一天。万不得已在以上时间打电话，应首先向对方表示歉意，说明原因。

电话中交谈所持续的时间，也是打电话时应注意的问题。打电脑的时间应遵守"3分钟原则"，即通话时间一般不要超过3分钟。要遵守这一原则，就必须做到提前做好准备。如事先考虑好"我的电话要打给谁""我打电话的目的是什么""我要说几件事""它们之间的顺序怎样""我需要准备哪些文件资料""对方可能会问到什么问题""我该如何回答"等，同时言简意赅。若你不擅长把控时间，最好在电话旁贴上小纸条提醒自己注意时间。

6. 挂电话前的礼貌

要结束电话交谈时，一般应当由打电话的一方提出，然后说上几句客气话，如"很高兴和您交谈""请您以后多多关照"等，最后，待对方说完"再见"，等待两三秒后轻轻放下话筒挂断电话，不可只管自己讲完就挂断电话。

▶ 五、实践训练

（一）案例分析训练

1.《红楼梦》第二十三回描写薛宝钗批评贾宝玉的贴身大丫环袭人"不体谅人"的错误，原由是袭人因身体不适，把为宝玉做了半拉子的鞋，求本身就有难处的史湘云做。由于宝钗了解情况，她就在大观园的路上"偶遇"袭人，"便向两边回头，看无人来往，便笑道：'你这么个明白人，怎么一时半刻的就不会体谅人'。"接着，宝钗告诉袭人：通过看湘云的"神情儿、风里言、风里语的听起来"，感到湘云"在家里一点也做不得主"。她与湘云谈过心，了解到湘云"从小没了父母"，跟婶子过日子，生活拮据，家里"嫌费用大"，所有的针线活都自己干。湘云还说起一天到晚干得"累得慌"时，"眼圈都红了"，连宝钗也跟着"伤心起来"。此时袭人意识到："我也糊涂了，早知道是这样，我也不烦她了。"

大概宝钗感到宝玉的鞋子的问题没有解决，袭人也有难处，于是宝钗出点子，让袭人不要惯着宝玉，可找裁缝做鞋，"只是说你做的就是了"，袭人说"哄"不过去，自己的身体不好也得强撑着做。这时，令袭人意外的惊喜出现了，只见"宝钗笑道：'你不必着急，我替你做些如何？'"袭人很感动："当真的这样，就是我的福了。"

如果你是袭人，你能接受这种批评吗？从中我们能总结出什么批评的技巧？

2. 那是一个圣诞节，一个美国男人为了和家人团聚，兴冲冲从异地乘飞机往家赶，一路上幻想着团聚的喜悦情景。恰遇老天变脸，这架飞机在空中遭遇猛烈的暴风雨，飞机脱离航线，上下左右颠簸，随时随地有坠毁的可能。空姐也脸色煞白，惊恐万状地吩咐乘客写好遗嘱放进一个特制的口袋。这时，飞机上所有人都在祈祷，也就是这万分危急的时刻，飞机在驾驶员的冷静驾驶下终于平安着陆，于是大家都松了口气。

这个美国男人回到家后异常兴奋，不停地向妻子描述飞机上遇到的险情，并且满屋子转着、叫着、喊着……然而，他的妻子正和孩子兴致勃勃分享着节日的愉悦，对他经历的惊险没有丝毫兴趣。男人叫喊了一阵，却发现没有人听他倾诉，他死里逃生的巨大喜悦与被冷落的心情形成强烈的反差，在他妻子去准备蛋糕的时候，这个美国男人却爬到阁楼上，用上吊这种古老的方式结束了从险情中捡回的宝贵生命。

一个在飞机上遭遇惊险却大难不死的美国人回家反而自杀了，原因何在？

3. 某小学元旦前举行教师聚餐。一位刚参加工作不久的小伙子举杯对一位即将退休的老教师说："王老，您多吃菜，多喝几杯！"王老师听了很高兴。但听完小伙子下面的话，王老师脸色陡变，这位小伙子接着说的是："您跟我们不一样。我们今后吃吃喝喝的机会还多着呢！您可是吃一顿少一顿……"

旁边的老师都用眼色示意小伙子住口，王老师为了照顾聚餐的气氛，也强忍着不快，没有发作。他紧绷着脸，眼睛看着别处，装作没听见。

可是这位小伙子一点儿也不会察言观色，还是说："我这是真心诚意地敬您一杯，这一年您给了我不少帮助。喝一杯吧，不喝就再也喝不着了……"

王老师大怒，脸色苍白，拂袖离席而去。

作为一名职场新人，小伙子在与老教师沟通时，出现了哪些问题？

4. A 例：

"喂，火车站售票处吗？王燕小姐在吗？"

"王燕不在。"

"怎么会不在？"（着急）

"我怎么知道！"（大声回答还夹着愤怒的语气）

B 例：

"喂，火车站售票处吗？王燕小姐在吗？"

"对不起，她刚走开了。"

"打扰您了，小姐。我是王燕的朋友赵丽，不知王燕离开时有没有留下什么话？"

"哦，赵小姐呀，王燕要您今天下午 2 点来取票。她本来是要等您电话的，临时有事，她离开了一会儿。"

试比较上述两段电话交谈，说说同一事情两种不同方式的电话交谈产生的不同效果。

（二）情景训练

1. 一家餐厅里曾发生一件令人饶有兴趣的事。有两位顾客同时到这家餐厅吃饭。在点菜时，一位顾客问服务员："今天的石斑鱼好不好？"服务员回答说："好。"结果这位顾客只吃到了前一天剩下的石斑鱼。另一位顾客则问服务员说："今天有没有什么好的海鲜？"服务员满口应承说："有。"这位顾客最后真正吃到了好海鲜。

（1）试用你所学的知识，解释为什么这两位顾客的遭遇不一样。

（2）把学生分成两部分，同时进行问与答的训练。

训练要求：由老师命题，"答方"先论述观点，"问方"提问，"答方"回答。完成一个"问答"循环后，"问方"再提问，"答方"回答，完成第二个循环……直至老师示意停止。

这种问答训练的规则类似于"盘问"的规则，要求"问方"只能问，不能反驳；"答方"必须正面回答问题，不能提问。

2. 年轻的赵秘书刚到公司 A 部门工作不久。一次他到公司的 B 部门去做沟通协调工作，没有很好地完成，非常窝火，午饭时，就在饭桌上向自己的同事抱怨说："B 部门真是的，明明公司有规定，部门之间应当相互协调，B 部门口里说支持 A 部门的工作，却不肯借用他们的技术人员过来帮我们忙完这一段，我非要到经理那里告他们一状。"这时候同桌吃饭的秦秘书听见了，她是个老秘书，进公司已经七八年，她笑眯眯地说："年轻人，不要生气。我建议你这么向经理说……"。

如果你是秦秘书，你会怎么说呢？

3. 小李所在的××公司下周一晚上 8：00 在公司的宴会厅举行隆重的十周年庆典活动，小李负责通知本公司的老客户王总来参加这次庆典活动。

（1）根据上述情景，请陈述完这一过程。

（2）分组实训，一人饰演小李，一人饰演老客户王总。

4. 班上正在进行竞选班长的主题班会，你主动上台要求"我选我"，突然听到台下有同学说道："就你那熊样，还想选自己，得了吧，不自量力。"……

（1）根据上述情景，请陈述完这一过程。

（2）分组实训，一人饰演"我"，一人饰演某同学。

附录1　国学晨读及国学诵读比赛计划

▶ 一、活动主题

诵读中华经典，营造书香校园。

▶ 二、活动意义

通过组织学生经典诵读比赛的方式，弘扬祖国优秀的传统文化，让学生在诵读过程中获得古诗文经典的基本熏陶和修养，接受中国传统美德潜移默化的影响和教育，提高学生阅读古诗文经典的兴趣，增强广大学生的文化和道德素质。以此次活动为契机，努力营造诵读中华经典古诗文的浓厚氛围，积极推动经典诵读活动进课堂、进校园。

▶ 三、活动内容

1. 参赛对象：开设了语文课程的各班级。
2. 训练方式：将指定国学诵读内容下发至各班，要求利用早上晨读的时间进行诵读，由各班学习委员负责带读与监督管理，每周一、三、五的7:30—08:00作为指定晨读练习时间，并将各班平时的晨读情况纳入比赛考核中。
3. 比赛时间：自定。
4. 比赛地点：自定。
5. 比赛形式：以集体诵读为比赛形式，比赛前各班派代表随机抽取诵读内容。鼓励编排对诵、小组朗诵、配乐朗诵等艺术表演形式，参加展示活动。
6. 着装要求：服装统一，整齐大方。

▶ 四、评比原则

1. 随机抽查各班平时的国学晨读情况，抽查次数一周不少于一次，所占分数比例为20%，即20分。
2. 邀请相关老师组成评委会，根据各班的诵读形式、表演特点及诵读整体效果等方面进行现场打分，所占分数比例为80%，即80分。
（1）内容熟悉，脱稿诵读，表达流畅。（30分）

(2)吐字清晰洪亮,语调正确,能准确把握作品内涵与格调,感染力强。(20分)
(3)诵读正确,没有错漏字。(10分)
(4)衣着得体,队形整齐,精神饱满,形态语言得当。(10分)
(5)诠释风格与众不同,诵读形式富有创意。(10分)

▶ 五、奖励办法

根据晨读检查情况和现场评分,设立一等奖1名,二等奖2名,三等奖3名,优秀奖4名。

××××年××月××日

附录 2　国学诵读参考篇目

▶ 一、《千字文》

天地玄黄，宇宙洪荒。日月盈昃，辰宿列张。
寒来暑往，秋收冬藏。闰余成岁，律吕调阳。
云腾致雨，露结为霜。金生丽水，玉出昆冈。
剑号巨阙，珠称夜光。果珍李柰，菜重芥姜。
海咸河淡，鳞潜羽翔。龙师火帝，鸟官人皇。
始制文字，乃服衣裳。推位让国，有虞陶唐。
吊民伐罪，周发殷汤。坐朝问道，垂拱平章。
爱育黎首，臣伏戎羌。遐迩一体，率宾归王。
鸣凤在竹，白驹食场。化被草木，赖及万方。
盖此身发，四大五常。恭惟鞠养，岂敢毁伤。
女慕贞洁，男效才良。知过必改，得能莫忘。
罔谈彼短，靡恃己长。信使可覆，器欲难量。
墨悲丝染，诗赞羔羊。景行维贤，克念作圣。
德建名立，形端表正。空谷传声，虚堂习听。
祸因恶积，福缘善庆。尺璧非宝，寸阴是竞。
资父事君，曰严与敬。孝当竭力，忠则尽命。
临深履薄，夙兴温凊。似兰斯馨，如松之盛。
川流不息，渊澄取映。容止若思，言辞安定。
笃初诚美，慎终宜令。荣业所基，籍甚无竟。
学优登仕，摄职从政。存以甘棠，去而益咏。
乐殊贵贱，礼别尊卑。上和下睦，夫唱妇随。
外受傅训，入奉母仪。诸姑伯叔，犹子比儿。
孔怀兄弟，同气连枝。交友投分，切磨箴规。
仁慈隐恻，造次弗离。节义廉退，颠沛匪亏。
性静情逸，心动神疲。守真志满，逐物意移。
坚持雅操，好爵自縻。都邑华夏，东西二京。
背邙面洛，浮渭据泾。宫殿盘郁，楼观飞惊。
图写禽兽，画彩仙灵。丙舍旁启，甲帐对楹。

肆筵设席，鼓瑟吹笙。升阶纳陛，弁转疑星。
右通广内，左达承明。既集坟典，亦聚群英。
杜稿钟隶，漆书壁经。府罗将相，路侠槐卿。
户封八县，家给千兵。高冠陪辇，驱毂振缨。
世禄侈富，车驾肥轻。策功茂实，勒碑刻铭。
盘溪伊尹，佐时阿衡。奄宅曲阜，微旦孰营。
桓公匡合，济弱扶倾。绮回汉惠，说感武丁。
俊义密勿，多士实宁。晋楚更霸，赵魏困横。
假途灭虢，践土会盟。何遵约法，韩弊烦刑。
起翦颇牧，用军最精。宣威沙漠，驰誉丹青。
九州禹迹，百郡秦并。岳宗泰岱，禅主云亭。
雁门紫塞，鸡田赤诚。昆池碣石，钜野洞庭。
旷远绵邈，岩岫杳冥。治本于农，务兹稼穑。
俶载南亩，我艺黍稷。税熟贡新，劝赏黜陟。
孟轲敦素，史鱼秉直。庶几中庸，劳谦谨敕。
聆音察理，鉴貌辨色。贻厥嘉猷，勉其祗植。
省躬讥诫，宠增抗极。殆辱近耻，林皋幸即。
两疏见机，解组谁逼。索居闲处，沉默寂寥。
求古寻论，散虑逍遥。欣奏累遣，戚谢欢招。
渠荷的历，园莽抽条。枇杷晚翠，梧桐蚤凋。
陈根委翳，落叶飘摇。游鹍独运，凌摩绛霄。
耽读玩市，寓目囊箱。易輶攸畏，属耳垣墙。
具膳餐饭，适口充肠。饱饫烹宰，饥厌糟糠。
亲戚故旧，老少异粮。妾御绩纺，侍巾帷房。
纨扇圆洁，银烛炜煌。昼眠夕寐，蓝笋象床。
弦歌酒宴，接杯举觞。矫手顿足，悦豫且康。
嫡后嗣续，祭祀烝尝。稽颡再拜，悚惧恐惶。
笺牒简要，顾答审详。骸垢想浴，执热愿凉。
驴骡犊特，骇跃超骧。诛斩贼盗，捕获叛亡。
布射僚丸，嵇琴阮啸。恬笔伦纸，钧巧任钓。
释纷利俗，并皆佳妙。毛施淑姿，工颦妍笑。
年矢每催，曦晖朗曜。璇玑悬斡，晦魄环照。
指薪修祜，永绥吉劭。矩步引领，俯仰廊庙。
束带矜庄，徘徊瞻眺。孤陋寡闻，愚蒙等诮。
谓语助者，焉哉乎也。

二、《三字经》

人之初，性本善，性相近，习相远。苟不教，性乃迁，教之道，贵以专。
昔孟母，择邻处，子不学，断机杼。窦燕山，有义方，教五子，名俱扬。
养不教，父之过，教不严，师之惰。子不学，非所宜，幼不学，老何为？
玉不琢，不成器，人不学，不知义。为人子，方少时，亲师友，习礼仪。
香九龄，能温席，孝于亲，所当执。融四岁，能让梨，弟于长，宜先知。
首孝悌，次见闻，知某数，识某文。一而十，十而百，百而千，千而万。
三才者，天地人，三光者，日月星。三纲者，君臣义，父子亲，夫妇顺。
曰春夏，曰秋冬，此四时，运不穷。曰南北，曰西东，此四方，应乎中。
曰水火，木金土，此五行，本乎数。十干者，甲至癸，十二支，子至亥。
曰黄道，曰所躔。曰赤道，当中权。赤道下，温暖极，我中华，在东北。
曰江河，曰淮济，此四渎，水之纪。曰岱华，嵩恒衡，此五岳，山之名。
曰士农，曰工商，此四民，国之良。曰仁义，礼智信，此五常，不容紊。
地所生，有草木。此植物，遍水陆。有虫鱼，有鸟兽，此动物，能飞走。
稻粱菽，麦黍稷，此六谷，人所食。马牛羊，鸡犬豕，此六畜，人所饲。
曰喜怒，曰哀惧，爱恶欲，七情具。青赤黄，及白黑，此五色，目所识。
酸苦甘，及辛咸，此五味，口所含。膻焦香，及腥朽，此五臭，鼻所嗅。
匏土革，木石金，丝与竹，乃八音。曰平上，曰去入，此四声，宜调协。
高曾祖，父而身，身而子，子而孙。自子孙，至玄曾，乃九族，人之伦。
父子恩，夫妇从，兄则友，弟则恭；长幼序，友与朋，君则敬，臣则忠。
此十义，人所同，当顺叙，勿违背。斩齐衰，大小幼，至缌麻，五服终。
礼乐射，御书数，古六艺，今不具。惟书学，人共遵，既识字，讲说文。
有古文，大小篆，隶草继，不可乱。
若广学，惧其繁，但略说，能知源。凡训蒙，须讲究，详训诂，明句读。
为学者，必有初，小学终，至四书。论语者，二十篇，群弟子，记善言。
孟子者，七篇止，讲道德，说仁义。作中庸，子思笔，中不偏，庸不易。
作大学，乃曾子，自修齐，至平治。孝经通，四书熟，如六经，始可读。
诗书易，礼春秋，号六经，当讲究。有连山，有归藏，有周易，三易详。
有典谟，有训诰，有誓命，书之奥。我周公，作周礼，著六官，存治体。
大小戴，注礼记，述圣言，礼乐备。曰国风，曰雅颂，号四诗，当讽咏。
诗既亡，春秋作，寓褒贬，别善恶。三传者，有公羊，有左氏，有谷梁。
经既明，方读子，撮其要，记其事。五子者，有荀扬，文中子，及老庄。
经子通，读诸史，考世系，知终始。自羲农，至黄帝，号三皇，居上世。
唐有虞，号二帝，相揖逊，称盛世。夏有禹，商有汤，周文武，称三王。
夏传子，家天下，四百载，迁夏社。汤伐夏，国号商，六百载，至纣亡。
周武王，始诛纣，八百载，最长久。周辙东，王纲坠，逞干戈，尚游说。

始春秋，终战国，五霸强，七雄出。嬴秦氏，始兼并，传二世，楚汉争。
高祖兴，汉业建，至孝平，王莽篡。光武兴，为东汉，四百年，终于献。
魏蜀吴，争汉鼎，号三国，迄两晋。宋齐继，梁陈承，为南朝，都金陵。
北元魏，分东西，宇文周，与高齐。迨至隋，一土宇，不再传，失统绪。
唐高祖，起义师，除隋乱，创国基。二十传，三百载，梁灭之，国乃改。
梁唐晋，及汉周，称五代，皆有由。炎宋兴，受周禅。十八传，南北混。
辽与金，皆称帝，元灭金，绝宋世。舆图广，超前代，九十年，国祚废。
太祖兴，国大明，号洪武，都金陵。迨成祖，迁燕京，十六世，至崇祯。
权阉肆，寇如林，李闯出，神器焚。清世祖，膺景命，靖四方，克大定。
由康雍，历乾嘉。民安富，治绩夸。道咸间，变乱起。始英法，扰都鄙。
同光后，宣统弱，传九帝，满清殁。革命兴，废帝制，立宪法，建民国。
古今史，全在兹。载治乱，知兴衰。史虽繁，读有次。史记一，汉书二。
后汉三，国志四。兼证经，参通鉴。读史者，考实录，通古今，若亲目。
口而诵，心而惟，朝于斯，夕于斯。昔仲尼，师项橐，古圣贤，尚勤学。
赵中令，读鲁论，彼既仕，学且勤。彼蒲编，削竹简，彼无书，且知勉。
头悬梁，锥刺股，彼不教，自勤苦。如囊萤，如映雪，家虽贫，学不辍。
如负薪，如挂角，身虽劳，犹苦卓。苏老泉，二十七，始发愤，读书籍。
彼既老，犹悔迟，尔小生，宜早思。若梁灏，八十二，对大廷，魁多士。
彼既成，众称异，尔小生，宜立志。莹八岁，能咏诗，泌七岁，能赋棋。
彼颖悟，人称奇，尔幼学，当效之。蔡文姬，能辨琴，谢道韫，能咏吟。
彼女子，且聪敏，尔男子，当自警。唐刘晏，方七岁，举神童，作正字。
彼虽幼，身已仕，尔幼学，勉而致。有为者，亦若是。
犬守夜，鸡司晨，苟不学，曷为人？蚕吐丝，蜂酿蜜，人不学，不如物。
幼而学，壮而行，上致君，下泽民。扬名声，显父母，光于前，裕于后。
人遗子，金满籯，我教子，惟一经。勤有功，戏无益，戒之哉，宜勉力。

三、《朱子家训》

黎明即起，洒扫庭除，要内外整洁；既昏便息，关锁门户，必亲自检点。
一粥一饭，当思来处不易；半丝半缕，恒念物力维艰。
宜未雨而绸缪，毋临渴而掘井。自奉必须俭约，宴客切勿流连。
器具质而洁，瓦缶胜金玉；饮食约而精，园蔬愈珍馐。勿营华屋，勿谋良田。
三姑六婆，实淫盗之媒；婢美妾娇，非闺房之福。奴仆勿用俊美，妻妾切忌艳妆。
祖宗虽远，祭祀不可不诚；子孙虽愚，经书不可不读。居身务期质朴，教子要有义方。勿贪意外之财，勿饮过量之酒。与肩挑贸易，毋占便宜；见贫苦亲邻，须加温恤。刻薄成家，理无久享；伦常乖舛，立见消亡。兄弟叔侄，须分多润寡；长幼内外，宜法肃辞严。听妇言，乖骨肉，岂是丈夫；重资财，薄父母，不成人子。
嫁女择佳婿，毋索重聘；娶媳求淑女，勿计厚奁。

见富贵而生谄容者，最可耻；遇贫穷而作骄态者，贱莫甚。

居家戒争讼，讼则终凶；处世戒多言，言多必失。

毋恃势力而凌逼孤寡；毋贪口腹而恣杀牲禽。

乖僻自是，悔误必多；颓惰自甘，家道难成。狎昵恶少，久必受其累；屈志老成，急则可相依。轻听发言，安知非人之谮愬，当忍耐三思；因事相争，焉知非我之不是，须平心暗想。

施惠无念，受恩莫忘。凡事当留余地，得意不宜再往。人有喜庆，不可生妒忌心；人有祸患，不可生喜幸心。善欲人见，不是真善；恶恐人知，便是大恶。

见色而起淫心，报在妻女；匿怨而用暗箭，祸延子孙。

家门和顺，虽饔飧不济，亦有余欢；国课早完，即囊橐无余，自得至乐。

读书志在圣贤，非徒科第；为官心存君国，岂计身家。守分安命，顺时听天。为人若此，庶乎近焉。

▶四、《弟子规》

总 叙

弟子规　圣人训　首孝弟　次谨信
泛爱众　而亲仁　有余力　则学文

入 则 孝

父母呼　应勿缓　父母命　行勿懒
父母教　须敬听　父母责　须顺承
冬则温　夏则凊　晨则省　昏则定
出必告　反必面　居有常　业无变
事虽小　勿擅为　苟擅为　子道亏
物虽小　勿私藏　苟私藏　亲心伤
亲所好　力为具　亲所恶　谨为去
身有伤　贻亲忧　德有伤　贻亲羞
亲爱我　孝何难　亲憎我　孝方贤
亲有过　谏使更　怡吾色　柔吾声
谏不入　悦复谏　号泣随　挞无怨
亲有疾　药先尝　昼夜侍　不离床
丧三年　常悲咽　居处变　酒肉绝
丧尽礼　祭尽诚　事死者　如事生

出 则 弟

兄道友　弟道恭　兄弟睦　孝在中

财物轻　怨何生　言语忍　忿自泯
或饮食　或坐走　长者先　幼者后
长呼人　即代叫　人不在　己即到
称尊长　勿呼名　对尊长　勿见能
路遇长　疾趋揖　长无言　退恭立
骑下马　乘下车　过犹待　百步余
长者立　幼勿坐　长者坐　命乃坐
尊长前　声要低　低不闻　却非宜
进必趋　退必迟　问起对　视勿移
事诸父　如事父　事诸兄　如事兄

谨

朝起早　夜眠迟　老易至　惜此时
晨必盥　兼漱口　便溺回　辄净手
冠必正　纽必结　袜与履　俱紧切
置冠服　有定位　勿乱顿　致污秽
衣贵洁　不贵华　上循分　下称家
对饮食　勿拣择　食适可　勿过则
年方少　勿饮酒　饮酒醉　最为丑
步从容　立端正　揖深圆　拜恭敬
勿践阈　勿跛倚　勿箕踞　勿摇髀
缓揭帘　勿有声　宽转弯　勿触棱
执虚器　如执盈　入虚室　如有人
事勿忙　忙多错　勿畏难　勿轻略
斗闹场　绝勿近　邪僻事　绝勿问
将入门　问孰存　将上堂　声必扬
人问谁　对以名　吾与我　不分明
用人物　须明求　倘不问　即为偷
借人物　及时还　后有急　借不难

信

凡出言　信为先　诈与妄　奚可焉
话说多　不如少　惟其是　勿佞巧
奸巧语　秽污词　市井气　切戒之
见未真　勿轻言　知未的　勿轻传
事非宜　勿轻诺　苟轻诺　进退错
凡道字　重且舒　勿急疾　勿模糊
彼说长　此说短　不关己　莫闲管

见人善　即思齐　纵去远　以渐跻
见人恶　即内省　有则改　无加警
唯德学　唯才艺　不如人　当自砺
若衣服　若饮食　不如人　勿生戚
闻过怒　闻誉乐　损友来　益友却
闻誉恐　闻过欣　直谅士　渐相亲
无心非　名为错　有心非　名为恶
过能改　归于无　倘掩饰　增一辜

泛爱众

凡是人　皆须爱　天同覆　地同载
行高者　名自高　人所重　非貌高
才大者　望自大　人所服　非言大
己有能　勿自私　人所能　勿轻訾
勿谄富　勿骄贫　勿厌故　勿喜新
人不闲　勿事搅　人不安　勿话扰
人有短　切莫揭　人有私　切莫说
道人善　即是善　人知之　愈思勉
扬人恶　即是恶　疾之甚　祸且作
善相劝　德皆建　过不规　道两亏
凡取与　贵分晓　与宜多　取宜少
将加人　先问己　己不欲　即速已
恩欲报　怨欲忘　报怨短　报恩长
待婢仆　身贵端　虽贵端　慈而宽
势服人　心不然　理服人　方无言

亲仁

同是人　类不齐　流俗众　仁者希
果仁者　人多畏　言不讳　色不媚
能亲仁　无限好　德日进　过日少
不亲仁　无限害　小人进　百事坏

余力学文

不力行　但学文　长浮华　成何人
但力行　不学文　任己见　昧理真
读书法　有三到　心眼口　信皆要
方读此　勿慕彼　此未终　彼勿起
宽为限　紧用功　工夫到　滞塞通

心有疑	随札记	就人问	求确义
房室清	墙壁净	几案洁	笔砚正
墨磨偏	心不端	字不敬	心先病
列典籍	有定处	读看毕	还原处
虽有急	卷束齐	有缺坏	就补之
非圣书	屏勿视	蔽聪明	坏心志
勿自暴	勿自弃	圣与贤	可驯致

五、《师说》

古之学者必有师。师者，所以传道受业解惑也。人非生而知之者，孰能无惑？惑而不从师，其为惑也，终不解矣。生乎吾前，其闻道也固先乎吾，吾从而师之；生乎吾后，其闻道也亦先乎吾，吾从而师之。吾师道也，夫庸知其年之先后生于吾乎？是故无贵无贱，无长无少，道之所存，师之所存也。

嗟乎！师道之不传也久矣！欲人之无惑也难矣！古之圣人，其出人也远矣，犹且从师而问焉；今之众人，其下圣人也亦远矣，而耻学于师。是故圣益圣，愚益愚。圣人之所以为圣，愚人之所以为愚，其皆出于此乎？爱其子，择师而教之；于其身也，则耻师焉，惑矣。彼童子之师，授之书而习其句读者，非吾所谓传其道解其惑者也。句读之不知，惑之不解，或师焉，或不焉，小学而大遗，吾未见其明也。巫医乐师百工之人，不耻相师。士大夫之族，曰师曰弟子云者，则群聚而笑之。问之，则曰："彼与彼年相若也，道相似也。位卑则足羞，官盛则近谀。"呜呼！师道之不复可知矣。巫医乐师百工之人，君子不齿，今其智乃反不能及，其可怪也欤！

圣人无常师。孔子师郯子、苌弘、师襄、老聃。郯子之徒，其贤不及孔子。孔子曰："三人行，则必有我师。"是故弟子不必不如师，师不必贤于弟子，闻道有先后，术业有专攻，如是而已。

李氏子蟠，年十七，好古文，六艺经传皆通习之，不拘于时，学于余。余嘉其能行古道，作《师说》以贻之。

六、《大学》

1.《大学第一章·经述》

大学之道，在明明德，在亲民，在止于至善。知止而后有定；定而后能静；静而后能安；安而后能虑；虑而后能得。物有本末，事有终始。知所先后，则近道矣。

古之欲明明德于天下者，先治其国；欲治其国者，先齐其家；欲齐其家者，先修其身；欲修其身者，先正其心；欲正其心者，先诚其意；欲诚其意者，先致其知；致知在格物。

物格而后知至；知至而后意诚；意诚而后心正；心正而后身修；身修而后家齐；家齐而后国治；国治而后天下平。

自天子以至于庶人，壹是皆以修身为本。其本乱，而末治者否矣。其所厚者薄，而其所薄者厚，未之有也！

2.《大学第八章·正心修身》

所谓修身在正其心者，身有所忿懥，则不得其正；有所恐惧，则不得其正；有所好乐，则不得其正；有所忧患，则不得其正。心不在焉，视而不见，听而不闻，食而不知其味。此谓修身在正其心。

3.《大学第九章·修身齐家》

所谓齐其家在修其身者，人之其所亲爱而辟焉，之其所贱恶而辟焉，之其所畏敬而辟焉，之其所哀矜而辟焉，之其所敖惰而辟焉。故好而知其恶，恶而知其美者，天下鲜矣！故谚有之曰："人莫知其子之恶，莫知其苗之硕。"此谓身不修不可以齐其家。

七、《论语·学而篇》

（一）

子曰："学而时习之，不亦说乎！有朋自远方来，不亦乐乎！人不知而不愠，不亦君子乎！"

（二）

有子曰："其为人也孝弟，而好犯上者，鲜矣；不好犯上而好作乱者，未之有也。君子务本，本立而道生。孝弟也者，其为仁之本与。"

（三）

子曰："巧言令色，鲜矣仁。"

（四）

曾子曰："吾日三省吾身：为人谋而不忠乎？与朋友交而不信乎？传不习乎？"

（五）

子曰："道千乘之国，敬事而信，节用而爱人，使民以时。"

（六）

子曰："弟子入则孝，出则弟，谨而信，泛爱众，而亲仁。行有余力，则以学文。"

（七）

子夏曰："贤贤易色；事父母，能竭其力；事君，能致其身；与朋友交，言而有信。虽曰未学，吾必谓之学矣。"

（八）

子曰："君子不重则不威，学则不固。主忠信。毋友不如己者。过，则勿惮改。"

（九）

曾子曰："慎终追远，民德归厚矣。"

（十）

子禽问于子贡曰："夫子至于是邦也，必闻其政，求之与，抑与之与？"子贡曰："夫子温、良、恭、俭、让以得之。夫子之求之也，其诸异乎人之求之与？"

（十一）

子曰："父在，观其志；父没，观其行；三年无改于父之道，可谓孝矣。"

（十二）

有子曰："礼之用，和为贵。先王之道，斯为美。小大由之，有所不行。知和而和，不以礼节之，亦不可行也。"

（十三）

有子曰："信近于义，言可复也。恭近于礼，远耻辱也。因不失其亲，亦可宗也。"

（十四）

子曰："君子食无求饱，居无求安，敏于事而慎于言，就有道而正焉，可谓好学也已。"

（十五）

子贡曰："贫而无谄，富而无骄，何如？"

子曰："可也，未若贫而乐，富而好礼者也。"

子贡曰："《诗》云'如切如磋，如琢如磨'，其斯之谓与？"

子曰："赐也，始可与言《诗》已矣，告诸往而知来者。"

（十六）

子曰："不患人之不己知，患不知人也。"